Reinhold Koser

Forschungen zur Brandenburgischen und Preussischen Geschichte

Reinhold Koser

Forschungen zur Brandenburgischen und Preussischen Geschichte

ISBN/EAN: 9783742899712

Hergestellt in Europa, USA, Kanada, Australien, Japan

Cover: Foto ©ninafisch / pixelio.de

Manufactured and distributed by brebook publishing software
(www.brebook.com)

Reinhold Koser

Forschungen zur Brandenburgischen und Preussischen Geschichte

Forschungen

zur

Brandenburgischen und Preußischen Geschichte.

Neue Folge der „Märkischen Forschungen" des Vereins für Geschichte
der Mark Brandenburg.

In Verbindung

mit

Fr. Holtze, G. Schmoller, A. Stölzel, A. v. Taysen u. H. v. Treitschke

herausgegeben

von

Reinhold Koser.

Erster Band, erste Hälfte.

Leipzig,
Verlag von Duncker & Humblot.
1888.

Inhaltsverzeichnis.

I.

Umschau auf dem Gebiete der brandenburgisch-preußischen Geschichtsforschung.

Von

Reinhold Koser.

Die Pflege der heimischen Geschichte ist in der Mark lange Zeit vernachlässigt worden. Was von chronikalen Aufzeichnungen im Mittel= alter auf brandenburgischem Boden entstand, ging in seiner ursprüng= lichen Gestalt spurlos verloren. In den Tagen des Humanismus erstand der Mark kein Aventin, der ihre Vergangenheit durchforscht, die Quellen gesammelt, verwertet, gerettet hätte. In dem siebzehnten Jahrhundert, wo in Bayern Maximilian I. so viel für die Geschichte seines Hauses und Landes that, wo die Ursprünge des welfischen Hauses ein Leibniz ergründete, machte in Brandenburg der Große Kurfürst mit den Ge= lehrten, denen er die Erforschung und Darstellung der vaterländischen Vorzeit übertrug, zunächst traurige Erfahrungen[1]), und wenn er gegen das Ende seiner Regierung eine Kraft ersten Ranges zu gewinnen ver= mochte, so erhielt Samuel von Pufendorf die Aufgabe, die Gegenwart, die letzten Jahrzehnte, nicht die im Dunkel liegende Vergangenheit dar= zustellen.

„Man hat die Geschichte aller gesitteten Völker geschrieben, nur die Preußen hatten bisher die ihre nicht" — das die Betrachtung, die König Friedrich II. in der Friedenszeit nach dem zweiten schlesischen Kriege veranlaßte, selbst die Feder in die Hand zu nehmen, um im ge= läuterten Geschmack für die Kreise der Gebildeten einen Abriß der brandenburgisch = preußischen Geschichte zu schreiben, der in gedrängter

---

1) Vgl. E. Fischer, die offizielle brandenburgische Geschichtschreibung zur Zeit des großen Kurfürsten, Zeitschrift für Preußische Geschichte XV.

Kürze nur das aufnehmen sollte, was behaltenswert sei. Unselbständig für die älteren Zeiten, gegen die der Verfasser vom Standpunkt des Jahrhunderts der Aufklärung unverhüllte Geringschätzung aussprach, bezeichnen die brandenburgischen Memoiren für das zuletzt vergangene Jahrhundert in der Auffassung der politischen Vorgänge wie in der Heranziehung der bisher völlig vernachlässigten inneren Verhältnisse und Kulturzustände einen bedeutenden Fortschritt und blieben für eine höhere Entwickelung der Geschichtschreibung in Deutschland nicht ohne Wirkung.

Vor allem die brandenburgisch=preußischen Forscher mußte das abschätzige Urteil ihres Königs über die bisherigen Leistungen auf diesem Gebiete beschämen und zur Thätigkeit anspornen. Dazu kam, daß Preußens glänzende Rolle in der Gegenwart die Vorgeschichte des Staates in einer ganz neuen Bedeutung erscheinen ließ. „Seit dem Kriege, der 1756 ausgebrochen ist, sieht man den preußischen Staat als den erheblichsten Vorwurf der Neubegierde und Bewunderung an", schrieb der hallische Staatsrechtslehrer Pauli 1760 in der Vorrede zu seiner „Allgemeinen preußischen Staatsgeschichte" und bekannte, daß die Veranlassung zu seinem Werke der jetzige Krieg geworden sei. Die Titelvignette zeigt ein Schiff auf stürmischen Wogen; in dem Vorwort zum vierten Bande aber, der im Friedensjahr 1763 erschien, jubelt der Verfasser: „Die künftigen Zeitbücher werden aus unseren Tagen ein Wunder machen und Mühe haben, dasjenige zu glauben, was wirklich geschehen ist; die Geschichte aber wird sie unterrichten, daß die Preußen mehr gethan, als von irgend einem anderen streitbaren Volke bekannt geworden." Die acht dicken Quartbände Paulis und die schnell nachfolgenden sechs Quartanten des Kremmen'schen Pfarrers Samuel Buchholtz „Versuch einer Geschichte der Churmark Brandenburg" (Berlin 1765 ff.), die einen ebenso kunstlos und äußerlich wie die andern, wurden die Grundlagen für eine Reihe von popularisirenden Arbeiten; aber diesen beiden Produkten eisernen Sammelfleißes gebrach es doch am Besten: Mangel an Kritik für die ältere Geschichte, Mangel an authentischer, intimer Kunde für die neuere, das waren die Hindernisse, welche die strebsamen Verfasser dort nicht über die herkömmliche Verwirrung und Fabelei, und hier nicht über das Äußerliche, Allbekannte hinauskommen ließen. Alles in allem ergab sich zu Ausgang des Jahrhunderts für die vorhandenen Bearbeitungen, „daß der Gebrauch der eigentlichen Quellen bisher überaus eingeschränkt geblieben sei"[1]. Wurde doch die Böhmenchronik des

---

1) Hausen, Ueber die Cultur der Geschichte überhaupt und besonders der brandenburgischen (Jahrbücher der preußischen Monarchie 1798).

Pultawa mit ihren Entlehnungen aus der verlorenen märkischen Ueber=
lieferung weder von Pauli noch von Buchholtz herangezogen; auch das
Landbuch Karls IV., das der Minister von Hertzberg 1781 der Oeffentlich=
keit übergab, konnte wenigstens Pauli noch nicht benutzen. So lange
Hertzberg etwas galt und freie Hand hatte, that er das Seine, die histo=
rischen Studien zu fördern; er hatte diese Studien seit seiner Univer=
sitätszeit nie aus den Augen verloren; er hat sich selbstthätig als Forscher
versucht und hat eine aktenmäßige Darstellung der maritimen Be=
strebungen des Großen Kurfürsten zu Paulis Staatsgeschichte beigesteuert;
er hat wie das Landbuch, so auch Pusendorfs Fragment über die Re=
gierung Friedrichs III. drucken lassen und hat dem Salzwedler Urkunden=
forscher Gercken für seinen Codex diplomaticus die Benutzung der Ur=
kundensammlung des Geheimen Staatsarchivs vermittelt.

Das von Hertzberg warm befürwortete Erscheinen der Histoire de
mon temps Friedrichs des Großen unmittelbar nach des Königs Tode
ließ auf die politischen Ereignisse des letzten halben Jahrhunderts helle
Schlaglichter fallen und wirkte für die Auffassung der Geschichte Fried=
richs in ähnlicher Weise nachhaltig, wie hundert Jahre früher das Werk
Pusendorfs für die Auffassung der Geschichte Friedrich Wilhelms; nur
gegen Friedrichs Darstellung der militärischen Geschichte seines größten
Krieges, der schon vorher in Tempelhoff einen berufenen fachmännischen
Darsteller gefunden hatte, machte sich sofort, von gewissen Kreisen des
Heeres ausgehend, eine litterarische Reaction geltend [1]). Für die Kenntnis
der inneren Zustände des Staates während der letzten Periode und in
der Gegenwart, für die Landes= und Verwaltungskunde, beklagte 1797
der Statistiker Leopold Krug [2]), der eben sein „Topographisch=statistisch=
geographisches Wörterbuch der sämtlichen preußischen Staaten" begonnen
hatte, daß man trotz vielversprechender Anfänge [3]) gegen andere Staaten
sehr weit zurück sei; er sah die Ursachen dafür in der Gleichgültigkeit
des Beamtentums, innerhalb dessen die Hertzberg, Heinitz, Alvensleben,

---

1) Vgl. unten S. 38. 44.

2) L. Krug, Was ist für die preußische Staatskunde bis jetzt gethan und
was ist für dieselbe noch zu thun übrig? (Jahrbücher der preußischen Monarchie
1798.)

3) Schon zur Zeit Friedrichs I. hatte der Frankfurter Professor Beckmann
die Kur= und Neumark mit dem halbamtlichen Auftrag, eine Beschreibung des
Landes zu fertigen, bereist; unter Friedrich Wilhelm I. wurden seine Sammlungen
an das Archiv abgefordert, und erst 1751 durfte Beckmanns Sohn die „historische
Beschreibung der Chur= und Mark Brandenburg" drucken lassen (vgl. Schmoller
in der Zeitschrift für Preußische Geschichte VIII, 308). Es folgten Vorgstede,

Vorgstede mit ihrer Begünstigung der Publizität vereinzelte Ausnahmen
bildeten, und in der unduldsamen Handhabung der Censur, die noch
jüngst (1788) der Landrat von Arnim mit seiner Schrift über das
Kantonwesen an sich erfahren habe; schwerlich würde „der so scharfsinnig
urteilende Mirabeau" in seinem Werke über die preußische Monarchie
so viele falsche Urteile gefällt und falsche Schlüsse gezogen haben, wenn
er reichere und vollständigere Quellen hätte benutzen können.

Die nächste Zeit, die letzten Jahre des alten und die ersten des
neuen Jahrhunderts, schwemmte eine Flut wirklicher und angeblicher
Enthüllungen über Zustände und Persönlichkeiten der Gegenwart herbei,
förderte aber, von wenigen Ausnahmen abgesehen[1]), kein Material von
echtem Werte für die ältere oder älteste Geschichte des Staates zu Tage,
Bald nach den Freiheitskriegen kündigte an der neuen Universität Berlin
der Historiker Friedrich Rühs in einer Broschüre[2]) einen Doppelkursus
von Vorlesungen über preußische Geschichte und über die gegenwärtige
Verfassung, Verwaltung und statistische Beschaffenheit des Staates an;
bei aller Anerkennung des Eifers „so vieler würdiger und fleißiger
Männer, die meist ohne alle andere Unterstützung als ihre Liebe zur
Sache sich der Erforschung der vaterländischen Geschichte gewidmet haben",
betonte Rühs die Thatsache, die man bei etwas näherer Vertrautheit mit
den Hülfsmitteln alsbald entdecken müsse: „daß dieser ganze Reichtum
an Materialien nur scheinbar ist, daß die eigentlichen Quellen zum Teil
noch gar nicht oder nur höchst unvollständig und unkritisch ans Licht
gestellt, und daß sie noch keineswegs so benutzt sind, wie eine geläuterte
Ansicht von der Geschichtsforschung erfordert."

Neue Impulse erhielt die märkische Geschichtsforschung erst im
zweiten Viertel des neuen Jahrhunderts. Allerorten in Deutschland
regte sich damals unter den Einwirkungen der Romantik der Sinn für
die Erforschung der heimischen Vergangenheit, ihrer Schriftdenkmäler und
Urkunden und ihrer Altertümer. Die Mark wollte nicht zurückstehen.

Statistisch-topographische Beschreibung der Mark Brandenburg (1788); Leonhardi,
Erdbeschreibung der Preußischen Monarchie (1791); die Arbeiten von Büsching,
Nicolai u. s. w. Den reichsten Schatz besaß man an der großen von Otto von
Mylius unter Friedrich Wilhelm I. angelegten Gesetzsammlung.

1) Auf den Akten des Geheimen Staatsarchivs, bez. der Kurmärkischen
Kammer beruhen: Klaproth und Coßmar, der Staatsrath, Berlin 1805, und Wöh-
ner, Steuerverfassung des platten Landes der Kurmark Brandenburg, Berlin 1804.
Auch die Arbeiten von Appelius, Brandenburg, Klewitz, über Steuer- und Accise-
verhältnisse, und die „Darstellung des Postwesens" von Matthias gehören diesen
Jahren an.

2) Fr. Rühs, Ueber das Studium der preußischen Geschichte, Berlin 1817.

Die Berliner philosophische Fakultät stellte als Preisaufgabe eine Beschrei=
bung der Zustände Brandenburgs unter den ersten Markgrafen, und die
Aufgabe wurde durch den jungen Friedrich Adolf Riedel mit überraschend
glücklicher Hand gelöst. L. von Ledebur begründete ein „Allgemeines
Archiv für die Geschichtskunde des Preußischen Staates" [1], für das sich
Stoff in Fülle fand, und trat an die Spitze eines Museums vater=
ländischer Altertümer [2]. Nach dem großen Vorbild der Gesellschaft für
ältere deutsche Geschichtskunde hatten sich anderwärts bereits zahlreiche
kleinere Vereine für Lokal= und Provinzialgeschichtsforschung gebildet;
jetzt traten auch in Berlin die seit Jahren für die Geschichte der engeren
Heimat thätigen Männer zu dem „Verein für Geschichte der Mark
Brandenburg" zusammen, der, 1837 durch Königliche Kabinetsordre be=
stätigt, nach längeren Vorbereitungen am 19. Dezember 1838 seine erste
Arbeitssitzung abhielt und ein Jahr später den ersten Band seiner
„Märkischen Forschungen" erscheinen ließ [3].

Das Ziel steckte sich jene erste, rüstige Generation märkischer Forscher
nicht niedrig. Riedel hatte sein Buch über „Die Mark Brandenburg
im Jahre 1250", mit dem er jenen von der Universität ausgeschriebenen
Preis gewonnen hatte, lediglich als „eine Vorarbeit zu umfassenderen
Forschungen in dem betretenen Gebiete" bezeichnet; er ging alsbald
frischen Mutes an eine Aufgabe heran, die heute ein Einzelner nie auf
seine Schultern zu nehmen sich vermessen würde, an eine Gesamtausgabe der
märkischen Urkunden [4]. Sie wurde das Lebenswerk des Herausgebers,
das heute ebenso laut bemängelt wird, wie es einst laut gepriesen wurde.
Auch Zimmermanns „Versuch einer historischen Entwickelung der mär=
kischen Städteverfassungen" (1837) wurde durch den Mangel monogra=
phischer Vorarbeiten beeinträchtigt, und zudem ließ sein einseitig liberaler
Standpunkt den Verfasser die Bedeutung der Reformen des aufgeklärten
Despotismus auf dem Gebiete der städtischen Verfassung und Verwaltung
völlig übersehen [5]. Klöden verfehlte es als Historiker trotz seiner glän=

---

1) Berlin 1830—35, 18 Bände; Neues allgem. Archiv, 1836, 3 Bde.

2) L. v. Ledebur, Das Museum vaterländischer Alterthümer zu Berlin,
Berlin 1838.

3) Vgl. die Uebersicht von Fr. Holtze über die Geschichte des Vereins während
der ersten fünfzig Jahre seines Bestehens in den Märkischen Forschungen XX, 326.
Der Inhalt der siebzehn ersten Bände der Märkischen Forschungen ist besprochen
in H. v. Sybels historischer Zeitschrift V, 517; VII, 167; XI, 517; LI, 296.

4) Riedel, Codex diplomaticus Brandenburgensis, Berlin 1843—69. 36
Bde. Text und 5 Bde. Register (von Heffter).

5) Vergl. Schmoller in der Zeitschrift für Preuß. Gesch. VIII, 522.

zenden Darstellungsgabe, indem er seine Bücher mit romanhaftem Bei=
werk schmückte und es durch seinen Mangel an Kritik dahin brachte, daß
die seit einem vollen Jahrhundert glücklich beseitigte Legende von der
Echtheit des Prätendenten Waldemar neue Gläubige fand[1]).

Eine fruchtbare Behandlung der neueren Geschichte verbot sich
noch so gut wie ganz durch die damalige Praxis der preußischen Archiv=
verwaltung. Nur ein glücklicher Zufall ermöglichte einem Friedrich
Förster für sein Buch über Friedrich Wilhelm I. (1834) die Benutzung
des wertvollen, in einem Privatarchiv entdeckten Seckendorffschen Nach=
lasses. Fr. v. Raumer beklagte bei Veröffentlichung seiner Beiträge zur
Geschichte Friedrichs II. aus dem britischen Museum und Reichsarchiv
(1836), daß eine irgendwie abschließende Arbeit über jene Zeit gegen=
wärtig noch nicht möglich sei: denn „in der Heimat gelten die vorwärts
und die rückwärts gekehrten Propheten, die Historiker, gleich wenig;
mindestens sind wir in Deutschland leider noch nicht bei der in London
und Paris anerkannten preiswürdigen Theorie und Praxis hinsichtlich
der Benutzung geschichtlicher Quellen angelangt". Selbst eine Behörde
wie der Große Generalstab beschränkte sich für die Bearbeitung der mili=
tärischen Geschichte des siebenjährigen Krieges (1824 ff.) auf eine ein=
zelne, ganz einseitige Quelle, die Materialiensammlung des Generals
v. Gaudi. Geradezu rührend ist es, wie der unermüdliche Preuß in
den Anmerkungen zu seiner Biographie Friedrichs (1832) die ihm mit=
geteilten Rubra der Actenconvolute, deren Inhalt seinem Blick ver=
borgen blieb, mit der resignierten Bemerkung anführt: „Versiegelt im
Archiv." Kein Wunder, daß unter diesen Umständen, bei der Unzu=
länglichkeit der erreichbaren Quellen, die methodisch geschulten Historiker,
die kritischen Köpfe, an dem aussichtslosen Gebiet der neueren Geschichte
vorübergingen und den Anbau desselben den Liebhabern, bienenfleißigen
Sammlern wie Preuß und Rödenbeck und schreibseligen Schönrednern
wie Varnhagen von Ense, überließen.

Der Erste, welcher die Erlaubniß zu umfassender Aktenbenutzung er=
hielt, war nach dem Thronwechsel von 1840 und nach seiner Ernennung

---

1) Vgl. Ranke, Sämmtliche Werke XXV, 67: „Leider hat Klöben in seinem
Buche über die Quitzows (1836) die Geschichte mit Roman versetzt; er besaß Talent
für Beides, er verstand Urkunden zu lesen und mit vortrefflicher Lokalkenntniß zu
combiniren; in den Abschnitten, die Roman sind, hat er Scenen, die kein Walter
Scott hätte besser erfinden können; aber die Verbindung von beidem ist unglücklich
und für ein gesundes Gefühl beinahe unerträglich." Vgl. auch Sello in der Zeitschr.
für Preuß. Gesch. XIX, 109, und über Klöbens Waldemar die Kritik von Riedel
in den Jahrbüchern für wissenschaftliche Kritik, Berlin 1845.

zum Historiographen des preußischen Staates Leopold Ranke; sein Akten=
studium galt eben der Periode, die wenige Jahre zuvor Förster und
Preuß in ihrer Weise behandelt hatten. Ranke war, als in Berlin die
Freunde der heimatlichen Geschichte zu gemeinsamer Arbeit zusammen=
traten, abseits geblieben; jetzt wurden seine „Neun Bücher Preußischer
Geschichte" (1847), welche, wie kein anderes Werk zuvor, die Kenntniß
der ersten Hälfte des achtzehnten Jahrhunderts erweiterten und vertieften,
von Einem aus jenem Kreise, Zimmermann, mit einem polternden An=
griffe[1]) begrüßt. Der Erguß richtete sich im allgemeinen gegen die
Ueberschätzung des Aktenstudiums, gegen „die heut zu Tage von vielen
als einzig wahrhaft berechtigt angesehene Weise der Geschichtschrei=
bung", und dann gegen Rankes Geschichtschreibung insbesondere, die ein=
fach als eine höfische gebrandmarkt werden sollte, wie denn der Heraus=
geber der weiland „historisch=politischen Zeitschrift" bei den preußischen
Liberalen vorlängst als Serviler in Verruf stand; als Zeugen und
Bundesgenossen gegen „eine Manier, welche alle Spitzen wegnimmt, die
doch der menschlichen Natur nach vorhanden sind und die niemand un=
gestraft wegfeilen darf in der thörichten Meinung, das Bild des Welt=
ganges dadurch zu verschönen", wurden Dahlmann, Gervinus und „der
alte ehrliche Schlosser" aufgerufen. So gab sich der Gegensatz der
Schulen, der damals die Zunft spaltete, geschärft durch die politische
Erregung des Revolutionsjahres, auch in dem Bereiche der branden=
burgisch=preußischen Forschung leidenschaftlichen Ausdruck; die „Heidel=
berger" Lehre machte in Berlin Proselyten; Zimmermann trat als Rufer
im Streite gegen die blasse Objektivität wie ein kleiner Gervinus auf.

Der Begründer der kritisch=objektiven Schule hatte in seinem ersten
Buche erklärt, er wolle nicht die Vergangenheit richten, er wolle „bloß
zeigen, wie es eigentlich gewesen": das Axiom seiner Gegner lautete er=
zählen und urteilen. Schlossers Urteilen war eine Splitterrichterei
nach dem Maßstabe der bürgerlichen Moral; wie, wenn es gelang, dem
Urteil höhere Gesetze zu geben? Das neue, was die Erscheinungen der
historischen Litteratur Deutschlands seit 1848 von den früheren Leistungen
unterscheide, wollte ein Schüler Rankes, Heinrich von Sybel, als er
1856 zu Marburg bei einer Universitätsfeier über den Stand der neueren
deutschen Geschichtschreibung[2]) sprach, „in der veränderten Stellung des
Autors zum Staate" erkennen: „hier zeigt sich, was als allgemeiner

---

1) A. Zimmermann, Ueber die neueste preußische Geschichtschreibung,
Berlin 1848; und in demselben Jahre: Ueber Rankes Auffassung König Fried=
richs II.

2) H. v. Sybel, Kleine historische Schriften I.

Fortſchritt in dem Bewußtſein der Nation zu konſtatieren, größere Klar=
heit und intenſivere Kraft des nationalen Gefühles, praktiſche Mäßigung
und eingehende Sicherheit des politiſchen Urtheils, poſitive Wärme und
freier Blick in der ſittlichen Auffaſſung; die doktrinäre Phraſe und die
politiſche Kanngießerei ſind ebenſo verſchwunden, wie die offiziöſe Ge=
heim= und Vornehmthuerei, die ſonſt wohl als Merkzeichen gutgeſinnter
Geſchichtſchreibung gegolten hat.“ Als Vertreter dieſer neuen Richtung,
zu der er ſich ſelbſt bekannte, nannte der Redner neben Mommſen und
Duncker, Waitz und Gieſebrecht, Ludwig Häuſſer, der mit ſeiner deutſchen
Geſchichte ſeit 1786 begonnen hatte, und den Verfaſſer der Geſchichte
der Preußiſchen Politik, Johann Guſtav Droyſen.

Nach zwei Seiten hin hatte die neue, aus dem Bannkreiſe des
vorangegangenen Schulſtreites heraustretende, kritiſch=methodiſche und
doch zugleich „wärmere“ Geſchichtſchreibung zu den Fragen des Staats=
lebens Stellung zu nehmen, welche die Gegenwart bewegten. Zunächſt
galt es innerhalb Preußens einen Kampf gegen die hiſtoriſchen Kon=
ſtruktionen der äußerſten Rechten. Julius Stahl hielt in Berlin ſeit
1850 zu wiederholten Malen Vorleſungen über die gegenwärtigen Par=
teien in Kirche und Staat; alle Parteiung ſollte auf den Gegenſatz von
Legitimität und Revolution zurückgeführt werden. Eine Auffaſſung, der
das Urteil mitgalt und mitgelten ſollte, welches Droyſen bei Darſtellung
des fünfzehnten Jahrhunderts über die reſtaurativen Strömungen der
Zeit nach dem Scheitern der conciliaren Reformbeſtrebungen fällte: „Es
waren Ideen ganz neuen Urſprungs, Anſprüche, Forderungen, Hoff=
nungen der unmittelbar gegenwärtigen politiſchen Lage, welche man
dafür ausgab, von Alters her Rechtens zu ſein; man fingirte eine
Geſchichte, die nie vorhanden geweſen, um das zu begründen, was im
Entſtehen war.“ Die angeblich „chriſtlich=germaniſche“ Staatslehre ließ
ſich mit den Waffen der hiſtoriſchen Kritik leicht widerlegen. Sybel[1]
wies ihr nach, daß die abſolute Monarchie in Deutſchland kaum legi=
timen Urſprungs geweſen ſei, daß ſie nach oben und nach unten, gegen
das Kaiſertum und gegen ihre Landſtände ſich emporgerungen habe,
gegen Reichsrecht und gegen Landrecht. Damals hat in ganz gleichem
Sinne der preußiſche Geſandte am Bundestage in einer für König Fried=
rich Wilhelm IV. beſtimmten Denkſchrift[2], zu dem praktiſch=politiſchen

1) H. v. Sybel, die chriſtlich=germaniſche Staatslehre, ihre Bedeutung für
die Gegenwart und ihr Verhältniß zum geſchichtlichen Chriſten= und Germanen=
thum. Kleine hiſtoriſche Schriften I.

2) 2. Juni 1857. Preußen im Bundestag IV, 274.

Behuf, dem Staate die Möglichkeit für ein Bündniß mit dem aus der Revolution hervorgegangenen zweiten Empire zu ſchaffen, auf das Flüſſige und Wandelbare der doktrinären Begriffe Legitimität und Revolution, auf den revolutionären Urſprung ſo mancher Legitimitäten hingewieſen. Die Hauptfrage der Zeit aber blieb ſeit 1848 allemal die deutſche. „Hohenzollern oder Habsburg?" ſo war das Schlußkapitel des erſten Bandes (1855) von Droyſens Geſchichte der preußiſchen Politik über= ſchrieben, die Erzählung des Wahltages von 1438, wo Friedrich von Brandenburg gegen den Habsburger als Bewerber um die Krone auf= trat. „Hohenzollern oder Habsburg" war die Frage der Gegenwart, welche die „Geſchichte der preußiſchen Politik" [1]) aus der Vergangenheit zu be= antworten ſuchte.

Das Programm gleichſam zu ſeiner Geſchichte der preußiſchen Politik hatte Droyſen ſchon 1849, damals noch in Kiel, in dem anonymen „Gutachten eines Schleswig=Holſteiners" [2]) veröffentlicht. Der Verfaſſer erkennt in den Dingen „eine ſtille Gewalt der Notwendigkeit, welche mächtiger iſt als der gute oder böſe Wille derer, durch die ſie ſich voll= ziehen"; er ſpricht von dem tieferen Recht einer großen nationalen Ent= wickelung, das Preußen in den Kämpfen der Zeit für ſich geltend machen darf und muß: „Preußen darf ſich nicht mehr dabei beruhigen wollen, doch nur die zweite Macht in Deutſchland zu ſein. Die deutſche Macht zu ſein, iſt ſeine geſchichtliche Aufgabe." Mit flammenden Worten pre= digte das „Gutachten" die Wahrheit, die dreizehn Jahre ſpäter vom Miniſtertiſche des preußiſchen Abgeordnetenhauſes in der „Blut= und Eiſen"=Prophezeiung einem ungläubigen Geſchlecht von neuem verkündet wurde, daß die Einheit „nicht von der Freiheit noch von nationalen Be= ſchlüſſen, ſondern nur von der Macht geſchaffen" werden könne; einer Macht bedürfe es gegen die andern Mächte, ihren Widerſpruch zu brechen, ihren Eigennuß von uns zu wehren. „In dieſem Sinne an die Spitze Deutſchlands tretend, erneue uns Preußen die wahrhafte Idee des Kaiſer= tums, wie ſie ſeit dem fünften Karl an der dynaſtiſchen Politik Oeſter= reichs zu Grunde gegangen iſt, erneue es uns das Reich deutſcher Nation, daß es nicht, wie der deutſche Bund war, eine träge Sumpflache ſei, die Machteiferſucht der Gewaltigen Europas aus einander zu halten, ſondern

---

1) Joh. Guſt. Droyſen, Geſchichte der preußiſchen Politik. Bd. I, 1855. Der vierzehnte, 1886 nach dem Tode des Verfaſſers († 19. Juni 1884) erſchienene Band (Teil V Abt. 4) führt bis zum Beginn des Jahres 1756.

2) Wiederabgedruckt in den „Abhandlungen zur neueren Geſchichte" Leipzig 1876, S. 134.

sich zwischen ihnen eine freie luftige Höhe erhebe, unter deren Schirm
ringsher die minder Mächtigen leben und weben können nach ihrer Art."
Nun hatte das Jahr 1850 die deutsche Frage im entgegengesetzten
Sinne gelöst. Wieder wie zu Ausgang des achtzehnten Jahrhunderts,
in den Tagen nach dem Zerfall des Fürstenbundes, wieder einmal, so
schrieb Droysen 1854 in seiner Anzeige[1]) des ersten Bandes von Häussers
„Deutscher Geschichte seit 1786", „steht Deutschland nach einem vergeb=
lichen Versuch innerer Reform vor einer europäischen Krisis; die er=
kannten und zugestandenen Schäden des deutschen Gesamtzustandes, deren
Abstellung vergebens versucht worden, sind einfach hergestellt." In
einem großen Geschichtswerke, dessen Verfasser die nationale Richtung
jener tapferen Generation der Zeit des Harrens und des Kampfes jetzt
nach dem Eintritt der Entscheidung im alten Geiste fortsetzt, ist an den
Historiker die Forderung gestellt worden, er solle selber fühlen und im
Herzen der Leser erwecken „die Freude am Vaterlande": in jenen trüben
Tagen war die Freude am Vaterlande Deutschlands besten Söhnen ver=
bittert, aber es blieb ihnen, wie Droysen es schon im Vorwort zu den
„Freiheitskriegen" (1846) ausgesprochen hatte, „die Liebe zum Vater=
lande und was mehr ist der Glaube an dasselbe". In dem Glauben
an das Vaterland, in jenem Glauben,

> „der sich, stets erhöhter,
> Bald kühn hervordrängt, bald geduldig schmiegt",

ist auch die „Geschichte der preußischen Politik" entworfen und fortge=
führt worden, bis „der Gedanke und die Hoffnungen sich verwirklicht
haben, in denen sie begonnen war"[2]).
An Widerspruch hat es dem Werke nicht gefehlt. Ein Onno
Klopp klagte den Verfasser, mit Sybel und Häusser wegen der „Revo=
lutionszeit" und der „Deutschen Geschichte seit 1786" und mit Bluntschli
wegen der Schrift über Pufendorf, als „kleindeutsche Geschichtsbau=
meister" an; aber auch in Preußen wurde die Geschichte der preußischen
Politik an allerhöchster Stelle nur mißgünstig aufgenommen. Von dem
Prinzen von Preußen dagegen verlautete bald, wie sehr er das Buch zu
schätzen wisse. Zu Beginn der „neuen Aera" wurde der Verfasser aus
Jena als Professor nach Berlin berufen.
Damit trat Droysen auch örtlich in den Mittelpunkt der preußischen
Geschichtsstudien. In ihrer Art ebenso ersprießlich wie seine eigene Be=
thätigung als Forscher und Schriftsteller wurde die Anregung zu pro=

---

1) Ebend. S. 153.
2) Aus dem Vorwort zu dem 1874 erschienenen fünften Hauptteil.

duktiver Arbeit, die er Anderen gab. Mit L. v. Ledebur, Preuß, Raufe und Riedel trat Droyſen zur Begründung der „Zeitſchrift für preußiſche Geſchichte und Landeskunde"[1]) zuſammen. In ſeinem Seminar war ſchon in Jena die neuere Geſchichte zum Gegenſtande der Verſuchsarbeiten gemacht worden, entgegen der bis dahin an unſern Univerſitäten aus= ſchließlich herrſchenden Praxis, welche die Uebungen der Anfänger auf das Gebiet der mittleren und alten Geſchichte beſchränkte. Von dem Studium des quellenarmen Altertums ausgegangen, empfand Droyſen auf das lebhafteſte die quantitative und qualitative Verſchiedenheit des Materials, mit welchem er auf ſeinem neuen Arbeitsfelde zu ſchaffen hatte. Es ſchien der Mühe wert, dieſen Unterſchied methodiſch zu for= mulieren und für die Quellenkritik den beſonderen Aufgaben gemäß, die ihr aus der veränderten Natur des Materials erwachſen, neue Grund= ſätze aufzuſtellen und zu entwickeln.

Quantitativ größer, iſt der Quellenvorrat für die neuere Geſchichte im Vergleich mit dem für die früheren Zeiten auch qualitativ beſſer; denn zunächſt iſt innerhalb des Kreiſes der eigentlichen Berichte der zeit= liche Abſtand zwiſchen dem Vorgange und dem Berichte über denſelben in der ganz überwiegenden Mehrzahl der Fälle ein weit kürzerer, als dies in der Ueberlieferung des Mittelalters und Altertums der Fall iſt, und zweitens haben wir dort nur ausnahmsweiſe, hier in der Neuzeit aber beinahe der Regel nach für die erzählenden Berichte von dem Ge= ſchehenen eine Kontrolinſtanz an jenen Zeugniſſen, die man treffend als Ueberreſte des Geſchehenen bezeichnet hat, die eben nicht Relata, ſondern Akta ſind: an Briefen, an Urkunden, an den im geſchäftlichen, dienſt= lichen Verkehr erwachſenen Schriftſtücken, Erlaſſen, Meldungen, Gut= achten, Depeſchen, Protokollen. Der Forſcher, der ſich vor eine im Laufe der letzten Jahrhunderte oder Jahrzehnte[2]) entſtandene Ueberlieferung ſtellt, hat vorerſt die Aufgabe, dieſe Ueberlieferung bis zu ihren Anfängen, bis zu ihren erſten Quellen zurückzuverfolgen, alſo den Gang ihrer Ent= ſtehung ſich zu vergegenwärtigen, die Zuflüſſe und Einflüſſe zu kenn= zeichnen, deren Zuſammenſtrömen ſie ihre letzte Geſtalt verdankt. Dieſer Teil der Aufgabe erfordert die Zuſammentragung und Durchforſchung der gedruckten Litteratur. Seit der Erfindung der Buchdruckerkunſt voll=

---

1) Berlin 1864—1883, 20 Bände. In der Redaktion folgten ſich R. Foß, P. Haſſel, David Müller, Conſtantin Rößler; unter den Mitherausgebern wird vom fünften Bande an auch M. Duncker auf dem Titel genannt.

2) Daß hiſtoriſche Mythenbildung bis in das neunzehnte Jahrhundert hin= einragt, hat M. Lehmann (Kneſebeck und Schön, Leipzig 1876) an ein paar ſehr kennzeichnenden Beiſpielen dargelegt.

zieht ſich die Geſchichte nicht mehr, wie bisher, gleichſam unter Aus-
ſchluß der Oeffentlichkeit; wenigſtens einem großen Teil des Geſchehenen
giebt die Druckerpreſſe, unter Mitwirkung der Handelnden, der Höfe, der
Kanzleien, der Hauptquartiere, von da ab Publizität, eine Publizität,
die von Jahrhundert zu Jahrhundert größer geworden iſt und ſich immer
neue Organe, erſt Flugblätter und Broſchüren und bald die periodiſche
Preſſe von den urwüchſigſten und einfachſten bis zu den künſtlichſten und
leiſtungsfähigſten Formen geſchaffen hat. Aus dem, was in der an Ausdehnung und Bedeutung immer wachſenden Publiziſtik an Nachrichten
und Meinungen litterariſch ſich ablagert, pflegt dann noch die mitlebende
Generation mit größerer oder geringerer Sorgfalt und Vollſtändigkeit in
kompilatoriſchen Darſtellungen eine Art Vulgata zu kodifizieren; dieſelbe
erleidet bei ihrer Fortpflanzung in Ableitungen und Ueberarbeitungen mit
der Zeit mancherlei Abwandlungen; ſie nimmt in dem Maße, als neuer
Stoff, brauchbarer oder unbrauchbarer, allmählich an die Oeffentlichkeit
gelangt, neue Züge an, ſo durch die Mitteilung von Denkwürdigkeiten
kundiger oder auch nur kundig ſcheinender Perſönlichkeiten. Gelang es,
die alſo entſtandene und fortgepflanzte Ueberlieferung auf ihre Beſtandteile
zu analyſiren, das Bild von Uebermalungen zu reinigen, das Spätere
von dem Früheren zu ſondern, die Ableitungen mittelſt der genealogiſchen
Kritik auf ihre Vorlagen zurückzuführen, die primären Quellen herauszu-
ſchälen, ſo ergiebt ſich doch ſofort die weitere Frage: wie weit entſprechen
dieſe urſprünglichen Zeugniſſe dem thatſächlichen Verlauf? Iſt das Bild
ein richtiges, iſt es ein vollſtändiges? Hier iſt der Punkt, wo das Studium der Akten, jener Ueberreſte des Geſchehenen, einzuſetzen hat, wo jene
Kontrolinſtanz anzurufen iſt, wo der Forſcher ſich aus der Bibliothek in
das Archiv begeben, aus der Historia publica, um die Leibniz'ſche Bezeichnung anzuwenden, in die Historia arcana vordringen muß. Da wollen
dann bei der Verwertung des maſſenhaften und mannigfachen Stoffes
die tauſend kleinen und feinen Unterſchiede gemacht werden, auf die ein
kritiſch angelegter Kopf durch ſeinen geſunden Menſchenverſtand geführt
werden wird, die aber gleichwohl methodiſch gelehrt und geübt zu werden
verdienen. Denn vergeſſen wir nie, daß die Klarheit über die metho-
diſchen Grundfragen der Quellenbenutzung, die heute dem jüngſten Adepten
der hiſtoriſchen Muſe mit leichter Mühe ſich erläutern laſſen, erſt durch
jahrelange Praxis der Altmeiſter unſerer Wiſſenſchaft erreicht worden iſt.
Es war ein epochemachender Fortſchritt, als Ranke für die Kritik neuerer
Geſchichtſchreiber das Axiom methodiſch formulierte, daß in jedem Geſchichtſchreiber nur die originalen Partieen eigentlichen Quellenwert
haben; aber die in ihrer primären Reinheit wiederhergeſtellte gedruckte

Ueberlieferung aus den handschriftlichen Zeugnissen zu vervollständigen und zu berichtigen, versuchte der Verfasser der „Geschichten der romanischen und germanischen Völker" noch nicht, und so war es wieder ein erheblicher Fortschritt, als Ranke auf die venetianischen Relationen stieß und sie während einer ganzen Periode seiner Forschertätigkeit als seine vornehmste Quelle ausbeutete, bis allmählich bei der Erschließung weiterer archivalischer Hülfsmittel auch dieser Standpunkt überwunden erschien. Heute ist es ein Gemeinplatz, daß diese zurückschauenden Schlußberichte, die Relazioni, nur bedingten Wert haben neben den Wochen- und Tagesberichten, den Dispacci ihrer Verfasser; und wiederum innerhalb dieser laufenden Berichterstattung der Diplomaten kennen und beachten wir für die historische Benutzung schon nach ganz äußerlichen Merkmalen eine Anzahl gröbere oder feinere Unterschiede, je nachdem die Depeschen in offener oder Geheimschrift verfaßt sind, durch Kurier oder durch die früher so indiskrete Post befördert wurden, durch die allgemeine Registratur gingen oder vertraulich nur für einen Einzigen, das Staatsoberhaupt oder den leitenden Staatsmann, bestimmt waren. Noch weiter aber, wie unzureichend bleibt die gesamte diplomatische Berichterstattung ohne die gleichzeitige Kenntnis der Weisungen, welche der Gesandte von seinem Auftraggeber erhalten hat, und ohne die Benutzung des Archivs derjenigen Regierung, bei der er beglaubigt war und über deren Politik er berichten sollte; wie war vor jetzt fünfzig Jahren unsere Kenntnis von der auswärtigen Politik Friedrichs II. beschaffen, als von politischen Korrespondenzen im Wesentlichen nur die von Raumer mitgeteilten Berliner Gesandtschaftsberichte der Engländer vorlagen! Jetzt ließe sich auf Grund der zehntausend Nummern, die bisher sich in der Sammlung der „Politischen Korrespondenz Friedrichs des Großen" abgedruckt finden und die doch sämtlich Zeugnisse ersten Ranges, persönlichster Art, d. h. von dem Könige selbst oder nach seiner unmittelbaren Anweisung geschrieben sind, eine ganze Methodik abstufen; wir werden hier auf den ersten Blick gewahr, wie der Absender für jeden Empfänger seine Briefe und Erlasse verschieden einrichtet, wie er gleichsam aus der Individualität seiner Korrespondenten heraus denkt und schreibt, wie er einem jeden Gesandten gewöhnlich nur das mitteilt, was demselben auf seinem Posten zu wissen notwendig ist, und wie er selbst gegen seine Vertrautesten oft genug mit seinen innersten Gedanken zurückhält. —

So wenig Droysen die einigermaßen unklaren Vorstellungen derjenigen Fachgenossen teilte, die über ihre archivalischen Funde die wissenschaftliche Durcharbeitung der gedruckten Ueberlieferung und ihrer Metamorphosen vernachläsfigten, so verkannte er doch keinen Augenblick, daß der Schwerpunkt der Forschungen zur neueren Geschichte in dem Akten=studium liege. Mit dem, was er selbst in seiner Darstellung der preu=ßischen Geschichte an authentischer Kunde aus den Archiven mitteilte, glaubte er dem Bedürfnis mitnichten Genüge geschehen. Gerade jetzt war in München die historische Kommission der bayerischen Akademie zusammengetreten; in dem Programm ihrer Editionsarbeiten standen neben den großen Urkundenbüchern und Chronikensammlungen für das ausgehende Mittelalter auch Publikationen zur neueren Geschichte, die sich aber vorzugsweise auf die Zeiten des vorwaltenden Einflusses der Wittelsbacher, auf die zweite Hälfte des sechzehnten Jahrhunderts und die erste des siebzehnten erstrecken sollten. Gewiß hatten die Vertreter der preußischen Geschichtsforschung keine geringere Veranlassung, ihrerseits in der Heimat Aktenpublikationen zur Geschichte Brandenburgs und Preußens zu befürworten. Im Verein mit Max Duncker, der gleichfalls 1859 nach Berlin übergesiedelt war, trat Droysen mit Nachdruck und mit Erfolg für die Abtragung einer Ehrenschuld gegen die vaterländische Vergangenheit, für die Inangriffnahme systematischer Publikationen ein. Sein „Staat des Großen Kurfürsten" war noch nicht abgeschlossen, als die Arbeiten für die Sammlung der „Urkunden und Aktenstücke zur Geschichte des Kurfürsten Friedrich Wilhelm" bereits begonnen hatten, wie später den beiden ersten Bänden seines „Friedrich der Große" noch umfassender angelegte Publikationen zur Geschichte dieses Königs auf dem Fuße folgten.

Dem einen wie dem anderen Unternehmen gelang es Unterstützung aus öffentlichen Mitteln zu erwirken. Die erste Publikation nahm der Kronprinz unter seine Auspicien. Schon am 20. Juli 1861 überreichten dem erlauchten Protektor Duncker, damals dessen vortragender Rat in politischen Angelegenheiten, Droysen und der Archivrat Theodor von Mörner ein Gutachten, welches den Plan für die Sammlung entwickelte und dieselbe als eine erste Serie dachte, der weitere für die spätere preußische Geschichte dereinst zu folgen haben würden: es gelte, „der Forschung das ihr unentbehrliche Material in weiterem Umfange, als dies bisher der Fall gewesen, zugänglich zu machen und ihr zugleich diese Unterlage in übersehbarer und geordneter Form vorzulegen; je zweckmäßiger dieses Material ausgewählt und gesichtet, je korrekter und umfassender dasselbe publizirt würde, um so eifriger würde sich die deutsche Forschung desselben bemächtigen, um so spontaner würde sie es verwerten, um so reichere Früchte aus demselben zu ziehen wissen". Drei Jahre später erschien, von Erdmannsdörffer bearbeitet, der erste Band der „Urkunden und Akten" [1]).

Für entsprechende Leistungen zur Geschichte Friedrichs des Großen wurde die Beihülfe der Akademie der Wissenschaften, die in Friedrich ihren Wiederhersteller verehrt, gewonnen. Fast zwei Jahrzehnte hindurch hatte die Akademie die Gesamtausgabe der „Œuvres de Frédéric le Grand" unterstützt, sich dann aber für längere Zeit aus diesen Bereichen zurückgezogen, bis nun 1874 Droysen und Duncker, inzwischen in die gelehrte Körperschaft eingetreten, derselben in einer Denkschrift [2]) eine gesteigerte Pflege der neueren vaterländischen Geschichte an das Herz legten und insonderheit eine Reihe von Aufgaben bezeichneten, die für die Geschichte Friedrichs II. noch zu lösen seien. Zunächst kam es, nachdem Droysen schon 1873 in der Akademie „Ueber eine Flugschrift von 1743" gelesen hatte, für die er den Ursprung aus Friedrichs Kabinet nachzuweisen vermochte, zu einer Sammlung und Neuherausgabe derjenigen Staatsschriften, die seit 1740 den Standpunkt der preußischen Politik vor der Oeffentlichkeit vertreten haben [3]); der Herausgeber hatte den einzelnen Manifesten, Deduktionen, Flugblättern u. f. w. an der Hand der Akten Einleitungen vorauszuschicken, die das volle Verständnis jeder dieser Schriften durch Darlegung ihrer Genesis und ihrer Zusammenhänge, durch den Nachweis ihrer Gesichtspunkte, der Zeit der Entstehung, des Verfassers, ihrer praktischen Wirkung erschließen sollen. Für die Bedeutung, welche diese publizistischen Schriften für die Ausbildung der historischen Tradition gehabt haben, mag ein Beispiel angeführt sein. In den Darstellungen der Vorgeschichte des siebenjährigen Krieges bis auf die archivalischen Entdeckungen der jüngstverflossenen Jahre ist immer die Rolle Rußlands erheblich unterschätzt, ja falsch aufgefaßt worden, im letzten Grunde doch wesentlich aus der Ursache, weil die preußischen Staatsschriften von 1756, zu einer Zeit, wo man Rußland schonen wollte, noch gewinnen zu können glaubte, das, was man in Berlin von den Umtrieben Rußlands wußte, absichtlich verschwiegen.

Fast gleichzeitig ließ die Akademie die Vorbereitungen zu einer zweiten, weit größeren friderizianischen Publikation treffen. Das Seitenstück zu der Sammlung des privaten, literarischen wie freundschaftlichen

---

1) Urkunden und Aktenstücke zur Geschichte des Kurfürsten Friedrich Wilhelm von Brandenburg. Auf Veranlassung Seiner Königlichen Hoheit des Kronprinzen von Preußen. Band I—XI. Berlin 1864—87. Vgl. unten S. 33.

2) Vgl. historische Zeitschrift XL, 171.

3) Preußische Staatsschriften aus der Regierungszeit König Friedrichs II. Bd. I. II, bearbeitet von R. Koser, Berlin 1877. 1885 (bis 1755).

Briefwechsels in den Œuvres (Bd. XVI—XXVII) bildet die auf mindes=
stens dreißig Bände veranschlagte „Politische Korrespondenz Friedrichs
des Großen": „Die Kommentare seiner Thaten, seine philosophischen
Abhandlungen, seine poetischen Versuche, sein reicher litterarischer Brief=
wechsel waren doch nur die Frucht seiner Muße oder vielmehr die Er=
zeugnisse einer unvergleichlichen Aktivität, die nur in dem Wechsel der
Spannung Erholung suchte und fand. Hoch überragt sind die Früchte
dieser Stunden von den Früchten des Tages, die Arbeit des Schrift=
stellers von der Arbeit des Regenten" [1].

Dieweil diese offiziellen Veröffentlichungen in Gang gebracht wurden,
feierte auch die archivalische Forschung der Privaten nicht. Von 1867
bis 1875 leitete Duncker das preußische Archivwesen; immer mehr füllten
sich während dieser Verwaltung die Benutzerzimmer der einzelnen Archive.
Die Glückwunschadresse, welche nachmals die philosophische Fakultät der
Berliner Universität Duncker zu seinem fünfzigjährigen Doktorjubiläum
überreichen ließ, sprach es rühmend aus, daß unter seiner Leitung zuerst
jener freie Geist in das preußische Archivwesen eingezogen sei, der seitdem
so viele Forschungen gefördert, so manchem die Durchführung seiner
wissenschaftlichen Arbeiten erst ermöglicht habe. Duncker selbst ließ in
der Fortführung seiner Geschichte des Altertums eine Pause eintreten,
welche durch das Studium der vaterländischen Vorzeit ausgefüllt wurde;
er drang mit bahnbrechenden Abhandlungen [2] auch in die Geschichte des
von der archivalischen Forschung noch kaum erreichten neunzehnten Jahr=
hunderts vor und löste auch für Andere die Siegel, die bisher die Zeug=
nisse einer so nahen Vergangenheit verschlossen hatten; Heinrich von
Treitschke konnte sich anschicken, auf dem Untergrund dieser Zeugnisse
eine Gesamtdarstellung der neuesten deutschen Geschichte aufzubauen.

Als H. von Sybel 1875 an die Spitze der preußischen Archive
trat, konnte er konstatieren, daß seit dem Regierungsantritt Seiner Ma=
jestät des Kaisers der privaten Forschung Schritt für Schritt ein weiteres
Feld eröffnet sei. „In einer anderen Beziehung aber standen die Leistungen
der preußischen Archive noch hinter denen mehrerer benachbarten Nationen

---

1) Politische Korrespondenz Friedrichs des Großen, Berlin 1879, Bd. I,
Vorwort S. VIII. Bis 1887 sind fünfzehn Bände erschienen, die bis zum
31. Okt. 1757 führen; von Bd. XI an hat A. Naudé die vorher von dem Schreiber
dieser Zeilen besorgte Editionsarbeit übernommen.

2) Die bedeutendsten derselben (vgl. unten S. 44. 47. 48.) sind in zwei Samm=
lungen wiederholt worden: M. Duncker, Aus der Zeit Friedrichs des Großen und
Friedrich Wilhelms III, Leipzig 1876, und: Abhandlungen aus der Neueren Ge=
schichte, Leipzig 1887, nach Dunckers Tode († 21. Juli 1886) her. von H. v. Treitschke.

zurück, in der eigenen Thätigkeit für die Veröffentlichungen ihrer hiſtoriſchen Dokumente [1])."

In Frankreich hatte — wenn die folgenden Daten des Vergleichs
halber geſtattet ſind — ſchon 1834 Guizot als Miniſter bei Vor-
legung des Budgets einen Poſten für die Veranſtaltung einer Sammlung franzöſiſcher Geſchichtsquellen beantragt; es entſtand die Collection
de documents inédits de l'histoire de France, in der bis jetzt etwa
ſechzig verſchiedene Werke vorliegen, darunter neben mittelalterlichen
Quellen die Sammlungen der Korreſpondenzen Heinrichs IV., Richelieus,
Mazarins, ein großes Bruchſtück der Correspondance administrative sous
Louis XIV., die Urkundenbücher zur Geſchichte der Beziehungen Frankreichs zu Toskana und zu der Levante von Desjardins und Charrière,
die Publikation von Mignet für die Vorgeſchichte der ſpaniſchen Suc-
ceſſionsfrage, die elf Bände der Mémoires militaires relatifs à la guerre
de la succession d'Espagne. Gleichwohl haben ſich im Laufe der Zeit,
nachdem inzwiſchen noch das zweite Kaiſerreich in den dreißig Bänden der
Correspondance de Napoléon Ier dem erſten Empire ein großartiges
litterariſches Denkmal geſetzt hatte, die Reſſortminiſterien es nicht nehmen
laſſen, aus eigener Initiative und auf eigene Koſten noch ihre beſondern
Publikationen zu veranſtalten. So veröffentlicht jetzt das franzöſiſche
Finanzminiſterium die Korreſpondenz der Generalkontroleure nach Colbert
und, als ein unſchätzbares Material für den Zuſtand der franzöſiſchen
Provinzen zu Ausgang des ſiebzehnten Jahrhunderts, die großen Ueber-
ſichten, welche damals die Intendanten der einzelnen Generalitäten zur
Belehrung für den präſumptiven Thronfolger, den Herzog von Burgund,
zuſammengeſtellt haben; ſo hat das auswärtige Miniſterium ſeine Publikationen mit einer großen Sammlung der den Vertretern Frankreichs
auf den ſtändigen Geſandtſchaftspoſten beim Antritt ihrer Miſſion erteilten Inſtruktionen und mit einem Regeſtenwerk, das ſich nach und
nach auf die geſamte diplomatiſche Korreſpondenz erſtrecken ſoll, eröffnet.
Die Spanier folgten den Franzoſen 1842 mit ihrer ſchon im Titel an
das franzöſiſche Vorbild ſich anlehnenden, jetzt auf mehr als achtzig
Bände angewachſenen Colecion de documentos ineditos, und in Portugal
wurde in demſelben Jahre der Quadro elementar das relações politicas
e diplomaticas als eine ſyſtematiſche Regeſtenſammlung für die auswärtige
Politik des Königreiches während der neueren Jahrhunderte begonnen.
Belgien hatte wenige Jahre nach der Unabhängigkeitserklärung eine
hiſtoriſche Kommiſſion beſtellt, deren Leitung Gachards Lebenswerk ge-

---

1) Aus dem Prospect zu den Archiv-Publikationen.

worden ist; zwar kam Gachards ursprünglicher Plan, die Herausgabe eines einheitlichen, zur Aufnahme sämtlicher belgischer Geschichtsquellen bestimmten Corpus rerum belgicarum, nicht zur Ausführung; wohl aber ist dort in zahllosen Einzelwerken, in der Collection des chroniques belges inédites, in der Ausgabe der Ständeakten für einige der bedeutendsten Sessionen der Generalstaaten, in der Sammlung der belgischen Ordonnanzen des achtzehnten Jahrhunderts, in der niederländischen Correspondenz Philipps II., Margaretens von Parma, Granvellas u. f. w., wohl mehr als in irgend einem anderen Staate geleistet worden, auch ungerechnet die in die Jahre 1858 bis 1876 fallende, durch die 45 Teile der Mémoires relatifs à l'histoire de Belgique bezeichnete Thätigkeit der Société de l'histoire de Belgique. Holland teilte sich mit dem Nachbarland in die Arbeit, und Groen van Prinsterer verewigte seine Archiv=verwaltung vor allem durch die Herausgabe der Archives de la maison d'Orange-Nassau. Am planmäßigsten aber ging seit den sechziger Jahren in London der Master of the rolls vor, mit seiner großen Regesten=sammlung für alle Gebiete der neueren Staatsgeschichte Englands, dessen auswärtige und innere, irische und Colonialpolitik. Ursprünglich als Hülfsmittel für den Handgebrauch im Archiv gedacht, haben diese Ka=taloge, diese Calendars of State Papers, sich zu erschöpfenden, dem Be=dürfnis der wissenschaftlichen Forschung genügenden Inhaltsverzeichnissen des gesamten Aktenvorrates erweitert, die sich jetzt über das ganze sechzehnte Jahrhundert seit Heinrich VIII. und einen großen Teil des siebzehnten erstrecken, in der Domestic Series auch schon das achtzehnte Jahrhundert erreicht haben, während sich in den nach demselben Prinzip angelegten Publikationen von Bergenroth und Gayangos und von Rawdon Brown für die Beziehungen Englands zu Spanien, bezw. zu Norditalien, auch die auswärtigen Archive ausgebeutet finden. Das schwedische Reichs=archiv hat seit 1861 ununterbrochen seine Publikationen (Handlingar rörande Sveriges historia) erscheinen lassen. In Rußland ist seit dem Thronwechsel von 1855 archivalisches Material in ganzen Fluten an die Oeffentlichkeit gelangt. In Wien sehen die Fontes rerum Austriacarum und das Archiv für österreichische Geschichtsforschung auf eine stattliche Reihe von Bänden zurück; in Budapest kommen die Monumenta Hungariae historica sowohl der Geschichte des Mittelalters wie der der Neu=zeit zu Gute. Neuerdings endlich hat die Deputazione di Storia Patria zu Turin im Vorwort des ersten Bandes ihrer Sammlung der Relazione diplomatiche della monarchia di Savoia nichts Geringeres angekündigt, als eine Veröffentlichung der ganzen Masse der im Turiner Archiv befind=lichen Denkmäler der auswärtigen Politik aus der Zeit von 1559 bis 1814.

Die Anregung zu den „Publikationen aus den preußischen Staats=
archiven", mit denen diese Archive unter H. von Sybels Leitung an dem
Wettbewerb der Nationen sich beteiligt haben, ist von dem Fürsten
Bismarck ausgegangen, welchem als Ministerpräsidenten die Archivver=
waltung untergeordnet ist. Der preußische Landtag bewilligte eine er=
hebliche Erhöhung der bescheidenen Summen, die bisher im Etat der
Archive für Publikationszwecke ausgesetzt waren. Da anderseits auch die
Fonds für die Veröffentlichungen zur Geschichte des Großen Kurfürsten
und Friedrichs II. flüssig blieben, so konnten von nun an die vereinten
Kräfte mit sehr ausgiebigen Hülfsmitteln für die Aufgaben der vater=
ländischen Geschichtsforschung arbeiten. Der Archivdirektor widmete seine
eigene Arbeitskraft nicht bloß den Publikationen der von ihm geleiteten
Behörde, sondern ebenso den Veröffentlichungen der Akademie, in deren
Kommission für die Herausgabe der Politischen Korrespondenz Friedrichs
des Großen er Droysen und Duncker an die Seite trat.

Von den „Publikationen aus den Preußischen Staatsarchiven" sind
in einem Zeitraum von noch nicht ganz zehn Jahren volle dreißig
Bände erschienen. Auf Auswahl des Stoffes und Anwendung der Be=
standteile nach einem sachlich=systematischen Plan war, wie in Frankreich
bei der Collection de documents inédits, aus wohlerwogenen Gründen
von vornherein verzichtet worden, vor allem um Zeitverlust zu vermeiden
und die Aufwendung der geeigneten Arbeitskräfte nicht zu erschweren.
Die Sammlung vereinigt Material aus den verschiedensten Zeiten und
Bereichen, von den Urkunden des Mittelalters bis zu den Depeschen Bis=
marcks vom Frankfurter Bundestage; die einzelnen Werke halten sich teils
in den Grenzen einer kürzeren Periode, teils geben sie, wie M. Lehmanns
„Preußen und die katholische Kirche seit 1640" (Publ. I. X. XIII.
XVIII. XXIV) und Stadelmanns Publikation über das Verhältniß der
preußischen Könige zu der Landeskultur (Publ. II. XI. XXV. XXX),
den Längenschnitt einer historischen Entwickelung; sie fördern nicht bloß
die im eigentlichen Sinne preußische Geschichte, sondern betreffen teilweise
auch die Zeiten der territorialen Selbständigkeit heutiger preußischer
Landesteile; sie lassen bald die Zeugen der Vergangenheit für sich selbst
reden, bald erläutern und ergänzen sie deren Aussage durch kritisch=
litterarische oder darstellende, umfangreichere oder gedrängtere, Ein=
leitungen.

Vieles ist bereits geleistet, bedeutende Resultate sind erzielt; aber
mehr noch bleibt zu thun. Ganze, weite Gebiete sind von der Thätig=
keit der Editoren doch noch kaum in Angriff genommen worden. Schon
jene 1874 der Akademie vorgelegte Denkschrift bezeichnete als eine un=

2*

erläßliche wissenschaftliche Aufgabe die Vorbereitung einer aktenmäßigen Geschichte der inneren Politik Friedrichs II., und zehn Jahre später wiederholte G. Schmoller[1]): „Was an quellenmäßiger Publikation in dieser Richtung vorliegt, ist unbedeutend, teilweise verfehlt in der Aus= wahl, überwiegend von Zufall und Dilettantismus geboten." Es steht nicht besser um die anderen Epochen der brandenburgisch=preußischen Ver= waltungsgeschichte. Hier liegt uns aus Jahrhunderten ein Material vor, das selbst bei größter Beschränkung in der Auswahl dereinst viele Bände füllen wird; es eröffnet sich ein weites Arbeitsfeld, auf welchem tüchtig geschulte Kräfte unter kundiger, zielbewußter Leitung sich be= währen mögen. Die Richtung ist gegeben, überall sind bereits die Weg= weiser aufgepflanzt, sind der Forschung „neue Stollen eröffnet", um das Bild zu gebrauchen, mit welchem Schmoller einmal Zweck und Bedeu= tung der zahlreichen Abhandlungen[2]) andeutet, in denen er einige Haupt= ergebnisse seiner fünfundzwanzigjährigen Archivstudien niedergelegt, die Grundzüge einer künftigen preußischen Verwaltungs= und Wirtschafts= geschichte gezeichnet hat.

Den Versuchen, die von dem der Wissenschaft so früh entrissenen Isaacsohn und von Bornhak[3]) gemacht worden sind, schon heute die Ent= wickelung der inneren Geschichte Preußens wenigstens unter einem be= stimmten Gesichtspunkte darstellend zusammenzufassen, hat Schmoller bei aller Anerkennung für den Fleiß und den Mut der Verfasser schwer= wiegende Bedenken entgegengesetzt. Die Lücken und Mängel dieser ver= dienstlichen Werke ergeben sich aus der Natur der Aufgabe; man darf dieselben in eine Linie stellen mit den französischen Verwaltungsgeschichten von Dareste und Cheruel, wie man Riedels Buch über die Geschichte unseres Staatshaushalts[4]) mit Bailly's französischer Finanzgeschichte ver= gleichen mag: die Kompendien der drei genannten französischen Forscher bezeichneten vor einem, bezw. zwei Menschenaltern dort zu Lande einen sehr bedeutenden Fortschritt, einen mutigen, aber noch nicht zum Ziele führenden Anlauf; sie waren zusammenfassend und deshalb Jedermann willkommen und unentbehrlich; aber sie konnten nicht abschließend sein

---

1) Jahrbuch für Gesetzgebung, Verwaltung und Volkswirthschaft, VIII, 1.
2) Vgl. die Gesamtanzeige derselben in H. v. Sybels historischer Zeitschrift, LVII, 487.
3) Isaacsohn, Geschichte des preußischen Beamtenthums, Berlin 1874— 1884, Bd. I—III (bis 1756). Bornhak, Geschichte des preußischen Verwal= tungsrechts, Berlin 1884—86, 3 Bde. Dazu Schmoller im Jahrbuch für Gesetz= gebung u. s. w. X, 244.
4) Riedel, der brandenburgisch=preußische Staatshaushalt in den beiden letzten Jahrhunderten. Berlin 1866.

und sind heute dort teils durch die rastlos vorrückenden, vortrefflich ge=
leiteten Archivpublikationen, teils durch monographische Darstellungen
weit überholt, wenn auch als Kompendien noch nicht ersetzt.

Von den größeren Gesamtdarstellungen der brandenburgisch=preu=
ßischen Geschichte ist das durchaus auf solider kritischer Grundlage auf=
gebaute Werk von Stenzel[1]) unvollendet geblieben und heute durch
die Forschung überholt, obgleich man dasselbe noch immer gelegentlich
mit Nutzen vergleichen wird.   Die bändereichen Darstellungen von F.
Eberty und E. v. Cosel, die eine fortschrittlich, die andere konservativ
gefärbt, konnten schon vor zwanzig Jahren bei ihrem Erscheinen den
Ansprüchen der Kritik nicht genügen[2]).   Unter den gedrängteren Ueber=
sichten erfreut sich die zweibändige „Preußische Geschichte" von W. Pierson
der weitesten Verbreitung; sie hat bereits die vierte Auflage (1881) er=
zielt.   Gleichen Umfanges, aber dem Geschmack des breiten Lesepublikums
weniger entgegenkommend ist die in den Kreisen der Schulmänner als
brauchbar anerkannte „Geschichte des brandenburgisch=preußischen Staats"
von F. Voigt (4. Aufl.).   Den neuesten Versuch zu populärer Zu=
sammenfassung des durch die Forschung Gesicherten bietet die auf fünf
Bändchen angelegte „Preußische Geschichte" von H. Brosien, deren erste
Abteilung (Leipzig und Prag 1887) die Geschichte der Mark bis zur
Reformation erzählt[3]).

Die folgende Zusammenstellung, welche für einzelne Perioden die
vorausgeschickten allgemeinen Nachweise ergänzen soll, trifft eine Aus=
wahl aus denjenigen neueren Erscheinungen, welche den gegenwärtigen
Stand unseres Wissens bezeichnen, und nennt von älteren Werken nur
solche, die einen dauernden Wert behauptet haben oder als Etappen in
dem früheren Gange der Forschung Erinnerung verdienen[4]).   Ich darf

---

1) G. A. H. Stenzel, Geschichte des preußischen Staates Bd. I—V, Ham=
burg 1830—55 (bis 1763). Die Fortsetzung bildet: E. Reimann, Neuere Gesch.
des Preuß. Staates vom Hubertsburger Frieden bis zum Wiener Kongreß, Bd. I
(bis 1774), Gotha 1882.

2) Vgl. die Rezensionen: Histor. Zeitschrift XXIII, 202. 408; XXXIII, 447.
Zeitschrift für Preuß. Gesch. V, 117.

3) Ueber einige andere, zum Teil seit lange fest eingebürgerte Lehr= und
Handbücher vgl. R. Foß in der Zeitschrift für Preuß. Gesch. V, 5.

4) Weitere Nachweise geben: K. Kletke, die Quellenschriftsteller zur Ge=
schichte des preußischen Staates, Berlin 1858 (behandelt die Chroniken der da=
maligen Provinzen des preußischen Staats); K. Kletke, Urkundenrepertorium für
die Geschichte des preußischen Staates, Berlin 1861; [K. Kletke] Allgemeine
Bücherkunde des Brandenburgisch=Preußischen Staates, Berlin 1871 (berücksichtigt

mir nicht anmaßen, die Fachgenoſſen mit dieſen Andeutungen belehren zu wollen; es wird vornehmlich beabſichtigt, den außerhalb des zünftigen Betriebes ſtehenden Freunden der vaterländiſchen Geſchichte Fingerzeige für die Zwecke des Selbſtſtudiums zu geben.

An der Schwelle der brandenburgiſchen Geſchichte ſtehen wir vor der Frage nach der Abſtammung der heutigen Bevölkerung, nach dem Ver= hältnis des germaniſchen Elementes zu dem ſlawiſchen, wobei die Unter= frage[1]) geſtellt worden iſt, ob ſich durch die Zeiten der ſlawiſchen Herr= ſchaft hindurch deutſche heidniſche Ueberbleibſel erhalten haben, welche dann den deutſchen Charakter der askaniſchen Staatsbildung verſtärkt hätten. Auf vier Wegen iſt die Beantwortung verſucht worden: durch Schlüſſe aus den Ortsnamen[2]); durch Berückſichtigung der Dorfanlagen und der Flureinteilung nach ſlawiſchen, deutſchen, flämiſchen Hufen[3]); durch umfaſſende, an den Schulkindern angeſtellte Erhebungen über den Typus, Haar= und Augenfarbe der heutigen Bevölkerung, wobei ſich für die Mark ein Vorwiegen des ſpezifiſch germaniſchen, blauäugig=blonden Typus ergeben hat[4]); endlich, für die Unterfrage, durch Heranziehung der noch heute im Volke fortlebenden mythologiſchen Reminiscenzen an Wodan, bezw. an Frigg, welche, in provinziell geſchloſſenen „Aberglaubens= kreiſen" verſchieden, als autochthone, aus der germaniſchen Heidenzeit der

---

nicht die Geſchichte der einzelnen Perioden, ſondern verzeichnet nur die allgemeinen Werke für den ganzen Staat und die einzelnen Provinzen). Ueber die Erſcheinungen der letzten zwei Jahrzehnte: das Geſamtregiſter zu der Zeitſchrift für Preußiſche Geſchichte (Bd. XX); dazu ſeit 1878 die einſchlägigen Kapitel der „Jahresberichte der Geſchichtswiſſenſchaft"; endlich die Regiſter der „Hiſtoriſchen Zeitſchrift".

1) Die entgegengeſetzten Auffaſſungen vertreten: Wendt, Die Nationalität der Bevölkerung der deutſchen Oſtmarken vor dem Beginn der Germaniſirung, Göt= tinger Diſſ. 1878; Die Germaniſirung der Länder öſtlich der Elbe, Programm der Ritterakademie zu Liegnitz 1884; und Plathner, Ueber Spuren deutſcher Bevöl= kerung zur Zeit der ſlawiſchen Herrſchaft (Forſchungen zur deutſchen Geſchichte XVII. XX). Eine kurze, ſchneidende Ablehnung der letzteren Hypotheſe bei Müllen= hoff, Deutſche Altertumskunde II, 373.

2) Daß dabei große Zurückhaltung geboten iſt, betont die muſtergültige Unterſuchung von Brückner, Die ſlawiſchen Anſiedelungen in der Altmark und im Magdeburgiſchen, Leipzig 1879; vgl. dort S. 22.

3) Vgl. A. Meitzen, die Ausbreitung der Deutſchen in Deutſchland (Jahr= bücher für Nationalökonomie und Statiſtik XXXII, Jena 1879).

4) Vgl. Virchow im Correſpondenzblatt der deutſchen Geſellſchaft für An= thropologie XVI, 1885, ſowie Archiv für Anthropologie XVI, 275—475.

späteren Mark stammende, nicht erst bei der deutschen Neubesiedelung mitgebrachte Ueberlieferungen betrachtet worden sind[1]).

Die sogenannten prähistorischen Studien versagen auf diese Fragen die Antwort; denn ihre Gräberfunde an Geräten und an Schädeln bieten wohl eine Handhabe, uralte aufeinanderfolgende Kulturperioden bestimmter oder unbestimmter gegen einander abzugrenzen, ermöglichen aber an sich nicht, die Träger der einzelnen Kulturen für eine bestimmte Nationalität in Anspruch zu nehmen[2]). Dagegen sind durch Münz-funde unmittelbare, sehr willkommene Zeugnisse für die historischen Zeiten gewonnen worden. Die 1881 bei Michendorf ausgegrabenen Münzen[3]) haben die Geschichtlichkeit und Leibhaftigkeit des letzten brandenburgischen Wendenfürsten Heinrich-Pribislaw und seiner Gemahlin Petrissa[4]), welche überseine Kritik kurz vorher in das Reich der Fabel hatte verweisen wollen[5]), in unwiderleglicher Weise festgestellt.

---

1) Vgl. W. Schwarz in den Märkischen Forschungen VIII. XX. — W. v. Schulenburg, Wendisches Volkstum in Sage, Brauch und Sitte, Berlin 1882. Ich bemerke, daß ein französischer Forscher, der die brandenburgisch-preußische Geschichte zu seinem Spezialstudium gemacht hat, im Gegensatz gegen die in Frankreich landläufige Auffassung eine radikale Germanisation annimmt: E. Lavisse, Etudes sur l'histoire de Prusse, Paris 1885 (2. Aufl.). Das Buch behandelt die Gründung der Mark, die Gründung des preußischen Ordensstaates und (nach Beheim-Schwarzbach) die Kolonisationen der Hohenzollern im siebzehnten und achtzehnten Jahrhundert. Mit den neueren Forschungen im Allgemeinen wohlvertraut und ernsthaft bemüht, in das Wesen der preußischen Geschichte und des preußischen Staates einzudringen, zieht doch der Verfasser aus seinen Studien schließlich eine höchst schiefe Nutzanwendung: „La destinée de la Prusse, comme le montre son histoire, prise à ses origines, est de s'accroître sans cesse" (p. 71). Ueber eine amerikanische Darstellung der älteren brandenburgischen und preußischen Geschichte (Tuttle, History of Prussia, Boston 1885) vgl. meine Notiz in der Historischen Zeitschrift LV, 319.

2) E. Friedel, Die Stein-, Bronze- und Eisenzeit in der Mark Brandenburg, Berlin 1878, beklagt (S. 18), daß die Schädelkunde noch nicht so weit vorgeschritten sei, um einfach die ältesten märkischen Schädel von guten Kraniologen ethnologisch bestimmen lassen zu können. Ueber die Ergebnisse der Ausgrabungen u. s. w. unterrichten die „Verhandlungen der Berliner Gesellschaft für Anthropologie, Ethnologie und Urgeschichte" (Beilage zu der „Zeitschrift für Ethnologie"), seit 1878 auch die „Jahresberichte der Geschichtswissenschaft". Im Erscheinen ist: Voß und Stimming, die vorgeschichtlichen Alterthümer der Mark Brandenburg. Daneben die Organe der deutschen Ges. für Anthropologie („Archiv für Anthropologie" und „Correspondenzblatt").

3) A. v. Sallet, Zur ältesten Münzkunde und Geschichte Brandenburgs, Berlin 1881. (Sep.-Abzug aus der Zeitschrift für Numismatik.)

4) Vgl. O. v. Heinemann, Albrecht der Bär, Darmstadt 1864, S. 107. 179.

5) Schirren, Beiträge zur Kritik älterer holsteinischer Geschichtsquellen,

Für die äußere Geschichte der askanischen Zeit kann von Nach=
weisungen hier abgesehen werden. Die Leser dieses Heftes finden solche
in reicher Anzahl in dem dritten Artikel, dessen Verfasser, veranlaßt
durch einen erfreulichen Fund, die bisher unbekannte Trierer Handschrift
einer Ueberarbeitung der verlorenen märkischen Fürstenchronik, es unter=
nommen hat, alles was von dieser Chronik in Ableitungen oder sonstigen
Spuren sich nachweisen ließ zusammenzustellen und durch einen dem
heutigen Stande der Forschung entsprechenden historischen Kommentar
zu erläutern. Riedels Buch über die inneren Zustände des Landes in
den ältesten Zeiten (vgl. oben S. 5) ist durch eine andere Gesamt=
darstellung noch nicht ersetzt[1]). Die in den Fragen der märkischen
Gerichtsverfassung von Kühns[2]) gegen Riedel erhobenen Einwände sind
von der neuesten Forschung zum Teil abgelehnt worden[3]). Die Gerichts=
verfassung Berlins hat von zwei Seiten her, durch Sello und Holtze jun.,
monographische Behandlung erfahren[4]). Was Holtze an der Berliner
Handelspolitik[5]) als charakteristisch erkennt, hat Schmoller als das all=
gemeine System der städtischen Handelspolitik im späteren Mittelalter
gekennzeichnet: die Richtung auf die Ausbildung eines städtischen Sonder=
rechtes, deren Ergebnis war, „daß jede, jedenfalls jede größere, über
4—5000 Einwohner hinauswachsende Stadt ein handelspolitisches System
für sich darstellte, das trotz Hansabund, trotz Städtevereinigung und

Leipzig 1876, wo in dem Kapitel „Der Slawenheinrich" der Versuch gemacht
wird, den Heinrich=Pribislaw als eine Erfindung der Prämonstratenser von
Brandenburg hinzustellen, die ihren Slawen=Heinrich brauchten, weil die Cister=
zienser von Schwerin ihren Heinrich=Burewin hatten.

1) Ueber Zimmermanns Städteverfassungen vgl. oben S. 5. Ueber die mär=
kischen Städte vor Ausbruch des dreißigjährigen Krieges vgl. Jastrow, Die Volks=
zahl deutscher Städte, Berlin 1886, Beilage 2. Für die ländlichen Verhältnisse
sind die bedeutendsten Erscheinungen seit Riedel: Korn, Gesch. der bäuerlichen
Rechtsverhältnisse in der Mark (Zeitschrift für Rechtsgeschichte XI, 1873). U.
Meitzen, Der Boden und die landwirthschaftlichen Verhältnisse des preußischen
Staats vor 1866. Berlin 1868.

2) Kühns, Geschichte der Gerichtsverfassung und des Prozesses in der Mark
Brandenburg vom zehnten bis zum Ablauf des fünfzehnten Jahrhunderts, Berlin 1865.

3) Meyer, Die Verleihung des Königsbannes und das Dingen bei mark=
gräflicher Huld, Jena 1881 (womit C. Bornhak a. a. O. I, 67 übereinstimmt).
Vgl. O. v. Zallinger, Die Schöffenbarfreien des Sachsenspiegels, Innsbruck 1887.

4) G. Sello, Die Gerichtsverfassung und das Schöffenrecht Berlins bis
zur Mitte des fünfzehnten Jahrhunderts (Märk. Forsch. XVI. XVII). Fr. Holtze,
Das Berliner Handelsrecht im dreizehnten und vierzehnten Jahrhundert (Schriften
des Vereins für Gesch. Berlins XVI).

5) Holtze, Die Berliner Handelsbesteuerung und Handelspolitik im drei=
zehnten und vierzehnten Jahrhundert (ebend. XIX).

territorialer Zusammengehörigkeit jedem anderen Handelssystem feindlich
gegenüberstand, von territorialen Handelsinteressen, von territorialem
Zusammenschluß, von der Ausbildung der territorialen Zollsysteme nichts
wissen wollte" [1]. — Die Hauptquellen für die Geschichte Berlins liegen in
den Publikationen des „Vereins für Geschichte der Stadt Berlin" vor;
aber dessen große „Berlinische Chronik nebst Urkundenbuch" hat vor
der Kritik nicht zu bestehen vermocht [2]. Was wirklich von der Geschichte
Berlins im Mittelalter sich wissen läßt, hat G. Sello in den Märkischen
Forschungen (XVII, 1—56) zusammengestellt.

Zu den nachaskanischen Zeiten der mittelalterlichen mär=
kischen Geschichte wird die chronikale Ueberlieferung noch fragmentarischer.
Der Versuch, die Aufzeichnungen des Engelbert Wusterwitz für die Zeit
zwischen 1391—1425 aus den Ableitungen bei den Chronisten des aus=
gehenden sechzehnten Jahrhunderts zu rekonstruieren, hat keine allgemeine
Zustimmung gefunden [3]. Urkundliche Mitteilungen haben wir über die
wittelsbachische Zeit wiederholt aus bayerischen Archiven [4] erhalten.
Ueber die Abtretung der Mark an die Luxemburger ist demnächst eine
neue Untersuchung zu erwarten [5]. Die eingehendste Behandlung hat die
Regierungszeit Jobst's, bezw. die Zeit der damaligen Anarchie, gefunden [6].
Alle Forschungen zur deutschen Geschichte des beginnenden fünf=
zehnten Jahrhunderts stehen jetzt in dem Zeichen der Reichstags=
akten=Publikation. Für das Verhältnis zwischen dem ersten hohen=
zollerschen Kurfürsten von Brandenburg und König Sigmund kommen

1) G. Schmoller, Die Handelssperre zwischen Brandenburg und Pommern
im Jahre 1562; Zeitschrift für Preuß. Gesch. XIX.

2) Vgl. G. Sello in der Zeitschrift für Preuß. Gesch. XVIII, 248—278.

3) Engelbert Wusterwitz' Märkische Chronik nach Angelus und Hafftiz her.
von J. Heidemann, Berlin 1881. Vgl. die Kritiken von Sello (Zeitschrift für
Preuß. Gesch. XVII) und Hegert (Historische Zeitschr. XLI).

4) Freiberg, Beurkundete Geschichte Herzog Ludwigs des Brandenburgers,
(Münch. Ak. 1837); Würdinger, Friedrich von Lochen, Landeshauptmann in der
Mark Brandenburg (Sitzungsberichte der Münch. Akademie 1874). Zu Riezler,
Gesch. Baierns, Bd. II (1880) vgl. die Besprechung von J. Heidemann (Histor.
Zeitschrift XLVI, 530). Ein Aufsatz Heidemanns über Berthold von Henneberg
als Verweser der Mark während der Minorität Ludwigs des älteren: Forschungen
zur Deutschen Geschichte XVII.

5) Vgl. Märk. Forsch. XIX 394; den Gegenstand behandelten zuletzt Scholz,
Die Erwerbung der Mark durch die Luxemburger, Breslau 1874, und Loserth
in den Mittheilungen des Vereins für Gesch. der Deutschen in Böhmen 1878.

6) J. Heidemann, Die Mark Brandenburg unter Jobst von Mähren,
Berlin 1881.

bis jetzt drei Bände derselben in Betracht[1]). Friedrich I. war von Droysen aufgefaßt worden als „der letzte Repräsentant jener Richtung, welche einst die Ottonen begonnen, die Hohenstaufen zu behaupten, Heinrich VII. zu erneuern gesucht, edelste Geister deutscher und wälscher Zunge zu feiern und zurückzusehnen nicht aufgehört haben". Das Zerwürfnis zwischen Friedrich und Sigmund seit 1421 wurde erklärt aus einem Abfall des Königs von den ghibellinischen Idealen, wodurch der Kurfürst genötigt worden sei, das Heil für Deutschland in entgegengesetzter Richtung, im Anschluß an die oligarchische Opposition des Kurfürstenkollegiums zu suchen. In ähnlichem Sinne äußerte sich Riedel[2]). Es wird an der Zeit sein, auf Grund des jetzt vervollständigten Materials die Frage einer erneueten Erörterung zu unterziehen[3]). Das Vertrauen zu den angeblich urkundlichen Mitteilungen Gundlings (Leben und Thaten Friedrichs I. 1715) ist dadurch stark erschüttert worden, daß Riedel[4]) ihm eine Reihe erdichteter oder doch im hohen Grade verdächtiger Angaben nachzuweisen vermocht hat, die durch allgemein gehaltene Hinweise auf archivalische Vorlagen beglaubigt werden sollten. Zwei oft erzählte Episoden der märkischen Geschichte unter Friedrich I., die Geschichte des Feldzuges gegen die Quitzows und die der Hussiteneinfälle, hat Sello von den Entstellungen der Tradition gereinigt[5]).

In der neuesten Untersuchung über die Vorgeschichte des hohenzollerschen Hauses spricht sich L. Schmid[6]), wie vor ihm schon Riedel, mit Entschiedenheit gegen die Ansicht aus, welche die Stammesgemeinschaft der schwäbischen Hohenzollern und der angeblich abensbergischen Burggrafen von Nürnberg hatte leugnen wollen, und weist die Hohenzollern dem Geschlecht der Burchardinger zu, dessen herzoglicher Stamm in Schwaben 973 erlosch.

---

1) Deutsche Reichstagsakten Bd. VII—IX, her. von D. Kerler (1410–1431) 1878—1887.

2) Riedel, Geschichte des preußischen Königshauses, Berlin 1861. 2 Bde. (bis 1440). Vgl. II, 431 f. 466.

3) Die Frage ist gestreift in den Dissertationen von Heuer, Städtebundsbestrebungen unter König Sigmund, Berlin 1887, S. 10, und Schuster, Der Konflikt zwischen Sigmund und den Kurfürsten 1424—1426, Jena 1885, S. 20. 27. 46.

4) In der Vorrede zu Bd. II. Gegen die neuerdings von W. Altmann, Die Wahl Albrechts II., Berlin 1886, wiederholten Angriffe hat L. Quidde in der Deutschen Litteratur-Zeitung 1887 (22. Jan.) Gundling in Schutz genommen.

5) Zeitschr. für Preuß. Gesch. XIX, 98 und 614.

6) L. Schmid, Die älteste Geschichte des erlauchten Gesamthauses Hohen-

Mit der zweiten Hälfte des fünfzehnten Jahrhunderts begannen unsere archivalischen Quellen reichlicher zu fließen; aber leider ist ein Teil dessen, was aus den reichen, jetzt auseinandergerissenen, nach Bamberg, Nürnberg, München und Berlin versprengten Schätzen des ehemaligen Plassenburger Archivs bisher an das Licht getreten ist, in verwahrloseter Weise ebirt[1]). Behufs Lösung der von der Verwaltung der Rubenow-Stiftung gestellten Preisaufgabe: „Die reichsfürstliche Thätigkeit des Markgrafen Albrecht Achill 1470—1486", hatte W. Böhm aus den verschiedenen in Betracht kommenden Archiven ein sehr um- fangreiches Material zusammengetragen; der Preis wurde der Arbeit zuerkannt, aber ein früher Tod hat den Verfasser hinweggenommen, ehe er an sein Manuskript die letzte Hand anlegen konnte. So harrt dasselbe seit mehr als fünf Jahren dieser letzten Feile und der Veröffentlichung[2]). Inzwischen haben wir von anderer Seite mehrere wertvolle Peiträge zur Geschichte der fränkischen Hohenzollern erhalten[3]). Bei der hervor- ragenden Rolle, die Albrecht Achilles ein halbes Jahrhundert im Reiche spielte, haben die Werke über die allgemeine deutsche Geschichte dieses Zeitraums, die Bücher von Kluckhohn, Menzel, Bachmann, Hasselhold- Stockheim, Ermisch, sich sämtlich mit dem großen hohenzollerschen Mark- grafen zu beschäftigen gehabt.

zollern, Bd. I, Tübingen 1884. Für die spätere Hausgeschichte vgl. E. Berner, Die Hausgesetze der Hohenzollern, Histor. Zeitschr. LII.

1) Zu der Ausgabe des „kaiserlichen Buchs" des Markgrafen Albrecht Achill von C. Höfler (Quellensammlung zur fränk. Gesch. II, 1850) vgl. Burkhardt, Zusätze und Verbesserungen zu Quellen der hohenzollerschen Gesch., 1861; zu Minutolis Fortsetzung der Höflerschen Publikation die Korrekturen von F. Wagner, Zeitschrift für Preuß. Gesch. XVIII. Andere Mitteilungen Höflers in der Quellensammlung zur Fränk. Gesch. I (Denkwürdigkeiten Eybs), und Archiv für österr. Geschichtsquellen 1850. Von den „märkischen Büchern" liegt bisher nur das fünfte in der Ausgabe Burkhardts vor (Quellensammlung zur Gesch. des Hauses Hohenzollern, Jena 1857); die Mitteilungen von Chr. Meyer aus dem ersten und dritten (Zeitschrift für Preuß. Gesch. XIX) sind kaum brauchbar.

2) Nur ein Exkurs ist gedruckt worden: Die Pfaffensteuer von 1480/81 in den fränkischen Gebieten des Markgrafen Albrecht Achill (Programm der Sophien- Schule, Berlin 1882).

3) F. Wagner, Die Aufnahme der fränkischen Hohenzollern in den schwä- bischen Bund (Programm des Friedrich-Wilhelmstädtischen Gymnasiums, Berlin 1880; vgl. Forschungen zur deutschen Gesch. XXII. XXV); Zum Regierungsantritt Joachims I. (Zeitschrift für Preuß. Gesch. XIX; betrifft die Ansprüche des frän- kischen Markgrafen Friedrich auf die Vormundschaft); Herzog Albrecht von Preußen und seine Kriegsordnung von 1555 (Sep.-Abdruck aus der Sonntagsbeilage der Norddeutschen Allgem. Zeitung, Berlin 1887; gleichzeitig behandelt von M. Jähns, Märk. Forsch. XX, 89).

Die brandenburgiſche Geſchichte des ſech zehnten Jahrhunderts iſt
lange in ſtereotyper Weiſe den dürftigen, unkritiſch kompilierten Chroniken
aus jener Zeit nacherzählt worden. Zu den ſchon früher gedruckten
Werken von Garzäus, Haffltiz, Angelus, Jobſt iſt neuerdings der Druck
der Fürſtenchronik des Beliter Predigers Creuſing in der Ausgabe von
Fr. Holtze jun. getreten[1]. Das Jahrhundert der Reformation iſt für
Brandenburg zugleich die Periode der Ausbildung der ſtändiſchen Mit=
regierung im Innern, und auf dem Gebiete der auswärtigen Politik eine
Zeit des Verzichtes auf eigene Initiative, der Fahrt in fremdem Kiel=
waſſer. Droyſen iſt mit den Kurfürſten von Johann Cicero an ſehr ſtreng
ins Gericht gegangen, namentlich mit Johann Georg. Zur Verteidi=
gung des letzteren iſt hervorgehoben worden, daß es ungerecht ſei, einen
deutſchen Fürſten im ſpäteren ſechzehnten Jahrhundert bloß nach den
Akten der politiſchen Verhandlungen zu beurteilen und daß Johann
Georgs ganzes Regierungsſyſtem von keinem anderen Intereſſe aus ſo
ſehr beſtimmt worden ſei, als von dem des ſparſamen Finanzverwalters[2].
An einer Würdigung der Leiſtungen Johann Georgs auf dieſem Gebiete fehlt
es noch immer. Eine ſeit längerer Zeit vorliegende Ueberſicht der märkiſchen
Verfaſſungsgeſchichte iſt allzu ſkizzenhaft[3]. Als „die nächſte, für die
Märkiſche Geſchichte vor allem erforderliche Arbeit" hat einſt Ranke[4]
„eine auf das Einzelne eingehende hiſtoriſche Darſtellung der Landtags=
verhandlungen des ſechzehnten Jahrhunderts" bezeichnet. Ein Anfang
dazu iſt erſt für die Landtage der vierziger Jahre gemacht worden[5].
In der Finanzgeſchichte hat der treffliche Aufſatz von Kotelmann über
die Finanzen Albrecht Achills[6] für die folgenden Regierungen keine

---

1) Mittheilungen des Vereins für Geſchichte Berlins Heft XXIII, 1886.

2) P. Haſſel, Studien zur Geſch. des Kurfürſten Johann Georg (Zeitſchr.
für Preuß. Geſch. V, 81). Neues Material zur auswärtigen Politik Joachims II.
bezw. ſeines Bruders, enthalten neben der großen Publikation A. v. Druffel's
(Briefe und Akten zur Geſch. des 16. Jahrh., München 1873 ff.) die Mittei=
lungen von Zitelmann und Meyer ebend. IV. XIV—XVI und Forſchungen
zur deutſchen Geſchichte Bd. XVII—XIX. Eine Lanze für Joachim II. bricht Fr.
Holtze jun. in den Märk. Forſchungen XX, 171.

3) G. v. Mülverſtedt, Die älteſte Verfaſſung der märkiſchen Landſtände
vornehmlich im 16. und 17. Jahrhundert. 1858.

4) Sämtliche Werke XXV/XXVI, 146.

5) Iſaacſohn, Das ſtändiſche Kreditwerk unter Joachim II., Zeitſchr. für
Preuß. Geſch. XVI; Winter, Die märk. Stände zur Zeit ihrer höchſten Blüte,
ebend. XIX. XX (vgl. Märk. Forſch. XVIII, 318).

6) Zeitſchr. für Preuß. Geſch. III. Vgl. Wagner in den Forſch. zur deut=
ſchen Geſch. XXV, 342 und Kotelmann, Geſch. des Geld= und Münzweſens der
Mark Brandenburg (bis 1470), Zeitſchr. für Numismatik XI.

Fortsetzung gefunden. In dem Steuer- und Kreditwesen der ständischen Epoche waren die Steuerreformen des Großen Kurfürsten, keineswegs neue Erfindungen, längst vorgebildet; Schmoller hat deshalb die Notwendigkeit betont, für jene Epoche „die Kredit- und Steuerverhältnisse des Landes nach umfassender Erforschung des in den Akten und namentlich in den Rechnungen reichlich vorhandenen Materials zu abschließender Darstellung zu bringen"[1]. — Die Gesichtspunkte der Kirchenpolitik und die persönlichen religiösen Ueberzeugungen der einzelnen brandenburgischen Herrscher hat M. Lehmann in der Einleitung seiner großen Publikation über die Verhältnisse der katholischen Kirche lichtvoll dargelegt; aber die Geschichte der Einführung und Durchführung der Reformation in Brandenburg muß noch geschrieben werden[2]; sie wird sich auch die bisher noch verschieden beantwortete Frage nach dem Verbleib, der Verteilung des säkularisierten Kirchengutes zu stellen haben.

Die Kunde der Geschichte Preußens vor der Vereinigung des Herzogtums mit Brandenburg ist in den letzten zwanzig Jahren sehr bedeutend gefördert worden. Als H. v. Treitschke zu Beginn der sechziger Jahre seinen bereits alle Vorzüge und die ganze Farbenpracht der späteren Arbeiten des Verfassers entfaltenden Essai über den deutschen Ordensstaat Preußen[3] schrieb, waren von den großen Publikationen des „Vereins für Geschichte der Provinz Preußen" erst die Anfänge der „Scriptores rerum prussicarum" erschienen; jetzt liegt diese Sammlung in fünf Bänden mit den musterhaften Ausgaben von Th. Hirsch, Strehlke und Töppen (1861—1874) abgeschlossen vor und wird für die Zeit nach dem Untergang der Ordensherrschaft in der neuen Sammlung „Die Preußischen Geschichtschreiber des sechszehnten und siebzehnten

---

1) Vgl. Märkische Forschungen XX, 318.

2) Von dem reichen durch Lehmann mitgeteilten Material über die katholischen Verhältnisse sticht das Wenige, was aus der Geschichte der evangelischen Kirchen in unserem Staate bekannt ist (u. A.: Mühler, Gesch. der evangelischen Kirchenverfassung in der Mark Brandenburg, Weimar 1846; die verschiedenen Arbeiten von Hering zur Geschichte der reformirten Kirche) sehr unvorteilhaft ab. Um so erwünschter wird eine Abhandlung in dem vorliegenden Hefte dieser „Forschungen" kommen. Für die kirchlichen Verhältnisse vor der Reformation seien hier von neueren Untersuchungen verzeichnet: Häbicke, Die Reichsunmittelbarkeit und Landsässigkeit der Bistümer Brandenburg und Havelberg (Programm von Pforta 1882). Wattenbach, Ueber die Inquisition gegen die Waldenser in Pommern und der Mark Brandenburg (Abhandlungen der Berliner Akademie 1886; vgl. die Sitzungsberichte von 1882. 1883. 1887). Breest, Das Wilsnacker Wunderblut (Märk. Forsch. XVI).

3) H. v. Treitschke, Historische und politische Aufsätze, 5. Aufl., Leipzig 1886, II, 1.

Jahrhunderts" (Leipzig 1875 ff.) fortgeſetzt. Gleichzeitig hat man in zwei Sammlungen Urkunden[1]) und Akten[2]) aus der Ordenszeit heraus= zugeben begonnen. Als Organ der hiſtoriſchen Forſchung dort zu Lande hat ſich die mit den früheren „Neuen preußiſchen Provinzialblättern" verſchmolzene „Altpreußiſche Monatsſchrift" ſeit lange trefflich bewährt. Bis Voigts für die Zeit ihres Erſcheinens erſchöpfende neunbändige „Ge= ſchichte Preußens von den älteſten Zeiten bis zum Untergang des Ordens" (1827 ff.) durch eine neue abſchließende Darſtellung erſetzt ſein wird, gewährt das Buch von Lohmeyer eine bequeme Ueberſicht[3]). Für die preußiſche Geſchichte des ſechzehnten Jahrhunderts iſt eine Biographie des erſten Herzogs ein bringendes Bedürfnis[4]).

Der Verlauf des jülich=bergiſchen Erbfolgeſtreites läßt ſich jetzt in den von Ritter bearbeiteten Aktenpublikationen der Münchener Akademie[5]) Schritt für Schritt verfolgen. In der Auffaſſung der Rechtsfrage ſteht Ritter in Anſehung ſowohl der pfälziſchen als der ſächſiſchen Anſprüche auf einem Standpunkt, wie vor ihm Droyſen und Haſſel[6]). Das angebliche Gutachten des kaiſerlichen Rats Stralendorf darf nach der Unterſuchung von Stieve[7]) nicht mehr als echt betrachtet

---

1) Preußiſches Urkundenbuch, Polit. Abth. Bd. I (Die Bildung des Ordens= ſtaates), her. von Philippi und Wölky, Königsberg 1882. Vgl. Perlbach in den Göttinger Gelehrten Anzeigen 1882. — Handelsrechnungen des Deutſchen Ordens, her. von C. Sattler, Leipzig 1887.

2) Akten der Ständetage Preußens unter der Herrſchaft des Deutſchen Or= dens, her. von M. Töppen, Leipzig 1878 ff. Vgl. die Aufſätze von Töppen und von Sattler, Hiſtor. Zeitſchr. XLVI. XLIX.

3) Lohmeyer, Geſchichte von Oſt= und Weſtpreußen (bis 1407), Gotha 1881 (2. Aufl.). Die Anfänge behandelt in monographiſcher Ausführlichkeit: Ewald, Die Eroberung Preußens durch die Deutſchen, 3 Bde., Halle 1872 ff. Vgl. noch Perlbach, Preußiſch=Polniſche Studien, Halle 1886.

4) Vgl. die Bemerkungen von F. Wagner, Herzog Albrecht I., a. a. O.; die Kontroverſe zwiſchen Ulmann und Liske in den Forſchungen zur Deutſchen Geſch. VII. XVIII; Kletke, Die Unterhandlungen Joachims II. wegen der Erb= huldigung der preuß. Stände (Zeitſchr. für Preuß. Geſch. XVI); De rebus ac statu ducatus Prussiae commentarii annis 1566—68, ed. Pawinski, Varsaviae 1879 (vgl. Perlbach in den Mittheilungen aus der hiſtor. Litteratur IX, 190).

5) M. Ritter, Briefe und Akten zur Geſch. des dreißigjährigen Krieges Bd. I—III, München 1870 ff.

6) Haſſel, Die Rechtsfrage der bei der jülich=clev. Erbſchaft betheiligten Fürſten, Zeitſchrift des berg. Geſchichtsvereins I. Ritter, Geſch. der Union I, 57; Sachſen und der Jülicher Erbfolgeſtreit, Abhandl. der Münchner Aka= demie 1873.

7) Sitzungsberichte der Münchener Akademie der Wiſſenſchaften 1883. 1887. Vgl. Meinecke in den Märk. Forſch. XIX.

werden; es iſt eine Fälſchung aus dem Jahre 1610; ihren Urſprung im offiziellen Brandenburg zu ſuchen, erſcheint wohl nicht gerechtfertigt. Wertvolle neue Beiträge zur Charakteriſtik Georg Wilhelms und ſeiner auswärtigen Politik hat die ſeit zwei Jahrzehnten ſo überaus rührige Forſchung zur Geſchichte des dreißigjährigen Kriegs gebracht[1]. Die von Guſtav Adolf an den Kurfürſten gerichteten Schreiben liegen dank der Mühewaltung G. Droyſens jetzt im Wortlaute vor[2]. Ein Deſiderium bleibt noch immer die Veröffentlichung des einſt von Th. v. Mörner geſammelten Apparats zu einer Biographie Schwartzen= bergs, auf deren Beſchleunigung ſchon 1864 der Herausgeber des erſten Bandes der „Urkunden und Akten zur Geſchichte des Kurfürſten Fried= rich Wilhelm" drängte. Nach Mörners Tode bei Seite geſchoben und ſchier in Vergeſſenheit geraten, ſind dieſe Materialien vor kurzem wieder hervorgeſucht worden und werden von einem kundigen Bearbeiter für die Drucklegung vorbereitet. Mörners Ausgabe der brandenburgiſchen Staatsverträge des ſiebzehnten Jahrhunderts, ſeine biographiſchen Bei= träge zur Geſchichte des brandenburgiſchen Heeres[3] ſichern ihm in der Geſchichte unſerer Studien ein ehrenvolles Andenken. Die Sammlung der Staatsverträge wird in den Archivpublikationen fortgeſetzt werden; ebenſo werden die letzteren die Protokolle des Geheimen Staatsrats aus dem erſten Jahrhundert dieſer 1604 begründeten Centralbehörde bringen.

Mit dem Jahre 1640 beginnt die Wegſtrecke, auf der die Geſchicht= ſchreibung eines bedeutenden Zeitgenoſſen allen Späteren eine ſichere Spur gezogen hatte. Eine eingehende Prüfung des großen Puſendorfiſchen Werkes über die auswärtige Politik des Kurfürſten Friedrich Wilhelm hat das Vertrauen gerechtfertigt, das dem Verfaſſer trotz der abfälligen Kritik eines Leibniz von je geſchenkt worden war. Seit der von Droyſen gegebenen Analyſe wiſſen wir, wie Puſendorf gearbeitet hat, mit welcher Meiſterſchaft er den Inhalt ſeiner Aktenkonvolute

---

1) Opel, Geſch. des niederſächſiſch=däniſchen Krieges, Bd. I. II (1872. 78); Das Kurfürſtentum Brandenburg in den erſten Monaten des Jahres 1627 (Hiſto= riſche Zeitſchr. LI); Wittich, Magdeburg, Guſtav Adolf und Tilly (1874); Schybergſon, Underhandlingarna om en evangelisk allians 1624—25, Hel= ſingfors 1880.

2) G. Droyſen, Schriftſtücke von Guſtav Adolf, Stockholm 1877. Dazu: Brandenburgiſche Audienzen bei Guſtav Adolf; Die evangeliſchen Kurfürſten und der Kanzler Oxenſtierna (Zeitſchr. für Preuß. Geſch. XV. XVI); Guſtav Adolf, 2 Bde. (1869); Bernhard von Weimar, Bd. I, Buch 2 (1885).

3) Th. v. Mörner, Kurbrandenburgs Staatsverträge von 1601—1700, Berlin 1867; Märkiſche Kriegsoberſten (die beiden Sparr), Berlin 1861.

wiederzugeben verstand, und auch welcher Art seine Gesichtspunkte für die Darstellung und für die Stoffauswahl waren und welche Vorbehalte demgemäß bei der Benutzung dieser Darstellung als Quelle zu machen sind. Es ist kein Geheimniß, daß die Methode Pufendorfs, wie sie sich bei der Vergleichung seines Buches mit den archivalischen Grundlagen desselben erkennen ließ, auf Droysens eigene Methode einen großen Einfluß gewonnen hat. Wenn Droysen von Pufendorf sagt[1]): „Er sucht den Pragmatismus nicht darin, zu zeigen, wie die Dinge an sich sind und sich wie durch eignes Gewicht bewegen, sondern darzulegen, wie sie in ihrer Bewegung denen, durch welche sie sich vollziehen, erscheinen, wenigstens wie sie von ihnen gefaßt, verstanden, kombiniert werden; eine Behandlungsweise, die natürlich nicht nach dem Geschmack des großen Publikums ist, sondern Sammlung, Einsicht, Gewöhnung zusammenfassenden Sehens fordert" —, so hört man aus den Worten heraus, daß Droysen dieser Behandlungsweise seinen Beifall giebt; oft genug hat er in den späteren Bänden seines Werkes sich darüber ausgesprochen, daß es ihm nur gelte, die Ereignisse so darzustellen, wie sie in den Gesichtskreis der preußischen Politik traten. Und weiter: bei Pufendorf wie bei Droysen derselbe Verzicht auf das Individualisieren, dieselbe Zurückdrängung des persönlichen Elementes, dieselbe Gleichgültigkeit gegen die „Scenerie", die „Lokalfarbe", „die Toilettenkünste der Schilderei", die „kleinlichen Nebendinge"; kurz bei Droysen eben das, was er von Pufendorf als charakteristisch hervorhebt und zwischen den Zeilen lobt, vor allem auch die Gleichsetzung von Staatsoberhaupt und Staat, die Entrückung des Staatsoberhauptes aus dem Dunstkreise des Persönlichen in die reine Höhe, „wo der Fürst nicht realistisch, wie er aß, trank, jagte, sich kleidete, sondern inmitten seiner Geschäfte, Interessen, Aufgaben, sozusagen als das Ich dieses seines Staates erscheint"[2]). Die Reaktion gegen diese Identifizierung des Fürsten mit dem Staate war die Forderung der „Abgrenzung der Verdienstanteile", mit welcher Erdmannsdörffer für die politischen Mitarbeiter des Großen Kurfürsten eintrat[3]).

---

1) Zur Kritik Pufendorfs, in den Abhandlungen zur Neueren Geschichte S. 350.

2) Ebend. S. 376. Vgl. damit Geschichte der Preuß. Politik V, Abth. 4, S. 5.

3) Erdmannsdörffer, Graf Waldeck, Berlin 1869. Der Vorgang hat Nachfolge gefunden in den Monographien von F. v. Salpius über Paul von Fuchs (Leipzig 1877) und v. Holly: Die staatsmännische Thätigkeit Ottos v. Schwerin (Programme der höh. Bürgerschulen zu Eberswalde und zu Marne von 1874, bez. 1876).

Heute sind die Aktenmassen, aus denen Droysens „Staat des Großen Kurfürsten" wie Pusendorfs Kommentare herausgearbeitet sind, zu einem sehr erheblichen Teile in musterhaften Ausgaben Jedermann zugänglich. Die erste Serie der „Urkunden und Akten zur Geschichte des Kurfürsten Friedrich Wilhelm" („Politische Verhandlungen") ist bis in das dritte Jahrzehnt der Regierung vorgerückt; von den sieben Bänden derselben verdanken wir fünf Erdmannsdörffer, die beiden andern Theodor und Ferdinand Hirsch; der letztere ist mit der Fortführung dieser Serie bis 1671 beschäftigt[1]), während die Akten aus der Zeit nach 1671 von R. Brode für die Herausgabe vorbereitet werden. Die zweite Serie, mit Mitteilungen aus der Berichterstattung, welche die auswärtigen Mächte von ihren diplomatischen Vertretern am brandenburgischen Hofe entgegengenommen haben, hat bis jetzt in zwei Bänden die Ausbeute der von E. Simson und H. Peter in den Archiven in Paris und im Haag angestellten Untersuchungen gebracht; zwei weitere Bände mit den öster-reichischen und den schwedischen Berichten werden folgen; die in Wien dazu erforderlichen Arbeiten hat A. Pribram (vgl. unten S. 36) in Angriff ge-nommen. In der dritten Serie, den „Ständischen Verhandlungen", wird den beiden Bänden für Cleve-Mark von A. v. Haefften und für Branden-burg von S. Isaacsohn ein dritter für das Herzogtum Preußen an die Seite treten, für welchen M. Töppen als der berufenste Mitarbeiter gewonnen ist.

Wie das Schicksal Pommerns auf dem westfälischen Friedenskongresse geregelt wurde und wie die zweitgrößte Erwerbung Friedrich Wilhelms, Magdeburg, an den Staat kam, ist neuerdings in zwei Monographien[2]) dargelegt worden; der Neuordnung der Verfassung und Verwaltung im Magdeburgischen unter der hohenzollerschen Herrschaft und der wirtschaft-lichen Entwickelung der Provinz während des nächsten Jahrhunderts hat Schmoller eine Reihe erschöpfender Studien[3]) gewidmet. „Die Entstehung des preußischen Heeres von 1640—1740" hat Schmoller unter einem all-

---

1) Eine Nebenfrucht der archivalischen Studien von F. Hirsch ist die Ab-handlung über die ersten Anknüpfungen zwischen Brandenburg und Rußland unter dem Großen Kurfürsten (Programme des Königstädtischen Realgymnasiums zu Berlin, 1885 und 1886). — Auszüge aus den Berichten der brandenburgischen Gesandten Christoph und Friedrich v. Brandt aus Kopenhagen hat neuerdings J. A. Fridericia im Danske Magazin (IV. Reihe, Bd. 6, 1884) veröffentlicht.

2) Breucker, Die Abtretung Vorpommerns an Schweden und die Ent-schädigung Brandenburgs, Halle 1879. J. O. Opel, Die Vereinigung des Herzog-tums Magdeburg mit Kurbrandenburg, Halle 1880.

3) Jahrbuch für Gesetzgebung, Verwaltung und Volkswirtschaft. 1886. 1887.

gemeinen Gesichtspunkt als ein Kapitel aus dem epochemachenden Über=
gangsprozeß in der Geschichte der Heeresverfassungen behandelt[1]), in welchem
die entarteten Söldnerheere der Epoche des dreißigjährigen Krieges sich
„zu einer nationalen, volkstümlichen und doch eine vielgestaltige Arbeits=
teilung einschließenden Heeresverfassung" emporheben. In das Detail der
Heeresgeschichte führt eine Untersuchung von F. Hirsch[2]), die für die ersten
sieben Jahre nach dem Frieden von Oliva die Stärke der brandenburgischen
Truppen und die Art ihrer Unterhaltung zum Gegenstand hat. Sehr
dankenswert war die Veröffentlichung der Zusammenstellungen zweier
Heerführer des vorigen Jahrhunderts, des alten Dessauers[3]) und des
Herzogs August Wilhelm von Bevern[4]), über die ältere Geschichte der
Armee. Die Kriegs= und Schlachtengeschichte der Zeit des großen Kur=
fürsten ist sowohl nach der militärischen wie nach der quellenkritischen
Seite sorgfältig durchforscht worden[5]), besonders eingehend bei uns und
in Schweden die Schlacht bei Fehrbellin anläßlich ihres zweihundert=
jährigen Gedenktages[6]). Den schon früher von der Forschung mit Vor=
liebe behandelten maritimen und kolonialen Bestrebungen des großen

---

1) Deutsche Rundschau 1878, Augustheft.

2) Historische Zeitschrift LIII. Die Unzulänglichkeit der Werke von H. v.
Gansauge (Das brandenburgisch=preußische Kriegswesen, Berlin 1839) und N. be
l'Homme de Courbière (Gesch. der brandenburgisch=preußischen Heeresverf., Berlin
1852) zeigt sich bei jeder Gelegenheit. Der anonym erschienene „Überblick der preu=
ßischen Heeresverfassung und ihrer Kosten seit dem Tode des Großen Kurfürsten"
(1847) hat Boyen zum Verfasser, verdient aber nur für das neunzehnte Jahr=
hundert Beachtung.

3) Zuletzt in: Miscellaneen zur Geschichte Friedrichs des Großen, Berlin 1878.

4) Mitgeteilt von H. Droysen, Märkische Forschungen XIX; vgl. ebend. XX.

5) J. G. Droysen, Die Schlacht bei Warschau, (Abhandlungen der K.
Sächsischen Gesellschaft der Wissenschaften 1863). Riese, Die dreitägige Schlacht
bei Warschau, Breslau 1870; Friedrich Wilhelms Winterfeldzug 1678/79, Berlin
1864. Peter, Der Krieg des Großen Kurfürsten gegen Frankreich 1672—75,
Halle 1870. Isaacsohn, Der deutsch=französische Krieg im Jahre 1674, Berlin
1871. Beiträge zur militärischen Biographie bieten: Graf E. zur Lippe, Derff=
linger, Berlin 1880, und die Programme von E. Fischer über Derfflinger (König=
städtisches Gymn., Berlin 1884) und H. Kamieth über Hennigs von Treffen=
feld (Luisenstädt. Gymn., Berlin 1887). Über Friedrich von Homburg: H. Jungfer
in den Forsch. zur deutschen Gesch. XXV. XXVI.

6) v. Witzleben u. Hassel, Fehrbellin, Berlin 1875. Schottmüller,
Fehrbellin, Berlin 1875 (vgl. Zeitschrift für Preuß. Gesch. XIII, 401). Meh=
nert, Rathenow und Fehrbellin, Rathenow 1875. Brock, Der Tag von Fehr=
bellin, Friedeberg i./N. 1875 (vgl. Zeitschr. für Preuß. Gesch. XIV). J. Mankell,
Handlingar rörande sommarfältåget i Brandenburg 1675 och slaget vid Fehrbellin (Historisk Bibliothek, Stockholm 1876).

Kurfürsten hat sich in einer Zeit, wo wir wieder eine Flotte und wieder Kolonien haben, erneute Aufmerksamkeit zugewendet[1]).

In der im Erscheinen begriffenen „Bibliothek deutscher Geschichte", welche sich aus einer Reihe von Einzeldarstellungen verschiedener Verfasser zusammensetzen wird, ist seitens eines österreichischen Forschers der Bedeutung des Großen Kurfürsten eine sehr warme Würdigung zu Teil geworden[2]). Einer anderen Sammlung, der „Weltgeschichte in Einzeldarstellungen" hat Erdmannsdörffer eine deutsche Geschichte seit dem Ausgang des dreißigjährigen Krieges in Aussicht gestellt, in welcher uns die reife Frucht dreißigjähriger unausgesetzter Studien geboten werden wird[3]).

Die Reichsgeschichte nach dem westfälischen Frieden erhielt wesentliche Förderung durch die Werke von Köcher und von Joachim[4]); in einem von Köcher mitgeteilten Berichte von 1661 führt ein hannöverischer Diplomat aus dem Munde des brandenburgischen Kurfürsten die überaus charakteristischen Worte an, daß er weder kaiserlich, weder spanisch, weder französisch, weder schwedisch, sondern einzig und allein gut reichisch wäre. Daß die Begriffe kaiserlich und reichisch sich damals nicht deckten, ist eine Wahrheit, die unserem Onno Klopp sich noch immer nicht erschlossen hat; unermüdet setzt nach seiner alten Methode der Quellenbenutzung die seit einigen Jahren zum Katholizismus übergetretene Autor von Hietzing aus seine gehässigen Angriffe gegen das Andenken der großen hohenzollerschen Herrscher, gegen ihre Politik und ihre Persönlichkeiten fort[5]). —

Über den ersten preußischen König findet sich in der Litteratur das erste ausgeprägte Urteil bei seinem Enkel, König Friedrich dem Großen. Die brandenburgischen Memoiren nennen Friedrich I. „groß in kleinen Dingen und klein in großen"; sie stellen diesem Fürsten das

---

1) Vgl. die literarische Note bei Schmoller, Ein Projekt von 1658, den Großen Kurfürsten zum deutschen Reichsadmiral zu erheben, Märkische Forschungen XX, 131.

2) H. v. Zwiedineck-Südenhorst, Deutsche Geschichte im Zeitraume der Gründung des preußischen Königtums, Stuttgart 1887.

3) Ein Hinweis auf die gedrängte Biographie des Kurfürsten von Erdmannsdörffer in Gottschalls Neuem Plutarch (Bd. V) soll an dieser Stelle nicht fehlen.

4) A. Köcher, Gesch. von Hannover und Braunschweig seit 1648. Bd. I (Publ. aus den preußischen Staatsarchiven XX). E. Joachim, Die Entwickelung des Rheinbundes von 1658, Leipzig 1886.

5) Vgl. E. Berner, Onno Klopp gegen den großen Kurfürsten (Preußische Jahrbücher LVII).

Zeugniß aus, daß er als Fürst der Verpflichtung, der erste Diener des Staates zu sein, nicht nachgekommen sei. Wie Friedrich der Große, so hat neuerdings Droysen den ersten König sehr ungünstig beurteilt; er sagt von einem der politischen Entwürfe desselben: „Es haftet daran derselbe Typus der Unschlüssigkeit, Künstlichkeit und Doppeltheit, der immer die Hand Friedrichs I. erkennbar macht"; er hat Friedrichs Verhalten während des großen Krieges seit 1701 mit den Worten um= schrieben: „Im Westen Krieg ohne Politik, im Osten Politik ohne Krieg". Nicht minder scharf ist das Urteil C. v. Noordens[1]) über „die Politik des ersten preußischen Königs im Osten und Westen, in ihrer Plan= und Ratlosigkeit, ihrem Schwanken und Taumeln, ihren hoch= trabenden Manifesten und kleinlichen Mitteln, ihrem begehrlichen Wollen und verspäteten Entschließen". Den Verdammungsurteilen hat Ranke[2]) sein mildes „Man sollte ihn nicht darüber tadeln" entgegengerufen; er erblickt in der Notwendigkeit, das Übergewicht Frankreichs zu brechen, die Rechtfertigung der damaligen preußischen Politik. Es wird immer schwer sein, die aus einer allgemeinen Erwägung der Anforderungen des Momentes hergeleiteten Argumente auch zur persönlichen Entlastung des preußischen Königs gelten zu lassen. Alles, was noch jüngst wieder über die leidige Reversangelegenheit von 1686[3]), über die Verhandlungen wegen der Königskrone[4]), über die Katastrophe Danckelmans[5]) bekannt geworden ist, mindert Friedrichs Ansehen immer von neuem.

Je härter Friedrich II. seinen Großvater angeklagt hatte, desto lauter pries er, in seinen Memoiren und sonst, seinen Vater. Er stand mit seiner Anerkennung der Verdienste Friedrich Wilhelms I. unter seinen Zeitgenossen keineswegs allein. „König Friedrich Wilhelm", schrieb

---

1) C. v. Noorden, Die preußische Politik im spanischen Erbfolgekriege, Historische Zeitschrift Bd. XVIII. Der Auffassung Droysens und Noordens schließen sich durchaus an Martens in den Einleitungen zu seiner Sammlung der russischen Staatsverträge und E. Carlson, Sverige och Preussen 1701—1709 (Historisk Bibliothek 1880).

2) Sämmtliche Werke XXV—XXVI, 483. Überraschend wohlwollend für Friedrich I. ist auch der anonyme Artikel in der Allgemeinen Deutschen Bio= graphie, welcher Isaacsohn zum Verfasser hat.

3) A. Pribram, Österreich und Brandenburg 1685—1686, Innsbruck 1884.

4) A. Pribram, Österreich und Brandenburg 1688—1700, Prag 1886: „Wenn der Vater sich bei seinen Unternehmungen in erster Linie durch die Inter= essen seines Volkes hatte bestimmen lassen, waren die Leitsterne des Sohnes per= sönliche Wünsche und Vergnügen".

5) H. Breßlau und S. Isaacsohn, Der Fall zweier preußischer Minister, Berlin 1878. R. Koser, Sophie Charlotte (Deutsche Rundschau 1887, Sept.; vgl. Märk. Forsch. XX, 225).

1777 ein preußiſcher Mitarbeiter des Schlözerſchen „Briefwechſels", „hatte von 1713 bis 1740 das große Staatsproblem aufgelöſt, ein faules Volk arbeitſam, ein üppiges Volk ſparſam, einen verſchuldeten Staat reich zu machen". Bekannt iſt, wie man nach dem Thronwechſel von 1786 gerade in der Rückkehr zu der Verwaltungsorganiſation Friedrich Wil= helms I. den Schäden des Staatsweſens Abhülfe bringen zu können meinte. Dennoch drängte ſich in der Überlieferung das Zerrbild in den Vordergrund, das die Anekdotenjägerei und die Médiſance herzuſtellen wetteiferten. An die ſchalen Kompilationen der Faßmann, Mauvillon, Martinière, die noch bei Lebzeiten Friedrich Wilhelms oder gleich nach ſeinem Tode erſchienen waren, reihten ſich jetzt nach und nach die Bencken= dorfſchen „Charakterzüge" (1787), die Morgenſternſche Schilderung nach Erinnerungen aus dem Tabakskollegium (1793) und die Nachrichten Thiebaults vom Hörenſagen (1805), die Denkwürdigkeiten des Baron von Pöllnitz (1791) und der Markgräfin von Baireuth (1810), das Tagebuch Chriſtophs von Seckendorff (1811). So ſehr ſpäter die Mitteilungen Förſters aus den Papieren des älteren Seckendorff unſere Kenntnis mehrten, ſo war doch dieſe Quelle in ihrer Einſeitigkeit wieder ſehr geeignet, zu falſchen Anſchauungen zu führen. Seitdem iſt die hiſtoriſche Bedeutung Friedrich Wilhelms, das Bahnbrechende und Grundlegende ſeines Wirkens, der echte Kern ſeiner derben Perſönlichkeit vollauf gewürdigt worden; eine Verſchiedenheit der Auffaſſung, wie ſie Friedrich I. gegenüber zwiſchen Ranke[1]) und Droyſen hervortritt, iſt hier nicht vorhanden; dasjenige Gebiet aber, welches unſere beiden Meiſter nach der Anlage ihrer Werke nur im Vorbeigehen zu betreten hatten und auf welchem doch Friedrich Wilhelms Größe als Staatsmann liegt, das Gebiet der inneren Verwaltung, wird von der archivaliſchen Forſchung jetzt nach allen Richtungen durchkreuzt; gerade von dieſer Periode haben Schmollers Studien zur preußiſchen Verwaltungsgeſchichte ihren Ausgang genommen[2]).

---

1) Insbeſondere gegen die Auffaſſung Friedrich Wilhelms I. richtet ſich der oben S. 7 erwähnte Angriff A. Zimmermanns auf Ranke.

2) G. Schmoller, Die innere Verwaltung des preuß. Staats unter Fried= rich Wilhelm I. (Preußiſche Jahrbb. XXV); Der preuß. Beamtenſtand unter F. W. I. (ebend. XXVI); Das Städteweſen unter F. W. I. (Zeitſchr. für preuß. Geſch. VIII. X—XII); Die ruſſiſche Compagnie in Berlin 1724—38 (ebend. XX); Die Verwaltung Oſtpreußens unter F. W. I. (Hiſtor. Zeitſchr. XXX); Die preuß. Koloniſation im 17. und 18. Jahrh. (Schriften des Vereins für Socialpolitik XXXII). Vgl. Beheim=Schwarzbach, Hohenzollernſche Koloniſationen, Leipzig 1874; Zakrzewski, Die wichtigeren preußiſchen Reformen der direkten länd= lichen Steuern im 18. Jahrh. (Staats= und ſocialwiſſenſch. Forſchungen, her. von

Für die Geschichte Friedrichs des Großen[1]) war schon bei
des Königs Tode ein sehr umfangreiches Material der allgemeinen Be=
nutzung zugänglich, abgelagert in mehreren großen Sammlungen von
Staatsschriften, Flugschriften und Kriegsberichten, sowie in unzähligen
kompilatorischen Darstellungen biographischen oder allgemeinen Charakters.
Sehr erheblich vermehrt wurde dieser Quellenvorrat nach 1786 durch
die Veröffentlichung der Memoiren des Königs und eines bedeutenden
Bruchstückes seiner litterarischen und freundschaftlichen Korrespondenz,
durch die ausgedehnte Litteratur der Anekdoten und Charakteristiken
seitens eines Nicolai, Zimmermann, Büsching, Thiebault, Denina und
vieler Ungenannter, durch die Hervorziehung von militärischen Tage=
büchern, Parolebüchern, Regimentsjournalen und „Haupt"=Journalen[2]),
endlich durch das Auftreten der Kaltenborn, Bülow, Warnery, Beren=
horst, Retzow, Schmettau mit ihren memoirenartigen, subjektiv und pole=
misch gefärbten, apologetischen, bezw. panegyrischen Beiträgen zur Geschichte
des siebenjährigen Krieges, welche der Histoire de mon temps des Königs
entgegengestellt wurden. Nach einer längeren Pause kam dann Preuß
und setzte aus den vorhandenen Materialien, die er durch bisher un=
bekannte vermehrte[3]), eine Biographie zusammen, welche, von kritischer

---

G. Schmoller VII. 2); Keil, Das Volksschulwesen in Preußen und Lithauen unter
F. W. I. (Altpreuß. Monatsschrift XXIII).

1) Ein elendes Machwerk ist Baumgart, Die Litteratur des In= und
Auslandes über Friedrich den Großen, Berlin 1886; unsystematisch, ungenau, un=
vollständig, so daß die wichtigsten Werke, wie die Polit. Korrespondenz, Ranke,
Droysen u. A. fehlen, während zum Ersatz aus krasser Ignoranz Werke über
Kaiser Friedrich II. mitaufgeführt werden.

2) Zum Teil noch bei Lebzeiten Friedrichs publiziert in der „Sammlung
ungedruckter Nachrichten, welche die Feldzüge der Preußen von 1740—1779 be=
treffen", 5 Bde. Dresden 1782 ff., und in der Bellona [her. von v. Seibt], Dresden
1781 ff. (20 Stücke). — Tielke, Beyträge zur Kriegskunst und Geschichte des
Krieges von 1756—63, Freiberg 1775—86 (6 Bde.), und, wie jetzt nachgewiesen
worden ist, Tempelhoff, Gesch. des siebenjähr. Krieges, Berlin 1783—1801
(6 Bde.), schöpften wesentlich aus solchen Journalen, ebenso später die „Geschichte
des siebenjährigen Krieges" des Großen Generalstabes (Berlin 1824—47), der die
Materialiensammlung des Generals v. Gaudi zu Grunde liegt (vgl. oben S. 6).
Eine ähnliche Sammlung ist die Süßenbachsche auf der Darmstädter Hofbibliothek
(vgl. Schäfer in den Forschungen zur Deutschen Gesch. XVII und Graf Lippe in
der Deutschen Heereszeitung 1886, 27. Jan.). Weitere Mitteilungen von, bez. aus
militärischen Tagebüchern erfolgten u. A. in den Preuß'schen Excerpten aus dem
Journal Weidemanns, des Sekretärs Keiths, und in der Publikation des Nach=
lasses von Henckel durch Zabeler (1846).

3) Preuß, Urkundenbuch zu der Lebensgeschichte Friedrichs des Großen,

Durchdringung des Stoffes wie von künſtleriſcher Geſtaltung gleich weit entfernt, doch als Nachſchlagebuch noch heute unentbehrlich iſt[1]). Einen kongenialeren Biographen fand Friedrich an Thomas Carlyle[2]); aber Carlyles Material war im weſentlichen nur das von Preuß, d. h. ein unzureichendes[3]), und dazu brachte der geiſtvolle und tiefſinnige Ver= faſſer ſeine Darſtellung um ihre künſtleriſche Wirkung durch ſchreiendes Misverhältnis des äußeren Aufbaus, ungleichmäßige Verteilung des Stoffes, zahlloſe, ermüdende Abſchweifungen und ſchwerfällige, unorganiſche Ein= ſchachtelungen von Rohſtoff.

Erſt nach dem Erſcheinen von Carlyle hat die archivaliſche Forſchung ſyſtematiſch eingeſetzt. Die Sammlung der „Politiſchen Korreſpondenz"[4]) iſt bis in den ſiebenjährigen Krieg vorgerückt; von der militäriſchen Korreſpondenz hat dieſe Sammlung aus den beiden erſten Kriegen nur diejenigen Stücke eingereiht, „die in unmittelbarem Zuſammenhang mit der auswärtigen Politik ſtehen"; für den ſiebenjährigen Krieg dagegen werden die Militaria in breiterer Maſſe herangezogen[5]). Droyſen hat

---

Berlin 1832—34 (5 Bde.); dazu zahlreiche Inedita in Preuß' Ausgabe der Œuvres de Frédéric le Grand 1846 ff.

1) Preuß, Friedrich der Große, Berlin 1832—34 (4 Bde.); eine um die Hälfte verkürzte Bearbeitung erſchien 1834. Dazu die Neubearbeitungen einzelner Partieen: „Jugend und Thronbeſteigung" (1840); „Friedrich d. Gr. mit ſeinen Verwandten und Freunden" (1838); „Friedrich d. Gr. als Schriftſteller" (1837, mit Ergänzungsheft 1838).

2) Carlyle, History of Frederick II. (zuerſt London 1859; deutſch von Neu= berg und Althaus, Berlin 1858 ff. Über Neuberg vgl. Deutſche Rundſchau 1884, Oktober).

3) Es waren inzwiſchen nur Rankes „Neun Bücher" (vgl. oben S. 7) er= ſchienen, die noch die Anfänge Friedrichs behandelten, deren Mitteilungen aus den Akten bei der unbeſtimmten Weiſe der Rankeſchen Citate Carlyle indeß kaum zu verwerten wagte.

4) Siehe oben S. 16. Vgl. dazu die Aufſätze von R. Koſer (Hiſtor. Zeitſchr. XLIII; Hiſtor. Taſchenbuch 1883; Zeitſchr. für Preuß. Geſch. XVII; Preuß. Jahrbücher XLVII) und A. Naudé (Hiſtor. Zeitſchr. LV. LVI).

5) Bruchſtücke aus der militäriſchen Korreſpondenz waren bisher vornehmlich an folgenden Stellen mitgeteilt: L. v. Orlich, Geſchichte der ſchleſ. Kriege, 1841; Schöning, Mil. Korr. Friedrichs d. Gr. mit dem Prinzen Heinrich, 4 Bde. 1851 (2. Aufl. 1859; Ergänzungen Œuvres XXVI); Preuß, Urkundenbuch (aus der Korr. mit Wedell, Schmettau, Winterfeldt u. A.); Beiheft zum Militär=Wochen= blatt 1882. 1884 (Winterfeldt); Militärwochenblatt 1826 (Wobersnow); Graf S. Dohna, Die Fam. Dohna, Bd. IV, Beiheft 11; Œuvres XXI (Fouqué); v. Orlich, Moritz von Deſſau, 1842; Varnhagen, Leben Keiths, 1844; Weſtphalen, Geſch. der Feldzüge des Prinzen Ferdinand, 1859 ff. (vgl. Wagner, Denkwürdig= keiten für die Kriegskunſt, Berlin 1819); G Winter, Zieten, Leipzig 1886.

in den vier letzten Bänden der Preußischen Politik, welche die ersten
sechzehn Jahre Friedrichs des Großen behandeln, noch andere, breitere
Aktenreihen, als in der Politischen Korrespondenz mitgeteilt werden
konnten, verwertet; der erste schlesische Krieg ist gleich darauf der Vorwurf einer zweibändigen, sorgfältig vorbereiteten Monographie[1]) geworden,
und kleinere Untersuchungen haben einige Punkte aus der Geschichte
des zweiten Krieges heller beleuchtet[2]). Für die Vorgeschichte und
die Geschichte des siebenjährigen Krieges haben die Darstellungen von
Ranke und Schäfer noch genug zu thun gelassen[3]). Aus der militärischen
Geschichte des großen Kampfes sind seit dem Erscheinen des auf einseitige
Quellen zurückgehenden Generalstabswerkes[4]) einzelne Kapitel theils behufs Ergänzung des letzteren, teils ohne offiziellen Auftrag neu bearbeitet
worden[5]). Für eine umfassende Darstellung der Geschichte der Kriege Friedrichs des Großen läßt die kriegsgeschichtliche Abteilung des Generalstabes
seit einigen Jahren die Vorbereitungen treffen. Durch die Veröffentlichung
des Militärischen Testamentes von 1768[6]) und durch das Erscheinen
des Bernhardischen Buches „Friedrich der Große als Feldherr" (1881)
wurde eine lebhafte Diskussion über Friedrichs Auffassung von Krieg
und Schlacht und über das Verhältnis seiner Kriegsführung zu der
Napoleons veranlaßt[7]). — Für die Zeit nach 1763 hat E. Reimann

---

1) Grünhagen, Gesch. des ersten schles. Krieges, Gotha 1881.

2) Seeländer, Graf Seckendorff und die Publizistik über den Füssener
Frieden, Gotha 1883; Fromm, Die Kaiserwahl Franz' I., Jena 1883 (Diss.);
Borkowsky, Die englische Friedensvermittelung von 1745, Berlin 1884.

3) L. v. Ranke, Sämmtl. Werke XXX. A. Schäfer, Gesch. des siebenjähr.
Krieges, Berlin 1867—74. Vgl. A. Naudé in der Histor. Zeitschr. a. a. O. und
meine Notiz in der Deutschen Litteratur-Zeitung 1886, Nr. 10.

4) Vgl. oben S. 38 Anm. 2.

5) Cämmerer, Friedrichs d. Gr. Feldzugsplan für 1757, 1883; Kutzen,
Vor hundert Jahren, 1857; [v. Olleck] Friedrich d. Gr. von Roßbach bis
Leuthen, 1858; v. Etzel, Die Operationen der Russen und Schweden 1758 und
die Schlacht bei Zorndorf, 1858; Schottmüller, Die Schlacht bei Zorndorf;
Marschall v. Sulicki, Der siebenjähr. Krieg in Pommern, 1868; [v. Stiehle]
Die Schlacht bei Kunersdorf, 1859; [Graf Waldersee] Die Schlacht bei
Torgau, 1860; Daniels, Zur Schlacht bei Torgau, 1886; C. v. St., Der Feld-
zug Fouqués in Schlesien 1760, 1862; Fr. Schwartz, Organisation und Ver-
pflegung der preuß. Landmilizen im siebenjähr. Kriege (Staats- und socialwissensch.
Forschungen her. von G. Schmoller, VII. 4). Vgl. unten S. 45 Anm. 3.

6) Her. von A. v. Taysen in den Miscellaneen zur Gesch. Friedrichs d.
Gr., Berlin 1878, S. 111.

7) Vgl. Zeitschr. für Preuß. Gesch. 1879. 1881; A. v. Taysen, Zur Beurteilung des siebenjährigen Krieges 1882; H. Delbrück, Ueber die Verschieden-
heit der Strategie Friedrichs und Napoleons (Histor. u. polit. Aufsätze, 1887).

eine Gesamtdarstellung in Angriff genommen (vgl. oben S. 21 Anm. 1); die Vorgänge bei der ersten Teilung Polens sind 1872 von einem preußischen und von einem österreichischen Forscher[1]) übereinstimmend dargestellt und beurteilt worden. Die Beziehungen Preußens zu Ruß= land erhellen aus zwei größeren, neuerdings in Petersburg veranstalteten Aktenpublikationen[2]). Die Motive Friedrichs zur Begründung des Fürsten= bundes, den ursächlichen Zusammenhang der Unionsverhandlungen mit der Abwendung Rußlands von Preußen hat erst die Untersuchung von Bailleu festgestellt[3]).

Friedrich der Große als Volkswirt war von Roscher[4]) lediglich nach seinen theoretischen Schriften, nicht nach der Praxis der preußischen Verwaltung und nach den Resultaten derselben, geschildert worden. Schmoller ist nun in einer Reihe von Aufsätzen[5]) dem Gegenstande näher

---

1) M. Duncker, Die Erwerbung Westpreußens (jetzt in der ersten der S. 16 Anm. 2 angeführten Sammlungen). A. Beer, Die erste Teilung Polens, Leipzig 1873; Friedrich II. und van Swieten, 1874. Vgl. H. v. Sybel, Kleine histor. Schriften III. Abweichend die Auffassung Arneths (Maria Theresia VIII).

2) Briefwechsel Friedrichs II. mit Katharina II. und seine diplomatische Korresp. mit dem Gesandten Graf Solms (Magazin der Kaiserl. Russ. Histor. Gesellschaft, XX. XXII. XXXVII). Aus dem Auslande liegen im übrigen die wichtigsten Beiträge vor in den Veröffentlichungen der österreichischen Forscher A. v. Arneth (Geschichte Maria Theresias, 10 Bde., Wien 1863—79) und A. Beer (siehe oben); für die Kriegsgeschichte sind von größerem Wert die Aufsätze in der Oesterreichischen Militärischen Zeitschrift (1811—1813, 1820, 1822—1826, 1835, 1841, 1843) und den Mitteilungen des K. K. Kriegsarchivs (1881 ff.) Ueber die Veröffentlichungen eines französischen Schriftstellers, des Herzogs v. Broglie, vgl. meinen Aufsatz in der Histor. Zeitschr. LI. und Fr. Peukert in den Göttinger Gelehrten Anzeigen 1885, Nr. 25. 26.

3) P. Bailleu, Der Ursprung des deutschen Fürstenbundes, Histor. Zeitschr. XLI, eine notwendige Ergänzung zu Ranke, Die deutschen Mächte und der Fürstenbund (S. W. XXXI—XXXII). Eine Darstellung der allgemeinen Ge= schichte des Zeitraums giebt W. Oncken, Das Zeitalter Friedrichs des Großen, 2 Bde., Berlin 1881—83; die Anfänge einer Darstellung der deutschen Ge= schichte seit 1740 enthält A. Dove, Das Zeitalter Friedrichs II. und Josefs II., Gotha 1883 („erste Hälfte", bis 1745).

4) Roscher, Ueber die volkswirtschaftlichen Ansichten Friedrichs des Großen (Sitzungsbericht der K. Sächs. Gesellschaft der Wissenschaften vom 4. April 1866).

5) G. Schmoller, Studien über die wirtschaftliche Politik Friedrichs des Großen und Preußens überhaupt von 1680—1786 (Jahrbuch für Gesetzgebung, Verwaltung und Volkswirtschaft im deutschen Reich 1884. 1886. 1887). Vgl. für Schlesien, das in diesen Studien bisher unberücksichtigt geblieben ist: Fechner, Die handelspolitischen Beziehungen Preußens und Oesterreichs von 1741—1806, Berlin 1886 (dazu Fournier, Handel und Verkehr in Ungarn und Polen um die Mitte des 18. Jahrh., Archiv für österr. Gesch. LXIX); Jacobi, Ländliche Zu=

getreten. Er hat für die Würdigung des friderieianischen Wirtschafts=
systems zunächst durch die archivalische Erforschung der Staats=, Gesell=
schafts= und Finanzeinrichtungen der vorangegangenen sechzig Jahre eine
starke Substruktion gewonnen; er betrachtet das Jahrhundert von 1680,
dem Jahre der Erwerbung Magdeburgs, bis 1786 als eine in sich ge=
schlossene Periode der inneren Politik Preußens, ausgefüllt durch das
System, das teilweise schon 1680—1697 (Jahr der Katastrophe Danckel=
mans) geschaffen, hauptsächlich 1713—1756 ausgebildet, zu den höchsten
Leistungen aber 1740—1786 verwertet wurde. Der Wirtschaftspolitik
Friedrichs des Großen im allgemeinen stellt Schmoller, zum Schluß
seiner Darstellung dieser Politik im Magdeburgischen, das Zeugnis aus[1]),
daß für fast alle Anordnungen der inneren Politik des Königs seine
allgemeine Handelstheorie und die Tendenz der Förderung des eigenen
Staates, sowie der Bekämpfung der Gegner nur das allgemeine Leit=
motiv war: „Der konkrete Entschluß zu den Maßregeln von 1740 bis
1768 (im Magdeburgischen) baute sich stets auf einer konkreten Prüfung
der einschlagenden Momente, der Konkurrenzverhältnisse, der mitwirken=
den finanziellen und wirtschaftlichen Faktoren auf". Der Verfasser setzt
hinzu: „Und das macht die Größe des Staatsmannes aus. Sie liegt
eben auf dem Grenzgebiet, wo allgemeine Theorien und politische Ideale
sich verwirklichen, den realen Verhältnissen anpassen sollen, wo es gilt,
die Wirklichkeit ebenso klar und nüchtern zu erfassen, als kühn in die
Zukunft zu greifen. Daß auch unter dieser Voraussetzung, die Friedrich
im höchsten Grade erfüllte, noch Fehlgriffe vorkommen können, ist klar".
Mit einem „Blick auf die Litteratur" wird im Eingange zu diesen Studien
nachgewiesen[2]), daß dem abfälligen Urteil Mirabeaus und der Physio=
kraten ein mindestens gleichwertiges entgegengesetztes im achtzehnten Jahr=
hundert vorausging, und daß die Vorstellung durchaus falsch ist, nach
welcher Friedrich seiner Zeit etwas aufgedrängt hätte, was ihr fremd
und unnatürlich erschienen wäre.

Mit der archivalischen Forschung zur Geschichte dieses Zeitraums
hat die litterarische Kritik ungefähr gleichen Schritt gehalten. Man be=
gann (abgesehen von der fortgesetzten Beschäftigung[3]) mit dem philosophischen
und staatswissenschaftlichen Gehalt der Schriften Friedrichs) die hi sto =

---

stände in Schlesien im vorigen Jahrhundert, Breslau 1884; Zimmermann,
Blüthe und Verfall des schles. Leinengewerbes, Breslau 1885.
1) Jahrbuch 1886, S. 726.
2) Jahrbuch 1884, S. 13.
3) E. Zeller, Friedrich der Große als Philosoph, Berlin 1886 (vgl. C.
Rößler, Preußische Jahrbb. LVIII). H. v. Treitschke, Das politische Königs-

rischen Darstellungen des Königs auf ihre Grundlagen und ihre Komposition zu untersuchen und bemühte sich, die Entstehungszeit näher festzustellen und über die Glaubwürdigkeit ein bestimmteres Urteil zu gewinnen; die Veröffentlichung der älteren Redaktion (1746/7) der Geschichte der beiden ersten Kriege forderte zu immer neuen Vergleichungen zwischen ihr und der bereits bekannten von 1775 auf[1]). Eine Prüfung der preußischen Schlachtenbulletins und sonstigen gedruckten Kriegsberichte aus den Feldzügen von 1741—1745 ergab für den größten Teil derselben als Verfasser den königlichen Kriegsherrn selber[2]). Das Gleiche stellte sich heraus für einen Teil der von dem preußischen Hofe seit 1740 veröffentlichten Staatsschriften; und wenn Droysen es in seiner Untersuchung über den gefälschten Nymphenburger Vertrag als eine dankbare Aufgabe bezeichnet hatte[3]), ähnliche Fälschungen einmal zusammenzustellen und ihren Ursprüngen, Tendenzen und Wirkungen nach zu beleuchten, so gelang es, in der kritischen Ausgabe der „Preußischen Staatsschriften" (vgl. oben S. 15) eine ganze Reihe angeblicher Noten oder Manifeste als auszuscheidende Fälschungen tendenziöser Art zu erweisen. Eine Untersuchung des Zeitungswesens dieser Periode[4]), wobei ein völlig geregelter, weitverzweigter Vertrieb autographierter Blätter neben der gedruckten Presse und als Quelle der letzteren sich nachweisen ließ, war im höchsten Grade lehrreich über die Beziehungen zwischen dem

---

tum des Antimacchiavell (Preußische Jahrbb. LIX); M. Posner, Die Montes-quieu-Noten Friedrichs II. (Histor. Zeitschrift XLVII). Ueber neuere Beurteilungen der Stellung Friedrichs zu der deutschen Litteratur vgl. O. Krauske in der Histor. Zeitschrift LVII, 505.

1) W. Wiegand, Die Vorreden zur Histoire de mon temps, Straßburg 1874. M. Posner, Genesis der H. d. m. t. und der brandenb. Denkwürdigkeiten (in: Miscellaneen zur Gesch. Friedrichs d. Gr., Berlin 1878, S. 207—490); Frédéric II, H. d. m. t., her. von M. Posner, 1879 (Publ. a. b. Preuß. Staatsarchiven IV, 143—499); Bildhaut, Ueber die Quellen der H. d. m. t., Münsterische Diss. 1880; R. Koser, Zur Textkritik der H. d. m. t. (Histor. Zeitschr. LII); H. Disselköter, Beiträge zur Kritik der H. d. m. t., Leipzig 1885. J. G. Droysen, Zu den hist. Schriften Friedrichs d. Gr. (Zeitschr. für Preuß. Gesch. XVIII; betrifft die beabsichtigte Fortsetzung für die Zeit nach 1745); Fr. Preuß, Die erste Teilung Polens und die Memoiren Friedrichs d. Gr. (Zeitschr. für preuß. Gesch. XI).

2) J. G. Droysen, Kriegsberichte Friedrichs d. Gr. aus den beiden schles. Kriegen (Beihefte zum Militärwochenblatt 1875 S. 237 ff.; 1876 S 305 ff. 1877 S. 85 ff.).

3) Abhandlungen zur neueren Gesch. S. 246.

4) J. G. Droysen, Die Zeitungen im ersten Jahrzehnt Friedrichs d. Gr. (Zeitschr. für Preuß. Gesch. XIII, 1 ff., vgl. XV, 545).

Journalismus und den Höfen und damit über Ursprung und Verbreitungsart der Tendenzgerüchte und Fälschungen. In den Reihen der berufsmäßigen Journalisten sind der Regel nach die Verfasser der gleichzeitigen zusammenfassenden Zeitgeschichten zu suchen, die sich fast sämtlich als abhängige Kompilationen ohne irgend welche Originalnachricht charakterisieren ließen[1]). Eine Klassifikation der militärischen Tagebücher aus den fridericianischen Kriegen wurde mit Geschick in einer Erstlingsschrift[2]) versucht, welche, von der Kritik eines einzelnen Werkes ausgehend, durch die von dem Verfasser gewonnenen Gesichtspunkte von allgemeinerer quellenkritischer Bedeutung ist: die militärischen Tagebücher, eine Hauptreihe der Quellen Tempelhoffs für die „Geschichte des siebenjährigen Krieges in Deutschland", bieten die auffallendsten Analogieen mit den mönchischen Annalen der mittelalterlichen Klöster: „Wie diese mit kurzen Aufzeichnungen ihren Anfang nehmen, die sich an die Ostertafeln anschlossen, so bilden die ersten Ansätze zu den Journalen aus dem siebenjährigen Kriege gelegentliche Eintragungen in die Parolebücher: sein Parolebuch ist dem preußischen Offizier der Armee Friedrichs des Großen für die Festhaltung historischer Daten dasselbe, was dem Klosterbruder der fränkischen Zeiten seine Ostertafel. Aber nicht bloß die Entstehung, sondern auch die weitere Entwickelung der militärischen Journale weist mit der Fortbildung der Annalen die größte Ähnlichkeit auf; die Gleichartigkeit dieser beiden Gruppen primärer Quellen, deren Abfassungszeit fast ein Jahrtausend auseinanderliegt, erhellt wohl am besten aus der Thatsache, daß Waitz' Charakteristik der Annalen Wort für Wort auch auf unsere Tagebücher paßt". Dem festgewurzelten Ansehen der Memoirenlitteratur der Epigonen des siebenjährigen Krieges versetzte die Abhandlung von M. Duncker über die Schlacht bei Kolin[3]) den ersten entscheidenden Stoß, indem gegen die Behauptungen der Retzow und Berenhorst die Glaubwürdigkeit der Darstellung des Königs überzeugend dargethan wurde. Theodor von Bernhardi (vgl. oben S. 40) schob die gegen Friedrich feindselige Haltung der meisten Vertreter dieser Litteratur den Einflüssen des Prinzen Heinrich zu. Als dann die Memoiren und Tagebücher des königlichen Vorlesers de Catt über die Jahre 1758 bis 1762 für die Veröffentlichung vorbereitet wurden, eröffneten sich neue

---

1) R. Koser, Die ersten Lebensbeschreibungen Friedrichs d. Gr. (Zeitschr. für Preuß. Gesch. XIV).

2) O. Herrmann, Ueber die Quellen der Geschichte des siebenjährigen Krieges von Tempelhoff, Berliner Diss. 1885.

3) M. Duncker, Aus der Zeit Friedrichs d. Gr. und Friedrich Wilhelms III, S. 49.

Einblicke in die Abhängigkeit dieser Memoirenschriftsteller von einander; es wurde in der Einleitung zu den Aufzeichnungen Catts darauf hin=gewiesen [1]), daß ein jedes dieser Memoirenwerke noch einer genauen Prüfung bedürfe: „Es wird nicht genügen, daß der persönliche Stand=punkt des Verfassers und damit seine Glaubwürdigkeit im allgemeinen festgestellt wird; es bleibt dann noch die Frage nach der Herkunst und Beglaubigung des Einzelnen zu beantworten, die Frage, wo der Ver=fasser nach eigener Kenntnis berichten konnte, wo er aus mündlicher oder schriftlicher Überlieferung geschöpft haben muß, ob einer Nachricht bei einem anderen Gewährsmann vielleicht eine abweichende entgegen=steht und für welche Version dann die Entscheidung zu fallen hat".

Seitdem ist in dieser Richtung weitergearbeitet worden [2]). Den Quer=schnitt der gesamten Überlieferung über ein einzelnes kriegerisches Ereig=nis, von den ersten vom Schlachtfelde geschriebenen Bulletins bis zu den aus später Erinnerung aufgezeichneten Memoiren, giebt unter Kon=trolierung dieser Überlieferung durch das Aktenmaterial eine soeben er=schienene quellenkritische Untersuchung über die Schlacht bei Prag [3]). Wie sehr man Recht hat, den Prinzen Heinrich als den Mittelpunkt der litterarischen Opposition gegen den König zu betrachten, wird einer der Beiträge des vorliegenden Heftes über jeden Zweifel erheben. — Über die Anekdotenlitteratur mit besonderer Berücksichtigung der litterarischen Bethätigung Fr. Nicolai's für das Andenken Friedrichs des Großen be=findet sich eine Untersuchung in Vorbereitung.

Alles in Allem kann der gegenwärtige Stand der fridericianischen Forschung zu einem erneuten Versuche biographischer Zusammenfassung des durch den Fleiß der vereinten Kräfte zubereiteten Stoffes ermutigen. Die Anfänge einer einheitlich angelegten Biographie sind zu dem hundert=jährigen Todestage Friedrichs des Großen in einer für sich abgeschlossenen Schrift erschienen [4]).

In der Zeit vom Tode Friedrichs des Großen bis zu

---

1) Memoiren und Tagebücher von H. de Catt, her. von R. Koser (Publ. aus den preuß. Staatsarchiven XXII, 1884), S. XXXI.

2) Krüger, Zur Kritik der Lebensbeschreibung des Grafen Schmettau, Halle 1886; Peukert, Die Memoiren des Marquis de Valory, Berlin 1884; Graf E. zur Lippe=Weißenfeld, Das Paroles-Buch des Feldmarschalls Kalkreuth (Jahrbücher für die deutsche Armee und Marine LI; vgl. Graf Lippe über Lloyd, Warnery, Archenholtz in den Neuen milit. Blättern 1886); G. Winter in der Zeitschrift für allgem. Gesch., her. von Zwiedineck 1885; R. Schmitt, Prinz Heinrich von 1756—1759, Greifswalder Diss. 1885, im ersten Kapitel.

3) Fr. Ammann, Die Schlacht bei Prag, Heidelberg 1887.

4) R. Koser, Friedrich der Große als Kronprinz, Stuttgart 1886.

den Freiheitskriegen hat wie in keiner anderen Periode unserer
Geschichte eine breite, schlammige Flut von Pamphleten und anderen
tendenziösen Augenblicksschriften den Hof und das Land überschwemmt
und die geschichtliche Überlieferung an der Quelle getrübt; die Litteratur
der „Vertrauten Briefe", die Chronique scandaleuse über die Lichtenau
und „Saul den Dicken, König von Kanonenland", wurde unter der
folgenden Regierung abgelöst durch das schwarze Buch, die Feuerbrände
und die Lichtstrahlen, die Gallerie preußischer Charaktere u. s. w.[1]).
Nachher ist für lange Zeit Manso's „Geschichte des preußischen
Staates vom Frieden zu Hubertusburg bis zur zweyten Pariser Ab=
kunft" (1819; 2. Aufl. 1835), ein lesbar geschriebenes, dem Klatsch
aus jenen trüben Quellen keinen zu breiten Raum verstattendes Buch, die
Stelle gewesen, wo man sich über die Begebenheiten jenes Zeitraums
Auskunft holte. Inzwischen wurde allmählich neue Kunde gewonnen
aus den Werken, die entweder von beteiligten Zeitgenossen selbst oder
aus ihrem Nachlasse veröffentlicht wurden: es erschienen nach und nach
die Blücher=Biographie von Varnhagen (1826), das Leben des Grafen
Dohna von J. Voigt (1832), Clausewitz' Aufzeichnungen über die Feld=
züge von 1812—1815 und zur Charakteristik von Scharnhorst, E. M.
Arndts Erinnerungen (1840) und die Erinnerungen des Grafen Henckel
von Donnersmarck (1846). Als Droysen 1846 seine „Vorlesungen über
die Freiheitskriege" veröffentlichte, faßte er den Stand der Forschung
dahin zusammen, daß man angewiesen bleibe auf einige Denkwürdig=
keiten, „die hier und da von den großen Begebenheiten ein Streiflicht
auffangen", auf einige Lebensbilder und auf den Überfluß meist un=
bedeutender Flugschriften; er klagte, daß es an urkundlichen Darstellungen
des Baseler, des Lüneviller Friedens, des Reichsunterganges, der Rhein=
bundzeit noch fehle, daß nicht bloß Österreich der Geschichte guter wie
böser Tage sein εὐφημεῖν χρή zurufe, sondern daß auch Preußen noch
seine Archive schweigen lasse. Auch in der nächsten Zeit mehrten sich
nur die Veröffentlichungen persönlicher Denkwürdigkeiten. Es erfolgten
Mitteilungen aus den Nachlässen von Knesebeck, Müffling, Marwitz;
Droysen schuf mit Hülfe der Yorck'schen Familienpapiere das Muster
einer militärischen Biographie, und Pertz begann, durch die Erben seiner
Helden veranlaßt und unterstützt, die schwerfälligen Materialiensamm=
lungen zur Lebensgeschichte Steins und Gneisenaus zu kompilieren.

---

1) Zur Kritik dieser Litteratur ist bisher sehr wenig geleistet worden. Einen
vortrefflichen Anfang macht der Exkurs bei M. Lehmann, Scharnhorst I 533:
„Massenbachs Einfluß auf die Überlieferung über den Krieg von 1806."

So unvollkommen das Material noch war, so gelang es doch L. Häusser mit seiner „Deutschen Geschichte vom Tode Friedrichs des Großen bis zu den Freiheitskriegen" (1854), einem Buche, „das ebenso sehr eine politische That, wie eine wissenschaftliche Leistung war", einen durchschlagenden Erfolg zu erzielen: ist doch der Mehrzahl der Süd= deutschen „erst durch die Erzählung ihres Landsmannes eine lebendige Kenntnis des glorreichsten Abschnittes unserer neueren Vergangenheit er= schlossen worden"[1]). Nach dem Erscheinen der zweiten Auflage ward dem Verfasser 1860 die Vergünstigung, sein bisheriges Rüstzeug aus den Akten des Berliner Geheimen Staatsarchivs ergänzen zu dürfen. Auch H. v. Sybel konnte jetzt für die Fortsetzung und für eine neue Auflage seiner Revolutionszeit diese Akten zu Rate ziehen. Immer aber war beiden Forschern die Benutzung des Archivs damals nur innerhalb enger Schranken gestattet.

Der erste, für den diese Schranken wegfielen, war Max Duncker nach seinem Antritt des Archivdirektoriums; die 1871 veröffentlichte Ab= handlung „Preußen und die französische Okkupation", ihrer unmittel= baren Veranlassung nach eine politische Gelegenheitsschrift, wurde epoche= machend für die wissenschaftlichen Studien in diesem Bereiche. „Jahr= zehnte hindurch", heißt es im Eingang[2]) der Abhandlung, „waren wir darauf angewiesen, die Geschicke, die den preußischen Staat während der Suprematie Frankreichs im Beginne dieses Jahrhunderts getroffen, ja sein eigenes Verhalten gegen das erste Kaiserreich, aus den Darstellungen französischer Schriftsteller kennen zu lernen". Die eingehenden geschicht= lichen Arbeiten, welche später die militärischen und politischen Ereignisse auch vom deutschen Standpunkte aus beleuchteten, und eine Reihe von Biographieen, welche den Anteil festzustellen versuchten, der den Staats= männern und Feldherren Preußens an den Thaten und Erfolgen jener Zeit gebührt, sie hatten alle den Mangel gemeinsam, „die allgemeine politische Lage, wie die besonderen Bedingungen, die dem damaligen Preußen auferlegt waren, die Gesichtspunkte der Staatsleitung und die Nötigungen, unter welchen dieselbe handelte, nicht präzis und scharf genug hervortreten zu lassen, während doch das geschichtliche Urteil über die Lenker wie über deren Gehülfen im Rat und im Felde ohne Erwägung und fortgehende Berücksichtigung jener Momente nicht zum Abschluß gelangen kann". Man könnte hinzufügen, es bestand hier

---

1) H. v. Treitschke in dem Vorwort zu der vierten Auflage des Häusserschen Werkes (1869).

2) Derselbe ist 1876 bei dem Wiederabdruck der Abhandlung (in der oben S. 16 angeführten Sammlung S. 265) fortgeblieben.

gerade das umgekehrte Verhältnis, wie in der Überlieferung einer früheren Periode, der Zeit des Großen Kurfürsten; denn dort vernehmen wir die Klage, daß von der großen Gesamtsumme der Verdienste den Beratern und Gehülfen des Kurfürsten, seinen Staatsmännern und Kriegsleuten, seitens der Geschichtschreibung ihr Anteil noch nicht gebührend zugemessen werde. Duncker zog nun, dem vorangestellten Gesichtspunkte gemäß, in erster Linie die Akten der Zentralstaatsleitung, den Schriftwechsel des königlichen Kabinets, womöglich die eigenhändigen Aufzeichnungen des Staatsoberhauptes zu Rate; es galt ihm in allen seinen der Geschichte Friedrich Wilhelms II.[1]) und Friedrich Wilhelms III. gewidmeten Unter= suchungen, diesen beiden Königen gerechter zu werden, ihren Anteil an den Geschäften, ihren Verdienstanteil festzustellen. Die Veröffentlichung der Denkwürdigkeiten Hardenbergs durch Ranke[2]) bestärkte ihn noch in seiner Grundanschauung und erleichterte ihm in gewisser Weise die weitere Verfechtung derselben[3]); denn gerade die Selbstentschuldigungs= versuche der Hardenbergischen Memoiren drängten die Empfindung auf, daß in kritischen Momenten das Ministerium den König an Fehlern noch überboten habe.

Nunmehr ist die Masse der urkundlichen Zeugnisse aus jenen Tagen nahezu Gemeingut der Forschung geworden; die Zahl der aus Studien im Berliner Archiv erwachsenen Werke über die Zeit von 1786 bis 1815 ist bereits eine ziemlich große. In der 1877 erschienenen vierten Auflage der drei ersten Bände der „Revolutionszeit" unterwarf der Verfasser, der in seiner neuen amtlichen Stellung das preußische Akten= material jetzt zu uneingeschränkter Verfügung hatte, gerade die Abschnitte über die Politik Preußens einer durchgreifenden Revision; so die Dar= stellung der Entstehung des Reichenbacher Vertrages mit dem Nachweis der persönlichen Einwirkungen Friedrich Wilhelms II. auf den Gang der Verhandlungen. In dem gleichfalls umgearbeiteten Kapitel über den Ursprung des Revolutionskrieges hielt Sybel gegen die inzwischen von Ranke geltend gemachte Auffassung, wonach beide Teile, die Revolution wie die

---

1) M. Duncker, Friedrich Wilhelm II. und Hertzberg, Histor. Zeitschr. XXXVII.

2) Denkwürdigkeiten des Staatskanzlers Fürsten von Hardenberg, 5 Bde., Leipzig 1878 (die einleitende Darstellung Rankes wieder abgedruckt S. W. XLVI—XLVIII).

3) M. Duncker, Die Denkwürdigkeiten des Staatskanzlers Fürsten von Hardenberg; Graf Haugwitz und Freiherr von Hardenberg (Abhandlungen aus der neueren Gesch. S. 144. 193).

deutschen Mächte, gleich belastet, bezw. gleich entschuldbar erscheinen[1]), mit Nachdruck daran fest, daß die Hauptverantwortlichkeit für den Zusammenstoß durchaus die Girondisten treffe. Den Schlußbänden der 1879 abgeschlossenen Sybelschen Darstellung gehen der behandelten Zeit nach parallel die beiden gleichfalls das Material des Berliner Archivs verwertenden Werke von Hüffer[2]), die sich von der Auffassung Sybels vor allem in der nachsichtigen, apologetischen Beurteilung der österreichischen Politik entfernen. Die „Publikationen aus den preußischen Staatsarchiven" berücksichtigen die zwei Jahrzehnte von 1795—1815 mit zwei Serien; die erste, bereits abgeschlossen, eine Urkundensammlung zur Geschichte der Beziehungen Preußens zu Frankreich in der Zeit zwischen den Friedensschlüssen von Basel und Tilsit[3]), verdanken wir dem Fleiße P. Bailleus, der auch mit seinen einzeln erschienenen Essays und Untersuchungen zur Geschichte einer ihm durch langjähriges Studium vertrauten Epoche[4]) allgemeine Beachtung und Anerkennung erzielt hat. Die zweite, chronologisch sich anschließende Publikation, eine „Geschichte der preußischen Politik von 1807—1815" mit einem Urkundenbuche, wird, da der Verfasser des ersten Bandes[5]), P. Hassel, die Fortsetzung in seiner jetzigen Stellung als Leiter der sächsischen Archivverwaltung nicht übernehmen konnte, gleichfalls von Bailleu weitergeführt werden. In W. Onckens Beiträgen zur Geschichte der Freiheitskriege[6]) sind Darstellung und Urkunden nicht wie in den Veröffentlichungen von Bailleu und Hassel getrennt, sondern der Verfasser verbindet seine archivalischen Mitteilungen durch erzählenden Text; die Einwände, die gegen seine durch das Studium der Wiener Akten gebildete Auffassung Metternichs er-

---

1) L. v. Ranke, Ursprung und Beginn der Revolutionskriege (S. W. XLV); Hardenberg und die Politik des preußischen Staates (S. W. XLVI—XLVIII); Rankes Antwort auf Sybels Vorwort zur vierten Auflage der Revolutionszeit: S. W. XL, Vorrede.

2) H. Hüffer, Oesterreich und Preußen gegenüber der französischen Revolution bis zum Frieden von Campo-Formio, Bonn 1868; Der Rastatter Congreß und die zweite Koalition, 1878. Vgl. H. v. Sybel, Oesterreich und Preußen im Revolutionskrieg, Düsseldorf 1868.

3) Publikationen VIII. XXIX.

4) P. Bailleu, Graf Hertzberg (Histor. Zeitschrift XLII); Haugwitz und Hardenberg (Deutsche Rundschau 1879, August); Prinz Louis Ferdinand (ebend. 1886, Okt.-Nov.); Königin Luise (Allg. Deutsche Biographie XIX, 815); Metternich (ebend. XXIII, 777); Die Memoiren Metternichs (Histor. Zeitschr. XLIV).

5) Publikationen VI.

6) W. Oncken, Oesterreich und Preußen im Befreiungskriege, Berlin 1876—79; dazu des Verfassers Aufsätze im Histor. Taschenbuch 1883, 1885, 1886. Vgl. Histor. Zeitschrift XXXVII, 139. 557; LII, 74; LIV, 568.

hoben worden sind, haben den Verfasser bestimmt, im zweiten Bande einen Rückblick auf Metternichs politische Vergangenheit vor 1813 zu werfen. Nicht minder eifrig als der Geschichte der Politik und Diplo= matie hat sich die Forschung den inneren Zuständen des öffentlichen Lebens in dem Zeitraum der Auflösung und Neuaufrichtung des Staates zugewendet[1]). Die militärische Geschichte, für welche das Buch von Höpfner über den Krieg von 1806 einen guten Anfang gemacht hatte, ist neuerdings vor allem durch die Biographieen Gneisenaus und Scharn= horsts von Delbrück und von Lehmann gefördert worden[2]). Der litte= rarischen Kritik stellte die Veröffentlichung der Denkwürdigkeiten Harden= bergs, Schöns[3]), Metternichs lohnende Aufgaben.

Unschwer gewahrt man, bei Vergleichung der neuesten Erscheinungen mit den Ergebnissen, welche durch die bisherige archivalische Forschung gesichert schienen, daß die Arbeiten von Bailleu, Delbrück, Lehmann eine neue Abwandelung, eine Rückbildung der Auffassung König Friedrich Wilhelms III. bezeichnen. Gewiß ist Hardenbergs Politik 1804 und 1805 eine halbe und schwankende gewesen, wie es die Akten seiner ministeriellen Thätigkeit im Gegensatz zu den Ausführungen seiner Memoiren unwiderleglich erweisen; aber, so fragt Bailleu, wissen wir denn, ob

---

1) M. Philippson, Gesch. des preuß. Staatswesens vom Tode Friedrichs des Großen bis zu den Freiheitskriegen, Bd. I. II. Leipzig 1880/82 (schroff abge= lehnt von Delbrück, Preuß. Jahrbb. LIV. LV, und Schmoller, Jahrbuch für Gesetzgebung 1882, S. 1313, 1884, S. 61). A. Stölzel, Carl Gottlieb Svarez, Berlin 1885. E. Meier, Die Reform der Verwaltungsorganisation unter Stein und Hardenberg, Leipzig 1881. Stern, Abhandlungen und Aktenstücke zur Geschichte der preuß. Reformzeit, Leipzig 1885. Knapp, Die Bauernbefreiung und der Ursprung der Landarbeiter in den älteren Provinzen Preußens, Leipzig 1887. Dieterici, Zur Gesch. der Steuerreform in Preußen 1810—1820, Berlin 1875. Grätzer, Zur Gesch. der preuß. Einkommen= und Klassensteuer 1812—51, Berlin 1884 (Diss.). Sehr sympathische Aufnahme fand in Deutschland verdienter= maßen das Buch eines Engländers: Seeley, Life and times of Stein, Cam= bridge 1878 (Deutsch Gotha 1887).

2) H. Delbrück, Das Leben des Feldmarschalls Grafen N. v. Gneisenau, Berlin 1882 (auf Grund der von dem Verf. zu Ende geführten Materialien= sammlung; vgl. oben S. 46). M. Lehmann, Scharnhorst, Leipzig 1886. Eines würdigen biographischen Denkmales, wie es den York (vgl oben S. 46), Gneisenau und Scharnhorst errichtet ist, harrt Blücher noch immer, da auch das Buch von Blasendorff (1887) nicht voll befriedigen wird. Ueber K. Schwarz, Leben des Generals v. Clausewitz (1878), vgl. Delbrück, Zeitschr. für Preuß. Gesch. XV und Th. v. Bernhardi, Beiheft zum Mil.=Wochenblatt 1878, S. 397.

3) Aus den Papieren des Ministers von Schön, Halle 1875 ff.; Weitere Beiträge und Nachträge zu den Papieren ꝛc., 1881. M. Lehmann, Knesebeck und Schön, Leipzig 1875; Stein, Scharnhorst und Schön, 1878.

Hardenberg in seinen Akten seine eigenen Ideen rein zum Ausbruch brachte oder ob er nicht vielleicht seine Ideen unter dem Einfluß der überlieferten Politik bildete und der persönlichen Überzeugung des Monarchen anbequemte?[1]) Von der Ablösung des Grafen Haugwitz durch Hardenberg im April 1804 sagt derselbe Verfasser[2]): „Der Wechsel im Ministerium bedeutete keinen Umschwung in der preußischen Politik; nach wie vor war es König Friedrich Wilhelm selbst, welcher derselben ihren eigentümlichen Charakter aufdrückte"; vollends die durch Harden= bergs Denkwürdigkeiten veranlaßte Gegenüberstellung von Kabinet und Ministerium wird von Bailleu als durchaus unzutreffend bezeichnet; der vorhandene Gegensatz lautete: König und Ministerium. Aber das letztere habe sich dem Willen des Königs schließlich immer untergeordnet. Auf Graf Haugwitz, der 1799 und 1803 gegen Frankreich Front machen wollte, aber beidemal keinen Rückhalt an seinem Gebieter fand, hatte sich seit je das ganze Odium des Schönbrunner Vertrages von 1805 ab= gelenkt; jetzt kommt eine geheime Instruktion zum Vorschein[3]), die, wenn man sie als authentisch gelten lassen will, den Unterhändler voll= ständig entlasten muß; denn nach derselben hätte Friedrich Wilhelm III. seinem Gesandten bei der Abordnung in das Hauptquartier Napoleons die Erhaltung des Friedens für alle Fälle vorgeschrieben; allerdings wird diese mündlich erteilte Instruktion nur durch eine dem französischen Ge= sandten gegenüber geschehene Aeußerung des Grafen Haugwitz selber be= zeugt, der ein Interesse daran haben konnte, bei den Franzosen die letzten Nachwirkungen des Unwillens über seine Mission durch möglichste Ab= schwächung der Tragweite derselben zu verwischen. Auch das Verhalten Friedrich Wilhelms III. im Jahre 1809, ganz besonders aber die preußische Politik von 1811 und 1812 wird von dem neuesten Darsteller in eine wesentlich andere Beleuchtung gerückt. Es ist kein schärferer Gegensatz möglich, als in der Beurteilung der preußisch=russischen Ver= handlungen von 1811 und des Instrumentes vom 17. Oktober desselben Jahres bei Duncker auf der einen und Lehmann auf der anderen Seite. In der Vorgeschichte des Krieges von 1813 endlich erscheinen dem Bio= graphen Scharnhorsts die Gründe, aus denen im Dezember und Januar das sofortige Losschlagen unterblieb, durchaus nicht als stichhaltige; er bestreitet auf das entschiedenste, daß die Chancen des Kriegs um die Jahreswende für Preußen schlecht gewesen wären.

---

1) Jahresberichte der Geschichtswissenschaft 1878, S. 655.
2) Preußen und Frankreich II, S. XLVI.
3) Bailleu, Preußen und Frankreich II, 430, Lehmann, Scharnhorst I, 354.

Die Geschichte Preußens in den Zeiten nach den Freiheitskriegen[1]) war vor dem Erscheinen der Deutschen Geschichte von Heinrich v. Treitschke[2]) lediglich nach ihrer negativen Seite bekannt. Nach der durch Gervinus vertretenen Geschichtsauffassung war es in jener Zeit das Verdienst der süddeutschen Regierungen, Stände und Stämme, daß dem äußersten Unheil, der Verbreitung einer „völligen politischen Erstarrung" über ganz Deutschland, vorgebeugt wurde[3]). In diese Zeit der „völligen politischen Erstarrung" Preußens fällt u. a. die Wiederaufnahme der unterbrochenen Reformgesetzgebung, die unscheinbare und doch so folgenreiche Neuordnung der Verwaltung (Treitschke II, 192); die überraschend schnelle Wiederherstellung des Staatskredits; die Finanzreform von 1820, „mit allen ihren Mängeln ein gutes und tüchtiges Werk, wenngleich sie die blinden Verehrer der altpreußischen Ordnung ebensowenig befriedigte wie die doktrinären Verteidiger eines wissenschaftlich vollkommenen Abgabesystems" (III, 97); das Zollgesetz von 1818, „das freieste und reifste wirtschaftliche Gesetz des Jahrhunderts", welches die Freihändler der Londoner City in einer Petition an das Parlament als „das glänzende Beispiel, das Preußen der Welt gegeben", rühmten (II, 216); die bewußt-nationale Zollvereinspolitik, welche, „recht eigentlich gegen den Willen der Mehrzahl der Deutschen" begonnen (II, 220), darauf ausging, dem hohlen Schein des offiziellen deutschen Bundes „ein in Wahrheit verbündetes, von innen und von außen festes und freies Deutschland unter dem Schutze und Schirm von Preußen"[4]) entgegenzustellen. Positive Leistungen, die im Jahre 1832 den jungen Hauptmann von Moltke freudig urteilen ließen, der preußische Staat zeichne sich aus durch sein unaufhaltsames, ruhiges Fortschreiten, durch eine stetige Entwickelung seiner inneren Ver-

---

1) Ueber diese besitzen wir leider noch keine andere Monographie als Beitzke, Gesch. der deutschen Freiheitskriege in den Jahren 1813 und 1814 (1854, 4. Aufl. von P. Goldschmidt 1881).

2) H. v. Treitschke, Deutsche Geschichte im 19. Jahrhundert, Bd. I—III, Leipzig 1879 ff. Der Anhang des dritten Bandes enthält die Entgegnung auf H. Baumgartens Angriffe gegen den zweiten Band. Für die Zeit nach 1830, die Treitschkes Darstellung erst im vierten Bande erreichen wird, liegt eine archivalische Studie von J. G. Droysen vor: Zur Gesch. der preuß. Politik 1830—32 (Abhandlungen zur neueren Gesch. S. 1—132). Ueber den Kirchenkonflikt von 1837 vgl. W. Maurenbrecher, Die preuß. Kirchenpolitik und der Kölner Kirchenstreit, Stuttgart 1881.

3) G. G. Gervinus, Geschichte des neunzehnten Jahrhunderts seit den Wiener Verträgen Bd. I—VII, Leipzig 1855 ff. Vgl. II, 590.

4) Schlußworte der großen Denkschrift von Motz aus dem Juni 1829, bei Treitschke III, 670.

hältnisse, „welche Preußen an die Spitze der Reformen, der Aufklärung, der liberalen Institutionen und einer vernünftigen Freiheit, mindestens in Deutschland, gestellt haben" [1]. Schon als die Einführung der provinzial=ständischen Verfassungen erörtert wurde, hatte Wilhelm von Humboldt gemeint, die Krone würde immer den Grundsatz der Verbesserung, die Ständevertretung den der Erhaltung vertreten; so betont denn auch Treitschke (III, 371), daß in der Folge wirklich die Regierung, in den Kleinstaaten als Macht der Reaktion verschrieen, liberaler dachte und handelte als die Stände; er schildert den „stillen Kampf zwischen den hochkonservativen Ratschlägen der Stände und den freieren Anschauungen der Krone" (III, 388) und bezeichnet die feudale Partei im damaligen Preußen als die einzige mit bestimmt ausgesprochenen Zielen (III, 367), die sogar einen Angriff auf die durch den Absolutismus des achtzehnten Jahrhunderts geschaffene Einheit der Verwaltung versucht hat (III, 236). Wenn Hardenberg gleichwohl zu dem allgemeinen Landtag, den sein Verfassungsentwurf forderte, das Vertrauen hatte, daß derselbe aus dem verbissenen Partikularismus der Stände und Provinzen allmählich eine kräftige Staatsgesinnung herausbilden und durch sein Dasein schon die verstimmte öffentliche Meinung in Deutschland beschwichtigen würde, so nimmt Treitschke zu dieser Frage, der entscheidenden, mit den Worten Stellung (III, 99): „Eine hohe Wahrscheinlichkeit spricht doch dafür, daß Hardenberg das Rechte traf. Was den süddeutschen Staaten leidlich gelang, war für Preußen nicht unmöglich; ein preußischer Landtag, zur rechten Zeit berufen, konnte der Krone die Schmach des Jahres 1848 ersparen".

Auch die historische Kenntnis der Zeiten Friedrich Wilhelms IV. beginnt jetzt allmählich sich zu vertiefen. Die Bahn brach Ranke mit seinen Mitteilungen aus dem Briefwechsel Friedrich Wilhelms IV. mit Bunsen (1873) [2]; in dem für die „Allgemeine Deutsche Biographie" geschriebenen Artikel vermochte Ranke über die Erziehung Friedrich Wilhelms, sowie aus den Akten der Verfassungskommission über die

---

1) Angeführt von Treitschke in der oben S. 42 Anm. 3 verzeichneten Ab=handlung.

2) Jetzt: Sämmtliche Werke XLIX/L, 341—584. Die Ergänzung bildet Bunsens Leben (deutsche Ausgabe von Nippold, Leipzig 1868). Das Buch des bekannten Politikers Wagener (Die Politik Friedrich Wilhelms IV., Berlin 1883; vgl. Wagener, Erlebtes, Berlin 1884) ist mehr ein Beitrag zur Geschichte und Charakteristik des Verfassers, als daß man irgendwie erhebliche Aufschlüsse über den König gewönne. Von größerer Bedeutung ist in Folge der persönlichen Beziehungen des Verfassers zu Friedrich Wilhelm IV.: A. v. Reumont, Aus Friedrich Wilhelms IV. gesunden und kranken Tagen, Leipzig 1885 (2. Aufl.)

Vorgeschichte des vereinigten Landtages, Aufschlüsse zu geben, erklärte
dagegen, über die Ereignisse der Revolutionszeit nicht zu einer Infor=
mation gelangt zu sein, „durch welche die historische Wißbegier einiger=
maßen befriedigt worden wäre". Die Bemerkungen der Biographie über
die „Niederlage" von Olmütz, durch die das Selbstgefühl der Nation
sich tief verletzt gefühlt habe, gewinnen ihren Hintergrund durch die jetzt
an die Oeffentlichkeit getretenen politischen Denkschriften, die Ranke in
den Jahren 1848—1851 für den König zu Papier gebracht hat [1]), mit
ihrer Forderung einer konstitutionellen Politik, welche die destruktiven
Tendenzen des Systems, d. h. die Anerkennung der Volkssouveränetät,
von sich ausscheiden soll, mit ihren Hinweisen auf die „Naturansprüche"
Preußens in der deutschen Frage, mit ihrer Mahnung, daß bei dem
heutigen Zustande der Welt ein Volk, das sich von der Gerechtigkeit
und Dringlichkeit gewisser Forderungen überzeugt habe, schwerlich mehr
regiert werden könne, „wenn seine Führer die Erreichung derselben ver=
hindern wollen" : „man darf nie vergessen, daß man eine große, in der
Tiefe aufgeregte, ihrer Macht sich bewußt gewordene Nation in die all=
gemeine europäische Uebereinstimmung wiederaufzunehmen und deshalb
zu befriedigen hat, zu befriedigen nicht nach den zufälligen Meinungen
des Augenblicks, sondern nach der inneren Forderung der Sache".

In Bezug auf die Haltung Preußens während des Krimkrieges
heißt es in jener Biographie, jedermann sei heute (1877) einverstanden,
„daß die Neutralitätspolitik Friedrich Wilhelms IV. die Bedingung
der großen Erfolge war, die später errungen worden sind". Die hier
von Ranke dieser Politik gezollte Anerkennung, die zwanzig Jahre
früher von dem größeren Teile der öffentlichen Meinung laut zurück=
gewiesen sein würde, erhielt neue Belege durch die Veröffentlichung der
Bismarckschen Depeschen vom Bundestage [2]). Der Horizont dieser Berichte
geht über Frankfurt weit hinaus, die Publikation erweitert sich zu einem
Urkundenbuche der preußischen Politik jener Jahre; denn Bismarcks Bundes=
tagsgesandtschaft fiel in einen Zeitabschnitt, wo nach seinen eigenen
Worten „die Bundestagsversammlung vorzugsweise und vielleicht mehr,
als in irgend einem früheren von gleicher Dauer, Verhandlungen von
besonderer Wichtigkeit für das Verhältnis des deutschen Bundes zur
gesamten europäischen Politik zu führen gehabt". Schon in Frankfurt

---

1) Sämmtliche Werke XLIX/L, 585—623.

2) Preußen im Bundestag 1851—59. Hrsg. von v. Poschinger. Leipzig
1882—84 (Publ. aus den preuß. Staatsarchiven XII. XIV. XV. XXIII).

konnte Bismarck in dem Bericht vom 26. April 1856, diesem Meister-stücke, die Grundzüge seines politischen Programms für die Auseinander-setzung mit Oesterreich, für den „gründlichen inneren Krieg" zeichnen, durch den allein die Uhr der Entwickelung auf ihre richtige Stunde zu stellen sein werde. Die Depeschen zeigen uns nun, wie die klug berechnete Politik Preußens während des Krimkrieges die volle Billigung des Gesandten hatte, der nach dem Kriege mit Genugthuung auf die „Früchte zweijähriger Weisheit" zurückblickte und schon im ersten Kriegs-jahre schrieb (9. Dezember 1854): „Oesterreich hat sich als eine für jetzt unübersteigbare Barriere in den Weg Rußlands geschoben; die Spitze der Politik des letzteren wird sich für die Zukunft naturgemäß gegen diese Barriere richten; durch diese Aenderung in der Konstellation können wir nur an Gewicht und Freiheit der Bewegung gewinnen". Durch eine Rücksichtnahme auf die vorübergehenden Eindrücke, welchen die öffentliche Meinung und das preußische Gefühl den Massen unter-liegt, wollte sich deshalb Bismarck während des Pariser Friedenskongresses (12. März 1856) „die Klarheit des Blicks und die Kälte des Urteils" nicht trüben lassen.

Das Eine überhaupt hat sich nach den bisher neu gewonnenen Einblicken bereits vollauf gezeigt, daß in der konventionellen Geschichte, welche sich die jetzt lebende Generation von ihren Erlebnissen nach den Eindrücken des Augenblicks zurechtgelegt hat, zahlreiche Züge getilgt werden müssen. Gar manches ist positiv behauptet worden, was höchstens als Gerücht hätte verzeichnet werden dürfen. Unbestrittene Herrschaft und zahlreiche Wiederholungen hat die Erzählung gefunden, daß Graf Brandenburg im November 1850 sich in den entscheidenden Sitzungen des Ministerrates gegen seine Ueberzeugung den friedfertigen Wünschen des Königs gefügt habe und dann nach wenigen Tagen gebrochenen Herzens gestorben sei. Auch der fürstliche Verfasser eines jüngst er-schienenen Memoirenwerkes spricht von dem seltsamen Widerspruche zwischen der öffentlichen Meinung, die den Minister völlig entlastete, und den ihm damals zugegangenen Briefen Friedrich Wilhelms IV. und des Prinzen von Preußen: „Die Tendenz der Sendung des Grafen Brandenburg war vom Könige vorgezeichnet, und über die Hauptfrage mußte der Minister unzweifelhaft mit einer sicheren Instruktion aus-gerüstet gewesen sein. Sowohl der König wie der Prinz von Preußen haben indessen in Briefen, die ich gleich nachher mitteilen werde, die bestimmte Klage erhoben, daß es das Ministerium gewesen sei, welches die Konzessionen gemacht habe, die den beiden hohen Herren gleich widerwärtig waren"[1]). Der Zweifel, der sich in der Verknüpfung dieser beiden Sätze ausdrückt, würde leicht neue Mißverständnisse hervorzurufen geeignet sein, wenn wir nicht eben jetzt die volle Wahrheit erfahren, den Einblick in den ganzen Zusammenhang erhalten hätten: Heinrich von Sybel hatte kurz vor dem Erscheinen jener Denkwürdigkeiten die Instruktionen Brandenburgs für die Sendung nach Warschau, seine Berichte über die dortige Verhandlung, sowie den wirklichen Verlauf der entscheidenden Ministerkonferenzen vom 1. und 2. November mitgeteilt und dadurch erwiesen, „daß nicht leicht ein verherrlichender Mythus sich seltsamer in seinem Gegenstand vergriffen hat"[2]).

Wir dürfen uns der Hoffnung hingeben, daß diese überraschenden, entscheidenden Aufschlüsse, die der Direktor der preußischen Staatsarchive über einen der folgenreichsten Wendepunkte der Regierung König Friedrich Wilhelms IV. gegeben hat, nur die ersten Vorläufer größerer Veröffentlichungen über die neueste preußische Geschichte gewesen sein werden. In jugendlicher Geistesfrische und in alter Schaffensfreudigkeit steht Heinrich von Sybel vor einer Jubelfeier, zu welcher in deutschen Landen die ganze historische Zunft dem Nachfolger Rankes auf dem Altmeistersitze ihre Glückwünsche darbringen wird. Sybels dignitas kennt kein otium; es ließ sich erwarten, daß der Forscher, der so viel geleistet hat für die Förderung unserer Wissenschaft, der Anderen fort und fort durch Rat und That ihre Arbeiten erleichtert, ermöglicht, der so Viele auf ihre Aufgaben erst hingeführt hat, auch sich selbst, nach dem Abschluß seines letzten großen Werkes, eine neue bedeutende Aufgabe stellen würde. Die Geschichte der nächsten Vergangenheit des Staates nach den echten Zeugnissen darzustellen, ist bei uns bisher nur einem Pufendorf vergönnt gewesen. In einer Geschichte, die in ihrem Verlauf an großen Gestalten, großen Erinnerungen wahrlich reich gewesen ist, haben die Erlebnisse der jüngsten Zeiten allen vorangegangenen Glanz noch überstrahlt; hier lohnt es sich für die nationale Geschichtschreibung, ihr Können und ihre Kunst einzusetzen.

---

1) Aus meinem Leben und aus meiner Zeit. Von Ernst II., Herzog von Sachsen-Koburg-Gotha. Berlin 1887, I, 594.

2) H. v. Sybel, Graf Brandenburg in Warschau 1850; Histor. Zeitschrift LVIII, 245—278.

II.

Das brandenburgifch=preußifche Innungswefen von 1640—1806,

hauptfächlich

Die Reform unter Friedrich Wilhelm I.

Von

Guftav Schmoller.

———

Während in Frankreich und England die Innungen der kleinen
Gewerbetreibenden feit nächftens hundert Jahren zu den antiquarifchen
Altertümern gehören, mit denen nur der Hiftoriker und diefer felten ge=
nug fich befchäftigt, ift bei uns in Deutfchland die Innungsfrage noch
eine brennende Angelegenheit der Tagespolitik und öffentlichen Agitation,
obwohl gewerbefreiheitliche Gefetze in einer Reihe deutfcher Staaten nun
auch fchon feit faft drei Menfchenaltern erlaffen wurden. Gewiß ift
diefe eigentümliche Erfcheinung zu einem wefentlichen Teil auf die ältere
wirtfchaftliche Kultur der Weftftaaten, die jüngere Deutfchlands zurück=
zuführen. Frankreich und England haben größere Refte antiken Gewerbe=
und Stadtlebens behalten; fie haben durch ihre aufgefchloffene Lage eine
ältere Induftrieentwicklung im Mittelalter gehabt. Wenn die deutfchen
Städte vom 13. Jahrhundert an den Städten jener Länder dann rafch
gefolgt, ja fie im 15. und 16. teilweife übertroffen haben, fo erfolgte
dann dafür von 1550—1700 ein Stillftand und Rückgang der ftädtifchen
und gewerblichen Kultur, wie ihn England und Frankreich nie erlebt
haben. Faft trat wieder ein Zuftand rein agrarifchen Lebens ein; die
gewerbliche Thätigkeit mußte teilweife wieder wie aus frifcher Wurzel fich
entwickeln, konnte lange den Weftftaaten nicht folgen. Es war natürlich,
daß die neuere Technik, die Großinduftrie, die verbefferten Verkehrsmittel
auch in unferem Jahrhundert fich bei uns langfamer Bahn brachen.

All das mußte das Handwerk alter Art länger und breiter erhalten, als dort.

Aber doch wäre es falsch, den Gegensatz so allein, gleichsam chro= nologisch, erklären zu wollen; das deutsche Innungswesen ist nicht blos eine spätere, sondern es ist auch eine von Haus aus anders geartete Organisation, als das englische und französische. Es wurzelte von An= fang an tiefer, sog reichere Nahrung aus den ungebrocheneren Traditionen des alten Stammes=, Geschlechter= und Genossenschaftslebens, fand unvoll= kommenere Staatseinrichtungen, ein anderes Städtewesen, eine andere, eine weniger entwickelte königliche Gewalt sich gegenüber.

England hat einer zentralen Staatsgewalt seit den Tagen Wilhelms des Eroberers nie entbehrt; Frankreich hat seit Ludwig dem Heiligen, noch mehr seit Ludwig XI. ein energisches Königtum besessen. Die Städte sind hier nie in dem Maße wie in Deutschland zu selbständigen Republiken mit eigener Politik geworden; so weit sie es waren, wurden sie viel früher der staatlichen Gewalt und den staatlichen Wirtschafts= interessen untergeordnet. Die französischen Gewerbegesetze von 1581 und 1597, sowie andere Maßregeln des 16. Jahrhunderts machten die fran= zösischen Innungen schon halb zu Staats= und Finanzanstalten; ihr weiteres Schicksal hing von da an aufs engste mit der Blüte und der Entartung der Krone und mit ihren Finanzkünsten zusammen; nur vorübergehend verstand die Folgezeit, hauptsächlich Colbert, sie zu einem Gliede einer gesunden staatlichen Wirtschaftspolitik zu machen. In Eng= land blieb das Innungswesen eine rein lokale, auf die älteren Städte beschränkte Institution; die Krone nahm in der Reformationszeit allen Gilden außer den Londoner ihr Vermögen und drückte sie dadurch zur Bedeutungslosigkeit herab. Zu einer allgemeinen staatlichen Innungs= politik oder staatlichen Innungsgesetzgebung kam man überhaupt nie. Denn das Lehrlingsgesetz der Elisabeth, so bedeutungsvoll es war, steht doch nicht in gleicher Linie mit einer staatlichen Innungsgesetzgebung, wie sie in Deutschland sich ausbildete. Der volkswirtschaftliche Aufschwung des 17. und 18. Jahrhunderts vollzog sich hauptsächlich außerhalb jener alten Stadtthore, innerhalb deren allein das Innungsrecht galt.

In Deutschland blieben bis ins 18., ja bis ins 19. Jahrhundert die wichtigsten Sitze alter städtischer Kultur außerhalb der neu sich bilden= den Territorialstaaten. Neben den Reichsstädten standen bis gegen 1700 die halb unabhängigen sog. civitates mixtae, wie Bremen, Erfurt, Magdeburg und andere, und selbst die größern Landstädte behielten bis Anfang des 18. Jahrhunderts in Preußen, bis Anfang des 19. in den meisten andern Staaten eine weitgehende wirtschaftliche Selbständigkeit.

Bis tief ins 16., ja bis ins 17. Jahrhundert reicht die Zeit der Neubildung von städtischen Innungen; das städtische Innungsrecht erhält
seine definitive Ausbildung, zumal im Osten, erst um diese Zeit.
Und wenn dagegen schon laut über die Innungsmißbräuche geklagt wurde,
die ganze volkswirtschaftliche Blüte der Städte bis zum 30jährigen Krieg
hing in tiefster Wurzel doch mit dem Innungswesen zusammen. Die
Innungen waren unentbehrliche Glieder der städtischen Verfassung und
Verwaltung; zwischen Patriziat und Gemeinde in der Mitte stehend, durch
feste Traditionen beherrscht, einen tüchtigen Mittelstand repräsentierend,
gaben sie teils den Ausschlag, teils waren sie wenigstens ein wichtiger
Faktor, ein angesehener Vertretungskörper, wie die brandenburgischen
Biergewerke, neben den Kaufleuten und Patriziern, die den Rat be-
herrschten. Eine Menge städtischer Verwaltungsaufgaben lag in ihrer
Hand. Und weiter waren sie zu wichtigen Instrumenten der Stadt-
wirtschaftspolitik geworden. Eine selbständige städtische Wirtschaftspolitik
verfolgte jeder tüchtige Bürgermeister, jedes intelligente Ratskollegium so
lange als irgend möglich. Und breiter Spielraum war dafür in Deutschland bis ins 19. Jahrhundert vorhanden; er war vorhanden, so lange
kein großer Verkehr existierte, so lange für jede Stadt der Tausch mit
dem umgebenden Lande und die Beziehungen zu den nächstgelegenen
Land- und Konkurrenzstädten die Hauptsache war, und so lange nicht
eine fürsorgende und weiterblickende Staatsgewalt dem Rat die Zügel
der Wirtschaftspolitik aus der Hand genommen. Bis dahin war es
Pflicht des Rats, nicht bloß durch Verträge mit Nachbarstädten und
-staaten, durch Straßen- und Brückenbau, durch Zoll- und Münzordnung,
durch Jahrmarkts- und Meßordnung, durch Fremden- und Hausierrecht,
durch Marktordnung und Aus- und Einfuhrverbote, durch Marktgebühren
und differenzielle indirekte Steuern, sondern wesentlich auch durch stete
Fortbildung des Innungsrechtes, durch richtige Abgrenzung der Innungen
gegeneinander, durch Sorge für neue Gewerbe, für richtige Besetzung der
alten, durch etwaige zeitweilige Schließung der Innung und zeitweilige
Zulassung der Landkonkurrenz für die Blüte von Handel und Gewerbe
der Stadt zu sorgen. Alle diese Institute waren Elemente der Konkurrenzregulierung. Die Quintessenz aller Stadtpolitik ist nach Joh.
Joachim Becker, dessen Schriften die Zeit von 1660—1730 beherrschen,
noch die Verhinderung des Monopoliums und des Polypoliums, d. h.
die städtische Konkurrenzregulierung. So lange eine selbständige Stadt
wirtschaftspolitisch im vollen Sinne des Wortes bestand, mußte auch eine
städtische Innungspolitik fortdauern, mußte das Innungswesen trotz gewisser Mißbräuche, trotz der beginnenden Behandlung der Innungsrechte und

=Statuten als wohlerworbener Privatrechte, trotz aller Kämpfe der
Innungen unter einander und mit dem Rat die alten Wurzeln ſeiner
Kraft behalten. Die Innung war nicht bloß ein hergebrachtes Inſtitut
des genoſſenſchaftlichen ſtädtiſchen Lebens, ſie war ein notwendiges Rad
in der Stadtmaſchinerie, ſie war das richtige Gefäß für die Intereſſen=
kämpfe einer der wichtigſten Gruppen von Bürgern innerhalb der Stadt=
gemeinde.

Anders wurde es nach und nach da, wo die Territorialſtaatsgewalt
auffam, und in dem Maße, als ſie auffam und als ſie anfing, ihre wirt=
ſchaftlichen Aufgaben zu begreifen. Das alte Innungsweſen, das in
erſter Linie ein Produkt der Stadtwirtſchaftspolitik geweſen war, mußte
ſich Tendenzen fügen, welche dem territorialen Markt, der territorialen
Wirtſchaftspolitik entnommen waren. Neben die ſtädtiſchen Statuten
traten Landesgeſetze, neben die lokalen Landesinnungen. So feſt die
alten Traditionen ſaßen, ſo ſehr ſtädtiſche Anſchauungen auch in der
neuen Geſetzordnung noch vorherrſchend blieben, es entſtand doch im Laufe
des 18. Jahrhunderts, und am ausgeprägteſten im brandenburgiſch=
preußiſchen Staate, ein gänzlich verändertes Innungsweſen.

Ich habe darauf im Allgemeinen ſchon in anderem Zuſammenhang
aufmerkſam gemacht[1]) und auch den Gang der Innungsentwicklung in
Preußen überſichtlich bei Erörterung der Verwaltung des Herzogtums
Magdeburg angedeutet[2]). Die Thätigkeit der preußiſchen Regenten von
1640—1713 in dieſer Beziehung iſt von Moritz Meyer dargeſtellt
worden[3]). Hier ſoll ein Ueberblick über das preußiſche Innungsweſen
von 1640—1806 gegeben, hauptſächlich aber die abſchließende Reform=
politik Friedrich Wilhelms I. erzählt werden. Sie iſt politiſch ein
Stück deſſelben Kampfes der abſoluten Staatsgewalt gegen die alten
Korporationen, den ich bezüglich der Städte ſchon vor Jahren dargelegt
habe[4]). Sie iſt wirtſchaftlich der Verſuch, die alten ſtädtiſchen Innungen
in eine ſtaatliche Inſtitution zu verwandeln. Was hauptſächlich in den
Jahren 1730—40 in Preußen angeordnet wurde, blieb die Baſis der
kleingewerblichen Zuſtände bis auf unſere Tage; die vermittelnden
deutſchen Gewerbeordnungen von 1830—55 ziehen eigentlich nur das
Facit von dem, was im 18. Jahrhundert geſchehen iſt. Das Reichsgeſetz

---

1) Jahrbuch für Geſetzgebung 2c. (1884) VIII, 1, 25 ff.
2) Daſ. XI, 4, 36 ff.
3) Die Handwerkerpolitik des Großen Kurfürſten und König Friedrichs I.
Minden 1884.
4) Das Städteweſen unter Friedrich Wilhelm I., fünf Artikel in der Zeitſchrift
für preußiſche Geſchichte und Landeskunde Band VIII. X. XI. XII. 1871—75.

von 1731 gegen die Handwerksmißbräuche ist ein von Preußen am
Reichstag durchgesetztes Glied der damaligen Reformpolitik. An jeine
Durchführung schließen sich die meisten territorialen deutschen Gewerbe=
gesetze des 18. Jahrhunderts, wie sie Ortloff[1]) so brauchbar zusammen=
gestellt hat.

Für unsere Darstellung kommen in Betracht 1) zur Vergleichung
mit der Zeit bis 1600 die zahlreichen brandenburgischen Gewerbeurkunden
in Riedels Codex Diplomaticus Brandenburgensis, 2) für
die Epoche von 1640—1700 die von Moritz Meyer abgedruckten
Innungsstatute aus dieser Zeit, 3) die in Mylius' (hauptsächlich Bd. V)
brandenburgisch=preußischer Edittensammlung abgedruckten Edikte und Er=
lasse, die sich auf das Innungswesen beziehen; der Anhang zum zweiten
Theil des V. Bandes enthält auf 618 Spalten die 1734—36 ver=
änderten brandenburgischen Innungsstatuten, die bis zu der Revision auf
Grund der Gewerbeordnung von 1845 in Gültigkeit blieben. Endlich
habe ich 4) zahlreiche Akten des Berliner Staatsarchivs benutzt, sowie
eine Sammlung von Abschriften brandenburgischer und anderer preu=
ßischer Innungsstatuten des 13. bis 18. Jahrhunderts mir herstellen
lassen.

Die Verhandlungen des Regensburger Reichstages von 1666—1672
über Innungsangelegenheiten hat M. Meyer in dem oben erwähnten
Werke genügend dargestellt; darauf brauche ich gar nicht zurückzukommen;
die äußeren Thatsachen der beginnenden brandenburg=preußischen Innungs=
reform bis 1713 hat er auch ziemlich vollständig verzeichnet, so daß ich
in dieser Beziehung kurz sein kann. Was sie aber bis 1713 erreicht
hatte, ersieht man aus seiner Darstellung so wenig, als dieselbe uns ein
anschauliches Bild der Innungszustände gibt, das die Reform erklärte.
Ich muß daher doch zuerst auf die Zustände vor 1713 einen Blick
werfen, will dann auseinandersetzen, was bis 1713 und von 1713 bis
zum Erlaß des Reichsgesetzes von 1731 in Preußen geschah, ferner die
Entstehung dieses Gesetzes und der daran sich schließenden preußischen
Verordnungen und Statuten erzählen, endlich das hiedurch reformierte
neue Innungsrecht kurz schildern.

Meine archivalischen Studien, Auszüge und Abschriften über die
Frage stammen aus dem Frühjahr 1873; auch einen Teil der hier
folgenden Darstellung habe ich unmittelbar nachher gemacht und seitdem
zu Vorlesungen und in meinen Uebungen benutzt. Durch diesen Kanal
ist Einzelnes von meinen Ergebnissen schon in die Literatur über=

---

1) Corpus juris opificiarii. Erste Aufl. 1803, zweite 1820.

gegangen, z. B. die Erzählung, welche Schanz in ſeiner Geſchichte der
deutſchen Geſellenverbände (1877) S. 139 gibt.

1. Die brandenburgiſch=preußiſchen Innungszuſtände bis gegen 1700.

Die erſte wirtſchaftliche Blüte der Mark Brandenburg fällt mit
der Eroberung, der Koloniſation und Städtegründung zuſammen (1160
bis 1320). In der Epoche von 1411—1620 hat ſich der Anbau, die
ſtädtiſche Bevölkerung, der allgemeine Wohlſtand noch einmal unzweifel=
haft gehoben; die Zeit von 1420—1530 iſt eine Epoche großer ſtädti=
ſcher und kirchlicher Bauten, die zweite Hälfte des 16. Jahrhunderts
eine Zeit mancherlei techniſcher Fortſchritte und behaglichen Wohllebens.
Berlin=Cöln hatte um 1600 gegen 14000, Brandenburg und Frankfurt
wohl je über 10000 Einwohner, Stendal etwa 8000, Salzwedel
6000 Seelen. Außerdem können wir für dieſe Zeit mit Jaſtrow noch
etwa 26 Städte mit 1200—5000 Seelen annehmen, während der Reſt
der Städte (42) auf eine Seelenzahl von unter 12—1500 zu ſetzen iſt[1].
Aber faſt alle dieſe Städte, ſelbſt die größeren, hatten noch immer
einen überwiegend landwirtſchaftlichen Charakter; die Hufen= und Brau=
hausbeſitzer waren die wohlhabenden Leute, waren die Nachfolger des ur=
ſprünglich mit dem Landadel faſt zuſammenfallenden Patriziats; nur in
den größeren ſpielte daneben eine kaufmänniſche, in den Gewandſchneider=
gilden ſich ſammelnde Ariſtokratie eine Rolle, die aber immer mit der der
Seeſtädte oder der Magdeburgs, Leipzigs und Breslaus ſich nicht recht
meſſen konnte. Noch weniger konnte die ganze ſtädtiſche Kultur und Induſtrie
mit der des deutſchen Südweſtens verglichen werden; es war immer noch
ein halbrohes Kolonialleben; erſt die Reformation hatte die Anfänge
einer höheren geiſtigen Kultur verbreitet. Die Möglichkeit wirtſchaftlichen
Fortſchritts war für das Land ſeit dem Rückgang der Hanſa, dem Vor=
dringen Polens, dem Aufſchwung Sachſens, ſeit der Sperrung des Oder=
handels (1572), ſeitdem Danzig, Hamburg, Breslau und Leipzig den
märkiſchen Handelsſtädten Luft und Licht nahmen, immer weniger vor=
handen. Handel und Gewerbe ſtockten in der zweiten Hälfte des ſechzehnten
Jahrhunderts immer mehr. Das Land hatte keinen feſten Mittel=
punkt und ſeit Joachims I. Tode keine feſte und ſichere, keine ſparſame
politiſche und wirtſchaftliche Leitung mehr. Selbſt die Ausfuhr von
Getreide und Wolle, Holz und anderen Rohſtoffen ſtockte oftmals. Die

---

1) J. Jaſtrow, Die Volkszahl deutſcher Städte zu Ende des Mittelalters
und zu Beginn der Neuzeit (1886) 206—209.

lange Friedenszeit mochte zunächst noch die Schäden verdecken. Von 1600 an waren die Klagen allgemein[1]).

War die Brauerei und Tuchmacherei der Städte bis gegen 1618 eine ziemlich bedeutende, blühten in einzelnen Städten auch andere Gewerbe, wie die Töpferei, im Großen und Ganzen war von einer höheren gewerblichen Entwicklung nie die Rede gewesen. Bis ins sechzehnte Jahrhundert finden wir in den brandenburgischen Städten fast nur die alten, ich möchte sagen elementaren Gewerbe, die Bäcker, die Schlächter, die Schuhmacher und Gerber, die noch nicht geschieden sind, die Tuchmacher, die Leineweber, die Schneider und die Kürschner zünftig organisiert; sie sind teilweise recht zahlreich vertreten; Frankfurt a. O. zählt z. B. 1308 52 Fleischbänke, Berlin-Cöln 54, während Danzig 1376 49, Lübeck 1383 50 Fleischer hat. Andere Gewerbe treten uns in den Urkunden meist erst im sechzehnten Jahrhundert entgegen; manche erhalten damals Innungsrecht und Statuten, wie die Grobschmiede, die Huf- und Waffenschmiede, die Zinngießer, die Goldschmiede, die Maurer, die Hutmacher, die Beutler und Weißgerber, die Riemer und Gürtler, die Böttcher; auch die Fischer, Brauer, Weingärtner, Müller und Bader geben sich in dieser Zeit zünftige Organisation. Von manchen Handwerken treffen wir einen einzigen Meister für die ganze Mark, teilweise vom Kurfürsten angestellt; so 1551 einen Pergamentmacher aus Regensburg, 1586 einen Messingschläger wahrscheinlich aus Nürnberg, 1590 einen Messerschmied von Leipzig, dann vereinzelte Schwarzfärber, Seidensticker und Hosenstricker. Apotheken sind nur wenige in den größeren Städten; Wriezen erhält eine 1593, Rathenow 1612; zum Schloßbau 1579 mußte man 30 sächsische Maurer kommen lassen. Die mannigfach 1580—1620 angestellten Versuche, die Tuchindustrie durch Hereinziehung sächsischer und anderer fremder Unternehmer, Färber und Tuchbereiter zu heben, sind wenigstens für die Mehrzahl der Städte ohne Erfolg gewesen[2]). Vollends nach dem großen Kriege fehlt es überall, vor allem in Berlin an den besseren und feineren Handwerken gänzlich. Der Kurfürst bringt sich 1647 einen Zimmermann aus dem Haag mit und schreibt, er wolle sich auch um einen Baumeister und Steinmetzen bemühen. Sehr viele im Westen Deutschlands seit Jahrhunderten heimische Handwerke haben erst unter der Regierung dieses Fürsten Innungsrechte erhalten.

Eine führende Rolle haben die Innungen in den brandenburgischen

---

1) Vergl. meine Ausführungen im Jahrbuch für Gesetzgebung rc. VIII, 1884, 2, 34 ff.
2) B. St. A. Abth. I Rep. 9. J. J. 1.

Städten nie gespielt, wenn auch zeitweise die Schlächter und Tuchmacher, die Bäcker und Schuhmacher dem städtischen Patriziat sehr heiß gemacht haben. Aber sie wurden stets wieder rasch unterdrückt; sie standen, wie im Osten und Norden Deutschlands ganz überwiegend, stets unter einem strengen Ratsregimente. Die fürstliche Politik brauchte die Innungen ab und zu gegen die patrizischen Räte, wie 1448 in Berlin und noch 1667 in der Altmark zum Zweck der Akziseeinführung. Aber im ganzen überwog doch auch in der Regierung stets die Absicht, die Innungen dem Rate und seiner Machtgewalt unterthänig zu erhalten.

Mehr und viel länger als im Westen und auch als in den Hanse= städten überwog in Brandenburg der bloß mündlich überlieferte Innungs= brauch die schriftliche Fixierung. Das erschwert die Erkenntnis der geschichtlichen Entwickelung der Innungen. Aber wir können trotzdem aus dem Vergleich der früheren und späteren Urkunden ziemlich sicher schließen, wann die Innungen engherziger sich abschlossen, Lehrlingschaft, Meisterstück, Mut= und Wanderjahre zu fordern anfingen.

Unter den 87 brandenburgischen Innungsurkunden, die ich in meiner Abschriftensammlung bis 1411 zähle, sind nur ganz wenige, die mehr als ein paar Sätze enthalten. Es handelt sich meist um die Schlichtung eines bestimmten Streites, um die Verleihung eines be= stimmten Rechtes, um Ratsentscheidungen über dieses und jenes, um Eide für die Aelterleute, Rechtsweisungen über die Bankgerechtigkeiten und derartiges. Von all dem Einzelnen, was das spätere eigentliche Zunftrecht ausmacht, ist noch kaum die Rede. Und auch die 70—80 Urkunden, welche mir aus der Zeit von 1411—1500 vorliegen, haben keinen sehr viel anderen Charakter. Nur ganz wenige der jetzt über= wiegend deutsch geschriebenen, vom Rate erlassenen Privilegien oder vom Rate bestätigten Innungswillküren haben einen etwas eingehenderen Cha= rakter, haben bereits einen Umfang von etwa 1000—3000 Silben; doch handelt es sich auch in ihnen noch weniger um ein detailiertes Innungs= recht, als z. B. um naive, breite Wiedergabe der Reden, mit welchen die Morgensprache eröffnet wird, oder um genaue privatrechtliche Ord= nung der Vererbung, Verkaufung oder Verpfändung der Scharren und Bänke.

Erst nach 1500 und vollends nach dem Siege der Reformation, nach der durch sie verbreiteten Schulbildung nehmen die branden= burgischen Innungsstatuten einen anderen und einen breiteren Charakter ein. Wir treffen jetzt schon neben den Meister= eingehende Gesellen= statuten. Die Eintrittsbedingungen werden genauer festgestellt, ein Ge= burtsbrief wird gefordert, das Meisterstück beschrieben; eine genauere

Ein- und Verkaufsordnung ist häufig vorhanden; die Sitten-, Essens-, Trinkregeln werden breiter. Die Fernhaltung unliebsamer Konkurrenz erscheint in immer mehr Fällen als das Motiv der Erbitterung und Erteilung von Gilde- und Innungsrecht. Die Zahl der innungsmäßig organisierten Gewerbe wächst entsprechend der steigenden Arbeitsteilung wenigstens in den größeren Städten. Der Kampf gegen das aufkommende Landhandwerk wird eine immer dringlichere Angelegenheit. Stadt und Land zanken sich darüber auf den Landtagen, auf denen man sich, wie z. B. 1550, zu der nichtssagenden, dehnbaren Formel vereinigt, es solle bezüglich des Landhandwerks wie vor alters gehalten werden. Einzelne Gewerke, z. B. die Leineweber aller Städte, setzen 1545 ein kurfürstliches Privileg [1] durch, daß alle Landmeister in der nächsten Stadt Gewerk und Innung gewinnen müßten. Die brandenburgischen Landschmiede werden durch eine Entscheidung des Kammergerichts von 1559 den Stadtinnungen unterstellt. Vor allem aber gegen Schluß des sechzehnten Jahrhunderts wächst die Red- und Schreibseligkeit der Statuten nun in der Weise, wie sie sich darin bis 1713 erhält; der Umfang überschreitet bereits 3000, geht bis zu 4—5000 Silben. Aus 10 und 15 werden 25 und 50 Artikel.

Die treibende Ursache der meisten Veränderungen bleibt in dieser ganzen Zeit der Wunsch der Handwerker selbst; aus ihrer Initiative gehen die meisten Statuten und Statutenänderungen hervor; was Rat oder Landesherrschaft dazu thut oder ändert, ist verschwindend. Daher auch die bunteste Mannigfaltigkeit in der Anordnung und in den materiellen Bestimmungen. Die Innungen derselben Stadt haben die verschiedensten Zahlenansätze über Lehr- und Wanderjahre, über Eintrittsgebühren und Strafgelder. Die Wahl der Meister ist in derselben Stadt in den einzelnen Innungen verschieden geordnet. Die Gesamttendenz freilich, in welcher die Statuten nach und nach sich ändern, ist dieselbe. Erst in dieser Zeit vollendet sich die Einrichtung der Mut- und Wanderjahre. Die Eintrittsgelder steigen auf 15 und mehr Thaler; es wird nunmehr aufs genaueste im Statut angegeben, was und wie viel der Rat, das Amt, die Gildemeister, die Diener, der Schreiber davon erhalten; die Mahlzeiten werden genau beschrieben, z. B. „vier Gerichte, darunter ein gebratenes"; die Tonnen Bier, wer sie liefern muß, wer sie trinken darf, alles ist verzeichnet. Die Bestimmungen über ehrliche Geburt werden genauer: „ehrliche Geburt, ehrliches Leben und Wandel, mit keiner Unthat befleckt". Auch die Hausfrauen, wenn sie von außer-

---

[1] Fidicin, Histor.-dipl. Beitr. z. Gesch. d. Stadt Berlin II, 380.

halb der Zunft stammen, müssen das beweisen (Wittstock 1572); teilweise wird eine Ahnenprobe, vier Ahnen von beiden Seiten verlangt.
Der Meister muß erklären, daß, wenn ihm oder seiner Frauen ein böser
Leumund und Gerücht erschalle und solcher bewiesen würde, er gutwillig
aus der Gilde scheide, sich an kein ander weltlich oder geistlich Gericht
dagegen wende, sich auch nicht mit kurfürstlichen Privilegien und Be-
gnadigungen dagegen schütze. Die Vorzüge der Meistersöhne und Töchter,
welche von alter Zeit her hier, wie überall, bestehen, werden genau auf
die beschränkt, die geboren sind, seit der Vater die Gilde hat. Die Kontrole des Lehrlingswesens wird der ganzen Zunft unterstellt.

Es entstehen viel genauere Abgrenzungen der Gewerkszweige gegeneinander. Die Händel in dieser Beziehung blühen. Die Magistrate
und Gerichte gefallen sich in immer subtileren Unterscheidungen, die, in
der Regel nach der Zahl der konkurrierenden Personen, nach augen-
blicklichen Umständen getroffen, nachher nicht mehr passen. Und nicht
bloß dem Schneider wird verboten einen Pelzkragen anzunähen; die Abgrenzung des Kramhandels von dem, was jeder Bürger treiben durfte,
war viel schwieriger, das Vorgeschriebene viel zufälliger. Gewisse weiße
Mützen sollen in Wittstock nur die Krämer für gewöhnlich feil haben,
zur Jahrmarktszeit aber auch die Bürger; pfundweise darf nur der
Krämer Hirse verkaufen, in größeren Quantitäten aber jeder. Drei
Tage im Jahre darf der Wittstocker Krämer außerhalb seines Hauses
auslegen; in anderen Orten wird das ganz verboten. Wer Gewand
schneiden will, soll seinen Kramladen verkaufen. Wer Schöngewand-
schneider werden will, muß Schlagholz und Handwerk niederlegen.

Die geschlossene Meisterzahl erscheint immer häufiger; 1637 z. B.
beschließen die Berliner 44 Fischer, sich als geschlossene Gilde zu kon-
stituieren, fremde Fischhändler, die mit Waaren kommen, gar nicht mehr
zuzulassen, fremde Fischer nur an bestimmten Tagen und Märkten.

Trotzdem wäre es ganz falsch, sich die märkischen Innungen als
besonders entartet vorzustellen. Auch das deutsche Zunftwesen überhaupt
ist gegen 1600—1700 nicht so schlimm, wie man es oft vorstellt.
Es hat noch unendlich viel gesunden moralischen Kern; der Geist der
Reformation hatte seine Früchte auch im Bürgertum getragen; eine haus-
backene, aber strenge Moral, ein ernster Zug und tüchtiger genossen-
schaftlicher Sinn geht durch diese Zunftstatuten des sechzehnten und siebzehnten Jahrhunderts. Die Technik der Zeit, der Verkehr und die
Arbeitsteilung fangen, zumal hier im Nordosten, eben erst an, in leisen
Anfängen über die Zunfteinrichtung und die städtische Wirtschaftspolitik
hinauszuwachsen. Die Mißbräuche der Zünfte sind vielfach dieselben,

die man schon im vierzehnten Jahrhundert im Südwesten getroffen und dann wieder beseitigt hatte.

Aber dazu fehlte jetzt die Kraft. Eine träge lange Zeit politischen und wirtschaftlichen Stillstandes hatte nur das Wohlleben, den Luxus und den kleinlichen Neid gefördert. Und in den märkischen Gebieten, wie in den ganzen Kolonialgebieten jenseits der Elbe, zeigte sich dieser Zug der Zeit wohl noch roher und derber, als anderwärts in Deutsch=land. Wie Sebastian Frank die Niedersachsen die ärgsten Biersäufer nennt, wie Münster von ihnen behauptet, sie tränken so lange fort, bis sie wieder nüchtern würden, so meint der Abt Trithemius von den Märkern, daß gar viele durch den Soff ihren Tod beschleunigten und daß sie hierin die übrigen Deutschen überträfen. Die Feste und Quar=tale der Meister und Gesellen erlangten eine die Grenzen des Erlaubten überschreitende Bedeutung; sie wurden mit großem Pompe, mit Um=zügen und Begehungen im Freien abgehalten. Fahne und Lade wurden in feierlichem Zuge zum neuen Altmeister gebracht; die Familien und Freunde nahmen am Gildebier teil. Besonders hoch ging es in Berlin bei vielen dieser Feste her: die Meister aus Brandenburg, Frankfurt, Prenzlau, Ruppin, Fürstenwalde und vielen kleinen Städten der Mittel= und Uckermark kamen zusammen und feierten mit den Berlinern das Hauptquartal ihrer Gesamtlade[1]).

Das Wichtigste aber war zuletzt der Charakter der regierenden Stadträte. Die Innungen haben sich überall nur gesund erhalten, wo eine kräftige und intelligente Stadtgewalt über ihnen stand und sie jederzeit in ihre Grenzen wies. Jetzt — gegen 1600 — war auch in diesen märkischen, oligarchisch sich abschließenden Bürgermeister=, Patrizier= und Brauerkliquen mehr Luxus, als Bildung, mehr Hoffart und Ueber=mut, als Tüchtigkeit und Kraft; das Interesse reichte über die Rats=stube, die Stadtkirche und die Kanzel nicht mehr hinaus; man klagte über schwere Zeiten und die Schelmerei und die Praktiken der großen Herren und fischte dabei selbst in immer schamloserer Weise im Trüben, ließ alles im alten Schlendrian gehen, sah aus Gefälligkeit den reichen Meistern durch die Finger. Und deshalb ist es auch erklärlich, daß die in zahlreichen Statuten des sechzehnten Jahrhunderts erwähnte An=wesenheit des Ratsdeputierten bei dem Quartal die steigende Mißbildung des Zunftwesens nicht hinderte. Mit der wachsenden wirtschaftlichen Not und Engherzigkeit waren die Räte auch immer bereiter, kurzsichtige Beschlüsse der Innungen zu genehmigen und der kurfürstlichen Lehns=

---

1) Fidicin, a. a. O. V, 453.

kanzlei zur Beſtätigung vorzulegen. Und jeder ſchriftlich fixierte oder
gar von oben genehmigte Beſchluß der Innung, beſonders wenn er die
Konkurrenzregulierung betraf, hatte durch dieſe Fixierung eine andere
Bedeutung; er wurde zum wohlerworbenen Recht.

Hatte früher der Rat einmal genehmigt, daß ein oder zwei Jahre
kein neuer Meiſter aufgenommen werde, weil es an Abſatz fehle, ſo
ſtand jetzt im Statut, daß das Gewerk auf ſechs Bäcker beſchränkt ſei,
und dabei blieb es nun.   Hatte in älterer Zeit der Rat einmal den
Krämern oder den fremden Händlern im Jahrmarkt den Verkauf einer
Ware erſchwert, es war vorübergehend geweſen; jetzt wurde für immer
jede ſolche Schranke in die Statuten aufgenommen; neue kamen hinzu,
die alten wurden nie mehr beſeitigt; die einflußreichen Brauer, Bäcker,
Fleiſcher, Krämer arbeiteten ſich dabei gegenſeitig in die Hände. Was
einſt eine je nach den Konjunkturen ſchwankende Maßregel der ſtädtiſchen
Wirtſchaftspolitik geweſen, wurde jetzt mehr und mehr ein wachſendes
Bollwerk gegen jede Konkurrenz. Die geſchriebenen Briefe erſchienen
nicht mehr als widerrufliche Verwaltungsmaßregeln, ſondern als Privi=
legien und jura quaesita, über die man ſich vor den Gerichten ſtritt,
welche ein großer Teil der Handwerksjuriſten zu verteidigen bereit war,
wie ſie jedes Eigentum verteidigten. Die Handwerksprozeſſe wuchſen
ins ungemeſſene; die ſchlechten und gewiſſenloſen Advokaten der Zeit
bemächtigten ſich mit Freuden dieſer Gelegenheit.

Daß ſich auch die juriſtiſche Litteratur im ſiebzehnten Jahrhundert
der Handwerksfragen annahm, war ein zweifelhaftes Glück; denn im
Anfang überwog jedenfalls die konſervative Richtung der älteren ſtädtiſchen
Juriſten. Es ſeien nur einige dieſer Schriften genannt: A. Bloth, De
jure opificum 1624; E. F. Schröter, De collegiis opificum 1655;
G. Fabricius, De collegiis opificum 1665; J. Strauch, De jure colle-
giorum opificum 1669; Textor, De jure opificum 1675; F. Philippi,
De collegiis opificum 1680; M. Rhodius, De jurisdictione opificaria
1683. Erſt die ſpäteren juriſtiſchen Schriftſteller über die Handwerks=
rechte, hauptſächlich Adrian Beyer mit ſeinen zahlloſen in die Zeit von
1689—1695 fallenden Handwerksſchriften, gehören mehr der jüngeren,
an Puſendorf ſich anlehnenden, die Staatshoheitsrechte betonenden, den
Korporationen und Zünften ungünſtigen Richtung an [1]).

Außer in den älteren Juriſten und in den Advokaten des ſiebzehnten
Jahrhunderts fanden nun die wachſenden Zunftmisbräuche eine Stütze

---

1) Dieſe hat ausſchließlich im Auge die Abhandlung von A. Buder, die Be=
handlung der Handwerkskorporationen durch die Juriſten des ſiebzehnten und acht=
zehnten Jahrhunderts. Tüb. Zeitſchr. für Staatsw. (1880) 36, 484—503.

in der interlokalen Organisation des deutschen Handwerks, d. h. in den Haupt- und Nebenladen der Meister, in den großen, an keine einzelne Stadt gebundenen Innungen und in den über ganz Deutschland sich verbreitenden und aufs engste zusammenhängenden Gesellenbruderschaften.

Es widerspricht meiner Behauptung, daß die Innung ursprünglich wesentlich ein Organ der Stadtpolitik, eine rein lokale Genossenschaft und Organisation war, nicht, wenn wir hauptsächlich seit dem fünfzehnten Jahrhundert im südwestlichen Deutschland solch interlokale Verbindungen der Meister und Gesellen entstehen sehen, welche sich dann im sechzehnten und siebzehnten Jahrhundert über ganz Deutschland verbreiten. Seit dieser Zeit erst entstand die Vorstellung, daß die Angehörigkeit zu einer Innung eigentlich zum Wesen des Gewerbtreibenden gehöre, während bis dahin nur die zahlreichsten Gruppen gleicher Gewerbtreibender nach Innungsrecht getrachtet hatten. Seit dieser Zeit ist der Verkehr, die Arbeitsteilung, der Handel wenigstens in einzelnen Teilen Deutschlands über den alten Rahmen der isolierten Stadtwirtschaft hinausgewachsen; es haben größere Gesamtinteressen sich herausgebildet, die die Städte ganzer Gegenden und ganze Territorien umfassen. Die Städtebündnisse, wie die Entstehung größerer Territorien, entsprangen zuletzt demselben Bedürfnis, wie die Organisation der Hauptladen. Es handelte sich um eine Zusammenfassung wirtschaftlicher und politischer Kräfte für bestimmte Zwecke. Und je mehr die öffentliche Gewalt und staatliche Organisation hinter der Zeit zumal im deutschen Südwesten zurückblieb, desto natur-gemäßer sproßten freie genossenschaftliche Bildungen auf. Die wirtschaft-liche Organisation überholte die politische; und so gesund dies zunächst scheinen mochte, so heilsam diese Bildungen zunächst wirkten, so trugen sie doch, wenn die Reichsgewalt nicht wieder erstarkte und sie unter eine Reichsgesetzgebung beugte, den Keim zu einer ungesunden Mißbildung, zu einem unversöhnlichen Widerspruch in sich: über kleine, teilweise rein agrarische Zwergstaaten lagern sich große, über ganz Deutschland sich er-streckende gewerbliche Interessentenverbände. Mag man also auch be-tonen, daß in dieser Handwerksorganisation noch das wichtigste soziale Band der Einheit des deutschen Reichs damals gelegen habe[1]), daß der wandernde Handwerksbursche den einheitlichen Handwerksbrauch durch das ganze Reich getragen und so ein Stück Rechtseinheit gerettet habe, das kann ich nicht zugeben, daß in solchen Zusammenhängen, ohne eine übergeordnete deutsche Zentralgewalt, ein Heilmittel gelegen hätte. —

---

1) E. Gothein, Die oberrheinischen Lande vor und nach dem dreißigjährigen Kriege, Zeitschr. für Gesch. des Oberrheins N. F. I, 1, 19.

Sehen wir uns diese Organisation einen Moment näher an! Auf Brandenburg-Preußen können wir uns dabei nicht beschränken, wenn wir klar sehen wollen.

Die Meister haben in zweifacher Weise interlokal sich organisiert, teils in Verbänden, die als eine Zusammenfassung von Individuen, teils in solchen, die als Bündnisse lokaler Innungen sich darstellen. Die ersteren gehören meist einer Art von Gewerbtreibenden an, die nicht gerade sehr hoch stehen, zerstreut wohnen, auf einen fahrenden hausierenden Betrieb angewiesen sind. So haben die Keßler und Kalt= schmiede[1]), welche, wie man annimmt, aus den Harnischmachern hervor= gegangen sind, die einstmals den Heeren gefolgt waren und unter den Schutz der militärischen Befehlshaber sich gestellt hatten, im südwestlichen Deutschland frühe acht Keßlerkreise unter dem Schutze verschiedener Dynasten gebildet, wozu z. B. Kurpfalz-Alzei, Hohenlohe, Brandenburg= Ansbach und Württemberg gehörten. Daran knüpfen sich wohl die spä= teren Kupferschmiedinnungen, die meist über ganze Territorien ausgedehnt sind; eine württembergische konstituiert sich 1554, die kurmärkische 1608. Kaiser Sigismund erklärte die Hafner für ein Reichslehen und stellte sie unter den Schutz der Herren von Offenbach. Den Pfeifern und Spiel= leuten, diesen verachteten fahrenden Leuten, hatte Karl IV. ein Wappen verliehen und ihnen einen König der Spielleute gesetzt; daraus gingen dann provinzielle Bildungen hervor; das fahrende und fidelnde Volk von Hauenstein bis zum Hagenauer Forst sammelte sich jährlich zum Pfeifertag unter dem Schutze der Herren von Rappoltstein[2]). Die Bader, bisher auch verachtete Leute, hatte Kaiser Wenzel begnadigt[3]). Wir sehen sie später überall in größeren Gruppen zusammentreten: die in der Altmark und Priegnitz erhalten 1669, die in der Neumark 1703 ein Privilegium. Auch die Schäfer= und Zieglerzünfte könnte man hieher rechnen. Alle diese Organisationen haben das Gemeinsame, daß ihre Mitglieder in ihrer Thätigkeit sich nicht auf eine bestimmte Stadt be= schränken und daß der einheitliche Verband über weite Gebiete sich aus= dehnt; die Genossen kommen jährlich einmal zusammen, wie z. B. die kurmärkischen Kupferschmiede zu Wrietzen, von 1645 an zu Berlin; die württembergischen Kupferschmiede haben einen selbstgewählten Schult= heißen und 12 Richter, die er versammelt, so oft er Gericht halten will.

Im Gegensatze hiezu gehen die großen Verbände der Steinmetzen,

---

1) Chr. Fr. Sattler, Vom Keßler= oder Kaltschmids=Schutze älterer Zeiten mit arch. Urkunden, 1781.

2) E. Barre, Ueber die Bruderschaft der Pfeifer im Elsaß, 1873.

3) Goldast, Reichssatzungen (1712) II, 84.

Schlosser, Tuchmacher, Messerschmiede und anderer, von einer Zusammen=
fassung städtischer Organisationen, den Bauhütten und Innungen aus.
Gerade angesehene, auf einer hohen Technik beruhende Gewerbe wurden
in den großen Mittelpunkten städtischen Verkehrs so getrieben, daß die
dortigen Innungen frühe als die Vorbilder weithin erschienen. Ihr
Gericht und ihr Spruch hatten dasselbe Ansehen wie die Schöppenstühle
der Mutterstädte für die Tochterstädte. Von da her holte man sich die
Statuten und in Zweifelsfällen Rat und Belehrung. Mit den Städte=
tagen und =bündnissen wuchs die Gelegenheit, sich zu sehen, über gemein=
same Interessen, hauptsächlich seit das Wandern aufkam und die Be=
handlung der Gesellen schwieriger wurde, über gemeinsames Verhalten
ihnen gegenüber zu beraten: gleiche Lehrjahre, gleicher Handwerksbrauch
überhaupt wurde mit steigendem Verkehr ein nicht abzuweisendes Be=
dürfnis. Das konnte nicht anders erreicht werden, als durch Gewerks=
bündnisse und Zusammenkünfte, welche teils einen vorübergehenden Cha=
rakter hatten, teils zu dauernden Organisationen führten. Ueber ein=
zelne Zusammenkünfte und Verabredungen hauptsächlich bezüglich der
Knechte haben wir mancherlei gedrucktes Material; so in den hansischen
Quellen für die wendischen Städte[1]), in Korns Schlesischen Urkunden zur
Geschichte des Gewerberechts (1867) für Schlesien, in Mone's Zeitschrift
für Geschichte des Oberrheins für Oberdeutschland. Von den dauernden
Verbänden ist der der Steinmetzen der wichtigste[2]). Er hat sich nach
mancherlei vorausgegangenen Beratungen in Regensburg 1459 eine feste
Verfassung gegeben, um die Unordnungen im Handwerk abzustellen, die
Zwietracht zu bannen. Er erhielt eine Reihe kaiserlicher Genehmigungen
von 1498—1621. Die lokale Innung bildete das Hüttengericht;
darüber standen Gaugerichte, die jährlich zusammentraten, und über diesen
die Hauptladen Straßburg, Wien, Regensburg, später Bern (Zürich), und
daneben Magdeburg für die sächsischen Hütten; im siebzehnten Jahr=
hundert erscheint auch Dresden als Vorort. Die Straßburger Bauhütte
bildete bis Anfang des achtzehnten Jahrhunderts die oberste Instanz,
wohin wichtige Streitfragen des Handwerks von überall her aus dem
Reich kommen konnten, obwohl das Ansehen der Haupthütten längst ge=
sunken war. Ueber die andern ähnlichen Verbände sind wir leider schlecht
unterrichtet. Marperger[3]) führt an, die Messerschmiede stünden unter

---

1) Vergl. hauptsächlich Rüdiger, Aeltere Hamburger und hansestädtische
Handwerksgesellen-Dokumente, 1875.
2) Heideloff, Die Bauhütte des Mittelalters, 1844; Janner, Die Bauhütten
des deutschen Mittelalters, 1876.
3) Neueröffnetes Manufakturhaus, 1707.

den vier Brüderschaften von Wien, München, Heidelberg, Basel, die
Näh- und Stecknadelmacher hätten ihre Oberhauptlade in München und
Breslau, die angesehensten Flaschnerinnungen seien die zu Wien, Regensburg und Danzig. Aus Berliner Akten ersehe ich, daß die Regensburger
Nabler (1720—25), als einer ihrer armen Meister eine Magd zur Verfertigung der Heftel an den Köpfen gebraucht, sich an das Wiener Gewerk wenden und sehr unzufrieden sind, daß dieses ihnen in dem Verbot
nicht beistimmen will. Von einem Bunde der Schlosser von Magdeburg, Braunschweig, Hildesheim, Hannover, Goslar, Eimbeck, Göttingen,
Celle, Hameln und Nordhausen berichtet Stock[1]); sie beschlossen 1571,
die Handwerksgewohnheit zu handhaben und sich einander die Hand zu
bieten, und erhielten dazu die Genehmigung Kaiser Maximilians II.
Die Danziger Anker- und Nagelschmiede bringen 1720 das ganze entsprechende Gewerk in Kolberg in Verruf, weil es seine Treibebriefe nicht
respektiert, und verlangen dann sogar, daß Meister und Gesellen Kolbergs
vor ihnen in Danzig erscheinen und sich rechtfertigen[2]). Sie nehmen
also das Recht einer Hauptlade in Anspruch. Ueber den Bund der
oberrheinischen, sund- und breisgauischen Hosenstricker-Brüderschaften und
der dortigen Schwarzfärber aus dem siebzehnten Jahrhundert, die beide
kaiserliche Genehmigung fanden, aber auch auf den Widerspruch der
markgräflich badischen Landesherrschaft stießen und im Ganzen nicht allzu
viel erreichten, habe ich eine Anzahl Urkunden veröffentlicht und berichtet[3]). In den Akten des Berliner Staatsarchivs tritt uns als eine
noch zu Anfang des achtzehnten Jahrhunderts sehr feste, über den ganzen
Nordosten Deutschlands und Polen sich erstreckende Organisation die der
Tuchmacherzünfte entgegen; Breslau, Bautzen, Fraustadt, Frankfurt a. O.,
Brandenburg sind die Sitze der konkurrierenden Hauptzünfte, deren Gebiet
aber keineswegs klar geschieden ist, die durch verschiedene Sprüche tief in
das gewerbliche Leben der einzelnen Staaten und Territorien eingreifen
konnten.

    Neben diesen je über eine Reihe von Territorien sich erstreckenden
Verbänden sehen wir nun auch zahlreiche territoriale Bildungen. Die
weniger zahlreichen Handwerker bilden für das ganze Territorium eine
einzige Innung, die etwas zahlreicheren gliedern sich in eine Art
lokaler Unter- und territorialer Oberinnung. Wir finden Beispiele dieser
Art im Norden und Süden Deutschlands; doch sind sie offenbar im letz-

---

1) Neue Jahrb. b. Gesch. und Politik 1842, II, 341.
2) Berl. Staatsarchiv.
3) Die Straßb. Tucher- und Weberzunft (1879) 237, 287, 291, 297, 539.

tern Teile des Reichs mehr ausgebildet. Ueber pommersche Innungen
der Weißgerber, Kupferschmiede, Schwarzfärber, Tuchscheerer und Schleifer,
die eine Reihe von Städten umfassen und teilweise regelmäßig in
Stettin, teilweise wechselnd an verschiedenen Orten ihre Jahrestage
halten, berichtet Blümcke [1]). Als Hauptladen, die aus den Städten der
ganzen Mark ihre Zusammenkünfte jährlich in Berlin festlich begehen,
nennt Fibicin [2]) die Seiler, Seifensieder, Tuchscherer und Schwarzfärber.
Die Bader und die Kupferschmiede haben wir als landschaftliche Innungen
der Mark schon erwähnt [3]). Die Seiler des Herzogtums Magdeburg bilden
eine Landesinnung. Wir werden weiter unten sehen, daß auch im
achtzehnten Jahrhundert noch manche Innungen einheitlich die ganze
Provinz umfassen. Gothein sagt [4]): Die Ausbildung der Landes-
zunftverfassungen ist am deutlichsten im Fürstenbergischen zu verfolgen.
In der Markgrafschaft Baden scheint die Entwickelung ähnlich gewesen
zu sein. Mir liegt das umfassendste Material über solche Landesinnungen
für Württemberg [5]) vor. Wir sehen aus demselben, wie Herzog Christoph
und seine Nachfolger in dem kleinen, fast nur mit Landstädtchen ver-
sehenen Territorium sich bemühen, von 1554 bis zum dreißigjährigen
Kriege möglichst einheitliche oder gedoppelte Landesinnungen [6]) zu schaffen,
mit einer zentralisierten Verfassung, mit einem dem Herzog verpflichteten und
vereideten Zunftschreiber, mit Jahresversammlungen, Oberzunftmeistern in

---

1) Die Handwerkszünfte im mittelalterlichen Stettin (1884) 29 und 153.

2) a. a. O. V, 454.

3) Vereinzelte ältere brandenburgische Privilegien, wie das Kurfürst Friedrichs für die Maler der Kurmark 1463 (Raumer cod. dipl. I, 231), das desselben
Fürsten für die Züchner und Leineweber der ganzen Mark (Riedel, Cod. dipl. III,
1, 469), das von Kurfürst Joachim II. für die Leineweber zahlreicher Städte der
Mark 1545 (Fibicin, Hist.-dipl. Beitr. II, 380), die von Johann Georg für die
Kürschner verschiedener Städte 1582 und 1589 (Riedel I, 7, 391 und I, 4, 383)
berühren die Innungsverfassung als solche nicht; sie geben nur Entscheidungen
über bestimmte Fragen des Gewerberechts und den zulässigen Konkurrenz für die
sämtlichen städtischen Innungen, die im Privileg genannt sind. Es ist möglich,
daß aus solch gemeinsamen Entscheidungen eine Art Organisation folgte; aber aus
den genannten Urkunden ist das nicht zu ersehen.

4) a. a. O. S. 18.

5) Reyscher, Sammlung der württ. Gesetze Bd. 12 ff. Regierungsgesetze und
Sammlung der sämtlichen Handwerksordnungen des Herzogthums Württemberg
1758; dazu Schürz, Die altwürttembergische Gewerbeverfassung in den letzten drei
Jahrhunderten, Tüb. Zeitschr. für Staatsw. VI, 259—98 und Weißer, Recht der
Handwerker, insbesondere nach den württ. Gesetzen (1780) S. 37 ff.

6) Getrennt nach der allgemeinen Einteilung des württemb. Landes in den
Teil „ob der Staig" und „nied der Staig".

Urach, Stuttgart und Tübingen neben lokalen Obmännern und Unter-
zunftmeiſtern; man ſieht auch deutlich in allen Beſtimmungen über Hau-
ſieren, Jahrmärkte, Fremdenverkehr, Aus- und Einfuhr, wie die Landes-
regierung in den Statuten für dieſe Landesinnungen zugleich ihre wirtſchaftlich das Land zuſammenfaſſende, nach außen abſchließende Politik
verfolgen will, ganz ähnlich wie die kurmärkiſche Regierung in dem
Kupferſchmiedprivileg von 1608. Aber die ungünſtigen Erfahrungen
überwogen bald. Die Schneider z. B. haben unter der Führung der Stutt-
garter Obermeiſter es raſch verſtanden, ihren Intereſſenegoismus durch
den Verband ſo zu fördern, daß ein Sturm der Entrüſtung durch das ganze
Land ging und der Herzog dieſe Organiſation ſchon 1567 wieder kaſſierte:
die Schneider des ganzen Landes hatten ſich über feſte Preiſe verglichen,
hatten durchgeſetzt, daß für Niemand mehr im Hauſe gearbeitet werden
dürfe, hatten die Eintrittsgelder maßlos erhöht, duldeten in jedem
Flecken nur noch einen einzigen Schneider. Wir ſehen an dieſen Beſtimmungen, daß naturgemäß jede Landesinnung und jeder Innungs-
bund in die wichtigſten Fragen des territorialen Gewerberechts eingriff.
Wie die ſtädtiſche Innung durch Willkür und Statut die lokale Konkurrenz zu regeln ſuchte, ſo mußte der größere Verband dahin ſtreben,
Gleiches für ein ganzes Land oder ſein geographiſches Gebiet zu erreichen. Das war keineswegs an ſich falſch oder verwerflich; im Gegenteil, die wichtigſten Satzungen auch dieſer größeren Verbände gehen
dahin, die Konkurrenz zu einer loyalen, anſtändigen zu machen; gleiche
Lehrzeit, gleiche Behandlung der Geſellen, Beſtrafung und Ausſtoßung
für ſittliche Vergehen und Verbrechen ſind ebenſo paſſende Verabredungen als die, daß die auf einem Markt erſcheinenden Keßler bis 11
Uhr da ſein, daß ſie dann um die Stände loſen ſollen, daß keiner, der
beim andern Gaſtfreundſchaft beanſpruche, länger als bis folgenden Mittag
bleiben ſolle. Wenn ſie auch feſtſetzen, keiner ſolle auf einem Markt über
30 Keſſel und 12 Oefen mitbringen und keiner ſolle von einem Markt
zum andern fahren, ſondern ſtets vorher wieder nach Hauſe gehen, wie
die württembergiſchen Kupferſchmiede 1554, ſo war letzteres wenigſtens eine
Beſtimmung, die nicht unter allen Umſtänden paſſend und heilſam war.
Das Problem der Regulierung der Konkurrenz in einer Stadt war ein
viel leichteres geweſen, als in einem großen Gebiete; jedenfalls bedurfte
jede ſolche Regulierung der öffentlichen Kontrole; ohne ſolche mußte ſie
raſch entarten.

Und das ſcheint das Schickſal dieſer ganzen Bildungen überhaupt geweſen zu ſein. Wir ſehen im Laufe des ſiebzehnten Jahrhunderts die
großen Hauptladen wie die Landesinnungen an Anſehen verlieren, wir

sehen, daß die Klagen über sie wachsen. Und das ist wohl erklärlich.
In einer Zeit tiefsten wirtschaftlichen Druckes und kleinlichster zünft=
lerischer Krähwinkeliade konnten auch die großen Verbände nicht von viel
besserem Geiste erfüllt sein; sie stellten die egoistische Kurzsichtigkeit nur
in gesteigertem Maße dar, kamen durch ihre Beschlüsse und Tendenzen
noch leichter in Konflikt mit dem allgemeinen Wohl und dem Landes=
interesse, als die Ortsinnungen mit dem Stadtinteresse. Auch darüber
wurde in steigendem Maße geklagt, daß bei den Jahresversammlungen
der größeren Verbände Geld und Zeit verschwendet werde, daß Spiel,
Unzucht, Sauferei allzu sehr dadurch befördert würden. Der Geist der
Zeit, die neuen politischen Theorieen waren solchen Bildungen ohnedies ab=
hold; das Gute, was sie noch unzweifelhaft hatten, wurde von dem
neuen Rationalismus des Naturrechts nicht gewürdigt. Die Beamten
und Regierungen ärgerten sich jeden Tag über die Hauptladen, die jen=
seits der Landesgrenzen das diesseitige Zunftwesen beeinflussen, ja re=
gieren wollten. Der Glaube, daß eine Besserung des Zunftwesens nur
von den Territorialregierungen ausgehen könne, wurde allgemein und
war berechtigt. Selbst wo es sich nicht um große Verbände handelte,
sondern um die Beteiligung einzelner Meister der kleineren Städte bei
benachbarten Laden, erschien es immer anstößiger, daß so viele branden=
burgische Meister es mit sächsischen, anhaltischen, lüneburgischen und mecklen=
burgischen Innungen hielten. Ja, die Reform innerhalb des Landes
schien bedroht, wenn bei jeder streitigen Frage des Handwerksrechts und
der Handwerksstrafen die beteiligten Meister und Gesellen auf die Be=
lehrung aus dreier Herren Lande provozierten, wenn sie jeder Aenderung
die Bemerkung entgegensetzten, das gehe nicht, weil sonst die einzelnen
Wanderbursche, ja die ganzen Gewerke anderswo für unehrlich erklärt
und auf die schwarzen Tafeln geschrieben würden. Bei jeder Gelegenheit
konnten durch die Hauptladen Einzelne ihr Brot, ganze Gewerke ihre
Arbeiter verlieren. Auch wo man früher die Landesinnungen begünstigt
hatte, wie in Württemberg, hörte dies auf; wir sehen Orts= und Ober=
amtsinnungen an die Stelle treten, wenigstens für die wichtigeren, zahl=
reicher besetzten Handwerke; die Laden der Hauptstädte behielten aller=
dings einen Vorrang als Hauptladen bis 1764; aber schon längst vorher
war die Verfassung eine mehr lokalisierte geworden.

Jedenfalls sah man schon bei den Reichstagsberatungen von 1672
die Hauptladen, zumal die, welche Handwerker aus andern Territoriis
vor sich fordern, als einen gänzlich zu beseitigenden Uebelstand an: die
Hauptladen hätten — heißt es — große Konfusion und Irrung ver=
ursacht; sie erklärten den, der sich nicht bei ihnen einschreiben lasse, für

unreblich). Je größer ein Territorium war, besto berechtigter erschien ber
Wunsch, alle biese Zusammenhänge zu zerschneiden und ein rein terri=
toriales Innungsrecht herzustellen.

Teilweise auch in Haupt= und Nebenladen organisiert, jedenfalls aber
noch viel lebendiger verbunden stand die Gesellenschaft den Meistern, wie
den Regierungen gegenüber.

In dem Maße, als das deutsche Handwerk erblüht, wohlhabender
geworden war, ein zahlreicheres Hilfspersonal beschäftigte, hatte sich der
aus den Trinkstuben der Meister verdrängte Stand der Handwerksknechte
eine eigene genossenschaftliche Verfassung gegeben. Mochte man ihnen
zuerst noch so sehr die eigenen Trinkstuben verbieten, ihre Gebote auf
kirchliche Zwecke beschränken, ihnen das Tragen von Waffen und gleichen
Hüten untersagen, sie abends um 9 Uhr aus der Kneipe nach Hause
schicken, ihnen gar wie in Danzig für gemeinsame Arbeitseinstellung die
Ohren abschneiden oder ihre Verbindungen bei strenger Strafe verbieten, die
Bewegung wuchs im vierzehnten und noch mehr im fünfzehnten Jahrhundert.
Aus geistlichen Bruderschaften, die um einen Altar sich sammelten, gemeinsame
Kerzen sich hielten, wurden festgefügte weltliche Bruderschaften, welche den
Meisterzünften teilweise und zeitweise schroff entgegen traten. Es war
zu natürlich, daß die Knechte um Lohn und Arbeitszeit, um Lehrlings=
wesen und sonstige Rechte gemeinsam stritten, daß sie, wie alle Welt
damals, in der Trinkstube zusammensitzen, bei Prozessionen und sonst
genossenschaftlich auftreten wollten. Mehr und mehr gestanden Rat und
Zünfte ihnen nun auch Artikel zu; an Stelle des Knechtenamens trat
die Bezeichnung als „Geselle", d. h. als Mitglied einer anerkannten Bruder=
schaft. Dieser Umschwung ist gegen 1500 vollendet. Es ist ihnen da=
mit auch zugestanden, daß sie ihre eigene Disziplin handhaben, Gericht
halten, sich, wie es in einer Urkunde heißt, Schultheiß, Heger und Amt=
leute setzen und denen gehorchen dürfen. Ihren Mittelpunkt fanden diese
Gesellenbruderschaften allgemein in ihren Herbergen, wo der wandernde
Geselle einkehrte, wo die am Ort beschäftigten Gesellen sich täglich
und zu den feierlichen Geboten sowie zu den „Schenken" d. h. zu
den Trinkgelagen zu Ehren irgend eines aufgenommenen oder schei=
benden Genossen versammelten. Ihr nächstes Ziel war stets, die Ar=
beitsvermittlung den Meistern aus der Hand zu nehmen, dem zu=
wandernden Gesellen nur durch die Herberge und den Altgesellen
eine Stelle erlangen zu lassen, ihr weiteres natürlich die Arbeits=
bedingungen zu beeinflussen oder zu beherrschen. Mit den Meisterzünften
kamen sie aber trotzdem nach und nach meist in ein leidliches Verhältnis.
Sie bequemten sich, ihre Gebote nur unter Anwesenheit einiger Vertreter

der Meisterzunft und mit ihrer Erlaubnis zu halten; sie ließen sich in den vom Rat erteilten Statuten ihre Ansprüche auf eigene Jurisdiktion beschränken. Man lernte gegenseitig sich vertragen und paktieren. Und es wäre so ganz falsch, zu verkennen, daß die selbständige Organisation der Gesellen nach vielen Seiten günstig gewirkt hat, nicht blos im fünfzehnten und sechzehnten Jahrhundert, sondern auch noch lange nachher [1].

Wer die zahlreichen Gesellenstatuten jener Zeit durchliest, wird sich diesem Eindruck nicht entziehen können, wenn er sich auch wohl sagt, daß in den vom Rat und den Meistern genehmigten Statuten die vor= handenen Mißbräuche natürlich nicht verzeichnet sein können. Aber der ganze Geist der Statuten zeigt uns doch einen überwiegend gesunden ge= nossenschaftlichen Geist, der in erster Linie auf die Bewahrung und Er= haltung der Standesehre, der Zucht, der Ordnung gerichtet ist. Indem der der Lehre entwachsene junge Mann von der Gesellenschaft mit freilich rohen, aber doch die Phantasie und das Gemüt ergreifenden Zeremonieen aufgenommen wurde, trat er in Werkstatt und Herberge, zu Hause und auf seiner Wanderschaft unter eine genossenschaftliche Aufsicht, die ihn nie verließ, die ihn überall mit ihren Gebräuchen und Formeln umgab. Konnte er in der Brüderschaft mit den Genossen trinken und toben, so lernte er dafür auch schweigen, gehorchen, sich vor dem Uebermaß des Genusses in Acht nehmen; er lernte Festigkeit der Rede und der Handlung, Pünktlichkeit und Treue, wenn er nicht gewärtigen sollte, auf= getrieben und auf die schwarze Tafel geschrieben zu werden, von Basel bis Memel als unehrlicher Geselle gemieden und verfolgt zu werden. Die Bruderschaften fungierten als Kranken= und Unterstützungskassen und wirkten zur Herstellung eines spezialisierten, dem einzelnen Gewerbebetrieb angepaßten Arbeitsrechts wesentlich mit; Vieles, was heute in den Fabrik= ordnungen steht, ist damals in den vereinbarten Gesellenstatuten enthalten.

Aber natürlich jede Aenderung in dem Machtgefühl auf der einen oder andern Seite reizte dazu, an den überlieferten Bedingungen zu rütteln. Die Kämpfe konnten Jahrzehnte lang ruhen und lange einem geordneten Zusammenwirken Platz gemacht haben, um dann plötzlich wieder auszubrechen. Und sie konnten je nach den Zeitumständen, der Bildung und dem Alter der Betreffenden, der Macht, über die sie ver= fügten, einen weniger erfreulichen Charakter annehmen.

Auch bei unsern heutigen Gewerk= und Arbeitervereinen, denen

---

1) Vergl. Ch. L. Stock, Grundzüge der Verfassung des Gesellenwesens deut= scher Handwerker, 1844; G. Schanz, Zur Geschichte der deutschen Gesellenverbände, 1877; derselbe, Zur Geschichte der Gesellenwanderungen im Mittelalter, Hilde= brands Jahrb. f. Nat. Oekon. XXVIII, 313 ff.

segensreiche Folgen ganz ebenso, wie den alten Gesellenbrüderschaften nachzu-
rühmen sind, ist selbstverständlich die Hauptfrage die, ob die Schreier, die De-
magogen, die leidenschaftlichen Mißvergnügten oder die vernünftigen, bessern,
charakterfesten Elemente die Oberhand und Leitung erhalten, und ob die
Vereine aus erwachsenen und verheirateten Männern oder überwiegend
aus jugendlichen Elementen bestehen, die an sich an Händeln und Spektakel
Freude haben, dem Genusse und dem Becher allzusehr sich ergeben. Wie
viele deutsche Arbeiter- und Gewerkvereine auch heute ihren Typus dadurch erhalten, daß die unter 25jährigen vorherrschen, so gilt dies von der
ganzen Gesellenbewegung, besonders der späteren. Waren gegen 1500 zahlreiche Knechte schon verheiratet, so hat die schroffere Ausbildung des
Zunftrechts dies bis 1731 möglichst verhindert; man duldete möglichst keinen verheirateten Gesellen, und so blieben die Gesellenbruderschaften Verbindungen, die in gewisser Hinsicht einer Schüler- oder
Studentenverbindung fast noch mehr zu vergleichen sind, als einem
Arbeiterverein. Das Leben in der Herberge, das Trinken und der Trink-
komment erhielten im Laufe des sechzehnten und siebzehnten Jahrhunderts
eine übermäßige Bedeutung; in den mir vorliegenden Akten werden die
Mißbräuche der Gesellen und ihrer Bruderschaften häufig mit dem Penna-
lismus der Studierenden verglichen. Die Händel einzelner Städte untereinander wie einzelner Meisterzünfte wurden für die jugendlichen Brause-
köpfe eine willkommene Gelegenheit, die entstandene Feindschaft auf dem
Gebiete der Bruderschaften auszufechten. Ein überspanntes Ehrgefühl riß
die jüngern Leute ebenso oft als Uebermut und neckischer Leichtsinn fort,
einzelne Meister und ganze Gewerke zu vertrinken, in Verruf zu erklären,
auf die schwarze Tafel zu schreiben. Die sog. „Schenken", d. h. festliche
Trinkgelage, meist diesem oder jenem zu Ehren veranstaltet, wiederholten
sich zu oft und dauerten zu lange; sie erhielten bei den Gesellen noch
eine üblere Ausdehnung als bei den Meistern. Aus der Abschieds- und
Willkommschenke ging die Uebung des sog. Geschenks an die wandernden Gesellen hervor; in einzelnen Handwerken bildete es sich besonders
aus, hat später sehr verschiedene Gestalt angenommen: teils die Form
des Geldgeschenks, teils die des Naturalquartiers in der Herberge oder
reihum bei den Meistern. Mißbräuche aller Art knüpften sich daran.
Faule Gesellen legten sich darauf, wochenlang allen Meistern der Innung
zur Last zu fallen, monatelang ohne Arbeit vom Geschenk zu leben.
Die Handwerke, welche das Geschenk gaben, hielten sich für die vor-
nehmeren; es scheinen die gewesen zu sein, bei denen das Zechen und Pokulieren in ganz besondern Schwung gekommen war. Wenn also schon
die Reichspolizeiordnungen des sechzehnten Jahrhunderts die Mißbräuche

bekämpfen, die sich an die geschenkten und ungeschenkten Handwerke an=
knüpfen, (1530 Art. 39, 1548 Art. 37), so meinen sie nicht
den Zehrpfennig, sondern „das müssige Umbgehen, Schenken und Zehren"
zum An= und Abzug, das Schmähen und die Händel, die daraus
entsprangen, die Faulheit und Liederlichkeit, die dadurch gefördert wurde.
Es kann keinem Zweifel unterworfen sein, daß gegen 1600 und in dem
folgenden Jahrhundert das Saufen und Pokulieren, das Fassen von be=
trunkenen Beschlüssen, das Faulenzen im Katzenjammer, die blauen Mon=
tage und alles, was hiermit zusammenhing, einen bedenklichen Grad
erreicht hatte. Und nicht minder schlimm waren die ärgerlichen kleinlichen
Händel, die aus der Organisation der Gesellen entsprangen; so haßten
sich z. B. Tuchscherer und Tuchbereiter, weil das eine ein geschenktes,
das andere ein ungeschenktes Gewerk war, aufs Aeußerste. Die Gesellen
der Seestädte, die sog. Oberländer und die der Landstädte bildeten je
gesonderte Gruppen mit eigener Gewohnheit und eigenem Gruß; die Ge=
sellen der einen Art hielten die andern nicht für vollberechtigt, bis sie
besonders dazu gemacht seien. Jeden Moment drohte der ruhige Gang
der Geschäfte durch solche Händel unterbrochen zu werden.

Das Wandern der Gesellen erzeugte einen Teil dieser Händel,
andererseits verstärkte es die Gewalt derselben außerordentlich gegenüber
den Meistern. Die allgemeine Wanderpflicht hatte sich im sechzehnten
und siebzehnten Jahrhundert definitiv ausgebildet und rechtlich fixiert;
sie wurde von den Meistern zunächst günstig angesehen und befördert,
weil sie das Selbständigwerden der Gesellen zumal mit der wachsenden
Zahl der Wanderjahre hinausschob. Es war eine Einrichtung, welche
an sich unzweifelhaft günstig wirkte. Der junge Mann wurde dadurch
selbständig, lernte die Welt kennen; die große Mehrzahl derer, die aus
kleinen Städten stammten, in ärmlichen Werkstätten gelernt hatten,
konnte so wenigstens zeitweise die bessere Technik, den Geschmack und die
Kunst an den Hauptsitzen der Industrie kennen lernen. Daß daneben
viele auf der Wanderschaft geistig und körperlich zu Grunde gingen, war
nicht zu leugnen, konnte aber neben den günstigen Erfolgen nicht in Be=
tracht kommen. Die Reform des achtzehnten Jahrhunderts hat daher die
Wanderpflicht im Ganzen unangetastet gelassen, und selbst die des neunzehnten
hat sich teilweise auf ähnlichen Standpunkt gestellt. Für die sittliche
und geschäftliche Haltung der Gesellenverbände konnte aber die Thatsache,
daß die Majorität nicht ortsansässig war, nur ungünstig wirken; sie
steigerte den Leichtsinn, die Unverantwortlichkeit, den Uebermut, das
Machtgefühl gegenüber den Meistern. Diese waren an den Ort gefesselt;
sie konnten sich, selbst wo die Verbindung der Hauptladen vorhanden
war, doch immer nur schwer und langsam mit ihren Kollegen aus

anderen Städten verſtändigen. Die Geſellen hatten jederzeit Verbindung
und Nachricht überallhin; ſie fühlten ſich nicht als Bürger der Stadt,
in der ſie arbeiteten; jahrelang in Bewegung, kam es ihnen nie darauf
an, den Ranzen zu ſchnüren und den Wanderſtab zu ergreifen. Mit
Pfeifen und Trompeten zogen ſie bei Streitigkeiten leichtlich in Maſſen aus,
legten ſich in einer benachbarten Stadt auf die faule Haut und ver=
langten, wenn man mit ihnen Frieden ſchließen wollte, regelmäßig die Be=
zahlung ihrer Zeche an dieſem Orte. Durch ihre beſſere Verbindung und
den viel ſtärkeren Korporationsgeiſt hielten ſie jeden Zuzug ab und
blieben ſo häufig Sieger im Kampfe.

So erklärt es ſich, daß über ihr müßiges Umherziehen, über ihr
Austreten und Schmähen, ihre ganze Gerichtsbarkeit, wie über ihre Aus=
züge und Aufſtände, über die angebliche und wirkliche Roheit ihrer
Gebräuche eine wachſende Mißſtimmung ſich angeſammelt hatte; ſie
mußte ihren Höhepunkt erreichen, als mit der rein rationaliſtiſchen Auf=
klärung und der lateiniſch=juriſtiſchen Bildung der Beamten jedes Ver=
ſtändnis für den Urſprung, das Weſen und die Poeſie ihrer Zeremonieen
und Gebräuche verſchwand, als der aufgeklärte Despotismus glaubte,
alle Regulierung von Angebot und Nachfrage ſelbſt in die Hand nehmen,
alle Regungen von Korporationen und Verbänden als Mißbrauch nieder=
drücken zu müſſen.

Wir werden ſehen, daß die zunehmende Zahl von Geſellenaufſtänden
den eigentlichen Anſtoß zur Reformbewegung im Anfang des achtzehnten
Jahrhunderts gab, daß die Mißbräuche des Geſellenweſens als der
eigentliche Kern der Handwerksmißbräuche galten.

2. Die Reformanläufe bis 1713.

Was war nun im brandenburgiſch = preußiſchen Staate gegen die
vielerörterten, im Laufe des ſechzehnten und ſiebzehnten Jahrhunderts
immer ſtärker gewordenen Zunftmisbräuche bis 1713 geſchehen? Was
war mit den ergriffenen Maßregeln erreicht worden?

Da iſt zunächſt daran zu erinnern, daß es vereinzelt ſolche Mis=
bräuche gab, ſeit die Innungen exiſtierten, daß ſeit dem dreizehnten Jahr=
hundert immer wieder in einzelnen Städten der Rat oder der Landesherr
die Innungen ſämtlich oder einzelne aufgelöſt, ſie ihrer Privilegien und
Briefe verluſtig erklärt hatte. Es iſt ein gröblicher Irrtum, dieſe Auf=
löſungen mit der heutigen Gewerbefreiheit auf eine Linie zu ſtellen.
Sie beſtanden in der Hauptſache ſtets nur darin, daß den Innungen
ihre politiſchen Rechte, ihr Vermögen, ihr Beſteuerungsrecht und ihre
ſelbſtändige Jurisdiktion genommen, daß ihre Vorſteher in Ratsbeamte

verwandelt, die Genossenschaft in strengere Abhängigkeit vom Rat ge=
bracht wurde. Aber die übrige Verfassung, das Lehrlings= und Gesellen=
wesen, die Bedingungen der Aufnahme, das Meisterrecht, die Abgrenzung
der Gewerbe unter einander, die Regelung der Konkurrenz durch Taxen
und Schau, Jahrmarkt= und Fremdenrecht, geschlossene Bänkezahl und
derartiges blieb beim alten.

Ich habe an anderer Stelle [1]) darzustellen gesucht, wie die eigent=
liche Blüte des Innungswesens im fünfzehnten und sechzehnten Jahr=
hundert erst erfolgte auf Grund einer die Selbständigkeit der Innungen
wesentlich beschränkenden Reform, die in den rheinischen Städten zu
Anfang des fünfzehnten Jahrhunderts sich durchsetzte. Sie stand im
Zusammenhang mit dem Ende der Zunftaufstände. Auf ähnlichem Boden
bewegte sich die Breslauer Handwerksreform König Sigmunds 1420 [2]),
die König Ferdinands in Wien 1527 [3]). Und was in Brandenburg
1480—1550 geschah, hat denselben Charakter. Die Innungen suchen
mehr als vorher die fürstliche Bestätigung ihrer Statuten nach;
Streitigkeiten über Innungsfragen beginnen, statt an den Magdeburger
Schöffenstuhl, vor den Kurfürsten und seine Gerichte gebracht zu werden;
kurfürstliche Räte verhandeln bei Streitigkeiten zwischen Rat und Gilden;
bei Aufständen werden einzelne Gilden kassiert; in einer Reihe spezieller
Stadtordnungen [4]), sowie in einer allgemeinen Polizeiordnung von 1515 [5])
ermahnt der Kurfürst die Räte zu strengem Regiment über die Innungen,
zu scharfer Kontrole des Brot=, Fleisch=, Schuh= und anderweitigen
Marktes; die fürstliche Kanzlei fängt an, durch häufigere persönliche oder
reale Gewerbekonzessionen in die Gewerbepolitik der städtischen Räte ein=

---

1) Die Straßburger Tucher= und Weberzunft, 1879.
2) Vergl. Schmoller, Straßburg zur Zeit der Zunftkämpfe (1875) S. 10—11.
3) „Die Polizeiordnung und Satzung Sr. k. Majestät Stat Wien auf die
Handwerchsleut daselbst" (Druck von 1527) ist ähnlich wie die für Breslau von
1420 eine Sammlung der Wiener Gewerbestatuten, welche alles auf die Polizei
und obrigkeitliche Schau, gute Warenlieferung, Konkurrenzregulierung, Meister=
werden ꝛc. Bezügliche aufgenommen, alles die Autonomie der Zünfte Betreffende
ausgelassen, resp. durch Verbote oder allgemeine Normierungen ersetzt hat. Am
Schlusse aber heißt es: „Die Zechen und Zünfte aller und jeblicher Handwerch in
unsrer Stadt, die inen selbs vielerlei Gesetz und Ordnungen iren Wesen, Arbeit,
Belonung und anderer Sachen halber aufgericht — — ⸗, heben Wir auf und
thun ab, dieweil nun allen Handwerchen neue Ordnung und Satzung gegeben."
4) Frankfurt a./O. 1502 und 1505 (Riedel I, 23, 312 u. 320), Landsberg
1511 (R. I, 18, 432), Soldin 1511 (R. I, 18, 509), Prenzlau 1515 (R. I, 21,
385), Treuenbrietzen 1525 (R. I, 9, 438).
5) Mhl. V, 2, Nachlese 1.

zugreifen. Auf einem Tage in Naumburg, 1541 [1]), vergleichen ſich dann
ſogar die Räte der Kurfürſten von Sachſen und Brandenburg, ſowie des
Landgrafen von Heſſen über eine energiſche Einſchränkung der Straf=
gerichtsbarkeit von Meiſtern und Geſellen, über das Verbot privater
Auftreibung und Schmähung und derartiges mehr. Es wird erklärt,
die Zunftbriefe ſeien nur mit dem Vorbehalt gegeben, daß die Obrig=
keit ſie mehren, mindern und erklären dürfe.

Aber all das war mehr noch im Sinne einer Verſtärkung der Rats=
als der fürſtlichen Autorität gemeint. Die Mehrzahl der Innungsſtatuten
bleibt in dieſer Zeit noch unberührt von außerſtädtiſchem Einfluß, wird
vom Fürſten nicht regelmäßig beſtätigt. Und jedenfalls ließ die Tendenz
einer fürſtlichen Reform mit den Finanznöten Joachims II. wieder gänzlich
nach. In dem Landtagsrezeß von 1549, der den Ständen „den Strick
des Regiments" in die Hand gibt, wird den Städten verſprochen, „ſie
bei ihren Privilegien, althergebrachten Gebräuchen, Frei= und Gerechtig=
keiten, auch denen zuvor und jetzigen konfirmierten Artikeln zu ſchützen
und zu erhalten und was anhero darwider fürgenommen und geſchehen
alsbald abzuſchaffen". Im folgenden Jahre laſſen ſich die Städte ver=
ſprechen, daß der Kurfürſt die Gewerke und Zünfte bei ihren alten löb=
lichen Gebräuchen erhalte, daß keine Perſonen ihnen aufgedrängt, daß
die Juden aus dem Lande gewieſen würden.

Mochte daher auch von 1550—1600 an die kurfürſtliche Beſtäti=
gung der Innungsſtatuten Regel werden, mochte von 1580 an ein
Vorbehalt in einzelne Privilegien geſetzt werden, „dies Alles zu mehren,
zu mindern, zu korrigieren und zu ändern", im Ganzen iſt bis 1713
die zunehmende Zahl der Innungsprivilegien von den Zunftmeiſtern und
ihren Advokaten entworfen, von den ſtädtiſchen Räten nicht entſprechend
geprüft und geändert, von der Lehnskanzlei bis in die ſpäteren Jahre des
großen Kurfürſten kritiklos gegen ihre Gebühren genehmigt worden; auch
als ein gewiſſer Reformeifer im Geheimen Rat und beim Kurfürſten
Friedrich Wilhelm erwacht war, ja ſelbſt als Danckelman der Lehns=
kanzlei ſtrenge Weiſungen hatte zugehen laſſen, ſiegte doch in der Regel
das Hergebrachte und der Wunſch der einzelnen Zünfte. Noch in den
erſten Jahren der Regierung Friedrich Wilhelms I. werden einzelne neue
Statuten ausgefertigt, die mit allem in Widerſpruch ſtehen, was man
nun ſchon über ein Menſchenalter als Grundſätze der Innungsreform
ausgeſprochen hatte. Solange die Lehnskanzlei ſelbſtändig dieſe Dinge
beſorgte, ſolange man die Innungsſtatuten als wohlerworbene Privatrechte

---

1) Myl. V, 2, 579—84.

ansah, die nur der Form und der Sporteln wegen beim Regierungs=
wechsel der Bestätigung bedurften, war die wachsende Verkümmerung und
Korrumpierung des Zunftrechts im einzelnen nicht ausgeschlossen, wenn
man auch im allgemeinen sich zu einer Reform im Kabinet und in
anderen Dikasterien bekannte.

Im brandenburgischen Landtagsabschied vom 26. Juli 1653 (art. 72
Abs. 6) hatte Friedrich Wilhelm erklärt, er lasse sich in Erteilung
der Privilegien kein Ziel noch Maß setzen; er behält der ordentlichen
Obrigkeit die Aufsicht und Jurisdiktion über die Zünfte vor, fordert die
Aufnahme fremder Handwerksleute und wünscht, daß sie bei derselben
nicht übernommen würden. Ja, in dem Spezialrevers für die kleinen
neumärkischen Städte vom 29. August 1653 droht er diesen auf das
ernstlichste eine Untersuchung der Zunftmißbräuche an und will die
irrationabiles consuetudines nicht dulden; aber im übrigen verweist er
doch auf den Hauptrezeß, und in diesem gibt er zu, daß alle Privilegien
mit der Klausel erteilt werden sollen, ne laedant alterius jus; er
verspricht, es solle in vigore bleiben, was bei den Handwerken seit
unvordenklichen Jahren üblich sei; er entschuldigt sich, es sei ihm nicht
erinnerlich, Handelsleuten und Handwerkern neue Privilegien erteilt zu
haben; bei der Aufnahme sollen die Gilden und Zünfte untadelhafte
Geburts= und Lehrbriefe fordern dürfen, die Kandidaten sollen dem Status
Genüge thun. Kurz man sieht, daß der Kurfürst, trotz eines allgemeinen
Vorbehalts seiner Hoheitsrechte, zunächst die Städte durch die Anerken=
nung des Althergebrachten beschwichtigen will.

Erst als 1666—1672 die Verhandlungen am Regensburger Reichs=
tag über die Abstellung der Handwerksbräuche die Frage in Fluß und
einen lebendigen Austausch der Meinungen, hauptsächlich der Regierungen,
zuwege gebracht hatten [1]), und als gegen Ende der Regierung des Kur=
fürsten die umfassendere Kolonisation und Aufnahme der französischen
Gewerbtreibenden zu energischen Maßnahmen gegen die widerstrebenden
lokalen Zünfte zwang, sehen wir den Kurfürsten durch einzelne Edikte
lebhafter als bisher gegen die schlimmsten Mißbräuche auftreten [2]) und
den die Städte und Akzise kontrolierenden neugeschaffenen Steuer=
kommissaren 1684 eine allgemeine Beaufsichtigung des Zunftwesens auf=

---

1) Vergl. darüber M. Meyer a. a. O. S. 73—89.
2) Reskript an d. magdeb. Städte 16. Juni 1684 über Wanderzeit, Meister=
stück, Rezeptionskosten (Myl., Corp. Constitut. Magdeb. III, 345), Zirkularverfügung
vom 3. Nov. 1686 wegen der Meisterstücke und Meisterköste (Myl. Corp. Constitut.
Brand. V, 2, 645, Grube, Corp. Const. Prut. III, 472). Ueber die Verbote des
Zechens und Jubilirens von 1676 und 82 siehe Fidicin V, 475.

tragen. In den letzten Monaten ſeiner Regierung verhandelt er[1]) mit
Braunſchweig über eine von dieſer Seite geplante, an das Reichsgut=
achten von 1672 ſich anſchließende Zunſtordnung, welche 1692 dann
in den dortigen Landen ſelbſtändig publiziert wurde, und erteilt der
von den magdeburgiſchen Ständen entworfenen Polizeiordnung vom
3. Januar 1688 ſeine Genehmigung, die im 26. Kapitel ein allgemeines
Handwerksgeſetz im Sinne der Zunſtreform in 29 Paragraphen auf=
genommen hatte. Es war das ein Schachzug des Adels gegen die Städte
geweſen, der freilich ſicher auf die Billigung in Berlin zu rechnen
hatte[2]). Es hatte dasſelbe nur wie manche ähnliche Geſetze, z. B. die
kurheſſiſche Zunſtordnung vom 29. Juli 1693[3]), ſo lange keine Wir=
kung, als nicht dafür geſorgt war, daß die einzelnen lokalen Innungs=
ſtatuten damit übereinſtimmten. Galt jedes doch als Privilegium, als
lex specialis, das dem allgemeinen Geſetz derogierte. Es war alſo nur
zu helfen, wenn man die einzelnen Statuten ſämmtlich änderte.

Auch die für Pommern am 3. Juli 1699 erlaſſene preußiſche Ver=
ordnung[4]) über Anbau der Städte und Zunſtweſen iſt nichts als eine
weitere Anweiſung an die eben (1698) geſchaffene pommerſche Städte=
kommiſſion, wie ſie ſich prinzipiell dem Zunſtweſen gegenüber zu ver=
halten habe. Aehnlich das Edikt über die Handwerksmisbräuche vom
17. Februar 1712 für Oſtpreußen[5]). Die laufende Verwaltung, haupt=
ſächlich die neugeſchaffenen Steuerkommiſſare konnten nach ſolchen An=
weiſungen verſuchen, durch das allgemeine Aufſichtsrecht gegen die Mis=
bräuche zu wirken. Aber es war natürlich, daß ſie zunächſt wenig er=
reichten; zumal in den neuen Provinzen war das Amt des Steuer=
kommiſſars noch weniger ausgebildet; es ſcheint z. B. in Pommern bis
1713 nur e i n e n Städtedirektor gegeben zu haben, der jährlich einmal
jede Stadt beſuchte, während nach der Inſtruktion für die Steuerräte
von 1712 dieſe in jeder Stadt jährlich zweimal erſcheinen mußten. Dann
aber waren andere Aufgaben für ſie zunächſt die Hauptſache: die Akziſe,
der Neubau, das Taxweſen, die Magiſtrats= und Kaſſenverwaltung,
die Pflege der Koloniſten und der neuen Induſtrieen, das ſtand im
Vordergrund, wie ein Blick auf die Inſtruktion von 1712 zeigt. Außer=
dem aber wirkten Handwerksbrauch, Orts= und Innungsſtatut, Landes=
regierung und Lehnskanzlei dem entgegen, was der Steuerrat forderte.

— —

1) Vergl. darüber M. Meyer a. a. O. S. 100 ff.
2) Vergl. darüber Jahrb. f. Geſetzgebung ꝛc. 1886, X, 1, 10—12.
3) Vergl. Hahndorf, Zur Geſchichte der Zünfte, 1861.
4) Quickmann, Ediktenſammlung (1750) 424 ff., und M. Meyer a. a. O. S. 154 ff.
5) Grube III, 473.

Immer aber hatte die Regierung Friedrichs I. zunächst tiefer ein=
gegriffen und am rechten Punkte angesetzt, freilich ohne viel zu erreichen.
Danckelman hatte 1688 die Lehnskanzlei sofort angewiesen, bei der mit dem
Regierungswechsel allgemein nötig werdenden Neubestätigung der Zunft=
privilegien keine Geschlossenheit der Zunft mehr passieren zu lassen
(7. Mai 1688)[1]), die Meisterstücke zwar beizubehalten, aber in ver=
nünftiger verkäuflicher Weise, das Meistergeld und alle Kosten entsprechend
zu ermäßigen (13. Juni 1688)[2]), den Berliner Handwerkern keine andern
Privilegien zu erteilen, als denen in den andern Städten, weil daraus
so viel Konfusion, Unordnung und Streitigkeit entständen (29. Januar
1689)[3]), und die gleichen Gewerke der verschiedenen Berliner Städte je
zu einer einheitlichen Zunft zu vereinigen (7. Februar 1689)[4]). Das
ohnedies langsam sich abspielende Geschäft der Einreichung und Neuaus=
fertigung der Privilegien wurde durch den Sturm des Widerspruchs, den
diese Grundsätze hervorriefen, sehr hingezogen. Schon im Dezember 1688
klagt der Kurfürst, es gehe bei der Erteilung der Konsense und Privi=
legien in der Lehnskanzlei nicht ordentlich zu; man solle energisch
arbeiten und jeder Innung einen Termin ansetzen, innerhalb dessen sie
ihr neues Privileg einlösen müsse. Die Lehnskanzlei hatte eben offenbar
weder die Kräfte und Kenntnisse, ein solches Reformgeschäft durchzuführen,
noch hatte sie irgend eine Einwirkung auf die laufende Verwaltung und
Handhabung des Zunftrechts. Eine Verordnung vom 26. Januar 1693
klagt, trotz aller Edikte und Befehle suchten die Zünfte bei der Konfir=
mierung sogar größere Vorteile für sich einzurücken: da hätten die
Goldschmiede ein Meistergeld von 40 Thalern eingesetzt, die Böttcher
wollten die Spandauer von den Jahrmärkten ausschließen, eine ganze
Anzahl Gewerke hätte wieder eine geschlossene Zahl von Meistern ein=
gerückt, wieder andere hätten sich einzelne Waren, wie Eisen, Leder,
Farben, besonders beilegen lassen und sie so ex communi negotian-
tium commercio eximiert. Das sei unverträglich mit dem Ziel,
die Städte populös zu machen. Die Lehnskanzlei solle künftig die Pri=
vilegien zuerst den Steuerkommissaren oder andern Korporibus, welchen
die Aufsicht der darin fürfallenden Sachen vom Kurfürsten kommittiert
worden, mitteilen und deren Gutachten mit einsenden. Damit begannen
endlose Korrespondenzen und zahllose Streitigkeiten zwischen der Lehns=
kanzlei und den Provinzialregierungen einerseits, den Kommissariats=

---

1) Mhl. V, 2, 646, Fibicin IV, 450.
2) Mhl. V, 2, 647. Fibicin IV, 451.
3) Fibicin IV, 453.
4) Fibicin IV, 454.

behörden andererſeits, und wenn ſie ſich endlich geeinigt hatten, ſo ging die ſich verletzt glaubende Innung vor die Gerichte.

Immer aber wurde natürlich Mancherlei geändert. Die Gilden der fünf Berliner Städte gelang es nicht zu vereinigen; aber ſie erhielten wenigſtens gleichlautende Statuten[1]). Die geſchloſſenen Zünfte wurden wenigſtens teilweiſe geöffnet, die Meiſterſtücke verbilligt, die Eintritts= gelder herabgeſetzt, die Gewerksbeiſitzer aus dem Rat in nachdrückliche Erinnerung gebracht. Und dergleichen mehr. Auch einige ſpätere Spezialedikte ſchärften dieſen und jenen Punkt noch allgemein oder für einzelne Provinzen ein. Wenn die Zünfte Schwierigkeiten bei der Auf= nahme machten, trafen dann und wann fürſtliche Empfehlungen oder gar Drohungen ein, die ihre Wirkung nicht verfehlten[2]). Die Zahl der von der Regierung eingeſetzten Freimeiſter nahm zu. Die Pflege der „Kolonie“ und der neuen Induſtrieen mit ihren franzöſiſchen Fabrik= inſpektoren war ein lebendiges Gegengewicht gegen das alte Zunftweſen. Im Jahre 1709 wurde im Zuſammenhang mit der Abſicht, auch die Produktion der Franzoſen derſelben Schau und Kontrole wie die der Deutſchen zu unterſtellen, der Befehl gegeben, alle franzöſiſchen Gewerb= treibenden in der Wollinduſtrie ohne weiteres in die Innungen auf= zunehmen[3]).

Aber die Wirkung dieſer Maßregeln war im ganzen doch zunächſt mehr die, daß in die beſtehenden, hergebrachten Zuſtände eine allgemeine Gährung kam, daß ein lebendiger Kampf der Intereſſen erwachte, als daß be= reits ein neues Recht zur Anerkennung gelangt wäre. Das war ja überhaupt der Charakter der projektenreichen, aber zerfahrenen Regierungsperiode, die 1713 zu Ende ging. Nichts charakteriſiert dieſe Epoche und die damaligen Innungszuſtände mehr, als ein Schriftenwechſel, der 1709 über die Innungs= frage vor den höchſten Behörden ſtattfand. Einem Reformprojekt, das alles Beſtehende als verrottet und verdorben umſtürzen will, tritt die konſervative Meinung ſiegreich entgegen, es ſei alles in Ordnung: was an Reformen möglich ſei, habe die Lehnskanzlei längſt geleiſtet[4]).

Ein gewiſſer Alexander Spiegelberg reichte im Dezember 1708 und

---

1) Ueber den Streit in dieſer Beziehung ſiehe M. Meyer a. a. O. S. 110—115.
2) Zimmermann, Hiſtor. Entw. d. märk. Städteverf. (1840) III, 70—71. 141—42. Ueber die zahlreichen Konzeſſionen des großen Kurfürſten an Krämer, und Kaufleute, welchen die beiden Berliner Handelsgilden Schwierigkeiten bei der Aufnahme machten, ſiehe: Beiträge zur Geſchichte des Berliner Handels ꝛc. (Feſt= ſchrift von 1870) S. 26.
3) Mhl. V, 2, 273—76.
4) Berl. Staatsarchiv Abt. 1. Rep. 9. C. 3 b.

Januar 1709 erst eine Denkschrift über die Mißstände, dann einen Reformvorschlag ein. Die erstere führt in wohl kaum übertreibender Weise aus: wer Meister und Bürger werden wolle, müsse 15—50, ja 100 Thaler Meistergeld, 4—6 und mehr Thaler Bürgergeld geben [1]), ein Meisterstück für 10—40 Thaler machen, dabei oft noch 3—10 Thaler Strafgeld für Fehler zahlen [2]); daher fehle es zumal in den kleinen Städten an Gewerbetreibenden, oder sie fingen mit Ueberschuldung an; viele Zünfte seien noch geschlossen; wer von einer Stadt zur andern ziehe, habe nochmal alle Kosten aufzuwenden. All das aufgebrachte Geld werde zu Prozessen, hauptsächlich gegen die Unvermögenden, die Pfuscher, verwendet [3]), oder verzehret; viele Innungen hätten sich daran gewöhnt, nicht eher bis alles Geld verthan nach Hause zu gehen [4]).

Daher nun der Vorschlag, an die Spitze aller Gewerbtreibenden eine General-Kommerzienkammer zu stellen, mit Unterbeamten in den einzelnen Städten. Hier hat sich zu melden, ehrliche Geburt und Profession zu beweisen, wer ein Gewerbe anfangen und treiben will; der Krämer und Kaufmann zahlt eine staatliche Taxe von 8—50, der Handwerker von 4—30 Thalern und erhält dann seinen Freibrief, mit dem er sich bei den im übrigen fortbestehenden Innungen meldet; er ist hier gegen eine kleine Gebühr einzuschreiben, während sonst alle Finanzen und Geld=erhebungen, wie alle Jurisdiktion der Innungen wegfallen; diese letztere geht an die Kommerzienbeamten über. An die Stelle der Innungs=privilegien treten staatliche Instruktionen, die das Lehrlingswesen, das Arbeitsrecht der Gesellen, die Sittenpolizei der Genossen, die Bedin=gungen einer loyalen Konkurrenz ähnlich wie das bisherige Innungsrecht regulieren.

Wir sehen, es ist der Gedanke des französischen Rechts, allen Gewerbe=betrieb für droit domanial zu erklären; es ist der Plan eines Konzessions=systems, wie es Montgelas hundert Jahre später in Bayern einführte. Es

---

1) In Berlin zahlte nach Fidicin, Hist.=dipl. Beiträge V, 112, noch 1718 der Fremde 6—10 Thlr., der Einheimische den mindesten Satz.

2) Noch 1732 schreibt Kammerdirektor Hille aus Küstrin, das Meisterwerden habe bisher noch 30 und mehr Thaler gekostet.

3) Am 10. Febr. 1730 schreibt Hille, „die Lissaische und daraus entsponnenen Händel haben dem Tuchmachergewerk allein über 1000 Thlr. gekostet".

4) Manitius berichtet 1710 aus der Neumark, einer seiner Vorgänger habe es beim Tuchmachergewerk in Faltenburg durch strenge Kontrole der Lade und der Kasse dahin gebracht, daß die Gilde bald 60 Th. besessen, daraus Steuern für die Glieder bezahlt habe 2c. Jetzt würden wieder alle vorhandenen Gelder ver=soffen und Steuern auf die Mitglieder zu solchem Zweck umgelegt, wodurch be=sonders die jungen Meister ruinirt würden.

war ein Vorschlag, der in der Luft lag, zu einer Zeit, in welcher die
Gewerbeleitung von der Stadt auf den Staat überging. Das Hand=
werk, das bisher ein städtisches Amt gewesen, sollte nun ein staatliches
werden; aus den zerrütteten und korrupten Korporationsfinanzen sollte
eine gute staatliche Einnahmequelle werden; das Projekt klingt an die
spätere französische und an die ihr von Hardenberg nachgeahmte preußische
Gewerbesteuer an. Unbedingte gewerbliche Freizügigkeit im ganzen
Staate wäre damit erreicht worden.

Marquard von Printzen ließ sich ein Gutachten vom brandenburgischen
Lehnsekretär Bergius über die Frage machen. Dieser bezeichnet die Anklagen
als übertrieben, beruft sich darauf, was an Verbesserung der Privilegien ge=
schehen, wie viele alte Zünfte wieder in Flor gekommen, wie viele neue
gegründet worden seien, betont aber vor allem, daß eine gründliche
Reform nur durch eine generale Reichskorrespondenz und =Verfassung zu
hoffen, da ohne sie weder Gesellen mehr aus dem übrigen Deutschland
nach Preußen kommen könnten, noch die hiesigen Meister, Gesellen und
Jungen dort gefördert würden. An allen Orten, wo die Gewerbe
florieren, meint er, wie in Hamburg, Nürnberg, Frankfurt a. M.,
Augsburg und Leipzig, beobachte man das Innungswesen am genauesten,
ja sehe den Innungen stets etwas durch die Finger. Es fehle im preu=
ßischen Staat nicht an Menschen und tüchtigen Meistern, sie hätten nur
nicht genug Arbeit; das Schlimmste seien zahlreiche Stümper und
Pfuscher, die überfrüh heirateten. Eine staatliche Kommerzienbehörde
könne unmöglich richtig über alle verschiedenen Handwerke und ihre
Technik urteilen, alle die geforderten Instruktionen richtig erteilen. Mit
diesem unreifen Projekt laufe man den Hazard d'un bouleversement général.

Die Kommissare für die Frage, Printzen, Mathias und Berg=
hem wiesen daraufhin den Spiegelberg als einen Menschen ab, der es
vornehmlich auf sein eigen Etablissement abgezielet, nicht erwägend, daß
sie im Lehnssekretär, um dessen Sporteln es sich handelte, den Bock zum
Gärtner gesetzt.

Freilich enthielt dessen Auseinandersetzung neben der Oratio pro domo
viel Wahres und Praktisches. Sagt doch auch der vielgelesenste und an=
gesehenste volkswirtschaftliche Schriftsteller der Zeit, J. J. Becker[1]), die
Lehrbriefe, Geburtsstrafen und Meisterstücke, das Schelten und Wiedererhrlich=
machen seien ein böser Mißbrauch; aber die größere Freiheit und Konkurrenz,
wie sie in Holland bestehe, erhalte die Handwerker in steter Armut,

---

1) Diskurs von den Ursachen des Auf= und Abnehmens der Städte rc.
2. Ausgabe 1668 S. 112—15.

stürze sie bei jeder Stockung in ein so furchtbares Elend, wie es in
Deutschland unbekannt sei; nur Kaufleute und Verleger hätten davon
den rechten Vorteil, nur in einem Lande mit großem Absatz nach außen
sei solche Verfaßung möglich; „es laßn sich auch in Teutschland darumb
die Zünst nicht abschaffen und jedem freilaßen zu arbeiten, was er
will." Und der vielgereiste Marperger, der 1708 in die preußische
Sozietät der Wissenschaften aufgenommen wurde, meint, wo die Aemter
noch über ihre Statuten stark hielten, da hinderten sie freilich den Fort=
gang der Manufakturen; aber an gewisse Regeln müsse sich jede bürger=
liche Gemeinschaft binden, und wo die Zünfte so wie im Branden=
burgischen, Dänemark und Holland abgeschaffet, da könne jeder, der was
Rechtschaffenes gelernt, Bürger und Meister werden und sich seiner Hand=
arbeit ernähren [1]). Er war offenbar über Preußen damals noch nicht
im Einzelnen unterrichtet; aber sein Ausspruch zeigt immer, daß die
brandenburgische Junungspolitik bereits 1707 als reformiert und
liberal galt, daß manches hier schon anders geworden war, als
draußen im Reich.

Bezeichnend ist noch, daß er den Zustand in Holland und Branden=
burg als eine Abschaffung der Zünfte bezeichnet, obwohl die Junungen
als solche in beiden Ländern ungestört bestanden. Es ist der ältere, von
uns schon erwähnte Sprachgebrauch, der darunter nur eine scharfe Be=
schränkung ihrer Selbständigkeit, ihrer politischen, finanziellen und juris=
diktionellen Rechte, die Kaffierung der diesbezüglichen Pergamente und Briefe
versteht. In diesem Sinne ist es auch zu verstehen, wenn der große
Kurfürst da und dort von einer Aufhebung der Junungen spricht oder
damit droht [2]), während er zugleich mit freigebiger Hand überall neue
Junungsprivilegien erteilt. Aehnlich sagt ein braunschweigischer Minister,
dessen Gedanken der preußische Rat Heinrich Boden veröffentlicht: „alle
Gilden und ihre dem Publico höchst schädliche Junungsbriefe müssen,
sollen die Manufakturen florieren, abgeschaffet oder andere Artikelsbriefe
formiert werden" [3]). Diese Losung blieb fast bis ans Ende des 18. Jahr=
hunderts maßgebend. Justi, dessen Schriften den Höhepunkt der kame=
ralistisch=polizeiwissenschaftlichen Litteratur darstellen, sagt 1759, so be=
gründet die Beschwerden über die Zünfte seien, so sei ihre Abschaffung
doch zu bedenklich: sie würde das Wandern beseitigen, wodurch die Hand=
werker ihre Geschicklichkeit hauptsächlich erlangten [4]).

---

1) Das neueröffnete Manufakturhaus (1707) 220—21, 236.
2) M. Meyer a. a. O. S. 78—79.
3) Fürstliche Machtkunst oder unerschöpfliche Goldgrube rc. 1702 S. 91.
4) Grundsätze der Polizeiwissenschaft S. 134—135.

3. Die preußiſche Innungsverwaltung von 1713—1731.

Zweierlei hatte ſich bisher den Beſtrebungen einer Innungsreform entgegengeſtellt, der zähe Widerſtand der Meiſter und Geſellen, deren ſämt=
liche Lebensgewohnheiten und Sitten aufs engſte mit dem beſtehenden Rechte verflochten waren, und die ſtaatsrechtliche Kompetenzfrage, d. h. die Un=
fähigkeit des Reichs, ein neues Innungsrecht zu ſchaffen, das überall gehalten und durchgeführt würde, und die Unfähigkeit der Einzelſtaaten, etwas zu
befehlen, was vom Innungsbrauch im übrigen Reich abweiche. Schon im ſechzehnten Jahrhundert hatte es ſich gezeigt, wie ohnmächtig das Reich in
allen wirtſchaftlichen Dingen ſei. Die Reichspolizeiordnung von 1530 hatte den einzelnen Ständen überlaſſen müſſen, das bezüglich der Geſellen Vorge=
ſchriebene aufzuheben oder zu mindern; nur ſoll es in keiner Weiſe erhöht oder vermehrt werden. Der Zug der Zeit ging unwiderſtehlich auf eine Steige=
rung der territorialen Befugniſſe. Der jüngſte Reichsabſchied hatte in § 106 die territoriale Regierungsgewalt in Zunftſachen weſentlich ver=
ſtärkt, indem er beſtimmte, daß das oberſte Reichsgericht nicht ohne weiteres, ohne Kenntniß der lokalen Verhältniſſe und beteiligten Inter=
eſſen gegen neu eingeführte Zunft= und Handwerksordnungen, jedenfalls nicht auf Inhibition erkennen, ſondern derartiges an des Ortes Obrig=
keit verweiſen, „die ohnedas die Gewalt hat, dergleichen Statuta nach Gelegenheit der Läuft und Zeiten zu widerrufen und zu ändern". Bei
den Reichstagsverhandlungen von 1666—1672 hatte es ſich deutlich gezeigt, daß gerade die größeren Stände, wie Brandenburg, das Hauptgewicht
auf die Anerkennung ihrer gewerbepolizeilichen Souveränetät legten. Das war aber ein wachſendes Hindernis, es zu einheitlichen Maßnahmen
kommen zu laſſen, wie ſie doch notwendig waren gegenüber der Einheit=
lichkeit des Wandergebietes der Geſellen, des Handwerksbrauches, der geographiſchen Ausdehnung der Hauptladen.

Dieſe Schwierigkeiten dauerten natürlich auch nach dem Regierungs=
antritt Friedrich Wilhelms I. gleichmäßig fort. Aber die allgemeine Energie der Staatsleitung zeigte ſich doch bald auch auf dieſem Gebiete.
Dieſer Energie war es zu danken, daß nach langen Verhandlungen das Reich zu einem gemeinſamen Schritt fortgeriſſen wurde. Wie es dazu
kam, werden wir im nächſten Abſchnitt ſehen. Zunächſt haben wir die Art kennen zu lernen, wie innerhalb Preußens die Reformtendenzen ſich
ſammelten und kräftigten. Das ſiegreiche Vordringen der Kommiſſariats=
behörden war dabei das Entſcheidende. Es verſchoben ſich damit nach und nach die Kompetenzen der beteiligten Behörden.

Wir haben auf den Gegenſatz, in dem die Kommiſſariatsbehörden

zu der Lehnskanzlei standen, schon hingewiesen. Ebenso wichtig war die
Stellung der Gerichte, die mit der im siebzehnten Jahrhundert wachsen=
den Zahl der Zunftprozesse einen immer größeren Einfluß auf das
Innungsrecht erhalten hatten. Im Jahre 1680 hatte der Berliner
Magistrat sich darüber beklagt, daß die Meister sich immer häufiger an
das Kammergericht wendeten. Der Kurfürst hatte verfügt, daß die
Exekution der Privilegien dem Magistrate zustehe, daß die Entscheidung
des Kammergerichts aber einzuholen sei, wenn es sich um Interpretation
handele [1]). Aehnlich hatte die Kammergerichtsordnung von 1709 ver=
fügt [2]), daß in Polizeistreitigkeiten der Handwerker, wie Bäcker, Brauer
u. s. w., kein Prozeß beim Kammergericht zu verstatten, sondern solche
an den Magistrat der Residenz zu verweisen seien, daß aber Streitig=
keiten zwischen ganzen Gewerben oder deren Mitgliedern allerdings vor
dem Kammergericht zu erörtern seien. Also die prinzipiellen Fragen sind
vom Gesichtspunkt des jus quaesitum zu behandeln.

Die wichtige Konstitution vom 25. April 1715, welche die Kom=
petenzfragen im Allgemeinen ordnet, läßt den Lehnskanzleien und Regie=
rungen noch die Revision der Innungsartikel, aber nach Kommunikation
mit dem Generalkriegskommissariat und den Provinzialkommissariaten [3]);
sie hofft so den langwierigen und geldfressenden Prozessen, die zum Nach=
teil der bürgerlichen Nahrung öfter zwischen den Handwerkern geführt
würden, die Spitze abzubrechen. Komme es dennoch zu einem Streit,
der rechtlicher Kognition bedürfe, so gehöre er vor das Justizkollegium,
das aber einen Deputatum des Kommissariats zuziehen, ohne Weit=
läufigkeit entscheiden und keine Appellation gestatten müsse. Komme
es auf die Deklaration eines Privilegii an, so solle an den König be=
richtet werden. Bei einem Gewerksprozesse in erster Instanz solle der
Magistrat, wenn er die Sache nicht in Güte beilegen könne, das Proto=
koll an die Regierung einsenden, welche nach Kommunikation mit dem
Kommissariat sprechen werde. Der Fortschritt dieser Bestimmungen ist
klar: das Kommissariat hat in den wichtigen Fragen mitzureden; die
wichtigsten, die Deklarationen, sind dem König, nicht mehr dem Kammer=
gericht vorbehalten.

In den entscheidenden Instruktionen für das Generaldirektorium
und die neugebildeten Kriegs= und Domänenkammern von 1723 findet
sich eine Bestimmung über die Innungen nicht; wohl aber lag mir im

---

1) Zimmermann a. a. O. III, 141.
2) Mhl. II, 1, 380.
3) Mhl. II, 1, 563—68. Aehnlich z. B. das Regl. für das Königsberger
Kommissariat von 1716, Grube II, 407, § 7.

Königsberger Archiv ein Erlaß von 1723 vor, der alle Gewerks= und Innungssachen künftig vor die Kammern weist[1]. Und wenn die Praxis in einzelnen Provinzen auch noch schwankte, wenn noch 1742 für Pommern dieser Befehl wiederholt werden mußte[2], so zeigen doch die Akten, daß im Ganzen von 1723 an die Justizbehörden gänzlich aus dieser Position verdrängt sind; damit beginnt eben die energische Reform.

Im Kompetenzreglement vom 19. Juni 1749 lautet[3]), um dies gleich noch hier anzumerken, die Entscheidung so: „die Kammern be= halten die Kognition in allen Innungs=, Gewerks= und Privilegien= oder occasione derselben sich eräugenden Klagesachen, welche zu Beförderung des Kommerzii und derer Manufakturen, wie auch Peuplirung des Landes gehören, wann darunter entweder zwischen ganzen Gewerken selbst oder zwischen zweien und mehreren Membris, ratione extensionis vel restrictionis privilegii, Streit entsteht, indem die Kammern der= gleichen Privilegia examinieren und zur Konfirmation bringen, daher am besten wissen können und müssen, wie das Privilegium zu verstehen und bei vorkommenden Fällen in Absicht auf das Kommerzium und die Konservation derer Zünfte und Gewerke eines nebst dem andern zu vermehren, zu vermindern oder gar wieder aufzuheben". Daneben wird der Justiz nur die kleine Konzession gemacht: „Wo aber das Privi= legium klar und bloß super contraventione vel satisfactione gestritten wird, darüber kognoszieren die Magistrate jedes Ortes in prima in= stantia und gehen die appellationes an die Justizkollegia"!

Mit diesen wenigen vorausgreifenden Bemerkungen über die nach und nach erfolgende Veränderung in den Kompetenzen der beteiligten Behörden haben wir bereits den allgemeinen Rahmen kennen gelernt, innerhalb dessen die Reform sich vollzog.

Sehen wir zunächst, welche Ergebnisse der Umstand herbeiführte, daß die Kommissariatsbehörden bei der Neubestätigung der Innungs= briefe mitzureden hatten. Da dieselbe mit jedem Regierungswechsel üb= lich war, so wurden auch von 1713 an viele Statuten neu eingereicht, freilich entfernt nicht alle, wahrscheinlich nicht einmal die größere Hälfte. Die meisten Innungen scheuten die Kosten; wer nichts Neues wollte, lebte meist mit seinem alten Statut weiter.

---

1) Im Jahre 1727 wird aus Versehen von Berlin aus die Küstriner Re= gierung zum Bericht über Handwerkersachen statt der Kammer aufgefordert; die erstere antwortet, ihr seien seit einigen Jahren diese Sachen abgenommen.

2) Quickmann, Ediktensammlung S. 547.

3) Myl., Cont. IV, 165.

Es liegt mir eine Reihe neugenehmigter Innungsstatuten aus den Jahren 1713—1723, teilweise mit den Bemerkungen, welche die Kommissariatsbehörden für die Lehnskanzlei im Sinn der wünschenswerten Aenderung machten, vor. Man wird nicht sagen können, daß der Charakter der Statuten damals ein wesentlich anderer wurde. Zahlreiche geschlossene Mittel blieben bestehen; es blieb fast überall die den lokalen Verhältnissen angepaßte, hergebrachte Konkurrenzregulierung gegenüber Nachbargewerben, dem platten Lande, den Jahrmärkten, den Fremden; es blieb die bunteste Zahlenreihe bezüglich der Lehr-, Wander- und Mutjahre; es blieben hohe Einkaufsgelder und exorbitante Strafen. Die Berliner Materialistengilde fordert in ihrem Statut vom 7. Januar 1715 z. B. 30 Thaler Eintrittsgeld für den einheimischen Mann, 5 Thaler für die Ehefrau, vom Auswärtigen zusammen 60 Thaler; sie verhängt, ohne Anwesenheit eines Magistratsassessors, Strafen bis zu 10, ja bis zu 70 Thalern. Die Ausschließungsgründe sind in den meisten Statuten noch recht zahlreich; so schließt die ebenerwähnte Gilde alle, obwohl sie die Handlung erlernt, aus, die inzwischen ein Handwerk getrieben. Die Bevorzugung der Söhne und Schwiegersöhne vor anderen wird keineswegs beseitigt, sondern nur etwas reduziert. Den Ziechnern in Neustadt-Eberswalde z. B. wird 1718 in ihr Statut gesetzt, daß die fremden Gesellen statt sechs nur ein Mutjahr arbeiten müssen; den einheimischen Söhnen und Tochtermännern wird das halbe Mutjahr gelassen; aber sie sollen von nun an zwei statt ein Jahr wandern. Ihr Recht, auf zwei Meilen in der Runde jede neue Werkstatt auf Dörfern zu verbieten, wird auf eine Meile reduziert. Ihr Recht, den Küstern in der Stadt das Weben ganz, denen auf dem Lande bis auf einen Stuhl zu verbieten, wird gestrichen. Die Strafansätze werden etwas herabgesetzt. Man hat bei den Korrekturen aus dieser Zeit immer noch den Eindruck, daß der alte Wortlaut nur soweit geändert werde, als es sich ohne größeren Eingriff, ohne zu viel Mühe des Umschreibens, machen lasse; kleine Sätze werden gestrichen, Zahlenansätze erhöht oder erniedrigt; aber der Charakter bleibt der alte. Und es liegt kein systematischer Plan der Umredaktion vor; der Referent läßt heute passieren, was er morgen streicht; das Wirrsal widersprechender verschiedenartiger Bestimmungen bleibt. Das, was die Innungen selbst bei der Neueinreichung von Statuten ändern, scheint mir häufig viel erheblicher, als was die Kommissariatsbehörden streichen oder zusetzen.

Die Umbildung der realen Verhältnisse gab den Innungen genug Anlaß dazu. Manche Handwerke bilden sich damals schon ganz oder halb zu Hausindustrieen um, in welchen die reichen Meister Verleger der ärmeren werden; viele beginnen mehr als bisher aus techniſchen Hilfsarbeitern der Familie Händler mit fertigen Waren zu werden, die ſie nicht mehr alle ſelbſt anfertigen; es kommen ſchon etwas größere Betriebe vor; der Einkauf des Rohſtoffes und ſeine Ordnung wird wich= tiger. All das und anderes mehr ſpiegelt ſich in den Statuten wieder, ohne daß die Korrekturen der Kommiſſariatsbehörden zunächſt es weſent= lich beeinflußten. Daß ſie daneben durch beſondere Reglements und Polizeiverordnungen, welche gleichſam außerhalb des Innungsrechts ſtanden, eingriffen, darauf kommen wir zurück.

Beiſpiele von Reviſionen aus der Zeit nach Errichtung der Kriegs= und Domänenkammern (1723), die mir vorliegen, zeigen, daß man nun die Sache ernſter nahm; die einzelne Kammer arbeitet nun eingehende Monita über das einzelne Privileg aus, die dem Generaldirektorium vorgelegt wurden, dieſes befriedigen mußten. Aber es iſt doch mehr ein Unterſchied dem Grade als der Art nach; auch ſind die Einzel= reviſionen von 1723 an nicht mehr ſehr zahlreich; es drohte nunmehr bereits die allgemeine Reform. Und jedenfalls, wenn wir die 1732—1736 dann auf Grund des Reichsgeſetzes geänderten Statuten vergleichen mit dem, was vorher und bis dahin Rechtens war und was unter dem Ein= fluß der Regierung früher geändert worden war, ſo ſehen wir, daß alle die früheren Anläufe das Weſen der Sache nicht allzuſehr ergriffen hatten.

Wir haben dafür noch andere Beweiſe. Nach der Neubildung der Behörden von 1723 ergehen verſchiedene königliche Spezialverordnungen, ähnlich wie 1683—1689, welche vorausſetzen, daß das Innungsrecht noch mehr oder weniger das alte ſei. Es wird 1723 beſtimmt, daß die Handwerker, ſo in Wolle, Leinen, Leder, Holz, Eiſen, Kupfer und Meſſing arbeiten, d. h. alſo die für den Abſatz im Großen arbeitenden, nicht rein lokalen Meiſter, ſo viel Geſellen halten können, als ſie wollen[1]. Es erging ein königlicher Erlaß gegen die theueren unverkäuflichen Meiſterſtücke und die Schmauſereien und Unkoſten beim Meiſterwerden,

---

1) Jahrb. für Geſetzgebung XI, 3—4, S. 803. Was ich dort für Magde= burg nachgewieſen, iſt ohne Zweifel allgemein angeordnet worden; nur muß die Ausdehnung dieſer Freiheit auf die Haltung einer beliebigen Zahl Lehrjungen entweder ein Irrtum in den Akten ſein oder raſch wieder zurückgenommen ſein; denn gleichzeitige Akten zeigen, daß man nirgends eine beliebige Lehrjungenzahl zuließ, wie ſie heute noch von jedem verſtändigen Freund einer normalen Er= ziehung der gewerblichen Jugend verurteilt wird und Anträge auf Wiederher= ſtellung einer Beſchränkung der Lehrlingszahl wiederholt in unſern Tagen im Reichstag, reſp. ſeinen Kommiſſionen, geſtellt wurden.

der lautet, als ob dagegen noch nie etwas geschehen wäre[1]). Vielleicht ist er hauptsächlich für die anderen Provinzen bestimmt, außer Brandenburg, wie denn in ihnen natürlich viel weniger als hier geschehen war. In Ostpreußen war zwar das Edikt vom 3. November 1686[2]) gegen die teueren Meisterstücke auch publiziert worden. Es war dann im Februar 1712[3]) für dieses Herzogtum die bereits erwähnte etwas eingehendere Verordnung gegen die teils sündlichen und absurden, teils den Handwerkern selbst verderblichen und dem Publico schädlichen Mißbräuche erfolgt, offenbar aber ohne jeden Erfolg. Im Jahre 1724 ergehen für diese Provinz mehrere Verfügungen des Generaldirektoriums gegen das Auftreiben der Handwerksmeister und Gesellen und Anderes derart (22. April und 29. November)[4]). Sie entsprechen den hannöverischen, sächsischen und österreichischen Verfügungen gegen die Gesellenaufstände aus diesen Jahren. Die über ganz Deutschland sich verbreitenden Gesellenunruhen müssen dort ein besonders bedrohliches Aussehen angenommen haben.

Ebenso deutlich sehen wir den Stand der Sache aus den laufenden Innungsakten der Zentralbehörden. Ich will auf allgemeine Klagen der Beamten dabei nicht den Nachdruck legen; aber sie könnten kaum stärker sein; an einer Stelle heißt es: „die tägliche Erfahrung bezeuget, welcher Gestalt die Mißbräuche bei denen Handwerkern zu einer solchen Enormität gestiegen, daß solche kaum mehr zu bezähmen." Aber die Einzelheiten belehren uns, wie hart und zäh die hergebrachten Mißstände saßen. Es sei wenigstens das Eine und das Andere angeführt.

In Küstrin hatten 1689 Fleischer und Schuster, Schneider und Schmiede sich die Geschlossenheit ihrer Gewerke durch die beweglichsten Vorstellungen gerettet. In dem neuen Privileg für die Schneider (2. März 1691) hatten die sechs ältern Meister sich das Recht ausbedungen, die sechs jüngern zu Kriegszügen gegen Pfuscher, Störer, Soldaten und vorstädtische Meister aussenden zu dürfen. Die vorstädtischen paar Meister sollten ferner nach demselben Privileg keine Gesellen halten außer 14 Tage vor den hohen Festen, nach Auslernung eines Jungen zwei Jahre ohne solchen arbeiten. Darüber und über weitere dergleichen Bestimmungen stritten nun vor- und innerstädtische Meister 18 Jahre vor der neumärkischen Regierung. Und weiter setzt sich 1713—22 der Streit

---

1) Myl. V, 2, 734, Scotti Sammlung der Gesetze ꝛc., welche in Cleve und Mark ergangen, II, 1014.
2) Grube III, 472.
3) Grube III, 473.
4) Druck des Königsberger und Berliner Archivs.

vor Regierung und Kommissariatsbehörden fort; ein königlicher Erlaß
in der Sache vom 24. Januar 1718 braucht noch volle 3 Jahre, bis
er zur Exekution gebracht wird; die Meister betonen immer wieder, gegen
Privilegien und Judikata brauchten sie sich nichts gefallen zu lassen, sie
trügen besondere Lasten in der Festung, es sei unmöglich, ihnen die Vor=
städter gleichzustellen. Und als die 12 Stadt= und 9 Vorstadtschneider
endlich mit Gewalt vereinigt sind, zanken sie sich sofort wieder über die
Ordnung beim Sitzen, über die Prozeßkosten, welche die Städter aus
der Lade, die Vorstädter aus ihrer Tasche bestritten hatten, über die
Pflicht beim Tragen der Leichen und Ansagen der Gebote, über die Kon=
kurrenz der Soldatenarbeit. Das Generaldirektorium muß dies im Ein=
zelnen entscheiden. Unsere Akten über diese Sache enden mit einer
Vorstellung des Commissarius loci, in welcher er eigentlich den Schnei=
dern Recht gibt: das Gewerbe sei mit 23 Meistern nun übersetzt; jeden=
falls gegen weitere Konkurrenz müsse man sie schützen.

Im Jahre 1725 wird zu Neuendamm der Tuchmacher Martin
Engelmann aus dem Gewerk gestoßen, weil er eine Frau genommen,
deren Großmutter aus einem Schäfergeschlecht entsprossen, obwohl er
einen richtigen Geburtsbrief vom Amtmann von Himmelstädt hat. Die
Sache kommt vor die Hauptlade in Frankfurt, vor die Regierung
und vor die Kammer; Zeugen werden vernommen, die Amtsrechnungen
von 1670 nachgesehen; es stellt sich heraus, daß kein Schäfer des ver=
dächtigen Namens damals überhaupt existiert habe; die Kammer berichtet,
sie habe gehofft, es würde dieses Argument, welches bei den höchsten
Kollegiis plenam probationem ausmache, bei der erleuchteten Tuch=
macherjustiz etwas gelten; aber sie habe mit Verwunderung erfahren
müssen, daß besagtes Frankfurtisches Mittel gesprochen, daß solches so
wenig als unser Sentiment über die Untauglichkeit der Zeugen von der
geringsten Erheblichkeit sei, sondern Martin Engelmann des Gewerkes zu
entsetzen, bis daß er nachgewiesen, daß seine Frau aus keinem Schäfer=
geschlecht entsprossen. Diese Sentenz wurde zur Exekution gebracht. „All
diesen Absurditäten, schreibt die Kammer, müssen wir stillschweigend zu=
sehen, weil die Meister sich hinter die Gesellen stecken und diese sofort
davonzugehen drohen, der Händel, so die Gesellen selbst anfangen,
nicht zu gedenken." Fast zu gleicher Zeit berichtet dieselbe Behörde, daß
die Schuhmacher zu Krossen einen Meister ausgestoßen, weil er auf eines
Scharfrichters Pferd geritten, die zu Sommerfeld einen, weil er mit
einem Scharfrichter getrunken. „Es ist bereits so weit gediehen, schreibt
sie, daß die meisten Gewerke sich unter einander geschimpfet und hin und

wieder auf der schwarzen Tafel stehen, woraus denn nichts als Kon=
fusion und Schaden der Fabriken erfolgen kann."

Aehnliche Beispiele ließen sich noch in großer Zahl aus den Jahren
1713—31 beibringen. Ich will den Leser nicht damit ermüden. Der
Handwerksbrauch blieb aber im ganzen der alte, auch wenn die Sta=
tuten die grellsten Mißbräuche da und dort gestrichen oder verpönt
hatten, so lange es nicht gelang, auf diesen Brauch selbst eine tiefgreifende
Wirkung zu üben, die Rechtsprechung den Handwerkern und Gesellen ganz oder
teilweise aus der Hand zu nehmen, die Macht der nun einmal in klein=
lichen, zänkischen Traditionen befangenen Gesellenbruderschaften zu brechen.
Wenn das in der Hauptsache erst auf Grund des Reichsgesetzes von
1731 in Preußen gelang, so war doch schon vorher durch die wachsende
Macht der Kommissariatsbehörden, durch die allgemeinen Tendenzen einer
energischen fürstlichen Gewerbepolitik Manches geschehen, was ohne direkte
Aenderung der Innungsstatuten die Stellung, den Einfluß, die Ge=
pflogenheiten der Innungen nach und nach änderte und verschob. Davon
müssen wir hier nun zum Schlusse, ehe wir auf die große Reformarbeit
eingehen, Einiges sagen. Es handelt sich um Verschiebungen, die teil=
weise schon vor 1713, vor allem aber seit dieser Zeit einsetzen.

Seit die ganze Stadtverwaltung durch die Untersuchungskommissionen,
die rathäuslichen Reglements, durch die Abstellung der wechselnden Rats=
mittel und Ersetzung durch einen Magistratus perpetuus eine andere,
von Mißbräuchen gereinigte geworden, seit die Kontrole des Steuer=
kommissars eine viel intensivere geworden war, mußten naturgemäß auch
die Handwerksmißbräuche etwas mehr zurücktreten. Wir haben oben er=
wähnt, daß z. B. die Instruktion für die Steuerkommissare von 1712
das Innungswesen gar nicht berührt. In einer späteren Vorschrift über
das, was sie bei Bereisung der Städte zu bemerken, welche den Jahren
1723—30 angehören muß[1]), heißt es nach eingehenden Fragen über das
Brauwesen weiter: „Wie es mit den Handwerksinnungen stehe und ob
bei jeder ein Assessor ex Magistratu? Ob dem Tuchmacher=Gewerke die
Schauordnung bekannt gemacht, darüber gehalten, auch Schaumeister
gesetzt worden und wer Fabriquen=Inspektor ex collegio sei? Ob die
Innungen bei jetziger Regierung privilegirt und ihre Artikuli konfir=
miret? Ob und wie viel junge Bürger sich in anno praeterito bis jetzt
etabliret? Ob es an einigen, die sich annoch ernähren könnten, fehle?
Ob das Edikt wegen Verfertigung der Meisterstücke nach Kaufmanns=
und gangbarer Art observiret und darüber gehalten werde? Ob viel

---

1) B. St. A. Abt. 2, Gener. XIX, 10.

fremde Geſellen einwandern und ein jeder Handwerksmann nach ſeiner
Art wohl einen Geſellen habe, item ob jedes Handwerk ſeine Herberge
habe?“ Darauf folgt eine Reihe weiterer ſehr eingehender Fragen über
die Wochen= und Jahrmärkte, ſowie über die Kontrole von Maß
und Gewicht. Wenn dieſe Fragen jährlich zweimal ernſt geſtellt und
beantwortet wurden, ſo mußte das immer einen erheblichen Einfluß
üben, wie die ganze fürſtliche Lebensmittel=, Markt=, Bau=, Feuer=,
Sanitätspolizei je auf beſtimmte Gewerbe einen Druck im Sinne der
Reform herbeiführte.

Für die Berliner Fleiſcher beſtanden ſeit 1591 und 1623, für die
Bäcker ſeit 1626 kurfürſtliche Verfügungen[1]), welche, ohne das Innungs=
weſen zu berühren, die Taxen, den öffentlichen Verkauf und die Be=
ſichtigung, den Schlachthauszwang und derartiges ordnen. Dabei blieb
es auch in der Folgezeit; nur griff auch hier die Verwaltung Friedrich
Wilhelms I. tiefer. Sie erneuerte und modifizierte wiederholt die Fleiſcher=
und Bäckerordnung; die Bäckerpolizei der Hauptſtadt wurde ſchon 1709
auf alle brandenburgiſchen Städte ausgedehnt; im Jahre 1719[2]) wurde
beſtimmt, daß alle umliegenden Stadt= und Landbäcker ihr gebacken
Brot in die Reſidenz ungehindert einbringen und verkaufen dürften, nach=
dem ſchon ſeit 1709 täglich — ſtatt zweimal wöchentlich — die fremden
umliegenden Schlächter zum Verkauf in Berlin zugelaſſen worden waren.
Eine beſondere Ordnung wurde 1721 für die von der Regierung kon=
zeſſionierten Brothöker erlaſſen; es wurde ihnen der erlaubte Preis genau
vorgeſchrieben, wie den Bäckern in der Taxe nachgerechnet war, was ſie
für Steuern aufs Brot ſchlagen durften. Mehrere Befehle ordnen den
Verkauf der Beilagen zum Fleiſch (6. Juli 1723, 3. April 1724). In
den neuen Stadtteilen wurde für Fleiſch= und Brotſchragen, auch für
Fiſch= und Krautmärkte nach Berliner Muſter geſorgt. Die Anzahl der
Bäcker in der ganzen Stadt wurde vermehrt, auf 194 feſtgeſetzt (1729)[3]).
Zur Unterſtützung der ſtädtiſchen Polizei hatte 1718 ein Kabinetsbefehl
den Magiſtrat angewieſen, einen abgedankten Offizier als Polizeiinſpektor
mit drei bis vier Unterbedienten anzuſtellen. Die Inſtruktionen für
beide enthielten umfaſſende Maßregeln gegen Bevorteilungen des Publi=
tums durch Bäcker, Schlächter und Wirte. Leider kam der zum Polizei=
inſpektor Ernannte durch anderweite Dienſte nicht zu entſprechender

---

1) Myl. V, 2, 583 ff., 619 ff., 625 ff.
2) Myl. V, 2, 693.
3) König, Hiſtor. Schilderung der Reſ. Berlin IV, a (1796) S. 185.

Thätigkeit[1]). Die Marktherren aus dem Magistratskollegium behielten in der Hauptsache ihren hergebrachten Dienst. Sie erhielten 1721 eine geschriebene, 1728 eine gedruckte Instruktion. Aber ihre Thätigkeit befrie= digte nicht. Neue Untersuchungen folgten 1729—35. Unvermutete Visitationen bei Gewerbetreibenden, welche mit großer Strenge durchge= führt wurden, brachten manche Mißstände, zu leichtes Brot, falsches Maß und Gewicht zu Tage.

Und wenn der Magistrat sich entschuldigte, er bestrafe jährlich etwa 20 Leute wegen derartigen, es sei nicht möglich mehr zu fassen, die Professiones wüßten alle möglichen Hinderungen zu machen, so genügte das der Untersuchungskommission so wenig als der Hinweis auf die vielen Eximierten, die nicht unter städtischer Polizei stünden. Der aus Magde= burg berufene Regierungsrath und Advocatus fisci Dreyhaupt will sogar die sämtlichen Berliner Marktherren je mit 30—50 Thlrn. Strafe belegen. Das Endresultat einer Reihe eingehender Berichte über alle Seiten der hauptstädtischen Marktpolizei war die Einsetzung von zwei besonderen Polizeimeistern, die unter dem Magistrat stehen, als Vorgesetzte der Marktmeister und Polizeidiener allen Lebensmittelverkehr, alle Hökerei, allen Material=, Hausier= und Kornhandel, ja auch alle Pfuscherei in Handwerkssachen kontrolieren sollen[2]). Die Jurisdiktion in Polizeisachen soll dem Magistrat gemeinsam mit dem Gouvernement unter Aufhebung aller exmierten polizeilichen Gerichtstände zustehen. Diese Bestimmungen wurden ergänzt durch eine umfassende Polizei=Verordnung für den Ge= werbeverkehr Berlins vom 1. Juli und eine Wochenmarktsordnung vom 12. Juli 1735. Das Einzelne dieser Erlasse interessiert uns hier nicht, sondern nur die allgemeine Thatsache, daß für die sämtlichen Nahrungs= gewerbe neben einer solchen städtischen und königlichen Polizei kaum ein Raum für irgend welche autonome Innungspolizei blieb, daß die etwaigen Bestimmungen der Innungsstatute über Regulierung der Kon= kurrenz zur Bedeutungslosigkeit herabsanken, wenn in dieser Art eine höhere Instanz bestimmte, wer und was und an welcher Stelle und in welcher Qualität Meister und Höker, Landleute und Hausierer verkaufen dürsten, und nicht blos all das bestimmte, sondern auch unbarmherzig für die Exekution sorgte.

Am meisten Anlaß für eine solch weitgehende Polizeithätigkeit im

---

1) A. Ballhorn, Das Polizeipräsidium zu Berlin, eine geschichtliche Dar= stellung (1852) S. 79—81; daneben B. St. A. Kurmark. CXV Stadt Berlin W, Rat= häusliche Sachen und Bediente.
2) Instruktionen v. 23. Mai 1735 und 1. Juli 1735, Mhl. V, 1, 121—136, Ballhorn a. a. O. S. 85—88.

öffentlichen Interesse war in den größeren Städten und im Lebensmittel=
verkehr vorhanden. Aber ein Teil dieser Anordnungen umfaßte oder
ergriff auch die kleineren Städte. Und für manche andere Gewerbe lag
doch auch ein öffentliches Interesse vor, das die Regierung zu allgemeinen
polizeilichen Verordnungen veranlaßte. Ich erinnere z. B. an die Ver=
fügung über den Feingehalt der Gold= und Silberwaren und das Ver=
kaufsrecht der Goldschmiede für den Edelmetallverkauf[1]), welche in Ost=
preußen 1717 erlassen wurde, an die allgemeinen Verfügungen gegen
Medizinalpfuscherei[2]), mit welchen die gegen die Marktschreier, Quacksalber,
Komödianten, Seiltänzer, Taschen= und Puppenspieler zusammenhängen[3]).

Hauptsächlich aber griff die Regierung mit einzelnen Befehlen und
allgemeinen Verordnungen da ein, wo einzelne Handwerker sich zur Haus=
industrie umgestalteten, mit größeren französischen Unternehmungen —
den sog. manufactures réunies — in Konkurrenz traten, wo der Absatz
in die Ferne, auf den großen Messen, zur Hauptsache wurde. Da
konnten die alten städtischen Zunftstatuten nicht mehr ausreichen, auch
wenn sie längst selbst sich etwas den veränderten Betriebs= und Absatz=
bedingungen angepaßt hatten. Ja, gerade wenn sie das versuchten, wenn
die zünftigen Kleinmeister für diese in der Regel über die einzelne Stadt
und die einzelne Innung hinausgreifenden Hausindustrieen die Konkurrenz=
bedingungen neu nach ihrem Interesse festsetzen wollten, so zeigte sich
sofort, daß sie dazu viel weniger fähig und berechtigt waren, als früher
zu derselben Festsetzung für ein rein lokales Handwerk. Wenn z. B.
1728 die magdeburgische Strumpfwirkerinnung wünscht, daß 10 Jahre
lang kein neuer Stuhl angeschafft, den Lehrlingen kein Geldlohn gezahlt
und die Waren nicht durch Hausierer vertrieben würden, so billigte das
Generaldirektorium nur das letztere. Wie überhaupt die Regierung sich
gegenüber den Strumpfwirkern des Herzogtums und ihren Innungs=
neigungen verhielt, habe ich an anderer Stelle dargestellt, will daher
hier nicht darauf zurückkommen[4]).

Am deutlichsten sehen wir das Verhalten der Regierung gegenüber
der Wollindustrie. Schon früher, seit der zweiten Hälfte des sechzehnten
Jahrhunderts, hatte sie nicht durch Eingreifen in die Innungsstatuten,
sondern durch die sogenannten Wolledikte den Wollhandel zu ordnen, aber
zugleich den kleinen Tuchmacher gegen die Wolleinkaufskonkurrenz der
großen Verleger zu schützen gesucht. Daran knüpfen die Edikte des

---

1) Grube III, 394.
2) 1713 Grube III, 521, Scotti II, 869; ähnlich 1723 Scotti daselbst 1011 ꝛc.
3) Myl. V, 5, 77—78.
4) Jahrbuch für Gesetzgebung ꝛc. XI, 3—4, 809—817.

großen Kurfürsten, am energischsten das vom 30. März 1687[1]) wieder
an; es verbietet die Einfuhr ordinärer Tuche, ordnet den Verkauf der
Wolle an die Tuchmacher auf den Wollmärkten, stellt allen Woll=
handel unter amtliche Kontrole, verbietet jeden Wollhandel an Orten,
wo keine Gilde sei, giebt eine Reihe technischer Bestimmungen, sucht
aber hauptsächlich das Verhältnis der Tuchweber zu den Verlegern und
Gewandschneidern und den Ausschnitt, sowie das Besahren der Jahr=
märkte mit Tüchern entsprechend zu ordnen; die Schauordnung, welche
das Edikt beschließt, wird in ihrer Handhabung dem Magistrat und
Steuerkommissar unterstellt; außer zwei ehrlichen Meistern soll jeder=
zeit ein Kaufmann oder Gewandschneider als Schauer fungieren.

Eine ganze Reihe weiterer Edikte und Verordnungen hat in der Folgezeit
an den hier aufgestellten Prinzipien weiter gearbeitet; die allgemeine
Handels= und Zollpolitik steht dabei stets in innigster Verknüpfung mit
der Ordnung des innern Wollhandels und der Rechtsverhältnisse, inner=
halb deren die kleinen Meister sich bewegen. Den Höhepunkt dieser An=
ordnungen stellt die Tuch= und Zeugmacher=, auch Schauordnung für die
gesamten mittleren Provinzen vom 30. Januar 1723 dar[2]). Sie ist
überwiegend technischen Inhalts, wie die Colbertschen Reglements, will
die 1687 angeordnete Schau energischer und besser durchführen, für
gleichmäßige und gute Produktion sorgen. Sie läßt die bestehenden
Innungsverhältnisse im ganzen unberührt; aber sie giebt über die Punkte,
welche für die Interessen der Innungsmitglieder die wichtigsten sind,
doch eine Reihe einschneidender Bestimmungen: der Fabrikinspektor soll
jährlich den Preis festsetzen, zu dem die Tuchmacher an die Kaufleute
und Gewandschneider verkaufen; die kleinen Tuchmacher sollen außer der
Provinz, in der sie wohnen, in der Regel kein Gewand schneiden; nur
wer regelmäßig zwei Stühle gehen läßt oder ausschließlich vom Ver=
legergeschäft lebt, darf außer Landes und außer der Provinz handeln;
das Hausieren ist Kaufleuten wie Tuchmachern verboten. Diese Be=
stimmungen sind gegen das Werfen der Preise, die Schleuderkonkurrenz,
gerichtet; den gleichen Zweck hat das Verbot für Tuchscherer und andere
Handwerker, mit Tuch anders als ballenweise zu handeln; in Orten, wo
nur ein Schönfärber oder ein Tuchscherer, bedürfen sie zum Tuchaus=
schnitt besonderer Konzession.

Noch viel tiefer einschneidend ist das Zeugmacherreglement vom
12. August 1723. Diese Wollweber, die seit 1687[3]) innungsmäßig

1) Myl. V, 2, 237—54.
2) Myl. V, 2, 335 ff.
3) König a. a. O. II, 246.

organiſiert waren, hatten ſich ſehr vermehrt; viele derartige Unter=
nehmer und Handwerker hielten ſich offenbar nicht zur Innung. Die
Regierung löſt nun die beſtehenden Innungen nicht auf; aber indem
ſie, wie für die Tuchmacher, die Schau ordnet und techniſche Vorſchriften
gibt, fügt ſie zahlreiche Beſtimmungen, die ſonſt nur in den Innungs=
ſtatuten vorkommen, dem für den ganzen Staat giltigen Reglement bei
und beſtimmt in Artikel 34, daß alle Meiſter ohne Unterſchied, welche
„in Profeſſion der Fabrikation ſeien“ und ſich dem Reglement konformierten,
dabei ungekränkt geſchützt werden ſollen, ohne durch den Zwang einer
Innung oder ſonſtwie beunruhigt zu werden. Es wird ferner das
Lehrlingsweſen geordnet, die Lehrzeit auf drei Jahre, die Zahl der er=
laubten Lehrlinge nach den Stühlen (1 auf 2—3 Stühle, 2 auf 4—5,
3 auf 6—8, 4 auf 9—12 Stühle) beſtimmt; es wird das Arbeits=
verhältnis zwiſchen Meiſter und Geſellen geordnet, das Mitarbeiten von
Frau und Töchtern des Meiſters, aber nicht von Mägden erlaubt. Die
Schau wird für Berlin in die Hände von ſechs Altmeiſtern gelegt, die aus
einer Generalverſammlung aller Meiſter, ſie mögen für ſich arbeiten oder
andere mit Arbeit verlegen, hervorgehen. Dieſe ſechs bilden zuſammen
mit den „Kommerzienräten und Inſpektoren“ die dem Gewerbe vorgeſetzte
Behörde. So tief dieſe Beſtimmungen bereits griffen, die Innungsreform
erfolgte auch für dieſes Gewerbe erſt ſpäter, nämlich durch den Gildebrief
vom 22. Auguſt 1735[1]).

Der leitende Geſichtspunkt bei all dieſen Maßnahmen iſt es, daß
nicht mehr die Innung und die Stadt, ſondern die ſtaatliche Gewalt
für eine gute Produktion, für eine Produktion, die auf den Meſſen und
im Auslande ſich ſehen laſſen und beſtehen könne, ſorgen müſſe, ſowie
daß die Regulierung der Konkurrenz, ſoweit ſie nötig und möglich ſei,
nicht mehr in den Händen lokaler, ſondern ſtaatlicher Organe liegen
müſſe. Es iſt nicht zufällig, daß die erſten Schutzzollmaßregeln durch
dieſelben Geſetze wie die zahlreichen Beſtimmungen über die innere Kon=
kurrenz erfolgen, daß, kurz nachdem 1713—21 das Schutzzollſyſtem für
die mittleren Provinzen einen feſten Abſchluß erhalten hatte, dieſe
Reglements ihre Hauptausbildung erhalten. Es bricht überall mehr
und mehr der Gedanke durch, daß der inländiſche Markt ein einheitlicher
ſei und ſein müſſe, daß den Schutz, den früher die Stadt gewährt, jetzt
der Staat zu übernehmen habe. Wie man den freien Warenverkehr
über die Staatsgrenze mit Mißtrauen verfolgte, ſo auch den Perſonen=
verkehr. Früher hatten einzelne Städte, vor allen Nürnberg, gewiſſe

---

1) Vgl. V, 2, 421 ff.

Handwerke für gesperrt erklärt, keine Fremden aufgenommen, allen betreffenden Gesellen und Meisterssöhnen das Wandern, ja das Verlassen
der Stadt verboten. Der preußische Staat verbot jetzt das öffentliche
und heimliche Debauchieren der inländischen Fabrikanten, Künstler,
Handwerksmeister und Gesellen ins Ausland (21. Oktober 1719)[1].
Und daß er nicht sehr viel später auch alles Wandern über die Staatsgrenze verbot, werden wir sehen.

Es ist nur die ergänzende Kehrseite dazu, daß Friedrich Wilhelm I.
mit der Freizügigkeit innerhalb der Städte seiner sämtlichen Lande Ernst
macht. Nur in der Kurmark hatte bisher schon derjenige, welcher von
einer Stadt zur andern zog, keine Abzugssteuer gezahlt. Das wurde
jetzt (23. November 1720) auf die Neumark[2]) und bald darauf (4. Februar
1721) auf die sämtlichen Lande übertragen[3]). Diese wichtigen Bestimmungen waren um so nötiger, als die Regierung eben daran gegangen war, teils durch direkte Beeinflussung, teils durch Bekannt-
machungen und in Aussicht gestellte Vorteile die bestehende Verteilung
der Handwerker im Staate anders als bisher zu gestalten (1718—24). Mit
diesen Maßregeln, welche hunderte von Landmeistern nach den Städten
versetzte und eine ebenso große Zahl nach andern Städten und Provinzen zu
locken suchte, erhob der Polizeistaat den Anspruch, an Stelle der lokalen
Organe die Verteilung der Handwerksmeister im Innern zu beherrschen.

Die Maßregeln, um die es sich handelt, haben ihren Ausgangspunkt
in einer neuen Regulierung des alten Verbotes des Landhandwerks und
in den Kolonisationsabsichten der Regierung. In der Gesetzessammlung
von Mylius machen die Handwerksedikte von 1713—31 nicht ganz
100 Spalten aus; davon fallen etwa 80 auf die Ordnung des Landhandwerks, die Handwerkskataster der einzelnen Kreise, welche aufzählen,
was für und wie viele Handwerker auf dem platten Lande noch geduldet
wurden, und auf die Verzeichnisse der Handwerker, die in den einzelnen
Provinzen und Städten fehlten, die für sie gewonnen werden sollten.
Man kann daraus ermessen, welche Bedeutung diese in sich zusammenhängenden Maßregeln für die damalige Verwaltung hatten. Die Gewerbe
sollten mehr als bisher vom Lande in die Städte gedrängt, innerhalb
der Städte so verteilt werden, wie es die Bedürfnisse nach Ansicht der
staatlichen Behörden erforderten.

Um diese Maßregel richtig zu würdigen, muß man eigentlich weit
zurückgreifen. Nur die von der antiken Entwickelung so gänzlich verschiedene

1) Scotti, II, 949.
2) Myl. VI, 2, 215.
3) Das. 217.

Art der Entstehung, des Wachstums und der Bedeutung der mittelalter=
lichen Städte erklärt es, im Zusammenhang mit der ganzen Agrar= und
Verwaltungsgeschichte der germanischen Völker, daß Stadt und Land sich
seit dem dreizehnten und vierzehnten Jahrhundert als feste, mehr oder
weniger feindliche Organisationen gegenüberstanden, daß das alte Bann=
meilenrecht und andere Privilegien, welche die Städte zuerst einzeln und
in sehr verschiedenem Umfang im Sinne des Verbots von Gewerben auf
dem Lande erhielten, nach und nach zu der Rechtstheorie sich ausbildeten,
die Städte seien ausschließlich zu Handel und Gewerbe, Brauerei und
Kaufmannschaft berechtigt; das platte Land sei verpflichtet, seine Produkte
auf den nächsten städtischen Markt zum Verkauf zu bringen, seine Bedürfnisse
da einzukaufen. Es ist nicht möglich, hier eingehender nachzuweisen, wie diese
Auffassung eines der Hauptmittel war, die Städte emporzubringen, wie aber
naturgemäß dieselbe jederzeit in Rittern und Bauern, Hausierern und Auf=
käufern heftige Feinde fand, wie mit dem Niedergang des städtischen Wohl=
standes und der städtischen Macht, mit dem zunehmenden Einfluß der ritter=
schaftlich=agrarischen Interessen gerade auch in Brandenburg, in Pommern
und in Preußen diese städtischen Vorrechte 1550—1650 in ein bedenkliches
Wanken kamen. Daß über diese Dinge am allermeisten auf den Land=
tagen gestritten wurde, daß die fürstlichen Verwaltungen suchen mußten,
da sie den alten tiefen Gegensatz und Streit zunächst nicht beseitigen
konnten, durch vermittelnde Landesordnungen und Gesetze einen zeitweisen
Friedenszustand zwischen den entgegengesetzten Interessen herbeizuführen,
habe ich anderswo zu zeigen gesucht [1]). Und an anderer Stelle habe ich
auf die Umstände hingewiesen [2]), die nach dem dreißigjährigen Kriege
die Hohenzollern veranlassen mußten, in diesem fortdauernden Streite
wieder etwas mehr auf Seite der Städte, als des platten Landes und
des Adels zu treten. Der Nordosten Deutschlands war damals mit
Ausnahme der Küste fast wieder ganz auf ein agrarisches Dasein zurück=
gesunken; die Städte waren so verkümmert, daß es sich fast darum
handelte, sie aus neuer Wurzel herzustellen. Das ging am leichtesten,
wenn man ihnen wieder, wie vor Alters, das teilweise verloren gegangene
Vorrecht auf Gewerbe und Handel, Brauerei und Kaufmannschaft ein=
räumte. Dazu kam, daß der große Krieg einen Hausier=, Pferde=, Vieh=
handel, eine Schar von herumziehenden Siebmachern, Glas= und
Kupfer=, Olitäten= und Tabulettkrämern geschaffen hatte, die, übermäßig
an Zahl, teilweise dem Auslande, Italien, Schottland, Böhmen an=

---

1) Jahrb. für Gesetzgebung ꝛc. VIII, 1, 27—29.
2) Daselbst XI, 3—4, 709.

gehörig, vielfach aus vagabundierendem Gesindel bestehend, notwendig
bekämpft werden mußte. Endlich spielte der Umstand mit, daß der
Adel in steigender Zahl nicht bloß Brauereien und Brennereien, Zwangs=
mühlen und Backöfen anlegte, immer mehr herrschaftliche Handwerker
ansetzte, sondern auch immer mehr seine Bauern zwang, sein Bier zu
trinken, seine Anstalten zu benutzen; indem er die ihm eigentlich ver=
botene Kaufmannschaft unter Benutzung seiner Zollfreiheit trieb und
unter Anrufung der libertas commerciorum die freie Zulassung aller
fremden Hausierer und Einkäufer verlangte, wollte er zugleich seine
Hintersassen zwingen, ausschließlich an ihn Korn und Wolle zu verkaufen;
das war für den Bauer ein viel schlimmerer Zwang, als der, auf dem
städtischen Markt seine Geschäfte abzumachen.

Im Landtagsabschied von 1653 hatte der große Kurfürst eine ver=
mittelnde Stellung eingenommen, auch in der Folgezeit dem Adel vieles
nachgesehen; die ländliche Brauerei der Aemter und Gutsherrschaften
nahm überall auf Kosten der städtischen zu. In den letzten acht Jahren
seiner Regierung und unter der seines Nachfolgers ergeht aber eine
ganze Reihe von Edikten gegen den Hausierhandel, die Aufkauferei, die
fremden Händler, die auf dem Lande Geschäfte machen, gegen die Hand=
werker auf dem Lande, gegen die kaufmännischen Geschäfte der Edelleute,
hauptsächlich den Korn= und Wolleinkauf von den eigenen Unterthanen.
Friedrich Wilhelm I. beginnt (13. August 1713) mit einer strengen
Einschärfung dieser Befehle und einer Kassation aller Hausierkonzessionen
und =Pässe[1]). Die Polizeiausreuter erhalten Befehle, die dem Handel der
Edelleute und dem ländlichen Handwerker gleich ungünstig und un=
bequem waren.

Diese Strenge hatte eine einfache Ursache. Die Durchführung der
Akzise, als einer bloß städtischen indirekten Steuer, seit 1680, hatte not=
wendig überall die Folge gehabt, Handel und Handwerk in einer Weise
aufs platte Land zu treiben, wie es früher nicht der Fall gewesen; die
Städte hatten den empfindlichsten Schaden davon. Dieser künstlichen,
durch die Steuereinrichtung bewirkten Auswanderung sollte und mußte
entgegengewirkt werden.

Auch in dieser Frage stehen sich die Gerichtshöfe, die die adeligen
Interessen verteidigenden Regierungen und teilweise die Kammern auf
der einen und die Kommissariatsbehörden auf der anderen Seite schroff
gegenüber. So besonders in der Neumark, wo 1710—1718 die heftigsten
Debatten in dieser Frage stattfanden, die zu den tiefgreifenden Principia

1) Myl. V, 2, 41—44.

regulativa vom 4. Juni 1718 und den weiteren daran sich anschließen=
den Edikten und Maßregeln führten.

Manitius, der spätere vieljährige und bewährte Referent für Ge=
werbesachen im Generaldirektorium, war in jenen Jahren Steuerkommissar
in der Neumark. Er trifft da Zustände, die ihm in jeder Beziehung
tadelnswert erscheinen. Was etwa einer seiner Vorgänger an Miß=
bräuchen beseitigt, wie z. B. das Fressen und Saufen der Gilden aus den
Laden, sei wieder in vollstem Schwange. Die Meister in den Städten
hätten meist weder Meisterstück gemacht, noch gewandert, sondern dafür
so und so viel Tonnen Bier gegeben und bezahlt. Die Plackereien und
Kosten für fremde, tüchtige Gesellen seien übermäßig hoch; sie würden
dadurch aufs Land und nach Polen getrieben. Die Regierung, d. h.
die oberste Justizbehörde der Provinz, begünstige das, indem sie davon
ausgehe, jeder Landmeister, der sich mit einer städtischen Innung irgend=
wie abgefunden, sei zuzulassen. Edelleuten und Beamten passe das auch;
es sei kein Dorf in der Neumark, das nicht innerhalb weniger Jahre zwei
bis sechs Handwerker von allerhand Profession infolge dieses Prinzips der
Regierung erhalten habe. Das gereiche aber den Städten zum Ruin, der
Akzise zum größten Schaden. Die Landmeister verbrauchten unver=
steuerte Materialien, zahlten keine Akzise und keinen Zoll, hinderten die
Zufuhr der Rohstoffe nach den Städten und machten betrügliche, schlechte
Waren, da sie nicht unter der Aufsicht von Altmeistern stünden, welche
in den Städten die untüchtige Ware oftmals zerschnitten und vernichteten.

Als das Generalkriegskommissariat den Steuerrat in seinen Ab=
sichten bestärkt, seine Bemühungen, die Städte zu heben, lobt, und als
dazu nun 1713 die verschärften Befehle gegen das Hausierwesen, den
Handel der Adeligen kommen, entsteht ein wahrer Petitionssturm des
neumärkischen Adels, der Landräte, der Kottbuser Ritterschaft gegen diese
Tendenzen. Es ist aus den zahlreichen Eingaben von 1714—1716 so=
viel klar zu ersehen, daß diese ländlichen Kreise neben ihrem egoistischen
Interesse auch berechtigte und längst bestehende Organisationen verteidigen.

Sie betonen, daß die städtischen Innungen nur die Absicht hätten,
sich eine gute Einnahme von den Landmeistern zu verschaffen. Bauers=
mann und Adel hätten teilweise zwei, drei, ja vier und fünf Meilen bis
zur nächsten Stadt; eine unerhörte Versäumnis der Wirtschaft und
Feldarbeit trete ein, wenn man jede Kleinigkeit aus der Stadt holen
müsse. Man wolle keine Rademacher mehr auf den Dörfern dulden und
verlange dann gar noch, daß der Bauer Wagen und Pflug nicht selbst
verfertige und repariere. Die auf dem Land arbeitenden Handwerker
hätten nicht in der Stadt gelernt, könnten aus Armut dort nie in die

Innung kommen; wie wolle man sie zwingen, in die Städte zu ziehen, wohin sie nicht paßten? Der Ritterschaft zu verbieten, vom Bauer Korn zu nehmen und zu kaufen, sei der Ruin des letzteren; die neumärkischen Städter hätten meist genug eigenen Ackerbau; der Bauer fahre zu oft vergeblich auf den städtischen Markt, erhalte da schlechtere Preise für seine Viktualien; viele Bauern hätten gar keine Pferde, sondern nur Ochsen, könnten deshalb nicht auf den städtischen Markt kommen; die städtischen Taxen seien der Verderb des Landmanns. Eine Beschränkung des Malzmachens für Abel und Bauern auf den Hausbedarf sei unerträglich; man müsse Vorräte haben für Fehljahre; bei Hausierern, Siebmachern, Olitätenkrämern und Juden kaufe man um den vierten Teil ein gegenüber den städtischen Preisen; wenn man fremde Schlächter nicht mehr hausierend einkaufen lasse, würde nicht der sechste Teil der verkäuflichen Hammel abzusetzen sein.

Dem Gewicht solcher Gründe verschlossen sich auch die Kommissariatsbehörden nicht; sie sahen wohl ein, daß es sich um einen Kompromiß handeln müsse, sie wollten die von Alters her dem Lande zugelassenen Handwerker so wenig beseitigen, als etwa alle fremden Schlächter und Juden an der Betretung des Landes hindern; diese sollten die ländlichen Produkte nur auf den städtischen Wochen- und Jahrmärkten kaufen. Aber immerhin erfolgten zunächst Entscheidungen, die mehr vom fiskalischen Akzisestandpunkt eingegeben waren. Das vermehrte den Widerstand; man sah sich genötigt, erst wieder Erhebungen über die thatsächlichen Zustände und Bedürfnisse zu veranstalten, hielt aber an dem Gedanken strenge fest: es sei finanzielles wie volkswirtschaftliches Interesse, Handel und Handwerk möglichst in den Städten und auf den städtischen Wochen- und Jahrmärkten zu konzentrieren. Einen großen Teil der ständischen Eingaben wies man mit Recht als übertrieben zurück; Manitius hatte nicht geringere praktische Sachkenntnis, als die Stände und Landräte; er zeigte, daß diese in ihren Eingaben meist vereinzelte Ausnahmen zur Regel machten[1].

Eine Reihe verschiedener Einzelentscheidungen wurde dann endlich in einer Konferenz in Berlin in die allgemeinere Form eines Gesetzes über das Landhandwerk gebracht: es sind die schon erwähnten „Principia regulativa, wonach die Land-, Steuerräte und Kommissarien in der Kurmark Brandenburg die Sache wegen derer Handwerker auf dem Lande einzurichten haben", vom 4. Juni 1718.

---

1) B. St. A. Neumark, Acta generalia, betreff. die Handwerker auf dem Lande 1710—20.

Statt der im Landtagsrezeß von 1653 allein erwähnten Schneider,
Schmiede und Leineweber sind auch die Zimmerleute und Rademacher
auf dem platten Lande zuzulassen, während andere Handwerker, wie Bäcker,
Fleischer, Tuch= und Zeugmacher, Tischler, Schuster, Stellmacher nicht, d. h.
nicht ohne besondere Konzession, geduldet werden sollen; die alten anno 1624
besetzten Handwerksstellen sind frei von einer Steuer an die Akzise; die
darauf sitzenden Landmeister müssen es aber mit der nächsten städtischen
Gilde halten, welche sie um das halbe Geld aufnehmen muß; sie dürfen
keine Jungen lehren und Gesellen halten, während ihre Kinder denen
der Stadtmeister gleichstehen. Die Gutsobrigkeit ist an die nach dem
Kataster von 1624 festgesetzte Stellenzahl im Dorf, nicht an die her=
gebrachte Art dieser Handwerker gebunden; auf ihrem Hof darf sie nur
für sich selbst und ihre Kinder, nicht einmal für ihre Bediente und
deren Kleider Handwerker arbeiten lassen. Der irgendwo in eine Innung
eingetretene Landhandwerker, braucht an anderer Stelle nicht nochmal
sich einzukaufen. Die nicht auf alten Stellen sitzenden, aber im Dorfe
mit eigenem Hause angesessenen Meister sollen auch belassen werden, aber
der Akzise halbjährlich 6—16 Groschen zahlen; die Dorfküster und Schul=
meister dürfen wegen ihres schlechten Gehaltes eines der fünf Hand=
werke treiben.

Die zahlreichen Kataster der alten Handwerksstellen, welche im
weiteren Verlauf kreisweise veröffentlicht wurden, bildeten ebenso eine
Ergänzung und Ausführungsverordnung für das Gesetz von 1718, wie
das Statut wegen der in den Städten der Kurmark noch fehlenden
Handwerker vom 29. November 1718. Dasselbe zählt für jede Stadt
auf, welche Arten von Meistern noch erwünscht seien, und verspricht
dabei den aus der Fremde Einwandernden freies Meister= und Bürger=
recht nebst mehrjähriger Steuer=, Einquartierungs= und Werbefreiheit,
ähnliche Vorteile aber auch den inländischen, welche ein amtliches Zeug=
nis bringen, daß sie ihren bisherigen Aufenthalt wegen Uebersetzung ver=
ließen. Später ergingen solche Veröffentlichungen auch für die in andern
Provinzen fehlenden Handwerker, z. B. für Cleve=Mark vom 23. März
1722[1]). Die Deklaration vom 14. August 1720 ordnet alle möglichen
Erleichterungen für die vom Lande nach den Städten einziehenden Hand=
werker an.

Die Maßregel war auch mit gewissen Modifikationen und Ein=
schränkungen, die sich in der Durchführung teils sofort, teils später als
notwendig zeigten, eine sehr tief einschneidende. Landräte und Amts=

---

1) Scotti II, 983.]

tammern fuchten in neuen Petitionen fie abzufchwächen. Im ganzen aber blieb der König fchroff bei feinem Prinzip und hat dadurch zunächst jedenfalls die Städte und ihren Verkehr, fowie die Akzife fehr geför= dert [1]). Leineweber und Spinner wurde fpäter (1724 und 1729) fo viel als möglich neu auf dem Lande anzufetzen erlaubt, immer aber mit der Befchränkung, daß es keine bisher in der Stadt wohnenden feien. Das Meifterftück und Meiftergeld der Landmeifter wurde durch zwei Ver= ordnungen von 1729 [2]) eingehender geordnet.

In wie weit die ganze Maßregel dem platten Lande fchadete, das zu beurteilen, fehlen mir beftimmte Materialien und Anhaltspunkte. Daß fie in gewiffer Beziehung die Ausbildung ländlicher Induftrieen hinderte, wird nicht bezweifelt werden können. Obwohl wefentlich aus fteuerlichen Gefichtspunkten erwachfen, ift fie doch zugleich ein Beweis, wie feft damals noch bei den intelligenteften und aufgeklärteften Beamten die alten Anfchauungen über das Vorrecht der Städte auf den Gewerbe= betrieb und über die notwendige Zugehörigkeit aller Gewerbtreibenden zu den städtifchen Innungen faßen. Für uns kam fie hauptfächlich in Betracht als ein Anlauf, die Innung als folche zwar zu ftärken, aber die Regulierung der Zahl der Gewerbtreibenden und ihres Wohnorts in ftaatliche Hände zu geben, die Konkurrenz in den Städten durch leichte Niederlaffungsbedingungen und ftärkere Heranziehung Fremder zu vermehren.

Es fällt unter denfelben Gefichtspunkt, daß in denfelben Jahren [3]) die invaliden Soldaten ohne Meifter= und Bürgergeld in den Städten aufzunehmen, die Soldatenkinder, die im großen Waifenhaufe zu Potsdam erzogen find, ohne Geburtsbrief und unentgeltlich als Lehrlinge anzu= nehmen befohlen wird [4]).

1) Vergl. König a. a. O. IV, a, 97.
2) Mhl. V, 2, 755—62.
3) Grube III, 474.
4) Ein Schlußartikel folgt im zweiten Halbbande.

III.

Chronica
Marchionum Brandenburgensium.

Nach einer Handschrift der Trierer Stadtbibliothek und den Excerpten des
Pulkawa

herausgegeben und erläutert von

Georg Sello.

Stêt ûf! lât mich in kreises zil!
Ich wil mit lobe vehten
Den Brandenburger vürsten vür!

Heinrich der Damen.

Im zweiten Dezennium des dreizehnten Jahrhunderts, unter Bischof
Gernand, dem verdienten Lehrer Erzbischof Albrechts von Magdeburg,
begann wissenschaftliches Leben am Sitze des Bistums Brandenburg sich
kräftig zu regen. Als Frucht dieses Strebens, vielleicht auch auf direkte
Anregung Gernands, entstand eine Bischofschronik, welche indessen über
die letzten Regierungsjahre von Gernands Nachfolger Ruotger, über die
Mitte des dreizehnten Jahrhunderts, nicht hinausgeführt wurde, später
jedoch einen Fortsetzer gefunden haben muß, von dessen Arbeit äußerst
geringe unsichere Spuren zu erkennen sind. Der Verfasser der Bischofs=
chronik skizzierte einleitungsweise in knappen Zügen, vornehmlich dem
Annalista Saxo und den Annal. Magdeburg. folgend, die Geschichte der
beiden ersten Jahrhunderte des Bistums; die ausführlichere Darstellung
begann er mit Bischof Wigger, dem Wiederhersteller des Bistums unter
Albrecht dem Bären, für dessen Zeit er den uns erhaltenen Traktat
Heinrichs von Antwerpen [1]) ausgiebig zu Rate zog.

Spuren der Benutzung der Brandenburger Bischofschronik lassen
sich in den Gesta archiepiscoporum Magdeburgensium, in der Sächsischen
Weltchronik und in der Magdeburger Schöppenchronik entdecken [2]), vor
allem aber in der Märkischen Fürstenchronik, deren erster, mit dem
April 1268 abschneidender Teil etwa 10 Jahre nach diesem Zeitpunkte

---

1) Heinrici de Antwerpe, Can. Brandenb., Tractatus de urbe Brandenburg,
neu hrsg. u. erläut. von G. Sello, XXII. Jahresber. b. Altmärk. Vereins zu Salz=
wedel, 1888, S. 1—35.
2) Hierüber werde ich demnächst besonders handeln.

von einem dem Markgrafen Otto III. bei deſſen Lebzeiten naheſtehenden Geiſt=
lichen verfaßt wurde, wie einige bis 1278 herabgeführte Notizen bekunden.

Ein dürftiges, inhaltlich mannigfach verworrenes und entſtelltes,
aber für die Quellengeſchichte höchſt wichtiges Gerippe dieſer älteren
Rezenſion der Fürſtenchronit ſtellt das, von Riedel ſo genannte „Frag=
ment einer Brandenburg=Brietzenſchen Chronit" dar[1]). Der Verfaſſer
(den ich im Folgenden als Epitomator Brietzensis bezeichne und nach
der Seitenzahl bei Riedel zitiere) fertigte ſeinen Auszug als Einleitung
zu einer Art von Treuenbrietzener Stadtchronit; ſo knapp derſelbe iſt,
ſo läßt er doch immerhin erkennen, daß der Verfaſſer der Fürſtenchronit
die Einleitung der Biſchofschronit bis auf Wigger und den Bericht der=
ſelben über letzteren eingehend benutzte, von da an aber größtentheils
ſelbſtändig wurde.

Die vom Epit. Brietz. benutzte Rezenſion der Fürſtenchronit liegt
in einem weſentlich ausführlicheren Auszuge vor (aber ohne die Einleitung
und erſt mit der Erwerbung der Mart Brandenburg durch Albrecht den
Bären beginnend) in dem letzten Teile der ſchon 1863 im I. Bande des
Mecklenburgiſchen Urkundenbuches für die Werleſche Genealogie benutzten,
dann 1865 von v. Heinemann im IX. Bande der Märkiſchen Forſchungen
aus einem jetzt wieder in den Beſitz der Stadt Goslar zurückgekehrten
Codex herausgegebenen Chronica Principum Saxoniae (l. c. S. 19—29;
die ganze Chron. Princip. Saxon. neu herausgegeben von O. Holder=
Egger in MGH. XXV, 472—480). Dieſer, die Geſchichte der Mart=
grafen von Brandenburg bis 1268 behandelnde Abſchnitt der Chron.
Princip. Saxon. iſt auch vorhanden in einer bisher nicht gekannten,
ehemals dem Jeſuitenkollegium in Trier, jetzt der dortigen Stadtbibliothet
gehörigen Handſchrift (Pergament, tl. Quart, zu Anfang verſtümmelt, jetzt
noch 79 Blatt, Ende saec. 13), auf welche der Verfaſſer vor längerer Zeit
durch Herrn Staatsarchivar Archivrath Dr. Becker in Koblenz aufmerkſam
gemacht wurde. Sie ſchließt ſich dort, unter dem Separattitel: „Genealogia illustrium marchionum de Brandeburch" (Fol. 23—32), an eine
merkwürdige, ausführlichere Rezenſion der Chronica ducum Brunsvicensium
(Fol. 1—12; cf. Leibnitz, Script. rer. Brunsvic. II, 14 ff., das Manu=
ſkript beginnt jetzt mit S. 16 des Leibnitzſchen Druckes; MGH., Deutſche
Chroniken II, 580 ff.) und an die „Genealogia ducum Saxoniae"
(Fol. 12 vo. — 22) an, welch letztere bis auf wenige Auslaſſungen genau
dem erſten Abſchnitt der Chron. Princ. Sax. (v. Heinemann, Märk. Forſch. IX,
7--19) entſpricht[2]).

---

1) Zuerſt gedruckt bei P. J. Eckhard, Duo perantiqua monumenta etc.,
quibus accesserunt scriptores rerum Jutrebocensium etc. Wittemberg, 1734,
unter dem Titel: Abbatis Cinnensis annales, S. 136—141, — dann bei
Riedel, cod. dipl. Brandenb. 4. Hauptteil, Sammlung der Chroniken, S. 276 ff.
— Schließlich herausgegeben von O. Holder=Egger in MGH. XXV, 480 ff.
2) Die Handſchrift enthält außerdem noch in ihrem, den Cuſtoden nach
richtig, dem Inhalt nach falſch gebundenen Reſt: fol. 33—40. 65—72: „Incipit
cronica Boemorum in Europa. — fol. 41: Isti sunt duces Boemorum. — fol. 42:
Leo Hostiensis episc. in Cassinensi . . . monachus . . . . de abbatibus Cassi-
nensis monaſterii. — fol. 43: De cronicis Egghehardi Uragiensis abbatis ad

Soweit der Text beider Darstellungen sich deckt, zeigt der Cod. Trevir. einen etwas vollständigeren Auszug aus der brandenburgischen Fürstenchronik als der Cod. Goslar. Außerdem enthält ersterer, abgesehen von einer Anzahl bis 1287 reichender genealogischer Zusätze, in der Vita Markgraf Ottos III.[1]) einen ausführlichen, auf die Geschichte des Predigerklosters in Seehausen bezüglichen, dem Cod. Goslar. völlig fehlenden Bericht, welcher mit Bestimmtheit auf das genannte Kloster als Entstehungsort dieser Form des Auszuges weist. Daß dieses Capitel über Seehausen der Fürstenchronik nicht ursprünglich angehört hat und nicht von dem Verfasser des im Cod. Goslar. vorliegenden Auszuges nur weggelassen worden ist, folgt daraus, daß einige Lesarten des Cod. Trevir. — besonders eine charakteristische in der Vita Graf Heinrichs von Gardelegen — sich auch bei dem Epit. Brietz., bei Brotuff und Garcäus (die Beide Handschriften der Fürstenchronik benutzten), sowie in den gleich zu erörternden Exzerpten Pulkawas finden, daß aber alle diese Ableitungen die Gründung des Seehausener Klosters ebenso knapp wie der Cod. Goslar. behandeln und in nichts die Bekanntschaft mit der ausführlicheren Erzählung des Cod. Trevir. verraten. Des weiteren folgt noch daraus, daß Brotuff, der nachweislich den Cod. Goslar. be= nutzte, aber auch diesem fremde Lesarten hat, welche nur der Cod. Trevir. oder Pulkawas Exzerpte bieten, mindestens zwei Handschriften vor sich hatte, welche Auszüge aus der märkischen Fürstenchronik enthielten.

Daß aber auch der Cod. Trevir. nicht die vollständige Gestalt der Fürstenchronik, sondern ebenfalls nur einen Auszug derselben gewährt, ergiebt sich aus den Exzerpten einer brandenburgischen Chronik, welche Pulkawas böhmische Chronik enthält.

In diesen findet sich im wesentlichen der Inhalt der bisher erörterten Rezension der Fürstenchronik wieder, nur daß bisweilen einzelne Sätze, der von Pulkawa beliebten rein annalistischen Anordnung seiner Chronik wegen, aus ihrem ursprünglichen Zusammenhange gerissen und umgestellt sind. Außerdem aber geben die Exzerpte Pulkawas einiges, was den übrigen Ableitungen der Fürstenchronik gänzlich fehlt. Die Erzählung von Pribislaw und Jaczo ist ausführlicher; ganz neu ist der Bericht von der Uebersiedelung des Brandenburger Domkapitels von Pardwin nach der Dominsel, die Gründungssage Lehnins, der Lehnsauftrag der brandenburgischen Allode an Magdeburg. Man hat nun, darauf gestützt, daß im Riedelschen Text der Pulkawaschen Excerpte (S. 5) einmal „Brandenburgensis episcopatus cronica" als Quelle angeführt wird, geschlossen, daß Pulkawa neben der märkischen Fürstenchronik auch ein Exemplar der Bischofschronik zur Hand gehabt habe. Sowohl in der von Riedel ebenfalls mitgeteilten böhmischen Uebersetzung, wie im Czartoryskischen Kodex des Pulkawa (vgl. unten S. 115) ist aber hier, gerade so wie

Eckertum Corbeyensem abbatem. — fol. 44: Halberstädter Bischofsreihe bis Volrad (1257—1297). — fol. 44 vo.: Kurze Hildesheimer Bischofschronik bis Sieg= fried (1279—1310). — fol. 49 vo.: Einzelne geschichtliche Notizen, besonders Sachsen betreffend. — fol. 53: Cronica Slavorum. — fol. 73: Notizen zur Kaisergeschichte.
1) Von mir bereits im XXI. Jahresber. des Altmärk. Vereins ꝛc. S. 24—26 mitgeteilt.

bei allen anderen Stellen, nur von der „Brandenburgischen Chronik" die Rede. Ich vermute daher, daß diese Zusätze, welche allerdings, wie sich nachweisen läßt, der Bischofschronik entstammen, bereits vom Ver=faffer der Fürstenchronik aus jener in seine Arbeit übernommen, in den vorwiegend genealogischen Zwecken dienenden Auszügen des Cod. Goslar. und Trevir. aber weggelassen wurden. Die Pulkawaschen Exzerpte kommen also hier der ursprünglichen Gestalt der Fürstenchronik am nächsten.

Außerdem bieten die Exzerpte Pulkawas eine Fortsetzung der mär=kischen Fürstenchronik bis zum Tode Woldemars am 14. August 1319. Daß bei Abfaffung dieser Fortsetzung auch eine Umarbeitung des ersten Teiles unter Einfügung jener Zusätze aus der Bischofschronik vorgenommen wurde, glaube ich nicht, da für eine solche, soweit sie sich auf die älteste Geschichte der Mark bezog, im zweiten Viertel des vierzehnten Jahr=hunderts kaum ein Bedürfnis vorlag und die unzweifelhafte Benutzung der Bischofschronik durch den ersten Verfaffer der Fürstenchronik die Vermutung gestattet, daß er alles, was wir bei Pulkawa daraus finden, bereits selbst aufgenommen hatte. Nur die Bemerkung, daß infolge des Lehnsauftrages von 1196 nach Woldemars Tode magna briga et dis-sensio erregt sei, wurde nachmals eingeschoben (vielleicht erst von Pul=kawa?), ebenso, daß Markgraf Erich schließlich Erzbischof von Magdeburg geworden, sowie die Notiz über die Verwundung Ottos mit dem Pfeil vor Staßfurt, da die erste Rezension nur noch deffen Gefangennahme bei Frohse am 10. Januar 1278 berichtet, merkwürdigerweise aber nichts von der Befreiung desselben erwähnt, obwohl das letzte Datum, deffen sie gedenkt, der Todestag Herzog Barnims I. von Pommern, der 13. November 1278, ist.

Auch Heinrich von Herford beruft sich bekanntlich an drei Stellen bei Ereigniffen aus der Regierungszeit Woldemars und Ludwigs des Aelteren auf eine cronica principum de Brandenborch, und sein Herausgeber, Pottfhaft, hat noch einige andere Stellen als wahrscheinlich dieser Quelle entstammend bezeichnet. Die Chronologie Heinrichs ist aber in Brandenburgicis so verworren, der Inhalt der bezüglichen Stellen ist vielfach so novelliftisch, sagenhaft und hier und da nachweisbar un=richtig, der Stil so gelehrt=schwülstig, daß ich die Form der Mittei=lungen zum mindesten auf des Kompilators Rechnung setzen, den Inhalt derselben aber nicht für so wertvoll erachten möchte, wie dies wohl bisher geschehen. Jedenfalls war diese Chronik, wenn sie wirklich existiert hat, von ganz anderer Art als diejenige, mit welcher wir uns hier zu be=beschäftigen haben.

Was deren Abdruck anlangt, so gebe ich bis Kapitel 11[1]) inkl. den Text des Cod. Trevir.; das, was im Cod. Goslar. fehlt, ist durch kurfiven Druck angezeigt; unter dem Text notiere ich die abweichenden Lesarten des Cod. Goslar. (in der Regel nach v. Heinemann als Chron. Princ. Saxon., nur, wo dieser irrt, nach MGH.),

---

1) Daß die Abteilung in Kapitel durchweg von mir herrührt, bedarf kaum der Bemerkung.

der Exzerpte Pulkawas (nach dem Riedelschen Abdruck mit Berücksichti=
gung der Ketrzynskischen Varianten), des Epit. Brietz., und das, was
etwa aus Brotuff (Genealogia und Chronika des .... Hauses der Fürsten
von Anhalt u. s. w. Fol. 1556) und Garcäus (Successiones familiarum
etc. in: Scriptorum de rebus Marchiae Brandenburgensis . . . in
unum volumen collectio . . . cum praef. Joh. Gottl. Krausii. Francof.
et Lips. 1729) zu bemerken ist. Hier übergangen und der vor=
bereiteten Ausgabe der Fragmente der Bischofschronik zugewiesen,
weil dieser entlehnt und materiell nicht in die Fürstenchronik gehörig,
sind die Exc. Pulk. über die Verpflanzung des Brandenburger Dom=
kapitels auf die Dominsel und über die Gründung Lehnins; auch
die ausführlichere Nachricht über Pribislaw und Jaczo möge dort gesucht
werden. Im übrigen kam es für den kritischen Apparat nicht darauf
an, nachzuweisen, was Pulkawa und Epit. Brietz. nicht für der Auf=
nahme wert hielten, sondern nur ein etwaiges Mehr, und bei überein=
stimmend Mitgeteiltem die Lesarten festzustellen, um so nach Möglichkeit
eine Anschauung von Umfang und Form der leider Gottes wohl für
immer verlorenen Originalchronik zu gewinnen.

In Kapitel 12 folgt eine Notiz des Garcäus, welche der Fürsten=
chronik entstammen könnte, und welche ich daher mitteile, obwohl sie
mir inhaltlich verdächtig erscheint.

Kapitel 13—27 umfassen die Fortsetzung der Fürstenchronik, ent=
sprechend dem bei Riedel (Chronikenband S. 14—22) gegebenen Text,
aber mit den von Ketrzynski nach der Handschrift des Pulkawa auf der
Bibliothek des Fürsten Wladislaw Czartoryski zu Paris (signiert
O. 1414, Pergam., 4⁰, 2. Hälfte 14. Jahrhunderts) in den polnisch
geschriebenen „Jahrbüchern der Posener Gesellschaft der Wissenschafts=
freunde", Bd. V, 1869, S. 317 ff.) mitgeteilten Lesarten. Da von
denen, welche sich mit brandenburgischer Geschichte beschäftigen, aus=
schließlich, schon aus Bequemlichkeitsrücksichten, der Riedelsche Abdruck
benutzt zu werden pflegt, so habe ich allein dessen Abweichungen regel=
mäßig, Varianten der Ausgabe Dobners (Monum. hist. Boem. III) nur
ab und zu unter dem Text verzeichnet.

Den Schluß machen in Kapitel 28 eine Stelle aus Heinrich von
Herford, welche, obwohl nicht zu unserer Chronik gehörig, die Nachrichten
über den Ausgang der Askanier in der Mark in etwas ergänzt, und in
Kapitel 29 und 30 zwei von Garcäus aus „manuscripti annales" mit=
geteilte Stellen nach=askanischer Zeit, welche einer sonst unbekannten
zweiten Fortsetzung der märkischen Fürstenchronik entnommen sein könnten.

Was die dem Text angehängten Anmerkungen [1]) zu der so hergestellten
Chronica marchionum Brandenburgensium — eine Bezeichnung, welche
mir in Ermangelung eines gemeinsamen handschriftlichen Titels für die
Fürstenchronik und bei der Unbestimmtheit der von Pulkawa gebrauchten
Benennungen cronica Brandenburgensis, cronica Marchiae, cronica
Brandenburgensis Marchiae, die zutreffendste schien — anlangt, so

---

1) Unten S. 131 ff.

war ich in erster Linie bemüht, die Glaubwürdigkeit derselben aus Ur=
kunden und anderen Quellen darzulegen, und ich glaube, daß das ge=
wonnene Resultat für unsere Chronik ein sehr günstiges genannt werden
darf. Im Uebrigen habe ich es mir angelegen sein lassen, die immerhin
knappen und oft lückenhaften Mitteilungen der Chron. marchion. durch
Heranziehen der Chronisten der benachbarten Länder, womöglich in ihrem
Wortlaut, zu ergänzen und zu vervollständigen.

Möchten diese Beigaben den Freunden märkischer Geschichte willkommen
und nützlich sein, auch wenn öfter nur ältere Quellenangaben zitiert
werden konnten und eine erschöpfende Uebersicht der einschlägigen Litte=
ratur, um der litterarischen Zustände hiesiger Stadt willen, uner=
reichbar blieb.

Vorliegende Ausgabe der Chronica marchionum Brandenburgensium,
welcher hoffentlich die übrigen Leitzkau=Brandenburger Geschichtsquellen
(Fundatio Letzkensis und Fragmente der Brandenburger Bischofschronik
nebst Anhängen) in nicht allzulanger Frist folgen werden, verbindet mit dem
Zwecke, die bisher unbekannte Trierer Handschrift bekannt zu machen,
den weiteren, das Studium der älteren Geschichte der Mark Brandenburg,
soweit dasselbe auf chronistischen Quellen beruht, zu erleichtern und ihm,
wenn irgend thunlich, neue Freunde zu gewinnen, indem sie das zer=
streute, nicht jedem ohne Schwierigkeit zugängliche und vor allen
Dingen unübersichtliche Material nach Möglichkeit zusammenstellt und
kritisch beleuchtet.

Allein auch wenn dieser Zweck erreicht werden sollte, so ist damit
nur ein kleiner Teil der auf diesem Forschungsgebiete zu leistenden
Arbeit gethan, so lange wir noch der von v. Mörner bereits im
Jahre 1869 verheißenen, von Ernst Strehlke „fast druckfertig hinter=
lassenen Regesten zur ältesten Geschichte der Kurmark", welche nicht
bloß eine Fortsetzung, sondern auch eine Neubearbeitung der heute nicht
mehr genügenden v. Raumerschen Regesten bringen sollen, entbehren, so
lange Urkundenschätze, wie z. B. die des Brandenburger Domkapitels oder
der Stadt Brandenburg, gleich der Wunschmaid im Dornenhag, fast
ungekannt, jedenfalls aber von wissenschaftlicher Forschung un=
berührt schlummern, so lange wir uns genügen lassen an der ungefügen,
unvollständigen, ganz unzuverlässigen, wenn auch durch Bändezahl dem
Harmlosen imponierenden Riedelschen Urkundensammlung, welche für den,
der einmal einen Abstecher in die so reiche und anziehende Geschichte der
Mark Brandenburg im Mittelalter macht, noch immer das A und O
alles Wissens bildet.

Erst wenn der schier unermeßliche Urkundenvorrat, von dem ein
nicht unbedeutender Teil nicht im Staatsbesitz ist, sondern in den Archiven
von Städten und Korporationen ruht, aus öffentlichen Mitteln inven=
tarisiert ist: erst wenn mit allen Mitteln moderner Wissenschaft aus=
gerüstete Forscher die gruppenweise Bearbeitung dieser Schätze, welche
in Schlesien seit Stenzels Vorgang so Ausgezeichnetes geleistet hat, be=
gonnen haben werden, — dann erst werden wir in befriedigender Weise
die Lücken unseres Wissens hinsichtlich der Territorialentwickelung des
brandenburgischen Staates und seiner mittelalterlichen sozialen Zustände

im weitesten Sinne ausfüllen können, Lücken, welche dem Verfasser bei dieser Sammlung, obwohl dieselbe naturgemäß auf die äußere Geschichte des Landes und die Familienverhältnisse seiner Fürsten sich beschränkte, überall entgegentraten. Denn die gesamte Litteratur, die wir Märker über unsere Vergangenheit besitzen, beruht auf ungenügend zugänglichem und ungenügend durchforschtem Quellenmaterial.

Magdeburg, im August 1887.

Georg Sello.

Incipit genealogia illustrium marchionum de Brandeburch.

I. Eylicham, secundam filiam ducis Magoni, duxit Otto comes Ascharie *vel de Ballenstede*, et genuit ex ea Albertum Ursum, quem rex Henricus dictus Pribezlaus[a] factus Christianus heredem sui concivit[b] principatus, cum proprium non haberet heredem; et filium ipsius Ottonem primum de sacro fonte levavit et ei totam Zucham more patrini donavit. Pribezlao mortuo Petrissa uxor eius virum inhumatum triduo reservavit, donec Albertus Ursus marchio veniret et urbem Brandeburch et totam terram possideret. Audiens hoc dominus Jacze dux Polonie, avunculus dicti regis, manu valida venit et custodibus castri Brandeburch mercede corruptis castrum Brandeburch recuperavit. Audito hoc, Albertus Ursus marchio, Wichemanni[c] archiepiscopi Magdeburgensis et nobilium fretus auxilio, castrum vallavit, tribus in locis exercitum adducens. Anno autem domini 1157, tercio idus Junii (Juni 11), castrum denuo acquisierunt[d]; *et* hec est tercia captivitas huius castri[e]. Nam a. d. 927 Henricus rex, positis castris in glacie, Brandeburch castrum cepit; et a. d. 1100 Udo marchio cum aliis Saxonicis barbaros, qui Lyuthici dicuntur, invasit et Brandeburch castrum cepit.

II. *Marchio primus.* Albertus Ursus ex uxore sua genuit Ottonem; Bernardum ducem Saxonie; *iste Bernardus 1180 coram Frederico imperatore dominica Judica* (Apr. 6) *Geylenhusen*

---

a) Exc. Pulk. 2 geben einen ausführlichen, auf ausgiebigerer Benutzung der Brandenburger Bischofs-Chronik beruhenden Bericht. b) Mscr.: conscivit. Chr. Princ. Sax. 19: constituit. c) Chr. Princ. Sax. 20: Wichmanni. d) Chr. Princ. Sax. 20: acquisiverunt. e) Exc. Pulk. reißen die beiden früheren Eroberungen Brandenburgs an entsprechender chronologischer Stelle ein.

ducatum Saxonie ex sententia principum optinuit [2]) *duci Henrico* [a]) *abiudi-*
catum; **Hermannum** *comitem de Orlemunde;* **Albertum** *comitem*
de Anhalt; Syfridum episcopum Brandeburgensem, postea archiepiscopum Bremensem, et Hadewigem [3]), quam duxit Otto marchio
Misnensis [b]), *et genuit ex ea* **Albertum** *et* **Thidericum.** *Thide-*
duxit sororem lantgravii, et genuit Henricum, qui duxit filiam
ducis Austrie et genuit **Albertum** *et* **Thidericum.** **Albertus**
duxit **Margaretam** *filiam* **Frederici** *imperatoris, et* **Henricum**
genuit et **Fredericum** *et* **Thidericum.** **Thidericus** *duxit* **Hele-**
nam *filiam* **Johannis** *marchionis Brandeburgensis 1258, et obiit*
1285 VII. id. Septembris (Sept. 7). Hic Albertus, cum dux Lu-
derus rex factus ducatum Saxonie Hinrico duci Bawarie, suo socero,
contulisset, pro ducatu Saxonie contendit cum Henrico duce Bawarie coram Conrado rege, licet essent filii duarum sororum, et
videbatur [c]) Conradus rex Albertum in ducatu [d]) firmare, asserens,
iniustum esse, duos tenere quemquam principum ducatus; occasione
cuius occupavit Albertus Ursus Luneburch, Bardewich et Bremam
et totam Saxoniam occidentalem; et partes Nordalbingorum [e]) ei fortiter
adheserunt; sed prevaluit dux Henricus. *Iste Albertus 1128*
castrum Hildegesburch destruxit. Terram sanctam Jerusalem [4]) *adiit*
1157 [f]). *Albertus obiit 1170, XIV. kal. Decembris* [5]) (Nov. 18).
Alberto Urso successit eius filius Ottho primus.

III. *Marchio secundus.* Otto primus. Hic a. d. 1180 fundavit cenobium Lenynense [6]) ordinis Cisterciensis, ubi est sepultus, unde
isti versus habentur scripti Lenyn:

Annus millenus centenus [g]) octuagenus,
Quando fuit Christi, Lenyn, fundata fuisti [h]).

Et anno domini 1184 *in nativitate domini* (1183 Dec. 25) fundavit Arnesse [i]) claustrum [k]) ordinis s. Benedicti [7]); et cito post cre-

---

a) Mscr. H. b) Chron. Princ. Saxon. 20: Misenensis. c) Statt des nicht
ganz deutlichen videbatur ist vielleicht nach Helmold I, 54, woher diese Stelle entlehnt
ist, nitebatur zu lesen. d) Mscr. und Chr. Princ. Sax. 20: ducatum; MGH und Exc.
Pulk. 4: ducatu. e) So bessert auch v. Heinemann, Chr. Princ. Sax. 20; Cod. Trevir.,
Cod. Goslar.: Nordabingorum; Exc. Pulk. 4: Nordaburgorum. f) Exc. Pulk. 5 fügen
zum Jahre 1165 aus der Brandenburger Bischofs=Chronik die Verlegung des Branden=
burger Domkapitels von der S. Gotthardskirche in Parduin nach der Dominsel
ein. g) Chr. Princ. Sax. 20 fügt hinzu: et. h) Statt dieser kurzen Notiz steht in
Exc. Pulk. 5 die ausführliche Gründungssage Lehnins. i) Chr. Princ. Sax. 21:
Arnessense. k) Chr. Princ. Sax. 21 fügt hinzu: dominarum, Exc. Pulk. 6

ditur, *scilicet nonas Marcii* (März 5), obiisse[8]). Hic genuit[9]) tres
filios: O t t o u e m, H e n r i c u m et A l b e r t u m.

IV. O t t h o *largus*[a]). Hic licet uxorem haberet [filiam]
comitis Hollandie, A l a m[10]) *nomine quidem*[b]), cum magna sibi in
Werda gloria presentatam, tamen ex ea liberos non generabat. Unde
cruce signatus terram sanctam et alia sanctorum limina transfretans
visitabat[11]). *Dominam A l a m in villa Sconenvalde miles quidam
occidere voluit, pro quo Otto morti militem condempnavit.* Hic
A l b e r t u m, fratrem suum, terram suam devastantem cepit[12]) et in
carcerem misit[c]). Tandem[d]) compunctus eum de carcere eduxit et
heredem eum fore sui dominei[e]) prenuncciavit. Hic obiit[13]) anno
domini 1205[f]).

V. *Marchio* H e n r i c u s[14]). Hic marchiam citra Albeam[g]), videlicet Tangermunde et Stendal et vicina loca possidens, liberos non
habebat, unde[h]) de terra sua episcopatum facere intendens, ecclesiam
s. Stephani in Tangermunde primo construxit. Tandem videns pro-
fectum civitatis Stendalensis, ibidem ecclesiam s. Nicolai fundavit, et
omnes[i]) ecclesias civitatum[k]) et villas conferens a. d. 1188 prepo-
situm et 12 canonicos introduxit. Quam ecclesiam ligno domini et
capitis s. Bartolomei parte magna et aliis reliquiis et ornamentis pluri-
mis decoravit et a iuridiccione Halberstadensis episcopi dyocesani ex-
imi procuravit. Et ut affectum suum ostenderet, in festis cappa serica
indutus se inter canonicos collocavit. Et cum postea tantum 4 annis
supervixisset, obiit a. d. 1192[15]), in choro eiusdem ecclesie tumulatus.
Et sic principatus Marchie ad O t t o n e m et A l b e r t u m iure
hereditario est devolutus. Hic comes de Tangermunde pocius quam

---

monialium: Brotuff 40: jungfraw-closter. a) Chr. Princ. Sax. 21: secundus.
b) Der Name fehlt auch in Epit. Brietz. 277 und Exc. Pulk. 7. c) Exc. Pulk. 7
fügen aus der Brandenburgischen Bischofs-Chronik hinzu: terrarum et castrorum
magnam partem assignans Magdeburgensi archiepiscopo et resumens postea in
feodum perpetuum de manu ipsius suscepit, suo sigillo tantummodo donacio-
nem confirmans eandem. Ein weiterer, wohl von Pulkawa selbst herrührender
Zusatz lautet: Unde succedente tempore, puta post obitum ultimi Woldemari,
Brandenburgensis marchionis, magna briga et dissensio suscitatur. d) Chr.
Princ. Sax. 21 fügt hinzu: super hoc. e) Chr. Princ. Sax. 21: dominii. f) Chr.
Princ. Sax. 21 fälschlich: 1201; Exc. Pulk. 7: 1205 (bei Dobner 1200, böhm.
Text bei Riebel 1201). g) Chr. Pr. Sax.: Albiam. h) Mfcr. fügt hinzu: et.
i) Chr. Princ. Sax. 21 fügt hinzu: alias; so auch Epit. Brietz. 277. k) Chr.
Princ. Sax. 21: civitatis; so auch Epit. Brietz. 277; Exc. Pulk. 6: ei ecclesias
alias, civitates et villas con ferens.

marchio dicebatur[a]); *Albertus Ottone vivente comes de Arneborch vocabatur.*

VI. *Marchio quintus.* A l b e r t u s s e c u n d u s a. d. 1205[b]) cepit[16]). Hic duxit uxorem M e c h t i l d e m, filiam C o n r a d i marchionis de Landesberch[17]), et genuit M e c h t i l d e m, quam duxit O t t o[18]) dux de Brunswic[c]); et filiam, que fuit[d]) lantgravio desponsata; et J o h a n n e m et O t t o n e m fratres. Hic vir bellicosus forcia bella gessit tam contra C a z i m a r u m[e]) et B o l i z l a u m principes Sclavorum, quam contra ecclesiam Magdeburgensem, quam defendebant G u m - b e r t u s d e W e s e n b o r c h et R i c h a r d u s d e P l a w e fratres, et alii ecclesie ministeriales[19]), unde contra Magdeburg[f]) castrum forte Wolmerstede edificavit super Oram, et Oderberg[g]) super Oderam contra Sclavos[20]). A comite S y f r i d o d e A l d e n h u s e n[21]) opidum et castrum Osterburch recuperavit; a. d. 1208 prid. kal. Maji (Apr. 30) castrum Osterburch est destructum. Arnesse claustrum privilegiavit a. d. 1208[h]). O t t o n e m imperatorem[22]) contra Magdeburgensem archiepiscopum, vallando civitatem Borch, potenter duxit. Et relinquens Marchie heredes duos filios, J o h a n n e m et O t t o n e m, adhuc tenellos, obiit a. d. 1220[i]), cum Marchiam strenue rexisset annis 18, et sepultus est in Lenynensi cenobio, quod fundaverat cum O t t o n e fratre suo[k])[23].)

VII. M e c h t i l d i s vero filios suos ut mater educavit; et multa perpessa a suis baronibus pericula et a duce Saxonie, filiorum suorum recuperata tutela[24]) prudenter Marchiam gubernabat[l]); et ad etatem senilem perveniens, filios et filias M e c h t i l d i s filie sue de Brunswic ducisse

---

a) Et sic — dicebatur bei v. Heinemann ausgefallen. Epit. Brietz. 278: Hic comes de Tangermunde potius quam marchio dicebatur, et sic principatus Marchiae ad Albertum iure hereditario est devolutus; cf. Exc. Pulk. 6: comes de Tangermunde nuncupatus; ibid. 7: frater suus dictus de Arnburg; ibid.: et sic principatus Marchie totus ad Ottonem predictum devolvitur et Albertum; Brotuff 40: ift ber marggraf zu Tangermunbe genant worben; ibid. 40 vo.: unb ift fein lanb an feine brüber Ottonem unb Albertum gefallen; Garcaeus 74: dictus est marchio Tangermundensis. b) Chr. Princ. Sax. 21: 1201. c) Mfcr. unb Chr. Princ. Sax. 22 fetzen hinzu: cuius genealogia et successio inter duces est posita Brunswicenses. d) Mfcr.: quam genuit; Exc. Pulk. 7: item aliam filiam genuit, que fuit postea lantgravio desponsata. e) Chr. Princ. Sax. 22: Casimerum. f) Chr. Pr. Sax.: Magdeburgenses. g) Mfcr. u. MGH: Oderberg. h) Exc. Pulk. 8: 1207. i) Mfcr.: 1212. Chr. Princ. Sax. 22 richtig: 1220. k) Epit. Brietz. 278 richtig: quod Otto fundaverat pater eius; Brotuff 42: welchs er mit feinem Bruber Ottone aufgebawet unb volnbracht, unb ir vater Otto I. zuvorhin anfengtlichen geftiftet. l) So Chr. Pr. Sax.; Mfcr.: gubernasset; Epit. Brietz. 278: et multa perpessa a suis baronibus pericula; sed cum adiutorio dei et ducis Saxonie Marchiam prudenter gubernabat.

et filiorum suorum Johannis et Ottonis Soltwedele, ubi erat residens, nutriebat[a]). Obiit antem a. d. 1255; cuius exequias filius eius Otto marchio Brandeburgensis cum uxore[h]) Beatrice peragens corpus cius est personaliter comitatus, et deducens Lenyn apud patrem suum marchionem Albertum honorifice sepelivit.

VIII. *Marchio sextus.* Johannes et Otto fratres[25]). Hi ceperunt a. d. 1220, et quia pueri[c]) erant, tutorem Henricum[26]) comitem de Anhalt[d]) habuerunt. Quo tandem a tutela excluso terram suam consilio matris sue prudenter[e]) gubernabant[27]). Postquam autem adolevissent, unus deferens alteri, concorditer, ut fratres decuit, convixerunt; per quam concordiam inimicos eorum subpeditaverunt[f]), amicos exaltaverunt, terras et redditus ampliaverunt, fama, gloria et potencia excreverunt. A domino Barnem terras Barnonem, Teltowe et alias plures obtinuerunt[28]), Ukeram[g]) terram usque in Wolsene[h]) fluvium[29]) emerunt, in Hartone castra et advocacias comparaverunt[30]), Berlyn, Struzberch, Vrankenvorde, Nowin-Tangermunde[i]), Stolp, Livenwalde[k]), Stargart. Nowin-[l]) Brandeburch[m]) et alia loca plurima exstruxerunt[31]), et sic deserta ad agros reducentes bonis omnibus habundaverunt. Divinis eciam officiis inteuti capellanos plures tenuerunt, fratres predicatores, minores[n]), monachos Cisterciensis ordinis in suis terminis locaverunt. Contra Albertum Magdeburgensem archiepiscopum super Planam[o]) fluvium a. d. 1229, cum adhuc essent invenes, conflixerunt. A. d. 1231 in festo penthecostes (Mai 11) Brandeburch milites extant facti. Postea a. d. 1240 de Willebrando Magdeburgensi archiepiscopo et Meynardo Halberstadensi episcopo super fluvium qui Bysa dicitur ductis exercitibus, Johannes marchio[p]), Ottone fratre suo resistente marchioni Misnensi Henrico in partibus Middenwalde, gloriosissime triumphavit, et capto Halberstadensi episcopo[q]), baronibus,

---

a) Epit. Brietz. 278: filios Soltwedel, ubi erat residens, nutriebat. b) Chr. Princ. Sax. 24 fügt hinzu: sua; beʒgl. Exc. Pulk. 12. c) pueri fehlt im Mscr. d) Chr. Princ. Sax. 24: Anahald. e) Chr. Princ. Sax. 24: prudentissime; so auch Epit. Brietz. 278. f) So Chr. Pr. Sax.; Mscr.: subpeditarent. g) Chr. Princ. Sax. 24: Ukaram. h) Chr. Princ. Sax. 24: Walscne. i) Chr. Princ. Sax. 24: Novum Angermunde; Brotuff 44 vo. hat alle im Text genannten Städte, darunter: Newen Tangermünde. k) Chr. Princ. Sax. 24 fügt hinzu: et. l) Chr. Princ. Sax. 24: Novum. m) Epit. Brietz. 278: Berlin, Strusperg, Frankenford et Novum Brandenburg; Exc. Pulk. 9 statt des Letzteren: Novum Angermunde. n) Chr. Princ. Sax. 24 fügt hinzu: et. o) Chr. Princ. Sax. bei v. Heinemann S. 24: Plavam, in MGH. dagegen: Planam; Epit. Brietz. 278: Planam; Exc. Pulk. 9: Psanam. p) Epit. Brietz. 278 fügt hinzu: cum. q) Chr. Princ. Sax. 25 fügt hinzu: et; ebenso Epit. Brietz. 278.

militibus et armigeris, Magdeburgensis archiepiscopus vix effugit. Tunc vallantes civitatem et castrum Calve funditus destruxerunt. Deinde post annis[a]) 4 idem archiepiscopus Willebrandus et marchio Misnensis Henricus misso exercitu copioso prope Brandeburch pervenit[b]). Cui Otto marchio, Johanne alibi occupato, occurrit[c]), et cum eo strennue conflixit inter Brandeburch et Plawe[d]), et nacto triumpho cepit plures; alii fugerunt et tanto impetu pontem Plawen[e]) transiverunt, quod ponte fracto plures se in Obula submerserunt [32]). Hoc et his similibus evenientibus ipsis [f]), pace inter marchionem Misnensem et Magdeburgensem archiepiscopum reformata fama et gloria claruerunt[g]). A. d. 1258 paci filiorum et concordie providere volentes, terram suam[h]) diviserunt [33]), et presente domino Heydenrico Culmensi episcopo ordinis predicatorum, et aliis religiosis et clericis litteras divisionem continentes in altari infra missam hincinde poni iusserunt, et accedens Johannes cancellatis manibus litteram, quam [i]) dextra manu reperit, recepit, *et* alteram optinuit Otto frater eius, hoc adiecto, quod si una pars esset altera deterior, ex bonis non divisis, que plura reliquerant, deberet[k]) alteri adequari. Cognito autem a sapientibus, quod pars Ottonis esset deterior, non in redditibus, sed lignis, pascuis et terraram qualitatibus[l]), et quod Johannes fere centum milites plures haberet quam Otto, adiecit Otto parti sue de consensu˘ Johannis castrum et terram Lubusanam [34]) et castrum Alvensleve et comiciam [m]), quam tunc emerant [35]) ab electo[n]) Halberstadensi[o]). Anno autem domini 1260 Johannes[p]), licet apposita essent ad aliam partem 1200[q]) frusta reddituum, elegit antiquam civitatem Brandeburch et terminos

---

a) MGH.: anno. b) Exc. Pulk. 10: insimul venientes prope Brandenburg staciones fecerunt ibidem cum exercitu copioso. c) Mſcr. occucurrit. d) Epit. Brietz. 278; Plaga. e) Chr. Princ. Sax. 25: Plawe; Epit. Brietz. 278: Plagensem. f) So Epit. Brietz. 278; Mſcr. unb Chr. Princ. Sax. 25: hec et hiis similia ipsis evenientibus. g) Chr. Princ. Sax. 25 fügt hinzu: autem. h) Chr. Princ. Sax. 25 fügt hinzu: inter se; ebenſo Epit. Brietz. 279, Exc. Pulk. 12. i) Mſcr. u. MGH: dextera. k) Chr. Princ. Sax. 25: deberent. l) Exc. Pulk. 12 ſagen hier kurz: equalitas fuit facta; ähnlich Brotuff 45: unb haben ſonſt — nachbem Johann bie Neuſtabt, Otto bie Altſtabt Brandenburg genommen — gleiche teilunge mit ben anbern lanben, leuten, ritterſchaften, bienſten, zinſen unb renten gehalten. m) et — comiciam fehlt bei v. Heinemann, ſteht in MGH.; Exc. Pulk. 12: castrum et terra Lub-sana cum castro Alwenslewen et comitatu — Exc. Pulk. 12: fuerunt adiecta. n) Exc. Pulk. 12: Elato. o) Chr. Princ. Sax. 25 fügt hinzu: episcopo. p) Cod. Trevir. unb Goslar. 1270; v. Heinemann vermutet: 1259. q) Die im Mſcr. fehlenben Worte Johannes — 1200 ſinb aus Chr. Princ. Sax. 25 ergänzt.

additos, Ottoni fratri suo nova civitate Brandeburch cum terminis[a]) appositis derelicta[36]); et extunc alter uter expensas habuit singulares, cum antea fere 40 annis de expensis communibus convixissent. IX. Johannes duxit uxorem Sophiam filiam Woldemari regis Dacie, sororem Erichi[b]) regis, nobilem genere, sed moribus nobiliorem, et genuit[c]) Johannem, qui licet desponsatam haberet filiam[d]) Alfunsi, regis Castelle, vivente tamen adhuc patre duxit filiam domini Nicolai Hedewigem, *obiit 1281[e]*), *IV. id. Septembris* (Sept. 10)[37]), *sepultus Coryn; Hedewigis obiit 1287, VII. id. Septembris* (Sept. 7), *sepulta ibidem;* Ottonem, qui[f]) duxit exercitum contra Magdeburgenses et inter Vrose et inter[g]) Magdeburg cum ipsis confligens in bello captus est a. d. 1278[h]) IV. id. Januarii[i]) (Jan. 10); in cuius vindictam Johannes et Conradus[k]) fratres eius adiuncto sibi Alberto duce de Brunswic totam terram ecclesie Magdeburgensis depopulantes[l]), castrum Hunoldesburch et Osvelde[m]) ceperunt[38]); Otto duxit uxorem[n]) Eylicham filiam Johannis comitis Holsacie[39]); Conradum, qui duxit uxorem Constanciam filiam Primizlai ducis[o]) cum magna parte terre iuxta Wertam, *que[p]) obiit 1281, VI. id. Octobris[40]*) (Oct. 10); Erichum[q]), qui factus est canonicus Coloniensis, Magdeburgensis, Halberstadensis[r])[41]) Helenam, quam duxit marchio Thidericus[42]) Misnensis[s]).

---

a) Chr. Princ. Sax. 26: terris; Exc. Pulk. 13: cum suis terminis. b) Chr. Princ. Sax. 26: Erici. c) Exc. Pulk. 11 fügen hinzu: quinque filios, nennen aber auch nur Johann, Otto, Konrad, Erich; man möchte statt filios vermuten: pueros = Kinder. d) Mscr. fügt unnötig hinzu: regis. e) Das Todesjahr Johanns II. und seine Grabstätte auch bei Brotuff 42 vo.; desgl. ibid. 47 vo. Todesjahr (mit dem Schreibfehler 1281 statt 1287) und Grabstätte von Johanns Gemahlin Hedwig; letzterer Todesjahr auch bei Garcaeus 90. f) Exc. Pulk. reihen die Schlacht bei Frohse chronologisch bei 1278 ein, S. 14; dafür fügen sie hier S. 11 hinzu: qui Stasforde telo extitit volneratus in capite, portans telum per annum, propter quod est cum telo marchio nominatus. g) Fehlt Chr. Pr. Sax. h) Mscr. M.CC.LXXXVIII. i) Epit. Brietz. 279: idus Jan. k) Epit. Brietz. 279: et reliqui. l) So auch MGH.; v. Heinemann: depellantes. m) Chr. Princ. Sax. 26: Ovesvelde. n) So auch MGH.; bei v. Heinemann Chr. Princ. Sax. 26 fehlt: uxorem; Epit. Brietz. 279 fügt hinter uxorem hinzu: ut supra. o) Exc. Pulk. 11 fügen hinzu: Polonie; die Nachricht über Constantia auch bei Garcaeus 90. p) Mscr.: qui. q) Chr. Princ. Sax. 26: Ericum; so auch Exc. Pulk. 11. r) Exc. Pulk. 11 fügen hinzu: postremo archiepiscopus Magdeburgensis; so auch Brotuff 43. s) Chr. Princ. Sax. 26 fügt hinzu: et genuit [Lücke im Mscr., welche aus Annal. Vetero-Cellens. maior. edit. Opel S. 207 so zu ergänzen

Sophia uxor Johaunis obiit in Dacia [43]), quo iverat ad concordandos fratres suos regem Dacie Erichum[a]) et ducem Abel, et sepulta Ripis apud fratres minores a. d. 1247, IV. non. Novembris (Nov. 2)[b]). Qua defuncta duxit *Johannes* uxorem Juttam filiam Alberti[44]) ducis Saxonie, Frederico imperatori quondam desponsatam, et genuit ex ea Albertum, Hermannum[45]) et Henricum[46]), Mechtildem et Agnetem, quarum unam duxit rex Dacie, aliam Bolizlaus[47]), filius Barnimi[c]). *Jutta obiit 1287[d]), X. kal. Januarii, sepulta Stendal apud minores.* Johannes, qui[e]) 7 babebat filios et tres filias, res conservabat, et satis large oportuno eas tempore distribuebat. Obiit autem a. d. 1266[48]), sepultus in[f]) abbacia Chorinensi Cisterciensis ordinis, quam ipse fundavit et multis redditibus locupletavit.

X. *Marchio septimus.* Otto tercius duxit uxorem Beatricem[49]) filiam[g]) regis Boemie, et genuit ex ea Johannem de Praga *1244, VIII idus Aprilis.* (Apr. 6), Ottonem magnum[h]), Albertum, Ottonem[i]), Conegundim, Mechtildim. Hic homo devotissimus ieiuniis, vigiliis, oracionibus, genuflexionibus, flagellacionibus et huiusmodi cogebat corpus spiritui famulari, ita ut pre nimiis veniis iuxta genua sua caro ad modum duorum excreverat pugillorum. Omni sexta feria in memoriam Christi passi se pungens unguibus vel acubus *fecit ut sanguis eius de corpore suo emanaret*[k]). Anno domini 1252[l]) *in die annunciacionis beate virginis Marie* (März 25) fratres predicatores, quos ex corde dilexit, Struzeberch collocavit, et eis aream *in loco castri sui* et bibliam *glosatam* de C marcis et expensas ad *structuram claustri et ecclesie et plura alia* ministravit[m]). Postea *anno domini 1253, XI. kalendas Augusti*

---

wäre: Fredericum marchionem Misnensem nomine Tute]. Exc. Pulk. 11 haben biesen Zusatz nicht. a) Chr. Princ. Sax. 27: Ericum. b) Brotuff 44: 1248, tercio non. Novembr. (irrtümlich aus MCCXLVII IIII non. Novemb. verlesen). c) Exc. Pulk. 11: Barnym filius Boleslai. d) Brotuff 44 nennt in biesem Zusammenhange ebenfalls das Jahr 1287, aber als Todesjahr Albrechts, des ältesten Sohnes der Jutta. e) Chr. Princ. Sax. 27: quia; so auch Epit. Brietz. 279, wo es im übrigen irrtümlich heißt: septem filios et filias. f) So auch MGH.; bei v. Heinemann Chr. Princ. Sax. 27 fehlt: in. g) Fehlt im Mscr. h) Exc. Pulk. 10 fügen hinzu: sive longum; Brotuff 46: Ottonem den langen oder den großen. i) Exc. Pulk. 10: Otukonem; Brotuff 46: Ottonem den kleinen. k) Chr. Princ. Sax. 28: sanguinem de corpore suo fudit; so auch Epit. Brietz. 279; Exc. Pulk. 11: ad effusionem sanguinis se pupugit. l) Chr. Princ. Sax. 28: 1254; ebenso Epit. Brietz. 279. Exc. Pulk. 10. m) Statt et eis aream — mini-

(Juli 22,) *ipso procurante receperunt fratres ordinis predicti domum* S e h u s e n, *et manserunt inter duas civitates in curia, que fuerat domini P e t r i d e G a r d i z militis sita super aquam, ebdomatibus fere tribus. Deinde ceperunt edificare iuxta ecclesiam sancti Jacobi in fine veteris civitatis, et illam annis 13 habuerunt; et castellum domini marchionis complanantes pomerium et latam aream possederunt. Anno autem domini 1262 idem illustris marchio O t t o in loco, ubi diciores manserunt, in nova civitate S e h u s e n fratribus pro 120 talentis aream comparavit; et positus est lapis primarius monasterii III.* idus Junii (Juni 11.), *et fratres operi fortiter insistebant. Apud ecclesiam tamen beati Jacobi fratres usque ad consummacionem dormitorii permanebant. Quinto denique anno postquam primarius lapis fuerat positus, videlicet anno domini 1266,* IV. *idus Septembris* (Sept. 10) *iidem fratres ecclesiam sancti Jacobi deserentes ad locum sibi preparatum domino H e n r i c o H a v e l b u r g e n s i episcopo et multis aliis religiosis presentibus et utriusque sexus magna multitudine congregata se sollempniter transtulerunt.*

Nec silencio pretereundum, quod huius illustris O t t o n i s devocio ad devocionem alios provocavit. Nam eius notarius febre in die palmarum (1259 April 6.) *correptus, et apud sanctum Jacobum, ubi fratres tunc manebant, in infirmaria fratrum se deponens et postera die, audita inopinata morte domini H e r b e r t i d e H u c h t e n h a g e n, statim ordini se devovit, et quod Sehusen voverat, secundum consilium fratris votum eius recipientis* XVI. *kalendas Maii, que tunc erat quarta feria post pascha* (1259, April 16) S t r u z c e b e r c h *adinplevit. Anno domini 1259 postmodum eciam unus de capellanis eius, et camerarius uxoris eius predicatorum ordinem intraverunt.*

Multis eciam militibus et armigeris inputabatur, quod ei placere cupientes in aqua et pane singulariter ieiunarent aut in ecclesia venias et genuflexiones facerent aut alia perficerent opera pietatis; nam hoc facientes pre ceteris diligebat. De uxore sua libentissime dici audiebat, quod se aliquibus misericordie operibus, ieiuniis, abstinenciis, oracionibus exercebat et mundi se operibus abdicaret.

---

stravit lieſt Chr. Princ. Sax. 28: et eis aream et bibliam de 100 marcis et expensas ad ecclesiam ministravit; Epit. Brietz. 279: et eis aream et bibliam DCC (ſtatt de C) marck ad ecclesiam donavit.

Postea fratres Sehusen promovere volens, eis[a]) ad libros contulit C marcas.

Hic a. d. 1264 filiam suam Concgundim maritavit Bele, filio Bele regis Ungarie, fratris benedicte[b]) Elizabeth, et rex Boemie[c]) cum gloria nupcias celebravit; quo defuncto cum de Limburch duce matrimonium egit[d])[50]). Mechtildim[e]) aliam filiam domino Barnum[f]) dedit[51]). Hic Barnum[f]) obiit a. d. 1278 id.[g]) Novembris (Nov. 13), relinquens 3 filios et 2 filias et sepultus est Stetyn in ecclesia canonicorum.

Hic Otto a. d. 1266[h]) in Pruciam contra Sarracenos vadens, cum non[i]) permissus fuisset confligere cum eisdcm, firmum castrum Brandenburg[k]) in terra condidit Pruccnorum[52]).

Obiit autcm[l]) Brandeburch audita missa de saucta trinitate in die dominica devotissime, presentibus pluribus fratribus predicatoribus et multis aliis desideratis, a. d. 1267 in die s. Dionysii (Oct. 9)[53]). Cuius corpus Beatrix uxor cius cum Johanne et Ottone filiis suis deducens Struzeberch in choro ecclesie fratrum predicatorum, quam fundaverat et ubi sepulturam elegerat, presente Conrado Magdeburgensi episcopo[m]) et missam celebrante domino[n]) Wilhelmo episcopo Lubusano[o]), coram positis suis patruelibus[p]), principibus, comitibus et nobilibus honorifice sepelivit.

Beatrix obiit 1286, Urbani pape (Mai 25), Wratizlavie, apud s. Claram sepelitur.

a) Statt dieses ganzen Abschnitts hat Chr. Princ. Sax. 28 nur: Postea fratres Sehusen locans, eis 100 libras et 20 ad aream; ebenso Epit. Brietz. 279, Brotuff 44 vo. b) Chr. Princ. Sax. 28: beate; so auch Epit. Brietz. 279, Exc. Pulk. 13; Brotuff 46: ber heiligen Elisabeth. c) Exc. Pulk. 13 fügen hinzu: Przemysl. d) Mscr.: Luneburch. Chr. Princ. Sax. 28: Que defuncto Bela nupsit duci de Limburch; Epit. Briez. 279: qua defuncta Bela nupsit ducis de Luncburg filiam; Exc. Pulk.: nupsit duci Lunemburgensi; Brotuff 46: Lüneburg. e) Chr. Princ. Sax. 28: Mechtildam. f) Chr. Princ. Sax. 28: Barnem. g) Chr. Princ. Sax. 28: in diebus; Brotuff 46: idibus; auch in Jobst's Quelle stand idibus; benn er gibt als Tag ben 13. Nov. (Brandenb. Genealogia 1562, Sign. H.). h) Chr. Princ. Sax. 28 fügt hinzu: estivo tempore; so auch Epit. Brietz. 279; Exc. Pulk. 13; Brotuff 46: mitten im heißen Sommer. i) fehlt im cod. Goslar. und in v. Heinemanns Ausgabe S. 28, ist in MGH. ergänzt. k) Epit. Brietz. 279: Novum Brandenburg; Brotuff 46 vo.: ein new schloß Brandenburgt genant. l) Epit. Brietz. 279: ante. m) Chr. Princ. Sax. 28: Magdeburgensi archiepiscopo. n) Magdeb. episcopo missa celebrante et domino etc.; Exc. Pulk. 14: Magdeburgensi archiepiscopo et domino Wilhelmo — ccelebrante missam. o) Epit. Brietz. 279: Lubucensi. p) Chr. Princ. Sax. 28: fratruelibus.

XI. Johannes[a]) de Praga, primogenitus Ottonis, qui miles factus fuerat in nupciis sororis sue Conegundis[54]), eodem anno, quo pater obierat, ad torneamentum Merseburch[b]) vadens, post pascha[c]), hasta Iesus et a suis male custoditus, nocte mortuus est inventus[56]), et *quod in torneamento*[d]) *occasionem mortis susceperat, sepultura sua dilata est*[55]), *tandem* in Lenynensi cenobio[e]) cum suis attavis est sepultus[f]).

XII[g]). Manuscripti annales habent: a. d. 1272[57]), XIII. kal. Maji, (April 19) Otto, Albertus et Otto minor terram in tres partes diviserunt.

XIII. Porro Otto longus, filius Ottonis tercii, decorus facie[58]), Juttam[h]), filiam comitis de Hennenberg, duxit uxorem, ex qua genuit tres filios videlicet Otokonem[i])[59]), qui Henrici ducis Wratislavie filiam uxorem duxerat, et post hoc non diu moritur et in Lenynensi monasterio sepelitur; item dictus Otto longus genuit Albertum dictum „biderb-herre", qui moritur iuvenis et eciam in dicto monasterio est sepultus; item Hermannum genuit; et insuper quatuor[k]) filias, videlicet Beatricem, quam Bolko dux Polonie uxorem accepit, item Mechthildim, Henrico probo[l]) duci Wratislavie copulatam, post cuius mortem Mechthildis mansit vidua et devote deo serviens tandem moritur et in dicto Lenynensi monasterio sepelitur; item genuit et Juttam[m]), quam Rudolphus dux Saxonie conthoralem accepit; item Cuncgundem, que in virginitate deo deserviens in Berlyn moritur et apud fratres minores honorifice sepelitur.

Hic Otto longus cum fratre suo Otokone mansit coniunctus,

a) Chr. Princ. Sax. 28 fügt hinzu: ʼautem; ebenso Epit. Brietz. 279, Exc. Pulk. 14. — Garcaeus, 100: Manuscripti annales addunt: Johannes de Praga march. Brand. primogenitus Ottonis III, qui iam miles factus fuerat in nuptiis suae sororis Cunigundis, eo anno quo pater suus obierat, ad torneamentum vadens, post pascha hasta laesus et a suis male custoditus est nocte mortuus inventus a. C. 1267, XIII. kal. Maji. (April 19). b) Exc. Pulk. 14: Ratesponam. c) Chr. Princ. Sax. 28: post pascha vadens; ebenso Epit. Brietz. 279; Exc. Pulk. 14: post pascha transiens. d) Mscr.: tormento. e) Chr. Pr. Sax.: ecclesia. f) Epit. Brietz. 280 fügt hinzu: Et sic Otto quartus (!) frater eius in hereditatem patris Ottonis tercii successit, et homagium in Marchia cepit a. d. 1268. g) Garcaeus S. 99. h) Gittam; wegen der folgenden Varianten vgl. oben S. 115. i) Ottonem. k) Riebel u. Ketrczynski: tres; der böhmische Text und Brotuff 46 vo.: 4. l) predicto. m) Gittam.

Alberto marchione fratre alio ab eis diviso; pro porcione sua
Stargard, Strusperg, Bernaw, Eberswalde nec non Soldyn[a]) ultra
Oderam[60]) cum pluribus aliis civitatibus, castris et possessionibus relinquuntur[b]).

Preterea Otoko, filius Ottonis tercii et frater Ottonis longi
predicti[c]), filiam Rudolphi regis Romani duxit uxorem, qua mortua
Templariorum ordinem est ingressus, in quo aliquamdiu militans
demum in Lenyn ordinem et habitum Cisterciensem assumpsit, ibidem
usque ad mortem deo fideliter serviendo[61]).

Idcirco dictus Otto longus solus partem terre obtinens, multis
quoque supervivens temporibus, acquisivit terras alias[62]), multa gerens
bella pariter et gwerras cum Slawis, subiciendo eosdem, cum Pomeranis[63]), cum suis patruis Ottone cum telo pariter et Conrado
marchionibus[64]), insuper et Boemis[65], in omnibus se habens strennue
et prudenter. Nam temporibus suis, pace reformata, Marchia bonis
pluribus habundabat.

Hic moritur[66]) et heredem solum marchionem Hermannum[d])
reliquit, in Lenynensi monasterio ecclesiastice traditus sepulture.

XIV. Albertus itaque, frater Ottonis longi prefati, filiam
regis Swecie duxit uxorem[67]), ex ea filios duos generans, qui ambo
patre adhuc vivente sunt mortui; genuit insuper duas filias, quarum
unam tradidit domino Henrico Magnopolensi, cum qua terram Stargardensem donavit; aliam vero filiam duci de Lawenburg dedit uxorem.

Hic Albertus post mortem fratris Ottonis longi plurima
bona fecit. Nam monasterium Celi - Porte[68]) fundans multis possessionibus illud dotavit; cuius monasterii fundacionis dominus Johannes
de Belicz, abbas monasterii Lenynensis, promotor fuit et executor
fidelis. Fundavit insuper monasterium sanctimonialium in Wanseka[69]),
quod largis possessionibus ampliavit. In Soldyn[e]) canonicos instituit[70]),
et post mortem uxoris vivens ut monachus feliciter moritur[71]) (a. d.
1300)[f]), sepultus in Lenynensi monasterio; postea in Celi - Portam
transfertur. Cuius tota possessio devolvitur ad Hermannum, filium
Ottonis longi predicti.

---

a) Boldin. b) relictis. c) Nach Angabe Ketrzynski's soll der Cod. Czartor.
hier predictam lesen, was kaum glaublich ist. d) Ketrzynski irrtümlich: Henricum.
e) Boldin. f) Pulkawa hat den ganzen Abschnitt von „Porro Otto longus" an
(Kap. 13. 14) beim Jahre 1278 eingereiht; an dieser Stelle nennt er das oben
eingeklammerte Todesjahr Albrechts III. nicht, sondern rekapituliert beim Jahre
1300 fast mit denselben Worten Albrechts Tod und Begräbnis; diese Wiederholung ist hier fortgelassen.

XV. Insuper J o h a n n e s [72]), frater Ottonis cum ª) telo, defunctus est, qui licet parve stature fuerit, fuisse tamen probus et strennuus perhibetur. Hic J o h a n n e s reliquit post se filium C u n e c i n u m ᵇ) [73]) clericum et canonicum, cui terra Rynowensis ᶜ) tradita fuit ad vite tempora, et eo defuncto ad marchionem devolvitur W o l d e m a r u m.

XVI. Ceterum O t t o c u m t e l o liberatus de vinculis, et C o n - r a d u s, frater eius, cunctis diebus quibus vixerunt expensas habuerunt et possessiones communes.

Sed et O t t o totam vitam ᵈ) prudens et strenuus gubernabat, terras multas, civitates et castra suis acquirens laboribus et plurima bella gerens nunc cum patruo suo O t t o n e l o n g o predicto [74]), dum adhuç ambo viverent, nunc cum Magdeburgensi ecclesia [75]), nunc cum Slawis [76]), nunc cum Polonis [77]) et aliis pluribus, quibus viriliter et strenue resistebat.

XVII. Hic O t t o c u m t e l o post mortem O t t o n i s l o n g i prefati, perductus ad senium, semper cum marchione H e r m a n n o vixit concorditer, et ambo magno ᵉ) exercitu congregato regi Boemie W e n - c e s l a o contra regem Romanum in auxilium processerunt, pro quo Misnensem terram receperunt ab eo, quam postea pro Pomorania ᶠ) permutarunt [78]).

Prefati eciam marchiones O t t o et H e r m a n n u s cum Magdeburgensi archiepiscopo, videlicet domino de Anhalt [79]), habuerunt gwerras, castrum Plote vallantes; et nichilominus ingressi Slawiam cum exercitu copioso, ipsam fere totaliter devastantes, et edificaverunt ibidem castrum firmissimum, quod Eldemburg communiter nuncupatur [80]).

Postremo autem prefatus O t t o, cum marchione W o l d e m a r o totam regens ᵍ) Marchiam et gubernans, senex et plenus dierum moritur et in Chorinensi monasterio sepelitur [81]).

XVIII. C o n r a d u s autem, frater eius, vir simplex fuit et pacificus, vacans venacionibus et quieti ʰ).

Dum etiam ⁱ) iidem fratres ambo viverent, dictus O t t o a bonis ecclesie Brandenburgensis et domino V o l r a d o ᵏ), eiusdem ecclesie episcopo tunc temporis, precarias exigebat [82]); unde episcopus ipse Romam properans procuravit in O t t o n e m et C o n r a d u m prefatos pretextu huiusmodi excommunicacionis sentenciam promulgari, que quidem sen-

---

a) Riebel und Ketrzynski: a. b) Kunehinum. c) Ryndwen. d) terram.
e) magno fehlt. f) Moravia. g) gerens. h) pacificus et venacionibus et quieti. i) Ketrzynski: cum. k) Wolderado.

tencia usque ad Conradi obitum perduravit; tandem vero remissis precariis sentencia relaxatur.

Moritur autem dictus Conradus[83]) et in Chorinensi monasterio sepelitur, Woldemarum relinquens heredem, qui solus partem amborum fratrum, videlicet Ottonis, qui sine herede decesserat, et patris sui, scilicet Conradi, regendam suscepit.

XIX. In illis temporibus (ad a. 1305) Hermannus, filius Ottonis longi, de quo supra fit mencio, filiam Alberti regis Romani, quondam ducis Austrie, duxit uxorem[84]), et ex ea unicum filium Johannem et tres filias generavit[a]), quorum una, videlicet Agnes, marchioni traditur Woldemaro, alia vero duci Glogovie copulatur, terciam autem filius comitis Bertholdi de Hennenberg duxit uxorem.

Hic Hermannus multa pollebat sapiencia, militabat audacia, et in milicia[b]) strennuus est repertus adeo, quod eius fama diffundebatur undique. Regebatur quoque pacifice sua terra; cunctis suis adversariis gravis et ferox extitit, precipue in rebelles, qui eius potenciam et austeritatem vehementissime timuerunt. Nam contra socerum suum Albertum regem Romanum stetit imperterritus[85]); cum Rudolpho duce Saxonie gwerram faciens[c]) vallavit castrum Rabenstein, et eius dominium devastavit; cui tamen reconciliato[d]) sibi postea suam sororem Juttam[86] tradidit in uxorem, sibi castrum Belticz cum suis terminis adiacentibus restituens[e]); transit Poloniam trans Oderam, et magnam partem eius sibi subegit; filiorum Bolkonis gessit tutelam[87]); Franconiam[88]) et Pomeraniam[89]) acquisivit; nobiles barones multos de Hartone[f]), Lusacia et propria terra in consiliarios habuit, et frequentacionem tam nobilium quam civium gratanter admisit; largas fovens expensas tenuit hastiludia, et alia huiusmodi ad miliciam pertinencia frequencius[g]) confovebat. Fortis erat corpore, nec minus fortis animo.

Hic siquidem Hermannus cum Ottone cum telo predicto, dum adhuc viveret, intrans Slawiam, in edificacione castri Eldemburg infirmatus, moritur et inde translatus in Lenynensi monasterio sepelitur[90]).

Eius obitum tota terra deplanxit, quoniam unicum filium adhuc puerum Johannem[91]) reliquit heredem, cuius tutelam non Woldemaro, sed quatuor suis consiliariis remisit, quod postea dampna plurima ministravit.

XX. Nam mater Johannis pro tempore filii curam gessit; sed

a) genuerat. b) multis. c) fovens. d) reconciliatus snam sororem Githam sibi postea. e) restituit. f) Starcove. g) frequenter.

Woldemarus, prodigus et graves expensas faciens, ad se puerum allicit, volens expensas huiusmodi de communibus amborum sumptibus computare, consiliarios quoque supradictos excludere^a) de tutela. Quod considerantes consiliarii de matris consilio filium eius Johannem prefatum occulte de Woldemari custodia rapientes^b) ad castrum Spandow ductum diligenti custodie tradiderunt. Transactis^c) nonnullis diebus convenerunt in termino mater Johannis et marchio Woldemarus, ubi negante matre. abduccionem filii de suo consilio processisse, Woldemarus furore repletus, congregatis quibusdam armatis, castrum Spandow furtive conscendens, ignorantibus consiliariis et custodibus recedentibus et dispersis, Johannem predictum abstulit et sue tutele ⁹²) custodie^d) mancipavit; consiliarii vero predicti Woldemari marchionis iracundiam non ferentes, quidam ex eis aput dominum Henricum Magnopolensem fuge presidio se committunt ⁹³).

XXI. Hic Woldemarus filiam Hermanni marchionis duxit uxorem, et quia hec sterilis permanebat, nullum post se reliquit heredem ⁹⁴).

Sane idem Woldemarus statura fuit pusillus, sed fortis viribus, aliorum potentum regimine plus utens quam proprio; nam multos fovebat barones, nobiles et potentes de diversis mundi partibus ad eius curiam confluentes. Fuit insuper vaniglorius plurimum et pomposus. Nam cum a rege Dacie milicia cingeretur^e) ante civitatem Rostok ⁹⁵). expensas fecit immensas, dona militibus largiens plurima et ioculatoribus, in tantum quod inde debita magna contraxit.

XXII. Insuper cum domino Henrico Magnopolensi et Rudolpho duce Saxonie, cuius sororem idem Henricus duxerat uxorem ⁹⁶), plurimas fovit^f) gwerras. Nam idem Woldemarus exercitus multitudine congregata Stargardensem terram ingressus potenter devastavit eam incendiis et rapinis, civitatulam^g) parvam Woldecke nominatam obsidens longamque moram trahens ibidem, in equis et aliis multa dampna suscepit, labore suo frustratus ⁹⁷).

XXIII. Idem eciam Woldemarus marchionem cepit Misnensem, qui pro sui liberacione terram Misnensem sibi resignavit eandem ⁹⁸).

Preterea dictus Woldemarus non longe ante suum obitum domino Burghardo dicto Lappe, Magdeburgensi archiepiscopo, colligatus, ambo in^h) simul humiliaverunt inquietos pariter et rebelles, pacem in suis dominiis facientes; et aggressi primumⁱ) illos de Al-

---

a) excludens. b) capientes. c) Transactis autem. d) custodiendum. e) circumcingeretur. f) fecit. g) civitaculam. h) in fehlt. i) presertim.

w e n s l e v e n et castrum eorum Arkisleven potenter vallantes eos
pacem et concordiam querere compulerunt[99]).

XXIV. Porro J o h a n n i marchioni prefato K a t h e r i n a , filia
ducis Glogovie, desponsatur. Ilic J o h a n n e s , licet esset iuvenis,
tamen animum cepit habere virilem. Fuit enim 14 annorum etatis,
seriosus in verbis, prudens in factis, amicis amabilis[a]), terribilis ini-
micis, ad virtutis et probitatis actus, bone indolis disposicione, manum
extendens. Quem tamen Dominus, cuius iudicia sunt abissus multa,
subito de hac luce subtraxit. A. d. 1317, in vigilia annunciacionis
virginis gloriose (März 24) dictus J o h a n n e s marchio Brandenburgensis moritur in castro Spandow, et in Lenynensi monasterio sepelitur.
Cuius mortem tota Marchia deploravit[100]), quoniam[b]) solus W o l d e -
m a r u s sine herede mansit superstes.

XXV. Cumque W o l d e m a r u s ipse principes ad Marchiam per-
tinentes videret deficere, vocavit ad se filium marchionis H e n r i c i
q u i „â n e - l a n t“ c o g n o m e n[c]) h a b e b a t et divisus dudum a fratribus suis O t t o n e c u m t e l o pariter et C o n r a d o terram Delicz[d])
possidendam in sortem acceperat, et eum[e]) dicti dominii fecit heredem ;
nam ad eundem W o l d e m a r u m tota Marchia devoluta fuit et dominium omnium marchionum[101]).

XXVI. Hic quoque W o l d e m a r u s terram Misnensem ingressus
castra et presidia[f]) multa destruxit, reddens terre sue gaudium atque
pacem[102]). Insuper trans Oderam contra Polonos procedens humiliavit
eosdem[103]). Cum Magnopolensi H e n r i c o[104]) eciam congreditur in
conflictum[g]), quoniam antea terram suam iuxta Gransege potenter ingressus hostiliter devastaverat[h]); unde bellum durissimum inter utrosque
geritur iuxta villam Wolterstorp, ubi, licet plures in exercitu Magnopolensi quam W o l d e m a r i fuissent, verumtamen ipse W o l d e m a r u s
et sui magis audacter et strenue pugnaverunt; unde idem Woldemarus
tam duros ictus sustinuit, quod semivivus a suis in prelio est relictus
et perditus, sane, circumdantibus eum rusticis et eum interimere volen-
tibus, miles quidam W e d i g e d e P l o t e dictus superveniens de pote-
state ipsum eripuit rusticorum.

XXVII. Hic W o l d e m a r u s sub a. d. 1319 moritur, et in se-
pulcro suorum parentum[i]) in Chorinensi monasterio sepelitur[105]).

---

a) amicabilis. b) sed. c) Avelant regionem. d) Keirzynêti: Belicz · Riebel:
Gelicz. e) Die beiden letzteren zum Verständniß notwendigen Worte fehlen bei
Keirzynêti. f) predia. g) ingreditur conflictum. h) devastavit. i) patrum.

XXVIII.ª) Quarto anno Lodewici (1318!) W o l d e m a r u s marchio Brandenburgensis acutissima fcbrc correptus, diem functus est, et diebus 9 cum planctu multo custoditus, in (Lüde im Text) aromatibus conditus cum fastu magno sepelitur, nullo penitus herede principatus relicto, cum tamen brevi prius tempore, ut dicitur in cronicis principum de Brandenborch, 19 marchiones simul viventes gloria, divitiis et potentia cunctos Thcutonie principes anteircut [106]).

XXIX.ʰ) Manuscripti annales Brandcnburgenscs sic habent: L u - d o v i c u s marchio Brandcnburgcnsis, primogeuitus ducis Bavariae imperatoris, J o h a n n e et W o l d e m a r o marchionibus sine heredibus decedentibus mortuoque quoqueᶜ) puero H c n r i c i marchionis, Marchia siuc domino et herede permanente, per L u d o v i c u m imperatorem patrem suum in Marchiamᵈ) datus et missus, in ea reverenter acceptus, homagia recipiendo, et, quia puer, eius tutor G u n t h e r u s comes dc Lindow [107]), et deinde B u r c h a r d u s comes de Mansfeld efficitur. Et post hunc per B e r t h o l d u m d e H e n n e b e r g fuit huiusmodi tutela commissa cuidam dicto M u s o l f o, quem L u d o v i c u s marchio ex inductione vasallorum habere voluit, unde multe guerre hinc inde oriebantur. Hic L u d o v i c u s vendidit et appropriavit capitulo Brandenburgico inferiorem Obulam et villam Parne prope Roschow cum piscationibus, iudiciis et omnibus pertinentiis in compensacione damnorum, que capitulum Brandenburgense sustinuit in guerris, quas dominus B u r c h a r - d u s, archiepiscopus Magdeburgensis, movebat subditis et terris L u d o - v i c i marchionis.

XXX.ᵉ) Manuscripti annales capituli Brandenburgensis: (Ludovicus Romanus) hic fertur fuisse pius et devotus, presertim noctu in vigiliis, imaginibus sanctorum et cultu divino [108]).

Anmerkungen *).

1) Ueber den Albrecht den Bären behandelnden Abschnitt verweise ich auf XXII. Jahresber. des Altmärk. Vereins, S. 16 und die Nachtragsbemerkung I. unten S. 180.

2) cf. Chron. Montis Sereni ad ann. 1180, MGH. XXIII, 157: frater II. quoque ejus (Sifridi episc. Brandenb.), Bernhardus comes, ducatum Saxonie ab imperatore obtinuit.

a) Henrici de Hervordia liber de rebus memorabilibus, hrg. von A. Potthast. S. 234. b) Garcaeus, S. 121. c) Garcaeus: quodam. d) Garcaeus: Marchia. e) Garcaeus, S. 130.

*) Die römischen Randzahlen verweisen auf die Kapitel der Chronik.

3) cf. Genealog. Wettin. MGH. XXIII, 229; Annal. Vetero-Cellens. edit. Opel S. 181. 183. Ein merkwürdiges, von Hedwig als Witwe geführtes spitzovales Porträtsiegel (sitzend) v. J. 1197 beschreibt v. Heinemann C. d. Anh. I, 526. Ueber ihren Grabstein im Kloster Alt=Zelle cf. Knauth, Des . . . Stifts c. Alten-Zelle c. Beschreibung. II, 84., m. Abb. E. Beyer, Das Cisterzienser=Stift u. Kloster Alt=Zelle. 1835. S. 136. — Hedwigs Enkel Heinrich heiratete Constanze, Tochter Philipps v. Oesterreich, Annal. Vet. Cell. l. c. 207. — Ueber das im Zusatz des cod. Trevir. mitgeteilte Jahr der Hochzeit von Hedwigs Urenkel mit Helena von Brandenburg s. Anm. 42. Was Dietrich selbst anlangt, so war derselbe noch im Jan. 1285 'am Leben, und sein Sohn Friedrich Tute urkundete zuerst als Land=graf am 24. Mai besf. J. (Wegele, Friedr. der Fr. S. 91 Anm. 1); der Todes-tag scheint danach im Chron. monast. S. Clarae in Weißenfels (edit. Opel, Neue Mitteilgn. c. XI S. 390) richtiger mit 1285, bonnerstag nach dem aschtage VI. id. Febr. (Febr. 8) angegeben.

4) Die Zerstörung der Hilbagesburg fand 1129 statt (v. Heinemann, Al-brecht b. B. S. 80, Magdeb. Gesch. Bl. VII, 377 ff.), der Kreuzzug 1158 (l. c. S. 208). Annal. Magdeb. (MGH. XVI, 191) setzen letztern ebenfalls zu 1157; im Cod. Trevir. fol. 50 heißt es darüber: Odelricus Halberstadensis episcopus et Adelbertus march. Brandenb. a. d. 1158 per terram Greciam Jerosolimam sunt profecti. Markgraf Albrecht sagt selbst in einer höchst charakteristischen Urkunde von 1158, indict. VI (Riedel B. VI, 1), in welcher er eine Schenkung seiner Mutter an Kloster Huysburg bestätigt, er tue dies cum — ego uxore et filiis satis pollens multis quoque copiis donandi non habundarem, timore et amore creatoris mei permotus, cum ad visendum sepulchrum eius votum fecissem.

5) Garcaeus, success. familiar. (S. 66): ecclesia Havelbergensis scribit memoriam Alberti march. Brandenb. sub anno 1170, ad XIV. kal. Decembr.

III.   **6)** Ueber Otto I. cf. H. Hahn, Die Söhne Albrechts d. B., Otto I., Sieg-fried, Bernhard, 1170—1184, Progr. b. Louisenstädt. Realschule zu Berlin 1869. Ueber die Gründung Lehnins und die vom Chron. Marchion. mitgeteilten Gedenk-verse cf. mein „Lehnin" S. 2—11. 34 ff. Der Kgl. Seminardirektor Dr. Theodor Warminski macht in seinem Buche „Urkundliche Gesch. d. ehemal. Cisterzienserkloft. zu Paradies,¡1886", S. 35 über diese Verse, unter Verweisung auf mein Buch über Lehnin, irrige Angaben, von denen nicht ein Wort dort zu lesen ist. Es ist überhaupt zu bedauern, daß das treffliche, ihm für seine Arbeit zu Gebote stehende archivalische Material keinen besseren Interpreten gefunden hat.

7) Die Stiftungsurkunde ist freilich datiert 1184, indict. III (Riedel cod. dipl. Brandenb. A XVII, 1.) was, wenn die Indiktion richtig ist, auf Ende 1184 weisen würde. Kurfürst Friedrich II. sagt 1444: dersulbe marggrafe Otte die kloster Lennyn uf der Zuche unde Arntsehe in der olden marke — gestiftet (Riedel B. II, 330).

8) In antiquo libro Havelbergensis ecclesiae, in quo memorie defunc-torum perscriptae sunt, haec verba extant: anno MCLXXXIIII obiit pie me-morie Otto Brandenb. march., cuius studio et promotione consecrata (Garcaeus: consecuta) fuit hec ecclesia[1]. Hic etiam inter cetera bona contulit ecclesie nostre totam villam Drussow et 4 mansos in Prato et ecclesiam in Monte et

---

[1] 1170. epacte 1, concurrente 111. indict. III, die primo consecrationis ecclesie (Havel-berg.) anno machte Otto I. dem Bistum eine Schenkung (Riedel A. II, 441); XVII. kal.

50) sol. ad comparanda luminaria, et dimidiam villam Losse, et usui domini episcopi villam Dalchow (Garcaeus S. 70)[1]. Als Todesjahr müßte indeß 1185 angenommen werden, wenn die Anm. 7 erwähnte Urkunde die richtige Indiktion hat und das Monatsdatum der Chron. Marchion. annähernd zutrifft; letzteres scheint jedenfalls der Fall zu sein, da nach dem Memorienverzeichnis des Klosters Arendsee das Gedächtnis des Stifters nnd seiner Nachkommen am 7. März (s. Perpetuae et Felicitatis) begangen wurde (Riebel A XXII, 1). Fällt dagegen die Stiftung von Arendsee auf den 25. Dec. 1183, so hindert nichts, Ottos I. Todes= tag auf den 5. März 1184 anzusetzen; woher der 8. Juli 1184 als Todestag Ottos rührt (cf. v. Heinemann, Märk. Forsch. IX, 21, Anm. 1), weiß ich nicht.

9) Annal. Magdeb. (MGH. XVI, 190) ad ann. 1148 (Jan. 6): ibi (in Crusawice) etiam Otto filius march. Adalberti sororem Polonicorum principum (Bolislav und Miseco) sibi in legitimum matrimonium copulandam suscepit. Ihren bei der Reparatur des Brandenburger Domes 1833/36 verloren gegangenen Grabstein beschreibt Garcaeus (S. 342 Anm. 9): lapis in medio incisam habet figuram crucis longae, cuius suprema pars circulo inclusa est. Die schon zu seiner Zeit verstümmelte Inschrift gibt er so an: .... VII. idus Julii (Juli 9) obiit Juditha marchionissa, gemma Polonorum et D. (?) Palmes (?) .... Judith wird zuletzt, zusammen mit ihren beiden Söhnen Otto und Heinrich, in einer Urkunde vom 28. Dec. 1169 (1170, V. kal. Jan. indict. III, Riebel A VIII, 108) genannt; als einer Verstorbenen wird ihrer gedacht in einer leider un= datierten Urkunde Bischof Siegfrieds I. von Brandenburg, welche wegen einer Randnotiz im älteren Copiar des Brandenburger Domarchivs ins Jahr 1173 ge= setzt wird (Riebel A VIII, 109). Siegfried wurde indeß erst Weihnacht 1173 in Erfurt vom Kaiser zum Bischof erhoben (Chron. Sampetr. ed. Stübel S. 36, cf. Philippson, Heinrich der Löwe, II, 193 Anm. 2); schwerlich wird er in den wenigen Tagen bis zum Jahresschluß diese Urkunde ausgestellt haben, um so weniger, als die ganze hohe Clerisei Prämonstratenser=Ordens von Magdeburg, Brandenburg, Havelberg, Leitzkau, Jerichow in ihr als Zeugenschaft erscheint und wol nicht anzunehmen ist, daß dieselbe gerade zu dieser Festzeit in corpore in Erfurt ge= wesen sei. Die Urkunde wird frühestens Anfang 1174 in Magdeburg ausgestellt sein, und zwar, da Erzbischof Wichmann, welcher an der Spitze der Zeugen steht. im Januar d. J. in Nordhausen (Winter in Forsch. z. deutsch. Gesch. XIII, 145) und Braunschweig (Reg. Magdeb. I no. 1536), im Februar in Tilleda und Merse= burg (ibid. no. 1537. 1538. III. Nachtrag no. 207), am 3. März in Quedlinburg urkundet (ibid. I no. 1539), nach dieser Zeit — am 29. April ist Siegfried mit Wichmann in Jüterbogk, ibid. no. 1540, Riebel A VIII, 110. —, aber vor dem 23. Mai, wo Wichmann wieder am Hofe des Kaisers war, um bis zum Schlusse des Jahres seiner Diözese fern zu bleiben (ibid. no. 1541. Winter, l. c.). Stünde dieses Itinerar Wichmanns nicht entgegen, so würde man die Urkunde auf den

---

sept. Arnulphi ep. et conf. (Aug. 16) dedicatio ecclesie Havelbergh. (Bruchstück eines Kalen-dariums im Hauptarchiv zu Schwerin, Mecklenb. Urk. B. I, 89).

1) Die Schenkung von 4 mansi in prato, quod vulgo vocatur „wisch", iuxta ripam fluminis Albis, und der ecclesia in monte S. Nicolai in predicto pra.o „wisch" erfolgte 1151 durch Albrecht d. B. und Otto I. (Riebel A. II, 440); die von Dalekowe in ius et usum des Bischofs, von Druzdowe ad prebendam fratrum, der dimidietas villae Losse in hospitale ad ele-mosinas pauperum, die von 50 solidi ad luminaria ecclesiae comparanda am Tage der Reu-weihe der Domkirche (l. c. 441).

6. Juni setzen, da an diesem, als dem Todestage Norberts, die Prämonstratenser der sächsischen Circarie in Magdeburg ein Kapitel abzuhalten pflegten (Winter. Die Prämonstratenser, 245). Nach Judiths Tode heiratete Markgraf Otto I. die Adelheid unbekannter Herkunft (s. Anm. 10); am 1. Jan. 1177 urkundet er zum ersten Male consentientibus et laudantibus Adelheida coniuge mea et legitimis heredibus meis Ottone et Heinrico et Adelberto (v. Heinemann, cod. dipl. Anh. V, 297).

IV.   **10)** Im Jahre 1205 (o. T.) urkundet Ada marchionissa de Brandeburch, Tochter der Gräfin Ada, Schwester der Grafen Wilhelm und Florentius von Holland. (Riebel B. I, 3). Man hat dieselbe bislang für die zweite Gemahlin Ottos I., Adelheiba, Alheybis, gehalten; nach den Angaben der Chron. Marchion. — die dortige Namensform Ala könnte auf Schreibfehler beruhen — dürfte dieselbe indessen viel eher Ottos II. dem Namen nach bisher unbekannte Gemahlin sein, besonders auch aus dem Grunde, weil ihre Mutter (Aba von England) nach den Angaben bei Voigtel-Cohn erst in der Zeit zwischen 28. Aug. 1161 und ebenda 1162 heiratete, und Albrecht II., der nach der bisherigen Ansicht ihr Sohn sein müßte, 1177 zuerst urkundlich erwähnt (s. oben Anm. 9), 1186 (März 1 bis Aug. 31) anscheinend zuerst als Zeuge auftretend (Riebel A VIII, 115), etwa 1174 geboren sein mag (F. Voigt in Märk. Forsch. IX, 91), zwischen der Hochzeit der Großmutter und der Geburt des Enkels also höchstens 13 Jahre liegen würden. Zwei merkwürdige Porträtsiegel Adas sind abgebildet bei Kluit, hist. crit. comitat. Hollandiae et Zeelandiae, cod. diplom. Tom. II Pars I Tab. X; danach das eine bei Gercken cod. dipl. Brandenb. VIII. Zur Charakteristik Ottos und des Verhältnisses zu seiner Gemahlin ist eine Bulle Papst Innocenz' III. v. J. 1200 wertvoll, in welcher derselbe den Markgrafen ermahnt: ut uxorem suam maritali affectione pertractet, personas ecclesiasticas honoret, et ab hastiludiis abstineat et conversos de paganismo ad fidem christianam compellat ritus dimittere paganorum (Potthast, reg. Pontif. I, no. 1042).

11) Nach Arnold. Lubec. V, 25 nahm Otto II. 1295 in Straßburg das Kreuz, nach Chron. Sampetr. edit. Stübel S. 44 am 28. Okt. 1295 in Gelnhausen, wurde aber vom Papst dispensiert; Pulkawa (bei Dobner III, 204) läßt ihn 1204 nach Palästina ziehen.

12) Ueber die Zerwürfnisse Ottos mit seinem Bruder Albrecht und den Lehnsauftrag an Magdeburg cf. meinen Aufsatz „Ueber den Lehnsauftrag der Brandenburgischen Allode an das Erzstift Magdeburg", Magdeb. Gesch.-Bl. XXI, 272 ff. In dem Streit über diesen Lehnsauftrag i. J. 1444 sagt Erzbischof Günther von Markgraf Otto: so ein gotlik, vorwaren redelich, warhaftig herre was (Riebel, B. II, 321). Riebel druckt einen undatierten Revers ab (B. I, 99), in welchem ein Ungenannter sich eidlich verpflichtet, mit seinem Bruder, dem erlauchten Markgrafen O., in Frieden zu leben und ihm gegen Jedermann beizustehen; dies dürfte sich vielleicht auf das Zerwürfnis Ottos II. mit seinem Bruder Albrecht beziehen.

13) Martyrologium Havelbergensis ecclesiae habet IV. non. Jul. (Juli 4) 1205 (Garcaeus S. 72). — Ueber die Kriege Ottos II. mit Heinrich dem Löwen, König Knut von Dänemark, König Otto IV. im Bunde mit König Philipp cf. Arnold. Lubec. V, 7. 17. VI, 4. 9. 10. 11. — Im Jahre 1203 verteidigte er mit 300 Rittern Halle gegen den im Verein mit König Otto das Land verwüstenden Ottokar von Böhmen. Braunschw. Reimchron. 5399 ff. Magdeb. Schöpp. Chron. 125. Es sind das alles trockene, chronologische Notizen; nur die

Erzählung über die Schlacht an der Odermündung mit dem Dänenheer unter Bischof Peter von Roeskilde i. J. 1198 bei Arnold. Lubec. VI, 9. 10 hat etwas mehr Farbe: Interea non defuerunt nova in Dania et Nordalbingia. Siquidem Otto marcravius de Brandenburch infestabat Kanutum regem, subiciens sibi quosdam Slavos, quos rex sue ditionis esse dicebat. Unde commotus rex expeditionem contra eum ordinavit et classe terram suam intravit per aquam, que Odera dicitur, que in mari descensum habet. Cui occurrerunt Rugiani sive Rani cum Polabis et Obotritis. Rex tamen in insula Mone consistebat, Petro cancellario (episcop. Roeskild.) exercitum ducente. Cumque eis marchio occurrisset in multitudine militum et Sclavorum, ex utraque parte vulnerati ceciderunt; inter alios frater episcopi Durbernus cecidit, et cancellarius vulneratus in captivitatem ivit. Sicque expeditio illa soluta est. Episcopus autem in gravi custodia ab Ottone tenebatur, sperans se per eum multos captivos recipere, vel multam partem Sclavie possidere. Aliquantulum temporis fluxerat et episcopus in custodia tenebatur. Cumque de vulnere accepto egrotaret, ipse callidus et astutus maiorem infirmitatem de se simulabat, ut quasi se ipsum desperaret. Marchio igitur, quadam humanitate ductus, timens etiam infamiam, ne episcopus in custodia nimis dura deficeret, eum indulgentius habere cepit, deputato sibi custode quodam Ludolfo nomine. Episcopus igitur nacta oportunitate cum suo custode de sua liberatione tractare cepit. Et quid plura? Custode consentiente et cooperante episcopus de custodia eripitur et ad sua revertitur, et Ludolfus non parva mercede remuneratur. Proxima vero hieme, que fluvios et paludes durius constrinxerat, Otto marchio coadunato exercitu, Adolfo comite auxilium ferente, totam Sclaviam (Pommern) vastavit nec terre Jeromari, que Tribuses dicitur, pepercit, ita ut ipsam Rugiam vastasset, si glacies stagni, quod terras dividit, soluta non fuisset. Im folgenden Jahre stand Otto cum armatorum multitudine, zur Unterstützung Graf Adolfs von Holstein, an der Egbora (Eider) wiederum dem König Knut gegenüber. Vgl. Barthold, Gesch. v. Pommern II, 317. Ufinger, deutsch=dänische Gesch. 1189—1227. S. 87 ff.

14) cf. F. Voigt, Graf Heinrich v. Gardelegen und sein Bruder Albrecht II. V. Graf v. Arneburg, in Märk. Forsch. IX, 87 ff. Höchst merkwürdige Bracteaten und Denare Heinrichs sind beschrieben und abgebildet bei v. Graba, Der Brac= teatenfund von Bömenzien, 1878, im XIX. Jahresber. d. altmärk. Vereins S. 99 ff. Aus einer Urkunde v. J. 1190 (Riedel A V, 25), in welcher Markgraf Otto II. anscheinend mit Bezug auf sich von der petulantia, quae iuvenibus fervidae aetatis domestica solet esse spricht, seinen Bruder Heinrich aber einen vir in adolescentia sua bene disciplinatus, quibus iuventus fructuosam semper pollicetur actatem nennt, glaubt Wohlbrück (Gesch. der Altmark S. 129 Anm. 387) auf wesentliche Gegensätze im Charakter beider Brüder schließen zu dürfen. Die frag= lichen Wendungen gehören indeß der Phraseologie des markgräflichen Schreibers Hermann an, welcher diese Urkunde fertigte (der andere, in der Urkunde neben ihm genannte scriptor Siegfried ist Graf Heinrichs Notar; cf. dessen Urkunde v. J. 1191 Riedel A XVII, 436) und ebenso eine frühere v. J. 1187, in welcher sie mit Bezug auf Heinrich gebrauchten Worte auf Burggraf Siegfried von Branden= burg angewendet werden. Daß Graf Heinrich die ecclesia s. Nicolai in burgo Stendale im Jahre 1188 fundiert habe, bekundet Markgraf Otto II. in einer wol demselben Jahre angehörenden Urkunde (Riedel A V, 21). König Heinrich VI.

bestätigte am 23. Juni 1190 die Stiftung Heinrichs (l. c. 24), den er consanguineus nennt, weil ihre Urgroßmütter, Wulfhilde und Eilica, Schwestern waren.

15) Die bei Garcaeus S. 74 und anderswo sich findende Angabe, daß Heinrich v. Garbelegen am 5. Jan. 1192 (vigil. epiphan.) gestorben, ist falsch und beruht auf Mißverständnis einer im Dom zu Stendal vorhanden gewesenen „Aufschrift" (Beckmann, Beschreibung der Churmark II, Pars V, Lib. I, Cap. II Sp. 18): anno domini 1192 in vigilia epiph. Heinricus filius Wern..... comes in Osterburg h..... sie fundator, qui, cum frequentasset quatuor annis cum can ... chorum, feliciter defunctus est pie memorie. Der erste Teil dieser „Aufschrift" weist auf einen Grafen Heinrich v. Osterburg, Werners Sohn, den es nach Wohlbrück, Gesch. d. Altmark S. 76 Anm. 244 nie gegeben, während der zweite, offenbar vom Grafen Heinrich von Garbelegen handelnde, auf einer der Ableitungen der Chron. March. beruhen mag. Aus dem in der Urkunde Heinrichs von Garbelegen v. J. 1192 (Riedel A V, 27) angegebenen annus II. imperii Kaiser Heinrichs VI. folgt, daß der Aussteller erst nach dem 15. April dieses Jahres gestorben sein kann. — Der Epitomator Brietz. S. 278 verwechselt übrigens Otto I. und II., läßt letzteren 1186 sterben, auf ihn Heinrich von Garbelegen und auf diesen Albrecht II. folgen. Voigt (l. c. 89), der nur diese Quelle benutzt, weiß sich mit diesen „unrichtigen Mitteilungen" nicht zu behelfen; der richtige Sachverhalt, und wie von der Epitomator den Bericht darüber verstümmelt, ergibt sich aus dem Text unserer Chron. Marchion. im Vergleich mit den Lesarten der Exc. Pulk. Merkwürdig ist nur, daß der Irrtum des Epitomators sich auch in der Prozeßschrift Kurfürst Friedrichs II. gegen Magdeburg (1443/44, Riedel B II, 319) findet: dersulve marggrave Otte (II., welcher der Magdeburger Kirche die „vermessen Gabe" gemacht) und nach seinem tode marggrave Heinrich, der sente Nicolas kirchen zu Stendal und den stift daselbst gebuwet, und darnach marggrave Albrecht, der Wolmirstede gebuwet hait.

VI. **16)** Während Markgraf Otto II. vom Kreuzzug entbunden wurde, nahm sein Bruder Albrecht an dem von 1197 Teil. Die Narratio de primordiis ordin. Theuton. (Script. rer. Pruss. I, 224) berichtet (fälschlich zum Jahre 1195) die Anwesenheit des Albertus marchio Brandemburch im Templerhause zu Accon mit anderen deutschen Fürsten. Der Bischof von Hildesheim, Graf Conrad von Querfurt, welcher den Zug der sächsischen Bischöfe und Herren führte, kam am 22. Sept. 1197 in Accon an und kehrte im März des folgenden Jahres zurück (Script. rer. Pruss. I, 224 Anm. 1). An dem Kreuzzuge beteiligte sich auch Albrechts Vetter, Markgraf Dietrich von Meißen, und sein nachmaliger Schwiegervater, Markgraf Conrad von Landsberg (l. c.); cf. auch Winkelmann, Philipp v. Schwaben und Otto IV, I, 60 ff.

17) 1205, vor Aug. 31. Albertus march. filiam Conradi march. orientalis maiorem (duas enim habebat), Machtildem nomine, duxit uxorem, cujus nuptias Tidericus comes de Summerschenburg in castro Groiz cum magna gloria et expensarum copia celebravit (Chron. Mont. Sereni, MGH. XXIII, 172).

18) Ehedispens des Papstes Honorius vom 25. Mai 1219 (Riedel B I, 7). Die Ehe sollte geschlossen werden, um Frieden zwischen dem König von Dänemark und Herzog Otto von Lüneburg einer- und dem Markgrafen Albrecht andererseits zu stiften, zwischen denen guerrae et inimicitiae pestiferae ac mortales adeo succreverunt, quod praeter stragem hominum miserabilem factam multoties hinc et inde, combustiones villarum et inhumanitates alias, quas narrare per singula longum esset, alter alterius sanguinem sitiat et carnem in morte famescat; unde contingit, quod subsidium, quod conversis Prusciae per regem et nepotem ipsius et marchionem praedictum possit potissimum procurari, utpote qui sunt contigui terrae illi et tam multitudine gentium, quam aliis divitiis locupletes, plurimum impeditur, et pereunt miserabiliter anime plurimorum. cf. Usinger l. c. 182 ff. — Daß die ungenannte Tochter ben Namen Elisabeth geführt habe (v. Heinemann in Märk. Forsch. IX, 22, Anm. 3), weil ihre Großmutter, des Markgrafen Conrad v. Landsberg Gemahlin, so hieß, ist wol möglich; daß sie aber dem Landgrafen und Gegenkönig Heinrich Raspe vermählt (?, desponsata!) gewesen, dessen erste Gemahlin, Elisabeth, von unbekannter Herkunft (Haeutle, Landgraf Hermann I. v. Thüringen u. seine Familie, in Ztschr. d. Vereins f. Thüring. Gesch. V, 171), ist eine auf keinerlei positive Tatsachen sich stützende Vermutung, welche deswegen einen Anspruch auf „Wahrscheinlichkeit" (v. Heinemann, l. c.) schwerlich erheben kann.

19) Ueber die Kriege Albrechts mit König Wolbemar von Dänemark sowie mit Bogislav II. und Kasimir II. von Pommern 1214 und 1215 cf. Annal. Stadens. (MGH. XVI 356): Annal. Ryenses (l. c. 406); Detmar bei Koppmann I, 58 (wo fälschlich Markgraf Otto genannt wird); über die Ausdehnung des Feldzuges in Pommern berichtet Chron. Dan. zum Jahre 1214: Marchio de Brandeburgh cum exercitu Albiam transivit, volens contra regem pugnare. Sed cum percepit exercitum regis valde magnum, in fugam ultra Albiam est conversus; castra, videlicet Pozewolk et Stytin, que marchio occupaverat, sunt reacquisita. Vgl. Barthold, Gesch. v. Pommern II 337 ff. Boll, Gesch. d. Landes Stargard, I, 34. Usinger l. c. 166 ff. 414. 415. — Ueber den Feldzug Albrechts, als Anhänger König Ottos IV., gegen Magdeburg i. J. 1217 cf. Additam. ad Gesta archiep. Magdeb. (MGH. XIV, 420. 421): castra metatus est prope Calwe idem Otto, et invenit vadum per Albeam et incendit regionem usque ad Havelam; ei adiuvit marchio Brandenburgensis; venit ante civitatem Borch hostiliter, volens eam expugnare; dapifer autem et borchgravius Magdeburgensis inibi erant cum ceteris baronibus impedientes, immo repellentes. Post venit ante Nigrip et Louborch (Mlagbeb. Schöpp. Chr. 141, sonst übereinstimmend, sagt: toch vor Nigrip und leit Borch), ubi receptus fuit a sagittariis et aliis, quod multi de suis moriebantur. u. s. w. (vgl. Winkelmann, Gesch. Friedr. II. S. 89 Anm. 1.; derf. Philipp v. Schwaben u. Otto IV., II. 461. 462). — Gumbert v. W. und Rich. v. Pl. gehörten der Familie von Alsleben an.

20) Wolmirstedt wurde 1208 ff. erbaut (Prozeßschrift Kurfürst Friedrichs II., Riedel B IV, 299); über Oberberg cf. Barthold, Gesch. v. Pommern, II, 339.

21) Ueber Graf Siegfried v. Osterburg oder [Altenhausen cf. Wohlbrück, Gesch. b. Altmark, S. 77 ff.

22) Ueber die Beziehungen Albrechts II. zu Kaiser Otto cf. Arnold. Lubec. VII, 16. 17; er befand sich u. A. auf der Hochzeit desselben mit der Tochter Philipps v. Schwaben, Beatrix, in Würzburg, 1209, Mai 24. Im Juli 1212, während der Belagerung von Weißensee, schloß er ein Schutz= und Trutzbündnis mit dem Kaiser (Riedel B 1, 5, Usinger l. c. 150 ff. Winkelmann, Philipp v. Schwaben u. Otto IV., II, 300. 306). 1217 gab er die verlorene Sache desselben auf: marchio autem Brandelburgensis Albertus et comes Hinricus de Anehalt sequestrarunt se a Ottone, sociantes se Frederico (Additam. ad Gesta Archiep. Magdeb. MGH. XIV, 421. Magdeb. Schöpp. Chr. 141). Vgl. Usinger l. c. 183, der aber die Trennung 1216 setzt, und Anm. 19.

23) Manuscriptus catalogus episcoporum Brandenburgensium ponit annum mortis in annum 1220, VI. kal. Mart. (Febr. 24; Garcaeus S. 73). Auffällig ist die mit dem eigenen früheren Bericht der Chron. Marchion. (cf. Anm. 6) in Widerspruch stehende Angabe, daß Otto II. und Albrecht II. Lehnin gegründet hätten; letzterer nennt i. J. 1208 ausdrücklich seinen Vater Stifter des Klosters (Riedel A X, 191); ob Epit. Brietz. die ursprüngliche richtige Lesart, oder nur eine Emendation des Epitomators gibt, muß dahingestellt bleiben.

VII.   **24)** Die Lehns=Tutel über die unmündigen Markgrafen hatte Kaiser Fried= rich II. dem Erzbischof Albrecht von Magdeburg übertragen. Die Markgräfin er= warb dieselbe (1221, Sept. 20, Riedel B I, 8), d. h. wie Hermann Schulze, Das Erb= und Familienrecht d. Deutsch. Dynasten des M. A. (S. 115 ff.) richtig aus= führt, nicht bloß die Einkünfte, sondern die gesamte Lehnsvormundschaft, welche nun an den rechten Vormund, Graf Heinrich von Anhalt, überging, der sich dem entsprechend tutor Marchiae nannte (1224 Riedel B I, 11; 1125, l. c. A VI, 399).

VIII.   **25)** F. Voigt, Ueber das Alter der Markgrafen Johann I. und Otto III. und ihre Familien, Märt. Forsch. IX, 114 ff. Bauch, Die Markgrafen Johann I. und Otto III. von Brandenburg in ihren Beziehungen zum Reich. Breslau 1886. — Es ist auffällig, daß die Chron. Marchion. nichts von den Verhandlungen über die Wahl Ottos III. zum deutschen König i. J. 1256 weiß, worüber die Chron. Princ. Saxon. (Märt. Forsch. IX, 14; im cod. Trevir. fehlt diese Stelle) folgendermaßen berichtet: Quo (Wilhelm von Holland) mortuo habita est mentio de eligendo Ottone marchione Brandenburgensi, viro ad imperium ydoneo et devoto, etc.; cf. Riedel B I, 46—48. Böhmer=Ficker, Reg. Imp. V, 991 no. 5289a. — Auch von der ruhmvollen Teilnahme Ottos an dem Feldzuge seines Schwagers Ottokar von Böhmen gegen Bela von Ungarn i. J. 1260, bei welchem er denselben zum Ritter schlug, und an der Schlacht auf dem Marchfelde, welche durch eine von ihm angegebene Kriegslist gewonnen wurde, ist nicht die Rede; cf. Chron. Sampetr. edit. Stübel S. 88. Pulkawa bei Mencken III, S. 1719. 1720. Sächs. Weltchron., sächs. Fortsetzung, edit. Weiland S. 284. — Ueber Streitigkeiten und Kämpfe der Markgrafen mit Nikolaus v. Wenden wegen des Ländchens Thure (mit der Burg Meienburg) gibt Ernst v. Kirchberg (Chron. rhythm. Mecklenb. Cap. 170) einen höchst anziehenden, novellistisch gehaltenen Be= richt, den hier mitzuteilen leider sein Umfang verbietet; ich gebe daher nur den nicht ungeschickten Auszug von Krantz (Wandal. VII, 35): Marchiones Branden-burgenses, insigni tunc (ut nunc) electurae principatu, Wandalorum principes suos habuere satellites. Vestem illis curialem, quomodo domesticis, misere. Eam honorifice excepit Nicolaus, et cum prodiret in conspectum, ea tectus ibat. Erat controversia de finibus; ventum est in coetum ad tractandum super rebus; male sibi timuit Nicolaus. Novit superbiam maioris principatus. Ar-mavit validam suorum manum, et clam habuit tectos umbris et nemoribus; iussit tamen exspectare signum stare suspensos, ut, cum ille pileum suum proiiceret ludibundus in altum, erumperent. Coeperunt tractare magnates super controversiis; ille de suorum consilio, quod visum est in rem, iussit responderi; ex verborum alterna contentione coepit indignatio marchionum clarescere. Nicolaus risu excepit rem. „Quantum est, inquit, si illustres vos marchiones hominem tenuem Wandalum, vestra veste tectum, opprimere contendatis? Sit aequum, sit iustum inter nos iudicium! Alioqui, si vim paratis, indecorum est, vestra veste contectum accipere iniuriam. Si omnino, ut apparet, indignantes saevire paratis, sinite honoris gratia, ut vestem ponam quam dedistis, ne crebrescat rumor, domesticum marchionum per vim oppressum!" Cum murmur cresceret, et altius irae spirarent reputantium sibi illudi, visum est Nicolao, prope esse, ut vim intentarent. Putabat non exspectandum, sed ludens de more suo, pileum suum proiecit in aëra. Accepere signum qui latuere, et incursione facta nudabant arma. Marchiones non tam ad arma parati secesserunt; nec tamen sine caede et sanguine transigi potuit; capti feruntur aliquanti militares. Scherzhafte Reden, welche, Kranß zufolge, Nicolaus bei einer ähnlichen Gelegenheit den Markgrafen gegenüber gebraucht hätte, be= richtet Kirchberg bei diesem selben Vorgang:

> Sinen huot er abe nam vil vaste,
> Uf die erden er in satzte
> Und sprach: „Sehet disen kalen Went!
> An dem lât uch ungeschent!"
> Da satzte her wider sinen huot
> Uf sin houbet wolgemuot
> Und sprach: „Ir markliute sunder zitter,
> Hie sehet den allerküenesten ritter;
> Den solt ir vorchten alle
> Mit uwern ungevalle!"

26) Vgl. Urkunde vom 20. Sept. 1221, Riedel B I, 8.

27) Als Analogon hierzu diene eine Urkunde Herzog Rudolfs von Sachsen v. J. 1301, welche derselbe ausstellt cum consensu fratrum nostrorum et de con- silio inclite domine matris nostre Agnetis ducisse Saxonie, cuius providentia regimur et gubernamur (Staatsarchiv zu Magdeburg, Copiar 456a, S. 180).

28) Diese Erwerbung hat die Federn märkischer Lokalhistoriker vielfach be= schäftigt; zuletzt hat F. Voigt ausführlicher darüber gehandelt in „Die alten uud neuen Lande der Mark Brandenburg i. J. 1238" (Märk. Forsch. IX, 98); trotzdem bedarf die Sache erneuter gründlicher Untersuchung. Die Grenzbestimmung zwischen den antiquae und novae terrae in dem Vertrage vom 28. Oft. 1237 (Riedel A VIII, 151) ist heut nicht mehr ganz verständlich; mit Sicherheit aber ergibt sich der Grenzzug gegen die slawischen Länder vor Erwerbung des Barnim und Teltow aus der Beschreibung der Brandenburger Archidiatonatsgrenze in der Ur- kunde Bischof Siegfrieds II. vom Ende des Jahres 1217 (Riedel A VIII 137; das Monatsdatum V. kal. Jan., Dec. 28, muß wol in XV. kal., Dec. 18, verändert werden, da die Urkunde sonst bei weihnachtlichen Jahresanfanges wegen in das Ende 1216, in die Regierungszeit Bischof Balduins, fallen würde). Wie Herzog Barnim I. (der ganz unzweifelhaft gemeint ist) den Barnim und Teltow, so über- ließ wenige Jahre später (1236, Juni 20) der Vetter desselben, Herzog Werslaus, den Markgrafen das Land Stargard (Riedel B. I, 17; cf. Barthold, Gesch. v. Pommern II, 421 ff.).

29) Der Rest der Ufermark erworben 1250 durch den, Balt. Studien XIV, 1, S. 178 ff. für unecht erklärten, Vertrag von Landin, 1250 (Riedel, B I, 31. Pomm. Urk.=B. I, 399). Weil das Land Wolgast, welches dagegen ver=

tauscht wurde, in der Urkunde Erbteil der Söhne Johanns genannt wird, haben jüngere Pommersche Chronisten gefolgert, daß Markgraf Johann I. eine Tochter Barnims I., Hedwig, zur Gemahlin gehabt habe, und daß das Land Wolgast Heiratsgut dieser inzwischen verstorbenen Hedwig gewesen sei. Abgesehen davon, daß wol eine Namensverwechselung mit Hedwig, der Gemahlin Johanns II., vorliegt, war das Land Wolgast von ca. 1235 bis ca. 1241 unbestreitbar in dänischem Besitz, und die Ansprüche der Kinder Johanns I. erster Ehe rührten von ihrer Mutter, der dänischen Sophie, her. Obwol Voigt dies erkannt hat, hält er trotzdem, den Pommerschen Chronisten zu Liebe, an der Heirat Johanns I. mit einer nicht existierenden Pommerschen Hedwig fest, welche 1250 erfolgt sei, aber kinderlos nur kurze Zeit gedauert habe.

30) Johann I. und Otto III. erwarben vom Grafen Siegfried von Blanken= burg die Vogtei in Queblinburg und von Jordan v. Gersdorf das Schloß Lewen= berg (die Lauenburg bei Queblinburg; Riedel B I, 119), und zwar erstere nach 1257 (v. Arnstedt, Schirmvogtei über Stift und Stadt Queblinburg, Harz = Ztschr. IV, 187), in welch letzterem Jahre auch Jordan v. Gersdorf urkundlich vorkommt (l. c. XII, 587, Anm. 5).

31) Ueber Berlin cf. meine Abhandlungen „Die Gerichtsverfassung und das Schöffenrecht Berlins bis zur Mitte des 15. Jh." Märk. Forsch. XVI, 6. — „Zur Gesch. Berlins im M. A. ibid. XVII, 1 ff. — Frankfurt a./O. 1253, Juli 14, Berlin. Urk.=B. 8. — Neu = Brandenburg 1248, Jan. 4, Riedel B I, 28. — Stargard 1259, Jan. 11, Voll, Gesch. d. Landes Stargard 1, 289.

32) Ueber die Schlacht an der Plane (1229), die Gefangennahme Markgraf Ottos III. durch Bischof Ludolf von Halberstadt und den von 1240—1245 dau= ernden Krieg zwischen Brandenburg einerseits, und Magdeburg, Halberstadt und Meißen andererseits cf. Gesta Archiep. Magdeb. (MGH. XIV, 421. 422). — Sächsische Weltchron. edit. Weiland 253. 254. — Chron. Euphord. (MGH. XVI, 33). — Annal. s. Pantaleon. Colon. (MGH. XXII, 534). — Ernst v. Kirchberg, Chron. Mecklenb. rhytm. (v. Westphalen, Monum. ined. IV S. 768). — Der in der Schlacht an der Biese 1240 (Juni 24., Entzelt edit. 1736 S. 100 ff.) gefan= gene Bischof von Halberstadt hieß nicht Meinhard, sondern Ludolf. Das Zer= würfnis mit Heinrich d. Erl. von Meißen war daher entstanden, daß dieser die Grenzfesten Köpenick und Mittenwalde, welche die Brandenburger Markgrafen mit dem Teltow von Herzog Barnim I. von Pommern erworben hatten, als zur Lausitz gehörig in Anspruch nahm und Erzbischof Burchard von Magdeburg die Burgen, welche er bis zu gütlicher Auseinandersetzung sequestrieren sollte, treulos dem Meißner auslieferte.

33) Vgl. Gercken „Beweis, daß die beiden Brüder Johann I. und Otto III. zwei besondere Linien in dem Brandenburgischen Hause gestiftet und diverse Pro= vinzen besessen". (Verm. Abhandlungen I, 145 ff.)

34) Die Markgrafen von Brandenburg und der Erzbischof von Magdeburg erwarben gemeinschaftlich 1249/50 das Land Lebus; cf. Urkunde v. 20. April 1249, Riedel A XXIV, 316; Reg. Magdeb. II no. 1255. 1265; Boguphal bei v. Sommersberg, Script. rer. Silesiac. II, 63; Chron. princip. Polon. bei Stenzel, Script. rer. Siles. I, 107; Dlugoss hist. Polon. edit. Lips. I. col. 716.

35) Wann Bischof Ludolf von Halberstadt die Grafschaft Seehausen und die Schlösser zu Alvensleben an die Markgrafen verkaufte, steht nicht fest; da die Chron. Marchion. ihn noch als electus bezeichnet, er Ende 1252 gewählt wurde und sich selbst am 9. Februar 1254 zuletzt electus nennt (Harz=Zeitschrift IX, 40), so müßte der Vertrag in diese Zeit fallen; dazu passen indeß die Worte der Chron. March.: „quam tunc emerant", nicht; der Kauf wurde nach Ludolfs Absetzung (1255) vom Halberstädter Domkapitel angefochten, und Ludolfs Nachfolger Volrad ver= kaufte die Stücke aufs neue an den Erzbischof von Magdeburg am 13. Juni 1257 (Riedel B I, 50); die Markgrafen gaben indessen anfänglich ihre Rechte nicht auf; daß die streitigen Besitzungen thatsächlich zum Anteil Ottos III. gehörten, folgt daraus daß er sich am 12. Mai 1259 mit dem Erzbischof darüber vertrug, die Schlösser Alvensleben zu Lehn nahm und für die Grafschaft Seehausen das Land Jerichow eintauschte (Riedel B I, 62).

36) Markgraf Ludwig der Aeltere sagt in einer Urkunde vom 13. Mai 1336 (Riedel B II, 105): gloriosus princeps dominus Otto de nova Branden-burg. Der Umstand, daß man die Teilung der Alt= und Neustadt=Brandenburg zwischen Johanneischer und Ottonischer Linie übersah, ist vielfach verhängnißvoll geworden, indem man spätere landesherrliche Bewidmungen willkürlich bald der einen, bald der andern, bald beiden gemeinschaftlich zuteilte. Nur so ist es z. B. möglich geworden, daß man in der Urkunde vom 3. November 1315, in welcher der jugendliche Markgraf Johann (Hermanns d. L. Sohn) das Schöffengericht der Neustadt=Brandenburg zum Oberhof für alle Städte seiner, der Otto= nischen Lande, machte (Riedel A. IX, 12), die Gründungsurkunde des später so berühmten Brandenburger Schöffenstuhls (welcher aus den Schöffen beider Städte bestand und für die ganze Mark kompetent war) sah, ein Irrtum, der sich auch bei Homeyer, Der Richtsteig Landrechts S. 512, findet (cf. meine „Branden= burgischen Stadtrechtsquellen" in Märk. Forsch. XVIII, 15. „Siegel der Alt= und Neustadt=Brandenburg; ein Beitrag zur älteren Geschichte der Stadt Branden= burg", S. 5 ff., im Anhang zu Tullo, Kommunalgeschichte der Stadt Branden= burg I. 1887).

37) Tag und Jahr des Todes Johanns II. und seiner Gemahlin Hedwig, **IX.** welche als eine Mecklenburgerin angesehen wird, obwohl urkundlich darüber nichts feststeht (Mecklenb. Urk.=B. IV, 217), werden bestätigt durch die Inschriften im schwarzen Kloster zu Prenzlau (Riedel C I, 13). Wenn Garcäus (S. 90) an= giebt, das Martyrologium Havelbergense setze 1282, so dürfte dies wieder auf einem Lesefehler beruhen, welcher die Zahlzeichen der Jahreszahl und des nach römischem Kalender ausgedrückten Monatsdatums unrichtig trennte. Johanns letztwillige Zuwendung an das Kloster Chorin ist enthalten in der Urkunde seiner Brüder Otto m. b. Pfeil und Konrad vom 9. Oktober 1281 (Gercken, cod. dipl. Brandenb. II, 423).

38) Die Kriege der Markgrafen Johanneischer Linie mit Magdeburg und deren wichtigste Schlacht, die bei Frohse, welche zuletzt Hertel in Forsch. z. Deutschen Gesch. XIX, 212—234 hinsichtlich der Glaubwürdigkeit der sie überliefernden Nach= richten behandelt hat, habe ich Magdeb. Gesch. Bl. XXIII, Heft 1 neuerdings unter= sucht. Es hat sich dabei herausgestellt, daß der erstere, mit den Gesta Archiep. Magdeb. übereinstimmende, die Befreiung der gefangenen Markgrafen Otto m. b. Pf. ausführlich behandelnde Bericht der Magdeb. Schöpp.=Chron. prosaischer Niederschlag eines deutschen Gedichtes ist, dessen Einzelheiten, soweit sie nicht der dichterischen Aus= gestaltung angehören, wie die Dialoge der handelnden Personen, und soweit sie überhaupt kontrolierbar sind, vollkommen der geschichtlichen Wahrscheinlichkeit entsprechen. Dies gilt insbesondere auch von den Personalien des alten v. Buch,

deren Glaubwürdigkeit Hertel bestritten hat. Die unglückliche Expedition gegen Staßfurt dürfte in die Zeit zwischen 1. Juni 1278 (Bündniß Markgraf Konrads mit
Herzog Barnim I. von Pommern, Riedel B 1, 135) und 21. Juli ejd. (Friedensschluß zwischen Sachsen und Magdeburg und endgültige Abtretung von Staßfurt
an letzteres, Riedel A X, 452; v. Heinemann, cod. dipl. Anhalt. II, 359) fallen. Den
nur in der von Pultawa benutzten erweiterten Rezension der Chron. Marchion.
erwähnten, von einer Verwundung bei diesem Kriegszuge herrührenden Beinamen
Ottos giebt dieser sich selbst in einer Urkunde vom 4. Dezember 1294: Otto cum
telo dei gratia marchio Brandenburgensis (Winkelmann, Acta imperii inedita
II, 750). Die Magdeb. Schöpp. Chron. 162, 16 sagt: und wart markgreve Pil
genant, und so nennt ihn eine Urkunde von 1337 (Riebel C III, 29): Otto dictus
de Pyl. Ein eigenthümliches Mißverständniß ist Albert Kranz (Saxon. VIII, 34)
begegnet, indem er aus der Angabe des Chron. Sampetr. (edit. Stübel 123), auf
dem Hoftage zu Erfurt, Weihnacht 1289, seien zugegen gewesen marchiones de
Brandeburc longus et cum Telo (Thüring. Fortf. der Sächs. Weltchron. edit.
Weiland 303 macht daraus: der markgrefe von Brandenburg der lange mit
deme phile und sin brudir), die Existenz eines brandenburgischen Markgrafen
Tilo folgert, was Angelus S. 115 und Garcäus S. 90 ihm nachschreiben. Eine
weitere Verwechselung zeigt sich darin, daß Botho (Chron. pictur. v. Leibniz,
Scr. rcr. Brunsvic. III, 369), Kranz (Saxon. VIII, 32) und danach Jüngere die
Verwundung und den Zunamen dem älteren Bruder Ottos, Johann, oder gar
beiden (Suntheim bei Riedel, Chroniken S. 258) beilegen. Ueber die weiteren
Fehden zwischen Magdeburg-Hildesheim und Braunschweig im Sommer 1279,
wobei die Johanneischen Markgrafen auf letzterer, ihr Vetter Albrecht III. auf
gegnerischer Seite focht, cf. Chron. Hildesheim. (MGH. VII, 365); Magdeb. Schöpp.
Chron. 163 ff.; Braunschw. Reimchron. V. 8949—9170; Rochholtz, Deutscher Glaube
und Brauch II, 207. Magdeb. Gesch. Bl. XXIII Heft I.

39) Im März 1262, Riedel B 1, 72; Braunschw. Reimchron. V. 8288 ff.
„Use husvrowe ver Helwich" erscheint als Zeugin in dem Sühnevertrage zwischen
den Markgrafen Johanneischer Linie und Bischof Friedrich v. Brandenburg am
16. September 1304 (Riedel A VIII, 199). Die bekannte und oft abgebildete
schöne Darstellung der Pariser Minnesinger-Bilderhandschrift, wie Otto mit seiner
Gemahlin Silica Schach spielt, ist am besten in Originalgröße reproduziert bei
Mathieu, Minnesänger aus der Zeit der Hohenstaufen, Paris, 1850. Tafel 6.
Nach Wegele (Friedr. b. Freib. 290 Anm. 2, cf. auch Gerden, Fragm. March.
VI, 125) hätte Otto m. b. Pfeil nach Silicas Tode die Witwe des am 10. Dezember
1307 gestorbenen Markgrafen Dietzmann v. Meißen, Jutta, Tochter Bertholds VIII.
v. Henneberg, geheiratet. Dies ist schon deswegen nicht wahrscheinlich, weil
Otto als „sei ex plenus dierum" (er wird bald nach 1230 geboren sein) ein Jahr
später selbst starb (s. Anm. 81). Wegeles Angabe beruht wohl auf Schultes,
Hennebergsche Gesch. II. 9; fest steht indessen nur, daß Dietzmanns Witwe sich
am 28. Juni 1310 Markgräfin v. Brandenburg nennt (Wegele l. c.) und daß
Graf Berthold von Henneberg-Schleusingen am 12. Mai 1317 das Testament
seiner soror karissima Jutta felicis recordationis quondam Brandenburgensis
marchionissa bestätigt (Wilke, Ticemannus, Cod. diploni. 220). Wilke (l. c.
Text, S. 56) mutmaßte, und v. Klöben (Waldemar II, 18) folgt ihm darin, daß
sie mit Otto, Konrads Sohn, dem einzigen zu jener Zeit disponiblen Markgrafen,
verheiratet gewesen, welcher 1308 gestorben wäre. Letzteres Jahr, welches z. B.

Jobst (Brandenb. Geneal., 1562, Sign. J II fol. verso; danach Garcäus S. 91) angibt, beruht aber, wie aus den Begleitumständen sich ergibt, auf einer Verwechse=lung mit Otto m. b. Pf. Welcher Markgraf von Brandenburg also der zweite Gemahl von Dietzmanns Witwe gewesen, dürfte danach noch immer offene Frage sein. **40)** Päpstlicher Dispens vom 19. Dezember 1255, Riedel B. I, 44. Batz-konis contin. Boguphali chron. Polon. (v. Sommersberg, Script. rer. Siles. II, 73) ad ann. 1260: Poloniae dux (Boleslaus) Constantiam olim Przemislonis ducis Poloniae, fratris sui, filiam Conrado filio march. de Barnthborg (alias de Scorzelicz) fecit copulari in uxorem, et solempnitatem nuptiarum in castro Santhok cum eisdem celebravit. Qui castellaniam Santhoczensem pro dote eiusdem obligat, sed non ipsum castrum. Per hoc autem ipsa castellania a regno Poloniae est alienata usque in presentem diem (cf. Kutschbach, Zur Gesch. d. Neumark, Küstriner Bürgerschul=Programm 1857). Der Todestag Con-stanzias ist in der Chron. March. offenbar einige Tage zu spät angegeben; der-selbe wird vielleicht auf den 8. Oktober (VIII. id. Oct.) fallen; denn in der Ur-kunde vom 9. Oktober 1281 (VII. id. Oct. Gercken, Cod. dipl. Brandenb. II. 425) macht Conradus d. gr. Brandenb. march. compunctus transitu dilecte nostre coniugis domine Constantie Brandenb. march. dicte de Polonia felicis memorie eine Memorienstiftung für dieselbe im Kloster Chorin. Auf Schriftsteller zweifel-haftester Glaubwürdigkeit gestützt läßt v. Klöden (Waldemar, I, 216. 412) den Markgrafen Konrad nach Constanzes Tode eine Brigitte heiraten, Tochter Diet-richs d. Weisen von Meißen aus einer früheren Ehe, als der mit Konrads Schwester Helena: dieselbe wäre als Kind mit Konradin von Schwaben versprochen gewesen, habe dann den 1298 verstorbenen Herzog Konrad von Glogau geheiratet und als vierzigjährige Witwe dem Brandenburger die Hand gereicht. Dieß ist alles falsch. Gemeint ist Dietrichs d. Weisen und der Helena von Brandenburg älteste Tochter Sophia, welche am 4. Oktober 1285 den Schleier nahm; vgl. Anm. 42.

41) Vgl. v. Mülverstedt, Die Erzbischöfe von Magdeburg Günther, Bern-hard und Erich vor ihrer Wahl, in Magdeb. Gesch. Bl. V, 149 ff. und meinen Aufsatz ibid. XXIII, 1. Heft über die Brandenb.=Magdeb. Beziehungen 1266—1283. Die päpstliche Bestätigung Erichs als Erzbischof von Magdeburg ist vom 14. Mai 1283, J. H. Sbaralea, Bullar. Francisc. III, 507 ff. Reg. Magdeb. III, Erster Nachtrag no. 573. Erich starb am 21. Dezember 1295, Reg. Magdeb. II no. 878.

42) Am 2. Mai 1253 erteilte Papst Innocenz IV. auf Ansuchen Markgraf Johanns von Brandenburg dem Sohn des Markgrafen von Meißen (Heinrich des Erlauchten), Dietrich, Dispens, die per verba de praesenti mit der nata Johannis march. de Brandenburg, quam habet unicam, gelobte Ehe zu vollziehen (Riedel B. I, 39); am 15. Juli desselben Jahres gestattete er (auf Ansuchen Heinrichs d. Erlauchten) dem Markgrafen Dietrich, Agnes (!), die Tochter des Markgrafen von Brandenburg, zu ehelichen, cum qua iam contraxisti sponsalia (l. c. 41); am 14. Februar 1255 bestätigte nun gar Papst Alexander IV. den Konsens seines Vorgängers Innocenz zur Ehe Albrechts (!), Sohnes des Markgrafen von Meißen, mit Agatha (!), der Tochter des Markgrafen Johann von Brandenburg, non ob-stante quod in ipsius litteris in propriis nominibus sit erratum (! l. c. 43). Nichtsdestoweniger ist in allen drei Urkunden nur die Ehe zwischen Dietrich und Helena gemeint (Wegele S. 358). Die Verlobung wird bald nach Beilegung der Lebuser Angelegenheit (nach 1250) erfolgt sein. Die Hochzeit wurde bisher nach Chron. parv. Dresd. (Mencken III, 347) in das Jahr 1268 gesetzt; Wegele (S. 355 ff.)

hat die Unzuverlässigkeit dieser Angabe nachgewiesen und vermutet, daß die Vermählung zwischen 1256 und 1258 stattgefunden habe. Diese Mutmaßung wird
glänzend bestätigt durch die Chron. March., welche das Jahr 1258 angiebt
(Kap. 2; oben S. 118). — Von großer Wichtigkeit für die Familienverhältnisse
Dietrichs b. Weisen und Helenas, sowie für die Genealogie und Hausgeschichte
der Markgrafen von Brandenburg ist das von Lepsius aufgefundene und auszugs-
weise bekannt gemachte (Kl. Schrift. II, 231 ff.), von Opel in Neue Mitteilungen
XI, 373 ff. vollständig herausgegebene Chron. monasterii s. Clarae in Weissenfels.
Danach (und nach der Vita s. Hedwigis, Stenzel, Script. rer. Siles. II, 108)
entsprossen dieser Ehe außer dem am 17. August 1291 verstorbenen Friedrich Tute
zwei Töchter. Das älteste der Kinder überhaupt war Sophia. In ganz jugend-
lichem Alter wurde sie 1266 mit dem unglücklichen Konradin von Schwaben
verlobt (Wegele S. 355 ff.), und heiratete nach dessen Tode Herzog Konrad I. von
Glogau. Nachdem auch dieser zwischen 1273 April 18 und 1274 Oktober 9 (Grotefend, Schles. Stammtafeln, II) gestorben „dankte sie gott mit vrolicher innikeit,
daz er sie erlöset und gevreiet hatte von den banden der ehe", gieng zu ihren
Eltern zurück, hatte Visionen und nahm am Tage der Einweihung des auf ihr
unausgesetztes Andringen gestifteten St. Clarenklosters in Weißenfels, am 4. Oktober 1285, dort den Schleier (Chron. S. Clarae edit. Opel S. 391). Sie lebte
in schmutzigster Askese (S. 393), wurde schließlich Aebtissin (S. 399) und starb
am 24. August 1318 (S. 410). — Ihre Schwester Gertrub war 1285 mit
Herzog Bolco I. von Schweidnitz verlobt (S. 391), nahm aber ebenfalls, nachdem
sie, um die Auflösung des Verlöbnisses durchzusetzen, den Versuch gemacht, sich
Nase und Lippen abzuschneiden (S. 397; Bolco vermählte sich später mit Beatrix,
Tochter Ottos d. L. s. Anm. 59) am 21. Januar 1286 im Clarenkloster den
Schleier (S. 397), wurde dort Scholastriz, verfiel in Wahnsinn (S. 399) und
starb am 18. Januar 1325 (S. 410). — Markgräfin Helena lebte nach dem Tode
ihres Gemahls, vielfachen Verfolgungen von Seiten des Markgrafen Dietzmann
ausgesetzt (S. 402), in Weißenfels in innigster Gemeinschaft mit ihren frommen
Töchtern, beobachtete selbst die dritte Regel des hl. Franziskus (S. 404) und
starb am 7. Juni 1304 (S. 405; am 25. Januar desselben Jahres besiegelte sie
noch eine Urkunde ihres Bruders Heinrich ohne Land, Riedel B. I, 256).

43) Nach Riedel C. I, 8 soll folgende Grabschrift sich in der Nikolaikirche
(bis zur Reformation in einer Kapelle des Minoritenklosters) zu Flensburg (!)
befinden: Anno domini MCCXLVIII. III. non. Nov. obiit domina Sophia marchionissa de Brandenborch, filia quondam regis Woldemari II, hic sepulta cum
prole sua de novo edita.

Das abweichende Datum dürfte wiederum auf einem Lesefehler beruhen; vgl.
auch Barthold, Geschichte von Pommern II, 423 Anm. 5. 1248, indict. VI conc.
II (letztere Zahl ist falsch), machten beide Markgrafen in Lehnin eine Memorienstiftung für die domina Sophia carissima nostra marchionissa in Brandenburch
iam defuncta (Riedel A. X, 205).

44) Albertus (dux Saxoniae undecimus) duxit Agnem, sororem Henrici
lantgravii Thuringie, que peperit Juttam, quam duxit Johannes march. Branden-
denb. (Chron. princip. Saxon. Märk. Forsch. IX, 19); päpstliche Dispense vom
7. Mai 1255 und, nach vollzogener Ehe, vom 21. Januar 1256 (Riedel B. I,
43. 45); cf. auch Märk. Forsch. IX, 16 Anm. 3.

45) Hermann starb als konfirmierter Bischof von Havelberg 1291; sein
Leichenstein (auf welchem er nicht, wie Riedel sagt, einen Fürstenhut, sondern eine

altertümliche niedrige Mitra trägt) mit dem brandenburgischen und sächsischen Wappen und der Legende: † anno MCCXCI obiit dominus Hermannus huius ecclesie episcopus, marchio Brandenburgensis pie memorie, abgeb. bei Riebel A. II, Tafel, no. 1, cf. ibid. S. 404. III, 213, höchst auffälliger Weise bei Bergau, Bau= und Kunstdenkmäler der Provinz Brandenburg S. 410 nur kurz erwähnt. Aus „Successio seu catalogus episcoporum" zitiert Garcäus S. 95: Hermannus electus et confirmatus obiit non consecratus"; diese „Successio" ist das „Frag= ment einer Chronik des Bistums Havelberg", welches Riebel (Cod. dipl. Brandenb. Chronikenband, S. 289) nach einer ihm gehörigen Handschrift des 16. Jahrhunderts abgedruckt hat. Das von Garcäus gegebene ungenaue Todesjahr „vor 1297" beruht darauf, daß die „Successio" bei Hermann gar keine, bei seinem Nachfolger dagegen die Jahreszahl 1297 anmerkt. Bischof Hermann muß spätestens im Laufe des August 1291 gestorben sein; denn sein Nachfolger Johann, welcher 1298, August 31 (Prid. Kal. Sept.), als im 8. Jahre seines Pontifikats urkundet (Riebel A. II, 453), war danach spätestens am 30. August 1291 gewählt oder gar schon consecriert. Dieser Johann muß in zwiespältiger Wahl erwählt sein. Denn im Havelberger Dom befindet sich noch ein Grabstein (Riebel l. c.) mit der Um= schrift: † anno domini M. CC. XCII. obiit dominus Johannes marchio Branden- burgensis in huius ecclesie episcopum postulatus. Von den beiden darauf an= gebrachten Wappenschilden zeigt der eine den brandenburgischen Adler, der andere den Stierkopf; aus letzterem schließt Riebel (l. c. 404), daß Johann, der sonst nirgends erwähnt wird, Sohn Johanns II. und der Hedwig von Werle gewesen sei; die Herkunft letzterer ist indessen nicht nachweisbar (s. Anm. 37); als Sohn aus dieser Ehe nennt Chron. Marchion. nur den Kunekin (s. Anm. 78). Die Angabe Riebels (A. II, 405), daß der andere Johann bis zum Tode des postulierten Markgrafen aus der Mark habe weichen und in Halberstadt als Koadjutor des dortigen Bischofs eine Zuflucht habe suchen müssen, ist schwerlich richtig. jedenfalls unbeweislich, denn die von Riebel in Bezug genommene Urkunde vom 9. Oktober 1291 besagt nur, daß Johannes d. gr.. Havelberg. episc. in Helmstedt de licencia venerabilis in Cristo fratris nostri Halberst episcopi einen Weiheakt vorgenommen habe (Riebel A. II, 452). Was Becker in seiner „höchst verdienstlichen Geschichte des Bistums Havelberg" (Berlin 1870. S. 50) und Schwebel in seinen „mit bewundernswerter historischer Gelehrsamkeit nicht minder wie mit poetischem kunst= verständigem Sinne und in schwungvoller Sprache entworfenen kulturhistorischen Bildern aus der alten Mark Brandenburg" (1877, S. 59 ff. — die epitheta or- nantia beider Opera hat Herr Dr. Johannes Dräseke ersonnen) über dieses Kapitel alt=brandenburgischer Geschichte mitteilen, sind ungenaue Auszüge aus Riebels Ein- leitung zum zweiten Bande seines Codex diplom. Brandenb.

46) Ueber Markgraf Heinrich ohne Land s. Kapitel 25 der Chron. Marchion. Vgl. Gercken „Von der Markgrafschaft Landsberg" in Verm. Abhandl. II, 190 ff.; F. Voigt, „Berichtigung einiger irrtümlicher Angaben in v. Klödens Waldemar", in Märk. Forsch. V, 74; ders., „Der Ausgang des askanischen Hauses in der Mark", l. c. VI, 118 ff.; Wegele, Friedrich d. Freibige, S. 253 Anm. 1. — Am 16. August 1293 wurde Heinrich, gloriosus princeps, von Landgraf Dietrich d. J. (Diezmann) besiegt (Riebel B. I, 205). Dies Ereignis muß eine Folge des Verkaufs der Mark Landsberg seitens des Landgrafen Albrecht des Entarteten an die Markgrafen Johanneischer Linie gewesen sein (Herbst 1291; Wegele, Friedrich d. Fr. S. 152; daß alle Markgrafen dieser Linie seitdem sich auch Markgrafen

von Landsberg nennen, ist, bei der geringen Mannigfaltigkeit der Namen inner=
halb der ascanischen Familie, ein wichtiges Hilfsmittel zu ihrer Identifizierung,
auf welches Gercken aufmerksam gemacht hat); die Ann. Vet.-Cell. (edit. Opel 213,
cf. Mencken II, 409) berichten ohne Jahr und ohne Nennung des Käufers: Albertus de-
gener castrum Eckersberg, Friburg, Landisberg cum civitate Sangirshusen et Delitzsch vendidit et a filiis alienavit. Ueber den Feldzug selbst berichtet dieselbe Quelle
(edit. Opel 210 Mencken l. c.): vom Landgrafen Albrecht gegen seine Söhne zu Hilfe
gerufen, verwüsten der Markgraf von Brandenburg und die Grafen von Anhalt
terram Misnensem, Orientalem, Plisnensem. Tandem una dierum accidit, quod
prefatus marchio Brandenb. una cum comitibus de Anehalt terram Orientalem
(das Osterland) [ad depredandum cum multis Saxonibus intrasset; Fridericus
march. Misn. et Titzmannus frater suus march. Lusatie collectis militibus et
civibus suis marchionem Brandeb. cum omnibus suis captivarunt, sicque bellum
Saxonicum, a patre ipsorum ipsis instauratum, penitus cessavit; von der Gefangen=
nahme des Brandenburgers ist sonst nichts weiter bekannt. Das Land Delitzsch (wie
nach Riedels Konjektur statt Beliz zu lesen ist), mit welchem Heinrich, der Chron.
Marchion. Kapitel 25 zufolge, abgeteilt wurde, repräsentiert die Mark Landsberg.
Der Umfang der Besitzungen Heinrichs erhellt aus einer Urkunde König Ludwigs
vom 27. September 1320 (Riedel B. I, 461): — comitatus palatinus Saxonie,
principatus et marchia in Landsberg cum omnibus munitionibus etc. ab utraque parte fluvii Sale. Das ganze Territorium wurde nach dem Tode Heinrichs
o. L. und seines gleichnamigen Sohnes durch des ersteren Wittwe auf ihre Tochter
Sophia und deren Gemahl, Herzog Magnus von Braunschweig, vererbt; aus des
letzteren Streit mit dem Erzbischof von Magdeburg über die Erbschaft, welche
dieser als heimgefallenes Lehen ansprach, ergeben sich die einzelnen Zubehörungen
(Urkunde von 1347, Januar 4; Gercken, Cod. dipl. Brandenb. IV, 475 ff.). In
dem Frieden von Tangermünde vom Jahre 1312 (vor April 14) verzichteten die
Markgrafen von Meißen ausdrücklich auch auf jeden Anspruch „an dem lande
dat marggrav Heinrik heft" und erkannten das eventuelle Successionsrecht der
Markgrafen Woldemar und Johann an (Riedel B. I, 319; cf. unten Anm. 98). ·
Ueber die ferneren Kriege Heinrichs mit Meißen s. unten Anm. 102. — Bei der
zwiespältigen Königswahl 1314 unterstützte Heinrich o. L. anfänglich nicht seinen
Schwager Ludwig von Baiern, sondern dessen Gegner Friedrich den Schönen
(Annal. Lubic. MGH. XVI, 424; Böhmer, Regesten Ludwigs IV. S. 235), pflich=
tete aber am 23. Oktober 1314 der Wahl des ersteren bei (Riedel B. I, 495); das
Chron. Sampetr. (edit. Stübel S. 159) weiß darüber zu berichten: marcgravius
Woldemarus Heinrico patruo suo, cuius erat electio regis, omnes civitates,
quas habebat in orientali provincia, et municiones, que fuerunt marchionis
Friderici (Misnensis), pro electione regis dedit perpetuo possidendas. — An=
läßlich der Doppelwahl berichtet Heinrich von Herford (edit. Potthast S. 231.
232) von den Winkelzügen Markgraf Woldemars, von der angeblichen Untreue
des Nikolaus von Buch, und der grausamen Bestrafung desselben: Primo igitur
anno Lodewici (1315) Nycolaus de Book, miles strennuus, inedia periit. Siquidem Woldemarus march. Brandenb. hunc Nycolaum fidelem suum ad elec-
tionem regis legatum miserat, et Nycolaus marchionem prodiderat, ut dictum
est. Unde marchio, re comperta, redeuntem in turrim detrusit vinctum, coram
eo pomum, quo libenter vescebatur, poni iussit, cibum alium quemcumque sibi
post unquam apponi vetuit; turrim claudi fecit firmiter et clausum signavit.

Et sic proditionis sue plenas poenas digne luens Nycholaus inedia confectus et mortuus extabuit. Mit dem urkundlich feststehenden Gange der Wahl (Böhmer, Re= gesten Ludwigs IV, 234 ff.) stimmt die Erzählung Heinrichs von Herford absolut nicht überein, und v. Klöden (der eben — wie F. Voigt — alles glaubte, was Chronisten schreiben, nur nicht die Falschheit des wiedererstandenen Woldemar) bemüht sich vergebens, dieselbe trotzdem zu retten (Waldemar II, 161—166); sie bleibt eine Sage, deren Ursprung nicht zu ermitteln ist. Eine ähnliche Hunger= todesgeschichte hat das Chron. Sampetr. (edit. Stübel S. 160) zum Jahre 1318 von einem Ritter Markgraf Friedrichs des Freidigen. Herr O. Schwebel erzählt mit seiner „bewundernswerten historischen Gelehrsamkeit", es habe „der Verrat (!) des treulosen Freundes Woldemars, des Nikolaus von Buch, 1308 (!) dem Hause Ballenstedt die Kaiserkrone (!) gekostet" (!). (Kulturhist. Bilder S. 60). — Heinrich v. L. verlobte sich im November 1298 mit Agnes von Baiern, der Schwester des nachmaligen Kaiser Ludwig; Otto m. d. Pf. verschrieb ihr am 26. November b. J. in donatione propter nuptias Renten im Werte von 12000 Mark auf zwei Jahre von der Hochzeit an gerechnet (Riedel B. I, 225). Erst nachdem die Ehe vollzogen und Nachkommenschaft vorhanden war, erfolgte am 19. Mai 1303 Dispens Papst Bonifaz' VIII. wegen Verwandtschaft im vierten Grade (Riedel B. I, 251), was Papst Benedikt XI. am 16. November ejd. wiederholte (Schmidt, Päpstl. Urk. u. Regesten S. 49). — Nach dem Chron. monast. S. Clarac (edit. Opel·S. 412) starb Markgraf Heinrich v. L. am 14. Februar 1316; dies ist in= dessen wol nicht richtig, da offenbar er (und nicht sein Sohn) noch am 10. Juni 1317 urkundet (Riedel B. I, 410 mit: 10 Juli); cf. F. Voigt in Märk. Forsch. VI, 120); die genannte Chronik giebt als Todestag seiner Gemahlin den 22. Juli 1345 an (l. c. S. 412; Gercken, Verm. Abhandl. II, 204 hatte vermutet zwischen 1341 und 1347). — Kinder aus Heinrichs Ehe mit Agnes waren: 1) S o p h i a; am 23. Juli 1320 wurde eine Eheberedung zwischen ihr und Lütze von Hohenlohe geschlossen (Riedel B. I, 455); sie heiratete aber ca. 1327 Herzog Magnus von Braunschweig, den Bruder jenes Herzogs Otto, welcher in zweiter Ehe die Witwe Markgraf Woldemars ehelichte (Gercken, Verm. Abhandl. II, 199; Sudendorf, Braunschw.=Lüneb. Urk.=B. I, Stammtafel). 2) J u t t a, Gemahlin Herzog Hein= richs von Braunschweig, genannt de Graecia (dies hatte bereits Scheidt festgestellt, cf. Gercken l. c. S. 214), ältesten Sohnes Heinrichs des Wunderlichen, mit welchem die Markgrafen Johanneischer Linie im Sommer 1291 'um den Harlingeberg kämpften (cf meine Abhandlung „Die Gefangennahme Erzbischof Erichs von Magde= burg bei der Belagerung des Harlingeberges 1291" in Magdeb. Gesch.=Bl. XXI, 403 ff.). In Duderstädter Urkunden kommt sie 1318, 1322, 1324 vor (Wolf, Gesch. v. Duderstadt, Urk.=B. S. 12. 13. 14. 15. 17. 18); 1332 ist sie tot; ihr Siegel, auf welchem sie sich domina marchie auree nennt, wird erwähnt bei Wolf, l. c. Text, S. 74. Aus einer Bulle vom 1. Oktober 1336 geht hervor, daß ihr Gemahl bei Papst Benedikt XII. klagte, daß ihm und seiner verstorbenen Gemahlin Jutta terra dicta Uker cum quadam civitate dicta Prinslavia ac ceteris civitatibus etc. ex concessione (? successione ?) legitima zugefallen sei, Ludwig von Baiern aber das Land dem jüngeren Ludwig gegeben habe (Schmidt, Päpstl. Urkunden u. Regesten S. 305). 3) M a r g a r e t h a; die einzige Nachricht von ihr giebt das Chron. Monast. S. Clarae (edit. Opel S. 405 ff.). Ihr Vater ließ sie eines Tages als zweijähriges Kind zu seiner Nichte Sophia (cf. Anm. 42) in das Kloster bringen. „Dô sie sach, daz das kint also wunniclichen schöne was dô ruckte sie das kint der hovemeisterin ûz dem schôze, und wolde es ir nicht wedergeben". Sophias Bruder, Markgraf Friedrich Tute, zürnte darüber, weil er das Kind mit seinem Sohne vermählen wollte „uf daz der vride wurde gemacht under ime unde under marcgraven Henrich". Margaretha blieb indeß im Kloster und wurde ein Wunderkind; als sie noch in der Wiege lag, mahnte sie die Nonnen, daß sie „Ave Maria alsô lange betten, bis daz es entslief". Mit 7 Jahren „läs sie alle tage unser vrowen zît mit ire meisterin". Sie widmete sich der Pflege der Aussätzigen, lehrte die Kinder und war eine Mutter der Armen. Schließlich wurde sie Aebtissin und starb am 31. März 1347. Nach ihrem Tode betete ein Barfüßermönch im Dom zu Hildesheim zum Christus= knaben auf dem Arm eines Muttergottesbildes: „O herre, vor allen vrunden bit ich dich vor die edele vorstinne, iuncvrouwe Margaretha von Brandenburg, die dâ epdischen zu Wizenfels ist! — wen he wuste nicht, daz sie abekomen was von der aptïen, und daz sie tôt was. Dô sprach daz kint: „vor die junc= vrouwe darfestu nicht bitten; ich habe sie gereit gecrônet in der êwigen vröude!" — 4) Heinrich d. J. Vgl. über diesen F. Voigt in Märk. Forsch. VI, 110 ff. und Chron. Marchion. Kap. 25. Am 4. Oktober 1319 erkoren „der gemeine man und die stede over Oder" Herzog Wartislav von Pommern zu seinem Vormund und Beschirmer (Riedel B. I, 447); am 18. Juni 1320 wurde er von Kaiser Ludwig mündig gesprochen (l. c. 454), starb aber wol noch vor dem 27. Juli ejd. (F. Voigt, l. c. 115). Annal. Lubic. (MGH. XVI, 427; cf. Detmar, edit. Koppmann I, 437) berichten zum Jahre 1319: Obiit Woldemarus march. Brandenb. absque prole; cui quidam puer successit, scil. filius Hin- rici march. dicti âne land; quo etiam in brevi postea decedente marchionatus eius imperio vacavit. Und Ernst v. Kirchberg erzählt (Kap. 161):

> An sin stat quam nach im sint
> sin vettere, der was noch ein kint,
> sin name was Johan (!) bekant,
> markgrêven Hinriches sône âne lant.
> Her was markgrêve korze wîle,
> im wart in vorhteclîcher île
> iaemerlîch vergeben;
> sus verlôs her sin leben.

47) Mechtild heiratete Bogislav von Pommern, Barnims I. Sohn (cf. Barthold, Gesch. d. Pommern III, 5), Agnes aber König Erich von Dänemark: item Ericus Danorum rex, Christofori filius, duxit in uxorem Agnetem filiam marchionis de Brandenborch, sororem Ottonis marchionis cum telo et Hinrici marchionis dicti âne land (Annal. Lubic. ad ann. 1273; MGH. XVI, 414). In der Voßbergschen Sammlung des Geheimen Staatsarchivs zu Berlin befindet sich ein Abguß ihres prächtigen Porträtsiegels, welches sie von einem Engel gekrönt knieend darstellt vor der thronenden Mutter Gottes mit dem Christusknaben unter schöner Spitzbogenarchitektur, mit der Legende: Agnes dei gracia Danorum Sclavo- rumque regina.

48) Aeltere Genealogisten (Jobst, Brandenb. Genealog. 1562, Sign. G IV; Brotuff, Fol. 45; Garcäus S. 84) nennen als Todestag den 4. April (prid. non. April.), und ihnen wird in der Regel gefolgt (cf. Voigtel=Cohn, Taf. 73; v. Heine= mann, Märk. Forsch. IX, 27 Anm. 4). Am 3. Juni 1266 schlossen aber beide

Brüder den Vertrag, betreffend die Teilung des Landes über Oder und des Landes
Bauzen (Riedel B. I, 98). Am 2. Februar 1267 bestätigten die Markgrafen Jo=
hann (II.), Otto (m. b. Pf.) und Konrad die Schenkungen, welche ihr Vater Jo=
hann inclite memorie dem Kloster Marienjee gemacht (Riedel A. XIII, 211);
letzterer war also wol vor nicht allzulanger Zeit (Ende 1266) gestorben. Sein
Bruder Otto starb am 9. Oktober 1267 (j. Anm. 53); es muß daher sehr auf=
fallen, daß noch Urkunden vom 18. November (Riedel A. XIV, 10) und vom 15.
oder 16. Dezember 1267 (Riedel A. XXV, 176. B. I, 91 zum Jahre 126 5) von
beiden ausgestellt sein sollen. Erstere trägt in Danneils handschriftlichem Reper=
torium des Salzwedeler Stadtarchivs (VII, 15) das ungeheuerliche Monatsdatum
IVX kal. Dec., und ich vermag zur Zeit nicht anzugeben, was für ein Bewenden
es damit habe; Riedel, Zur Gesch. d. letzten Anhaltinischen Markgrafen v. Branden=
burg (v. Lebebur, Allgem. Arch. XII, 38 Anm. 9) vermutet, Johann der Prager
und Otto d. L. jeien Aussteller dieser und der folgenden Urkunde gewesen. Diese
entstammt einer im Jahre 1732, offenbar nach einem älteren chronologisch geord=
neten Kopiar gefertigten Urkundensammlung des Klosters Alt=Halbensleben. Die
betr. Urkunde steht dort zwischen einer von 1266, V. id. Sept. und 1267, VI. id.
Maji; der Abschreiber ist hinsichtlich der Wiedergabe der Daten mehrfach ungenau
gewesen; so ist z. B. die ebenfalls von ihm herrührende Urkundenabschrift bei
Riedel B. I, 90 no. 120 datiert M. CC. sexagesimo sexto, VI. non. Aug.; da
ein solcher Tag nicht existiert, so hat der Schreiber sich offenbar eine Verdoppe=
lung der letzten Zeichen der Jahreszahl zu Schulden kommen lassen, und das
Datum muß, wie Riedel vermutet, lauten M. CC. LXVI, non. Aug. Aehnliches
wird der Fall sein bei der in Rede stehenden Urkunde, für welche Pastor Behrends=
Norbgermersleben den Monatstag XVII. kal. Jan. angibt (Riedel B. I, 91 no. 122
Anm.), und deren Datum gelautet haben wird M. CC. LXVII, VII. kal. Jan.,
d. h., weil das Jahr zu Weihnacht begann: 1266, Dezember 26, was zu obiger
Vermutung, daß Johann Ende 1266 gestorben, sich gut fügen würde. — Ein
Kloster Chorin gab es erst, nachdem das Kloster Marienjee ca. 1272 vom Pahlitz=
Werder im Parsteiner See nach dem Choriner See verlegt worden war (cf. mein
„Lehnin", S. 122); Johann muß also noch in Marienjee bestattet worden sein. —
Grabstätte seiner Gemahlin Jutta war das Franziskaner=Mönchskloster in Stendal;
das dortige Nonnenkloster dieses Ordens entstand erst erheblich später (Göze, Gesch.
von Stendal S. 56 ff.).

49) Die Vermählung Ottos mit Beatrix, der Tochter König Wenzels des X
Einäugigen von Böhmen (ihre Schwester Agnes wurde 1244 die zweite Gemahlin
Herzog Heinrichs des Erlauchten von Meißen), hat man bisher nach Palachs
Vorgang (cf. Bauch, S. 33 Anm. 1) ums Jahr 1244 gesetzt und es stimmt dazu
sehr wol die Angabe des Cod. Trevir., daß das anscheinend älteste Kind, Johann
der Prager, am 6. April 1244 geboren sei; die Hochzeit könnte danach im Juni
1243 stattgefunden haben. Hierzu würde sich eine Urkunde vom 3. Juni 1243
gut fügen, aus welcher eine längere Abwesenheit der Markgrafen aus ihrem Lande
hervorzugehen scheint (Riedel B. I, 486: Herzog Otto von Braunschweig will gegen=
über seinen Schwägern, dem Herzog von Sachsen und den Markgrafen von Branden=
burg, eine Verpflichtung übernehmen, cum eos poterimus attingere),
wenn nicht die Kriegsläufte jener Zeit (der Erzbischof von Magdeburg versuchte
einen Einfall in die Altmark, stand aber davon ab, cum intelligeret, quod marchio
iaceret in custodia terrae suae, und befestigte Rogätz — Gesta Archiep. Magdeb.

MGH. XIV, 422: baß dies gerade Ende Juni — Anfang Juli 1243 stattfand, erhellt aus der Urkunde vom 15. Juli 1243 Reg. Magdeb. II no. 1160) eine solche Entfernung unwahrscheinlich machten. Aus den Zeugen einer Urkunde König Wenzels von 1233 o. T. zu Seblec in Böhmen (v. Heinemann, Cod. dipl. Anh. II, 97; es werden genannt Herzog Albrecht von Sachsen, Graf Heinrich von An= halt und Markgraf Otto III.) hat Bauch (l. c.) geschlossen, baß bamals schon die Verlobung oder Vermählung vollzogen sei. Daß es sich um letztere gehandelt habe, möchte man aus Folgendem entnehmen. Der Erwerb der Oberlausitz durch Brandenburg gründet sich zweifellos auf die böhmische Heirat; Görlitzer Gesandte erklären 1329, sie hätten lange sub quadam obligatione dotis nomine unter brandenburgischer Herrschaft gestanden (Schelz, Gesamtgesch. b. Ober= und Nieder= lausitz I, 164, Anm. 3); 1234 aber gründete bereits Marchio Brandenburgensis et Lusaciensis das Dominikanerkloster in Görlitz (Necrolog. fratr. minor. in Görlitz, Script. rer. Lusat., Neue Folge, I. 274, Anm. Inschriften am Chorgestühl daselbst, l. c., 311) und 1240 das Kloster in Bautzen (Necrol. citat.). Danach muß das Land schon im Besitz Ottos gewesen sein, was nur möglich, wenn die consummatio matrimonii erfolgt war — wie ist bann aber die späte Geburt Johanns des Pragers zu erklären? wie ist ferner zu erklären, daß beide Markgrafen über die Oberlausitz disponierten (1266, Juni 3, Riedel B. I, 89), welche Heiratsgut der Gemahlin des einen war, und daß ihre Söhne das Land teilten (1268, Mai 1, l. c. 96. 97)? Schelz (l. c. 165), die Zuverlässigkeit jener Görlitzer Inschrift ihrer späten Entstehung wegen anzweifelnd, will freilich den Erwerb der Lausitz um 1250 ansetzen, weil nach Karls IV. Angabe König Ottokar erst dieselbe abgetreten habe, und weil nach zwei Urkunden Papst Innocenz IV. der Böhmenkönig noch 1247 Bautzen besessen habe. Wenn aber wirklich die Rechte Brandenburgs an der Oberlausitz durch Ottos Ehe mit Beatrix begründet wurden, so müssen die urkundlichen Angaben, auf welche Schelz sich beruft, irgendwie anders erklärt werden; denn 1244 als Geburtsjahr Johanns des Pragers, welcher 1264 (also zwanzigjährig) den Ritterschlag empfieng), ist festzuhalten. Nach Pulkawa (bei Mencken III, 1729) erhielt Ottos III. Sohn Otto der Lange als Preis für seinen Verzicht auf die vormundschaftliche Regierung des Königreichs Böhmen totum Budissinensem marchionatum etc. erb= und eigentümlich. Um alle diese Wider= sprüche zu vereinigen, wird es nötig sein, anzunehmen, daß das Heiratsgut der Beatrix aus dem Pfandbesitz böhmischer Allode in der Oberlausitz bestand, daß die Markgrafen, zum Dank für mannigfache Kriegshilfe, von Ottokar mit dem ganzen Lande be= lehnt wurden, und daß Otto b. L. dasselbe, nachdem Böhmen es dem Reiche wieder aufgetragen hatte, von diesem als Reichslehen zurückempfieng; jedenfalls war dies der rechtliche Zustand der Oberlausitz beim Aussterben der Askanier; denn Herzog Heinrich von Jauer und Fürstenberg, Enkel Ottos des Langen durch dessen Tochter Beatrix (cf. Anm. 59), trug 1319 u. A. seine Rechte an der Terra Lusitzensis et Budissinensis dem römischen Könige auf, damit König Johann von Böhmen diese Territorien von demselben wieder zu Lehen empfange, während er Görlitz für sich behielt (Riedel B. I, 445. Schelz l. c. 261 ff.). — Das Siegel der Bea= trix ist baburch merkwürdig, daß es außer der Namensumschrift noch einen Wahlspruch enthielt. Auf dem im Besitz der Oberlausitzischen Gesellschaft für Wissenschaften befindlichen Exemplar von 1282 ist heutigen Tages die Legende unleserlich; nach einer Beschreibung aus dem sechszehnten Jahrhundert lautete die= selbe: Sigillum Beatricis dei gratia marchionisse Brandenburgensis; im inneren

Kreise: Vera spes mea est in domino deo meo (Riedel B. I, 155). Ueber den ganzen Seehausen betr. Abschnitt cf. meinen Aufsatz „Zur Geschichte Seehausens" im XXI. Jahresbericht des Altmärk. Vereins S. 17 ff.

50) Die Fortsetzung der Chronik des Cosmas Pragensis (Pelzel et Dobrowsky, Script. rer. Bohem. I, 407 ff.) erzählt: am 26. September 1264 traf der König den Markgrafen Otto, seine Schwester die Markgräfin, und ihre Tochter in Czaslau und führte sie nach Preßburg, wo die Ehe durch die Bischöfe von Prag, Olmütz und Brandenburg eingesegnet werden sollte. Venit rex Ungarie, portans aureas murenulas iuxta tempora dependentes, paucis comitantibus, videre sponsam filii sui ad tentoria regis Bohemie, et ordinat dotem propter nuptias. Quo recedente filius suus Bela, speciosus forma pre filiis plurium, auditis missarum sollemniis, capiti puelle matrimonialiter sibi tradite coronam auream superponit, quam quidam suorum nobilium evaginato gladio et vibrato de capite sponse abstrahit iuxta ritum suae gentis. Deinde navigio ducit ad propria non sine maximo parentum eiulatu. — Die Stelle steht auch etwas verkürzt im cod. Trevir. fol. 70 vo. — Sehr ausführlich, aber ohne historischen Wert, ist die Beschreibung der Hochzeit in Ottokars Reimchronik (Pez, Script. rer. Austr. III, 78—82); Kleidung und Schmuck der Braut werden umständlich geschildert; wie tändelnd würdelos der Dichter aber hier] seine Aufgabe erfaßte, zeigen die Anfangsverse

> — wan diu süez und die geheuer,
> waz sie ze naechst an irem libe truoc,
> waer' ich mit worten so kluoc,
> daz ich's wol prüeven kunde,
> des wolt ich danken mînem munde.
> Nu mac des von mir nicht geschehen,
> wan man liez mich nicht sehen;
> wie gern ich charer (?)
> da gewesen waere,
> da man diu minniclichen
> kleidet heimlichen
> in diu naehesten wât —
> da waz mîn wol rât u. s. f.

Die Erinnerung an Chriemhilden Hochzeit, welche v. d. Hagen rühmend hervorhebt (Märk. Forsch. I, 98; die Verwandtschaftsverhältnisse sind dort falsch angegeben) und v. Klöden nachschreibt (Waldemar I, 246), beschränkt sich darauf, daß einer der, das Turnier nach der Hochzeit mißverstehenden Ungarn dem König zuruft:

> herre! ir solt sparn
> furbaz euer ezzen!
> diese fründschaft ist gemezzen
> als Chriemhilten hochzit!

worauf der König (abweichend von dem mitgeteilten Bericht der böhmischen Chronik) mit seinen beiden Söhnen und seiner Schwiegertochter heimlich davonreitet. — Kunigunde wurde nach Belas 1269 erfolgten Tode (Annal. Polon., MGH. XIX, 636) die zweite Gemahlin Herzog Walrams IV. von Limburg. Am 10. Jan. 1277 bestätigte Erzbischof Siegfried von Köln die Ehestiftung Walrams für Kunigunde (Riedel B. VI, 16).

51) Mechtildis d. gr. Slavorum ducissa nennt 1292, Juni 18, den Mark-
grafen Albrecht (III.) ihren Bruder, die Markgrafen Otto (m. b. Pf.) und Konrad ihre
Vettern (v. Ledebur, Allgem. Arch. XVIII, 265). An dem im Stadtarchiv zu
Stettin befindlichen Original 'ist ihr schönes Siegel erhalten, welches l. c. ausführlich beschrieben wird; ein Abguß desselben befindet sich in der Voßbergschen
Sammlung des Geheimen Staatsarchivs, no. 813. Nach dem Wortlaut der
Chronik müßte sie noch bei Lebzeiten ihres Vaters geheiratet haben, und damit
stimmt auch Barthold (Gesch. v. Pommern II, 515) aus anderen Gründen überein; es steht indessen das Breve Klemens IV. vom 17. Dezember 1267 damit nicht
recht in Einklang, in welchem derselbe dem König von Sicilien zur zweiten Gemahlin vorschlägt entweder die Tochter des Königs von Arragonien, oder filia
marchionis Brandenburgensis, quem nuper audivimus decessisse (also Ottos III.,
† 1267, Oktober 9), de qua tamen, cuius etatis sit aut stature, multoque minus
cuius hactenus educationis extiterit, ignoramus (Riedel B. I, 94). — Todestag
und Begräbnisort von Mechtilds Gemahl gibt die Chron. Marchion. richtig an;
cf. Barthold l. c. II, 561 Anm. 2; 567.

52) Das markgräfliche Brüderpaar trug sich früh mit Plänen zu einem
Kreuzzuge, selbst nach dem heiligen Lande. Papst Gregor IX. nennt sie am
11. Februar 1234 crucesignati (Potthast, Reg. Pontif. Nr. 9400); am 27. November
ejd. fordert er die Fürsten Deutschlands zum Kreuzzuge auf und schreibt den
beiden Markgrafen: ut alter eorum veniat (l. c. Nr. 9776; v. Heinemann, Cod.
dipl. Anhalt. II, 102). Die Chronologie ihrer Kreuzzüge nach Preußen ist nicht
ganz sicher. Am 10. Januar 1249 scheint Markgraf Otto sich in Preußen befun-
den zu haben (Script. rer. Pruss. I, 88 Anm. 1); ein marchio Brandenburgensis
heerfahrtete nach der älteren Chronik von Oliva 1250 (l. c. I, 683; V, 601), nach
Peter von Dusburg 1251 nach Preußen. 1254, am 14. Dezember, begann König
Ottokar von Böhmen einen Kreuzzug; zu Weihnacht vereinigte sich mit ihm sein
Schwager, Markgraf Otto III., in Breslau und wurde zum Marschall bestallt;
das Heer soll 50 000 Streiter gezählt haben; am 6. Februar war der König wieder in Troppau (Aelt. Chron. v. Oliva l. c. I, 685. II, 601. 602; Peter v. Dusburg l. c. I, 90; Pultawa bei Mencken III, 1717 ff.; Contin. Cosmae Prag., Pelzel und
Dobrowski, Script. rer. Bohem. I, 386; cf. auch Ottokars Reimchronik, Pez, Script.
rer. Austr. III, 94). Nach Peter v. Dusburg l. c. 94 zog Markgraf Johann, vir
in armis exercicio et experiencia sufficienter instructus, mit einem großen
Heere 1255 zur Winterszeit umsonst, da der Winter weich war, nach Preußen.
1260 ernannte Papst Alexander den Markgrafen von Brandenburg zum Ober-
befehlshaber des Kreuzheeres gegen die „Tartaren" (Riedel B. I, 66); im Frühjahr 1265 beschloß eine Anzahl norddeutscher Fürsten, darunter Markgraf Otto,
in Quedlinburg einen Kreuzzug nach Preußen (J. Voigt, Geschichte Preußens III,
254); im Februar 1266 wurde in der Mark Brandenburg das Kreuz gegen die
heidnischen Preußen gepredigt (Riedel A. VIII, 167), der Hochmeister Anno befand
sich im Juni ejd. persönlich am brandenburgischen Hofe (Gercken, Cod. dipl.
Brandenb. I, 205) und im Sommer, estivo tempore, wie die Lesart der Chron.
Princip. Saxon. lautet, erfolgte Ottos letzter Kreuzzug (Peter v. Dusburg l. c.
113), nicht in dem weichen Winter 1265/1266 zusammen mit dem Herzog von
Braunschweig und dem Landgrafen von Thüringen, wie Chron. Sampetr., edit.
Stübel S. 93 angibt, welchem Wegele, Friedrich d. Freib., S. 39, der Otto
m. d. Pf. als Teilnehmer nennt, folgt. Am 19. März ejd. war Otto III. in

Spandau, am 3. Juni in Tangermünde, am 16. Juli in Schmetzdorf, am 5. August in Stendal; erst danach kann der Zug begonnen haben, auf dem ihn einer seiner Söhne, nach Peter v. Dusburg auch sein Bruder (was sehr zweifelhaft ist; cf. über den Todestag desselben Anm. 48), begleitete. Die Erbauung der Branden= burg durch Otto bestätigt Peter v. Dusburg (114); wenn er aber sagt, daß Otto, nachdem diese Burg wieder zerstört, mit einem großen Heere zurückgekehrt sei und dieselbe neu erbaut habe (115), so ist das wol schwerlich richtig; am 1. April 1267 war Otto in Braunschweig, am 16. Mai in Stargard, und am 9. Oktober starb er in der Neustadt=Brandenburg. Es ist danach auch unmöglich, daß Otto am zweiten Kreuzzuge König Ottokars im Winter 1267/1268 Teil genommen habe, wie J. Voigt, Geschichte Preußens III, 290, angibt.

53) Der 9. Oktober fiel im Jahre 1267 auf einen Sonntag.

54) S. Anm. 50. Die Angabe der Chron. Marchion. über den Ritter= **XI.** schlag Johanns des Pragers bestätigend, fährt die Contin. Cosmae Pragensis im Anschluß an die Anm. 50 mitgeteilte Stelle (l. c. 407. 408) fort: eodem die (Okt. 5) rex Bohemie — fecit milites 4 marchiones et quintum ducem Polonie preter alios comites et nobiles nobiliter decoratos.

55) Der Tod Johanns des Pragers kann nicht, wie Garcäus den „manu- scripti annales" entnimmt, am 19. April 1267 erfolgt sein, gehört vielmehr in das folgende Jahr. Denn Otto III. starb am 9. Oktober 1267; Johann war bei der Leichenfeier zugegen und kann also auch nicht wol, wie die Chron. Marchion. zu sagen scheint, in dem Todesjahre seines Vaters nach Ostern im Turnier tötlich verwundet worden sein. Ostern fiel 1267 auf den 17. April (1268 dagegen auf den 8. April), und daher mag Garcäus oder seine Quelle das Datum konjiziert oder durch versehentliches Verdrehen des Osterdatums selbst (XIV. Kal. April. statt XVI. Kal. April.) gewonnen haben. — Chron. Sampetr. (edit. Stübel S. 97) ad ann. 1268: Johannes march. Brandenb. in torneamento apud Merseburg cum lancea miserabiliter est occisus. Ipso die rediens de eodem torneamento Theodericus prefectus de Kirchberg in Sala apud Nuwenburg cum tribus armi- geris miserabiliter submersus est. Am 1. Mai 1268 war Johann unstreitig tot; denn Otto v. L. urkundet an diesem Tage als Vertreter seiner jüngeren Brüder (Riedel B. I, 96).

56) Analog ist das Schicksal des 1175 infolge eines im Turnier em= pfangenen Lanzenstoßes verstorbenen Grafen Konrad, Sohnes des Markgrafen Dietrich von der Niederlausitz (Brudersohn von Markgraf Albrechts II. Schwieger= vater) welchem Erzbischof Wichmann von Magdeburg anfänglich überhaupt christ= liches Begräbnis versagte, und welcher schließlich vor der Thür des Klosters auf dem Petersberge beigesetzt wurde (Chron. Montis Sereni MGH. XXIII, 155, 156).

57) Das Jahr ist schwerlich richtig; denn Otto d. J., ca. 1264 geboren, **XII.** war damals noch unmündig und wurde von seinen Brüdern Otto (d. L.) und Albrecht (III.) bevormundet (cf. mein „Lehnin" S. 123 ff.); auch die Thatsache selbst ist verdächtig; es ist nicht nur nirgends erkennbar, daß auch Otto d. J. abgeteilt gewesen, sondern die Chron. Marchion. bekundet ausdrücklich das Gegenteil (Kap. 13). Am 1. Mai 1268 teilten die Markgrafen beider Linien untereinander die Lande Bautzen und Görlitz (Riedel B. I, 96. 97); v. Klöden (Waldemar 1, 279) macht sich die Nachricht des Garcäus (den er nicht nennt) so zurecht, daß am 19. April 1272 eine Teilung geplant, aber bis 1284 verschoben worden sei!

58) Den Beinamen l o n g u s erteilt ihm schon bei Lebzeiten Papst Niko= **XIII.**

laus IV. in einer Bulle vom 13. Januar 1289 (Riedel A. XIX, 126). Als Er=
läuterung des Epithetons „decorus facie" dienen die Worte des Goldeners über
den Markgrafen (v. d. Hagen in Märk. Forsch. I, 107):

> er liebet sich, sam schoenes golt,
> den liuten in ir herze und in ir ougen;
> des sint im al die besten holt
> durch sin ellen, mit warheit, sunder lougen.

Ottos Gemahlin Jutta war die Schwester Graf Poppos VIII. von Henneberg;
nach dessen kinderlosem Tode 1291 erbte sie den koburgischen Teil der Grafschaft
Henneberg (Schultes, Henneberg. Gesch. I, 134).

59) Am 18. September 1291 nennt Otto d. L. seine Söhne Otto, Al=
brecht und Hermann (Riedel A. X, 217); am 13. September 1295 beruft er
sich nur auf den Konsens Ottos und Albrechts (Gercken, Fragm. March. III, 19),
offenbar weil Hermann zu seiner Hochzeit nach Oesterreich gezogen war (f. Anm. 84).
Otto heiratete Hedwig, Tochter Herzog Heinrichs V. von Breslau, welche nach
seinem Tode Nonne im Clarenkloster zu Breslau wurde (1309, Grotefend, Schles.
Stammtafeln I, 48). Am 2. November 1297 erwähnt Otto d. L. nur des Kon=
senses von Hermann (Buchholtz, Gesch. der Kurmark II. Urk. Anhang S. 134;
bei Riedel A. VIII, 188 fehlt das Monatsdatum; l. c. IX, 6, no. 8 Anm. ist
dasselbe unaufgelöst nachgetragen; falsch (mit Sept. 20) löst es Riedel in v. Lede=
burs Allgem. Arch. XII, 39 auf). Am 1. April 1298 nennt Otto d. L. als seine
Kinder Hermann, Konegunbis, Jutta (Riedel A. II, 454). — Ueber die
Heirat der Beatrix mit Herzog Bolko I. (Sohn Boleslaws II. und Hedwigs von
Anhalt; f. Anm. 42) heißt es im Cod. Trevir. fol. 22 vo.: cui Beatrix filia Ottonis
magni existens quatuor annorum Spandowe est desponsata anno domini 1289,
XIII. kal. Maii (April 19), quam in matrimonium duxit 1299 (? statt des un=
richtigen M. CC. LXXXIIII der Handschrift ist vielleicht mit Rücksicht auf das
jugendliche Alter der Braut so zu lesen; nach Grotefend, Schles. Stammtafeln I, 34,
fand die Hochzeit nicht vor 1287 statt) IV. non. Oct. (Okt. 4), Berlyn nupciis
celebratis. Beatrix, seit 1301 November 9 Witwe, heiratete nach 1308 Herzog
Wladislaw von Kosel (Grotefend l. c. V, 14). — Mechtild und Herzog Hein=
rich IV. von Breslau (Brudersohn des Gatten von Mechtilds Schwester Beatrix;
eine poetische Schilderung von ihm giebt Ottokar, Reimchronik S. 191. 192; vgl.
auch Grünhagen, Gesch. Schlesiens I, 94—117) erhielten nachträglichen Ehebispens
am 23. Oktober 1288 (Riedel B. I, 190). Ein reizendes Bildnis der Mechtild
befindet sich im Tympanum des nördlichen Innenportals der Kreuzkirche zu Breslau,
ein weniger bemerkenswertes an dem Grabmal ihres Gemahls ebenda (abgebildet
bei Luchs, Schles. Fürstenbilder des M. A. Breslau 1872. S. 26. 31. Tafel
10ᵇ. 10ᶠ). Ihrer Rückkehr zum Vater gedenkt auch Dlugoß ad ann. 1290. —
Der Ehevertrag zwischen Jutta und Herzog [Rudolf I. von Sachsen wurde
am 2. Dezember 1298 in Nürnberg von König Albrecht bestätigt (Riedel
B. I, 226); nachträglicher Ehebispens 1303, Mai 21 (Schmidt, Päpstl. Urk. u.
Regesten, S. 45). 1328, Mai 9, obiit domina Jutta, ducissa Saxonie, uxor
prima Rudolphi ducis Saxonie, filia march. Ottonis longi, que fuit mater prin=
cipum illustrium et dominorum Alberti, Alberti, Johannis et Ottonis ducum
Saxonie, fidelissima mater fratrum (Minoriten in Wittenberg), sepulta in choro
iuxta parietem meridionalem (Exzerpte aus dem verlorenen Totenbuch der Franzis=
kaner zu Wittenberg, Mitteilungen des Anhalt. Gesch.=Vereins IV, 257). —

Kunigunde wird in Urkunden Markgraf Woldemars von 1317 illustris domicella tituliert (Riedel A. X, 231. 233); daß sie Nonne war, was z. B. Angelus (Aunal. March. S. 126) angibt und der gläubige v. Klöben dahin interpretiert, daß sie Begine gewesen (Waldemar II, 240), beruht auf zu enger Auffassung der Textworte „deo deserviens", welche weiter oben ja auch von der Beatrix gebraucht sind.

60) Diese Angaben bestätigen im Wesentlichen das, was v. Klöben, Waldemar II, 276 ff., über den Albrecht III. zugefallenen Territorialanteil ermittelt hat.

61) Ueber Ottoko vgl. mein „Lehnin" S. 123—133. Ottoko ist ca. 1264 geboren; er heiratete etwa im Sommer 1279 die Tochter Rudolfs von Habsburg, welche Hedwig genannt wird, und trat zwischen dem 28. September und 6. November 1286 in den Cisterzienserorden; die Grabschrift seines in der Lehniner Klosterkirche befindlichen Grabsteins lautet: † Anno domini M. CCC. III. pridie nonas Julii (Juli 3) obiit frater Otto monachus et acolitus in Lenin, nonus marchio Brandenburgensis[1]), quondam gener Rodolphi regis Romanorum.

62) Kämpfe mit den Polen um die Neumark: Erbauung der Burg Zielenzig 1268 (Brev. Chron. Cracov., v. Sommersberg II, 88); Eroberung der Stadt Meseritz; die Polen verbrennen am 13. Dezember 1268 Zielenzig (Batzkon. contin. chron. Boguphali, v. Sommersberg II, 77; cf. Roepell, Gesch. Polens I, 501); Wiederherstellung von Zantoch 1270, Anfang Februar (Batzkon. contin. Boguph. l. c. 78); 1271 Verwüstung des Castellanei Zantoch durch die Polen drei Tage lang (Brev. crou. Cracov. l. c. 89); 1272, Mai 27 Einfall des jungen Herzogs Przemisl (l. c. 90.); 1278 Einfall der Polen und Pommern; Streit bei Soldin (Annal. Polon. MGH. XIX, 642. Dlugoss I, 812). Eine Uebersicht über diese Vorgänge gibt Kutschbach, Zur Gesch. d. Neumark, Küstrin. Bürgerschul-Progr., 1857. Über Zantoch insbes. vgl. Balt. Stub. XI, 1, S. 174 ff.

63) 1269 Krieg mit Nikolaus v. Werle und Graf Günzel v. Schwerin: Boll, Gesch. d. Landes Stargard I, 79; Riedel B. 1, 100. 102. — 1280—1284 pommerscher Krieg, Barthold, Gesch. von Pommern III, 7 ff. — Eine Uebersicht über die Gegner der Markgrafen enthält die Urkunde vom 14. Juni 1283, Riedel B. 1, 166. Vgl. außerdem Riedel l. c. 140. 149. 155. 159. 161. 162. 165. 174. 175. Friedensschluß 1284 Aug. 13 (Riedel l. c. 176). Boll l. c. 89.

64) Vor 23. Juni 1290; vielleicht 1289, wo Bolko's Anwesenheit in der Mark bezeugt ist (s. Anm. 59): antequam dux Bolko istam terram consequeretur, fuit guerra inter marchiones de Brandenburch, videlicet Ottonem longum et Ottonem cum telo, et dux Bolko subsidiabatur marchioni Ottoni longo; marchio autem Otto cum telo fuit in quadam civitate Brandenburgensis episcopi, que vocatur Jezer (Ziesar) et homines ducis Bolkonis iacebant ante civitatem, ibique marchio Otto cum telo conflixit cum eis et triumphavit, multosque capiens spolia eorum diripuit, inter quos etiam probus miles Otto, filius Rudegeri de Hugewitz, captus fuit et preter alios equos et varium apparatum perdidit unum dextrarium etc. (Lib. fundat. Heinrichow edit. Stenzel, S. 99). Nach einer undatierten Registratur (Riedel B. I, S. 209 no. 268) versöhnte König Adolf (1292—1298) die hadernden Vettern.

---

1) Der Schluß dieses Wortes ist auf der Abbildung bei Bergau, Bau- und Kunstdenkmäler, Fig. 183 unrichtig gelesen.

65) Ueber die anfängliche Vermittlerstellung Ottos b. L. zwischen König Ottokar von Böhmen und König Rudolf vgl. Böhmer, Reg. imp. 1246—1313, S. 80 no. 287; S. 85 no. 358; S. 88 no. 405. Riedel B. I, no. 167. 168. 169. 173. 175. Chron. Sampetr. ad ann. 1276 (edit. Stübel S. 114): regibus taliter sibi ex opposito iacentibus, marchio Brandenburgensis adveniens, aliquibus episcopis secum assumptis, composicionem inter eos fecit cum coniunctione aliquarum copularum et resignacione aliquarum terrarum etc. — Nach dem Tode Ottokars trat Otto b. L. gegen König Rudolf auf:

> Ez vuor daher mit maniger rot
> von Brandburg marcgräve Ott,
> mit manigen Sachsen frechen,
> und wolt den oheim rechen.
> Dô kunig Rudolf daz ervant,
> hinder sich er poten sant, u. s. w.
> . . . .
> . . . .
> in treuen und in êren
> bat er sie gedenken,
> daz reich wolt krenken
> von Brandburg marcgrâve Ott!

Letzterer lagert bei Kolin:

> beide hêr hetten sin,
> ez mocht da nieman understên,
> dà muost ez an den strît gên
> und bereit'ten sich darzu.

Bevor noch der Kampf beginnt, wird ein Vertrag zu Stande gebracht (Ottokars Reimchronit S. 160—164). Folge dieses Friedens war die Ehe zwischen Markgraf Ottoko und einer Tochter König Rudolfs; vgl. oben im Text Kap. 13 zu Anm. 61 und mein „Lehnin" S. 126 ff. Im September 1280 fand aber ein neuer Feldzug König Rudolfs gegen Otto b. L. der böhmischen Wirren wegen statt: post diutinam rebellacionem marchionis de Prandenburch, rex Rudolfus Bohemiam cum exercitu valido ingreditur, et marchione impotente ad occurrendum, mediantibus domino Ludovico duce Bawarie aliisque nobilibus, tam rex quam marchio pluribus interpositis conditionibus ad concordiam redierunt (Martin. Polon., Böhmer, Fontes II, 463); unbestimmter find die Angaben bei Gottfried b. Ensmingen (Böhmer, Fontes II, 116): (Rudolfus — timuit —) sibi timore magno propter traditionem populi terre, ex eo quod Bohemus reliquerat filium unum, cuius avunculi erant marchiones de Brandenburg, qui se regi opposuerunt propter filium Bohemi. Am 20. September lag König Rudolf in castris apud Brunnam (Böhmer, Reg. Imp. 1246—1313, S. 104 no. 556). — Wegen der Vormundschaft über Ottokars unmündigen Sohn Wenzel kam Otto b. L. in Streit mit seinem nachmaligen Schwiegersohn Herzog Heinrich IV. von Breslau (Grünhagen, Gesch. Schlesiens I, 98). — Ueber die Beziehungen Ottos b. L. zu Böhmen während der Vormundschaft cf. Pulkawa (Menken III, 1727 bis 1729), welcher die Bedrückungen des Landes durch den Markgrafen und den Bischof Gebhard von Brandenburg in den schwärzesten Farben schildert: nam infiniti de suis provinciis, videlicet marchionatus Brandenburgensis, Saxones

et alii Teutonici intrantes Boemiam incolis regionis eiusdem damna, vexationes
et iacturas innumeras et spoliis, incendiis, homicidiis et damnationibus mobi-
lium et immobilium rerum et bonorum absque misericordia multipliciter in-
tulerunt et adeo occuparunt terras regni Boemiae circumquaque, ut incolae
et habitatores eius, dimissis propriis hereditatibus et bonis suis, per exilia et
devia nemorum ac montium densis laterent silvis, se, filios suos et si qua
pecorum habebant animalia propter alienigenarum invasiones multiplices ab-
scondentes. — Similiter — ecclesia Pragensis graviter laesa fuit. Nam ex ea
thesauros regios, ornamenta sanctuariorum et reliquiarum, quae magnificentia
regum Boemiae dudum ibidem — donaverat, tam in auro, argento, lapidibus
preciosis quam in aliis ornamentis violenter et temere abstraxerunt, quaeque
in suos usus, ut placuit, convertentes. — Vgl. ferner Francisci chron. Prag.
(Pelzel u. Dobrowskŋ, Script. rer. Bohem. II, 31 ff.; Cosm. Prag. contin. l. c.
I. 349 ff. 454. 467. 468. — Der jugendliche Wenzel kehrte 1283 de exilio, videlicet terra Brandenburgensi. nach Böhmen zurück, Beness. de Weitmil, l. c.
II, 199. Nach Pulkawa l. c. ließ sich der Markgraf dafür 35 000 Mark Silber
zahlen; ultra quas etiam pecunias totam Budissinensem marchionatum cum
quibusdam castris et aliis civitatibus in hereditatem sibi suam accepit ad
votum etc.

66) Memoria eius est in martyrologio Havelbergensi a. Chr. 1298,
IX. kal. Aug. (Juli 24, Garcäus S. 100); X. kal. Aug. (Juli 23) M. CC. L.
XXXXVIII obiit Otto march. Brandenb., qui legavit ecclesie calicem et duas
ampullas argenteas, casulam flaveam et amictum et fertonem argenti ad emen-
dum stolas; qui Otto dicebatur cognomento longus, cuius anima requiescat
in pace (Necrol. b. Mariae Aquens. herausgegeben von Quix, v. Ledebur, Allgem.
Arch. IX, 368). F. Voigt setzt aber den Todestag nach 28. September 1298 (und
vor 25. November ejd., Märk. Forsch. V, 71), weil von diesem Tage eine Urkunde
Ottos für Berlin vorhanden ist (Riedel A. XII, 1). Aus dem Auftreten Markgraf Hermanns b. L. (cf. Böhmer, Reg. Imp. 1246—1313 S. 194) bei der Königswahl Albrechts in Gemeinschaft mit Otto m. b. Pfeil, worüber Urkunden vom
28. und 29. Juli vorliegen (Riedel B. I, 219. 222), erhellt aber, daß Otto b. L.
damals wohl nicht mehr am Leben gewesen sein kann. Hinsichtlich jener Urkunde
vom 28. September ist daher anzunehmen, daß sie noch bei Lebzeiten Ottos zwar
verfügt und bereits besiegelt, aber erst nach seinem Tode vollendet und, irrtümlich
mit einem späteren Datum versehen, ausgehändigt worden sei; der Ausstellungsort
ist gar nicht angegeben. Schon bei der Königswahl nach Rudolfs Tode (1291)
läßt Ottokar (Reimchronik S. 348) den Markgrafen Otto b. L. sagen, er wolle
noch einmal sein Wahlrecht ausüben:

> wan er sich hinvür
> troeste des nicht,
> daz er mêr gewinne pflicht
> an deheiner wal
> wan zu dem einen mal.
> So gar het den ellenrichen
> besezzen neulichen
> gebresten mannichvalter,
> den da bringet daz alter.

XIV.   **67)** Selbständig urkundend erscheint Albrecht III., der „ëren gernde lcie"
(wie ihn der Meißner nennt; v. b. Hagen, Märk. Forsch. I, 108), zuerst 1272,
August 1 (Gercken, Cod. dipl. Brandenb. II, 409; mein „Lehnin" S. 124). Aus
der Urkunde vom 19. November 1300 (Riedel A. XII, 284) erfährt man, daß
Albrechts Gemahlin Mechtilbis hieß und zu dieser Zeit bereits tot war;
seine beiden Söhne Otto und Johann (1300: Otto und Henning), deren Namen
die Chron. Marchion. nicht angibt, waren bereits am 25. November 1299 tot
(Stiftungsurkunde von Kloster Himmelpfort, Boll, Gesch. b. Landes Stargard
I, 336); der jüngere derselben, Johann, sollte Eufemia, Tochter Herzog Heinrichs V. von Breslau, heiraten (Ehebißpens vom 5. Januar 1292; Riedel B. I,
201; cf. Grotefend, Schles. Stammtafeln I, 52). Von den Töchtern heiratete
Beatrix Herzog Heinrich den Löwen von Mecklenburg. Am 23. Dezember 1291
erhielt der Propst von Brandenburg die Ermächtigung zur Erteilung des Ehebis-
penses (Riedel. B. I, 200); am 22. März 1292 erfolgte derselbe (Mecklenb. Urk.-
Buch III no. 2159). Ueber die Hochzeit berichtet Detmar (edit. Koppmann I, 373):
in dem jare Christi 1292, in deme daghe s. Tiburcii (Aug. 11), do untfinc
her Hinric van Mekelenborch sine brut, de het Beatrix, in der stad to Nygen-
Brandenborch; ze was en dochter marcgreven Albertes van Brandenborch,
unde blef en vrowe van salighen levende. also er ende wol bewisede; bei
Erwähnung der andern Schwester Margaretha sagt derselbe Chronist (l. c. 390):
de van Mekelenborch hadde ere suster, dar mede em wart dat land to Star-
gharden; dat was en ghodelik bedderve vrowe, der mannich wart gebetert.

        Ernst von Kirchberg schildert ihren Tod (cap. 153):

> Vrow Beatrix was sin wip,
> die truoc heilgen sael'gen lip;
> sie wuste iren endetac zuvür,
> daz quam ir von seliger kür;
> daz was dem veste nähe bi
> des heilgen Mauricii (1314, Sept. 22),
> dô liez sie sich vüeren gar
> also kranc zur Wismar.
> Ir macht viel in unmâsse:
> recht in der smedestrâsse
> da starp sie uf irem wagen —
> den tôt man bilchen mochte klagen —
> ê sie in iren hof quam
> der tôt daz leben ir benam,
> und wart mit ungehaben
> zu den barfüessern begraben,
> recht als man drizenhundert jâr
> schreip und vierzehen offenbâr.
> Uf irem grabe wart oft gesehen
> zeichen, die man bilch mag spehen.

Ueber die Schicksale der zweiten Tochter Margaretha melden die Annal. Lubic.
(MGH. XVI, 417. 418) ad ann. 1300: Nikolaus von Rostock trägt dem König
Erich von Dänemark sein Land auf propter auxilium ab eo habendum contra
marchiones Brandenburgenses, qui eum angariabant magnis gwerris ideo quod

in uxorem duxerat filiam Buxslai Slavorum principis, repudiata filia Alberti march., sibi in uxorem promissa. Am 15. Mai 1298 in Solbin nennt Mark=graf Albrecht ben als Zeugen anwesenden Nikolaus von Rostock ebenso wie Heinrich ben Löwen von Medlenburg seinen Schwiegersohn (Riebel, B. I, 218). Nach Ernst von Kirchberg (c. 183) begannen die Markgrafen Otto und Hermann am 29. Nov. 1298 eine Fehde gegen die Rostocker,

> um daz ir junkherre hatte gar
> versmähet ir nifteln offenbar,
> zwô schoene juncvrowen rechte,
> geboren von edelme geslechte;
> der juncvrowen eine tochter was
> marcgrêven Albrechtes sunder haz,
> so was die ander juncvrowe
> tochter des grêven von Lindowe.

Die Bürger bieten Geld zur Sühne;

> die marcgrêven wolden die geschicht
> noch den vrede annemen nicht;
> sie swuoren, sie enwolden nummen komen
> in die Mark mêr mit vromen,
> sie wolden das lant betwingen
> und zu irer herschaft bringen,
> und wolden vüeren zu kerkener
> iren junkherren den lugener,
> der geheizen was alsus
> von Rodestock Nicolaus.

Daß Markgraf Otto cum exercitu ante Ruzstock gelegen, sagt er selbst in einer Urkunde vom 1. Aug. 1301 (Riebel C. III, 10); am 25. Nov. 1299 verpflichtete sich Rostock zur Zahlung von 5000 Mark an den Markgrafen (l. c. 9.) Annal. Lubic. ad ann. 1502 (MGH. XVI, 418): Albertus, dux Saxoniae (von Sachsen=Lauenburg), duxit in uxorem dominam Margaretham relictam regis de Kalys, filiam scil. Alberti march. de Brandenb., quae desponsata erat Nicholao puero nobili de Rotstoke et qui ea repudiata filiam Buxslai principis Slavorum per instinctum quorundam vasallorum suorum duxit in uxorem. Detmar (edit. Koppmann 1 390): do nam desulve hertoghe Albert des mark-greven Albertes dochter Margareten, de erste lovet war deme junkheren van Rostok, unde seder nam den hertoghen Bolizlawen (rect. Przemislav) van Kalys, de koning wart der Polene unde seder dodet wart dor eren willen, so men seghede; oc ist dat witlik, sint dat se quam to hertoghen Alberte van Lovenborch, dat de lant sic nicht enheterden. Przemislav's erste, 1283 ermor=bete Gemahlin war Luitgard von Pommern; ihr folgte 1286 Rixa von Schweden, welche nach Dlugoß I, 877 noch am 26. Juni 1295 gelebt hätte. Przemislav starb am 8. Febr. 1296 (s. Anm. 77).

Ehedispens für Margaretha und Herzog Albrecht vom 24. Sept. 1302, Schmidt, päpstl. Urkunden und Regesten S. 40.

68) Am 25. Nov. 1299 gründete Markgraf Albrecht III. das Kloster Himmelpfort cum consilio et auxilio reverendi patris et domini Johannis eccl. Leninensis (Boll, Gesch. b. Landes Stargard I S. 336); cf. die Bestätigungsurkunde des Bischofs Volrab von Brandenburg vom 4. Dec. ejd. (l. c. 338); über den

Lehniner Abt Johann von Beliß cf. mein „Lehnin" S. 133, 134, über Kloster Himmelpfort überhaupt Kirchner in Märk. Forsch. VI, 1—102.

69) Das Cisterziensernonnenkloster Wanzka im Lande Stargard wurde ge= gründet 1290, Jan. 5, Boll, Gesch. b. Landes Stargard, I, 96. 316. 332.

70) 1298, Juni 1. Riedel A, XVIII, 442.

71) Markgraf Albrecht III. urkundet noch am 17. März 1300 (Riedel B. I, 229).

XV.   **72)** Ueber Johann II. f. Anm. 37.

73) Ueber diesen Kunekin (Koseform von Conrad) scheint sonst nichts bekannt zu sein. Riedel A VII, 8 ff. beschreibt das Wappen der Stadt Rhinow nach einem Glasgemälde von 1580: ein langbärtiger Mann mit roter Kutte und spißer Kapuße, weißem Oberkleid (auf welchem ein rotes Kreuz), rotem Unterkleid; in der Rechten Stab, der kein Bischofsstab, am linken Arm Hirtentasche; der untere Teil der Figur vom Brandenburgischen Wappenschild bedeckt; rechts und links im Hintergrunde Tore und Türme der Stadt; davor ein Fluß mit Schwänen. Im Habit lasse sich die Ordenstracht der Prämonstratenser leicht erkennen, wenn man von einigen Abweichungen, namentlich in den Farben, absehe; die Figur werde daher den Domherrn Kunekin darstellen, welcher als Gründer der Stadt zu be= trachten sei, d. h. dieselbe von der alten Stadtstelle nach ihrem jeßigen Ort ver= legt habe. Hiervon ist nur die Beschreibung des umgebenden Beiwerks richtig; die Figur selbst trägt auf zwei mir vorliegenden Siegelabdrücken offenbar einen breitrandigen Hut, Pilgerstab und etwas wie eine Tasche; es wird der Apostel Jacobus maior dargestellt sein, welcher Schußpatron der Stadtkirche gewesen sein mag.

XVI.   **74)** f. Anm. 64.

75) Bündnis Erzb. Konrads von Magdeburg mit Nikolaus v. Werle, Günzel v. Schwerin, Heinrich v. Mecklenburg, Wißlav v. Rügen, Woldemar v. Rostock, vom 1. Mai 1272 gegen die Markgrafen Johanneischer Linie (Riedel C. III, 2). Ueber die Fehden mit Magdeburg f. Anm. 38; Chron. Hildesh. MGH. VII, 864; Braunschw. Reimchron. V. 8949—9170; Magdeb. Schöpp. Chron. 163 ff.; 167. Magdeb. Gesch. Bl. XXIV, Heft 1.

76) 1275, Okt. 15, Bündnis der Markgrafen Johanneischer Linie mit den Grafen v. Holstein (Riedel B. I, 123); Fehden mit Mecklenburg 1275: Post hec contigit, quod march. Otto de Brandenborg impugnavit cum adiutorio comitis de Zwerin dominos Slavie; et tunc fuit adiutor domicellus Johannes illorum de Werle; — tunc temporis predictus marchio intravit Zwerin cum comite Holtsacie, et intraverunt terram Magnopolensem cum comite Zwerinensi, et potenter devastaverunt et combusserunt, et conventionem fecerunt, dominium Magnopolense; et propter illum timorem firmata fuit civitas Wismariensis etc. — Hec gwerra stetit per dimidium annum etc. — 1276: Post hec sequenti anno de eadem seris (?), scilicet Sternenberg et Godebuz, venerunt predicti domini de Werle et comes Zwerinensis et posuerunt se ante civitatem Wis- marie 6 septimanis et hostiliter devastaverunt terram dominorum nostrorum cum adiutorio illustris principis Ottonis march. de Brandenborg et edificaverunt castrum Dobe potenter et de eodem castro combusserunt terram et spoliaverunt eam (Zweites Stadtbuch von Wismar, Mecklenb. Urk.=B. II S. 530. 531).

77) 1269, Apr. 1, Herzog Mestwin von Pommerellen trägt seine Be= sißungen den Markgrafen von Brandenburg Johanneischer Linie zu Lehn auf (Riedel B. I, 101; Bartholb, Gesch. v. Pommern II, 538); 1271: derselbe über=

trägt den Markgrafen Stadt und Burg Danzig als Eigentum (l. c. 112; Barthold 540); die Markgrafen besetzen das Land (Annal. Colbaz. Pomm. Urk.-B. I, 485); nach vergeblichem Versuch, Danzig zurückzuerobern, wendet Mestwin sich an Herzog Boleslav von Polen; dieser rückt zwischen 6. Jan. und 2. Febr. 1272 in Pommern ein und erobert die Stadt; Annal. Polon. ad ann. 1271. 1272; cf. Script. rer. Prussic. I, 767, 768; vgl. überhaupt l. c. 689 Anm. 43; Barthold, II, 544. — 1272, Mai 27: nobilis puer dominicellus Przemisl filius ducis Przemislonis — intravit manu armata terram ultra Driesen, quam pater suus Przemisl tradiderat marchioni domino Cunrado filio march. Johannis Brandenb. pro dote filie sue u. f. w. Brevior chron. Cracov. (v. Sommersberg, Script. rer. Silesiac. II, 90). — 1296, Febr. 8: die Markgrafen Otto b. L., Otto m. b. Pf. und Johann lassen Przemisl II. (den Gemahl von Albrechts III. Tochter Margaretha, f. Anm. 67) „zelo invidie inducti, quod regale sceptrum adeptus fuerat, in Rogasen aufheben; auf dem Transport wird der Gefangene von einem markgräflichen Vasallen, Jakob Kassube, erschlagen; Brev. chron. Cracov. (v. Sommersberg, Script. rer. Siles. II, 90); Annal. Colbaz. (Pomm. Urk.-B. I, 485). — Die ältere Chronik v. Oliva (Script. rer. Pruss. I, 694. 695. V, 604) schreibt dies dem Markgrafen Wolbemar (!) zu in ultionem s. Lucardis coniugis sue (d. h. des Königs), quam ipse male suspectam habens fecerat iugulari. — Nach Annal. Polon. (MGH. Schulausg. S. 73), und Detmar (edit. Koppmann I, 378 ad ann. 1297) wurde Przemisl von seinen eigenen Leuten erschlagen. (vgl. Scr. rer. Pruss. I, 769; Barthold III, 63).

78) Schon gegen König Adolf hatten Otto m. b. Pf. und Hermann b. L. XVII. mit dem jungen König Wenzel konspiriert; am 2. Juni 1297 wurde letzterer gekrönt; dux etiam Austriae Albertus (der nachmalige König) cum 7000 equitibus illuc venit, habens in comitatu suo ducem Karintie et generum suum marchionem Longum iuvenem; — sed et marchio Brandenburgensis cum telo cognomento rogatus ibi affuit cum duce Saxoniae etc. (Chron. Sampetr. edit. Stübel, 137). Die bei der Feier versammelten Fürsten beschlossen, einen Tag in Eger abzuhalten, um dort Adolfs Absetzung auszusprechen; doch dieser vereitelte für jetzt ihre Pläne; et ob hoc eorundem principum, qui se dicebant alium regem velle eligere, machinacio in ridiculum est conversa (Eberh. Altah. Böhmer, Fontes II, 544). Bei dem, zwischen dem neuen König Albrecht und dem Böhmenkönig ausbrechenden Zerwürfnis blieben Vermittelungsversuche, welche Markgraf Hermann persönlich bei erfterem unternahm, erfolglos:

der markgráf höchgeborn,
dem was noch alles zorn,
daz der kunig nicht het
geleist sein bet;
wie sêr der tumb
zurnte darumb!

(Ottokars Reimchron. S. 706). Der Feldzug König Albrechts fand statt im September und Oktober 1304, Böhmer, Reg. Imp. 1246—1313 S. 239. 240; cf. Contin. Zwetl. III (MGH. IX, 661. 662); Eberhard. Altah. (Böhmer, Fontes II, 552); Sifridi de Balnhusin compend. histor. (MGH. XXV, 716); Detmar. edit. Koppmann I 404 ad ann. 1307. Ausführliche Beschreibungen bei Ernst v. Kirchberg, cap. 137, und Ottokar (Reimchronik S. 711—733). Die Urkunde, betreffend die Vertauschung der Meißnischen Besitzungen (welche König Wenzel den Markgrafen

11 *

Otto, Hermann und Woldemar verpfändet hatte) gegen Pommern, ist vom 8. Aug. 1305 (Riedel B. I, 263). Am 18. Aug. 1305 hob König Albrecht die gegen die Markgrafen ausgesprochene Reichsacht auf (l. c. 264). Vgl. auch Wegele, Friedrich b. Freib., S. 263. 266 ff.; unten Anm. 85.

79) Erzbischof Heinrich II. von Anhalt, 1305—1307; über diese Fehde und speziell die Belagerung von Alten-Plathow scheint nichts bekannt zu sein.

80) 1308, Annal. Lubic. (MGH. XVI, 421): Hermannus march. de Brandenburg cum Ottone march. cum telo duxit exercitum in Slaviam, scil. 4000 dextrariorum, exceptis sagittariis et aliis expeditis satellitibus, et devastavit Slaviam, nec non castrum in flumine Eldene fortissime edificavit, ibique in exercitu morte preventus est, relicto uno solo filio Johanne ex filia Alberti Romanorum regis quondam nato. Extincto, ut dictum est, dicto Hermanno march., marchio cum telo duxit exercitum. Odiosa gwerra inter marchiones et dominos Slavie sopita est. Detmar edit. Koppmann I 406; Ernst v. Kirchberg cap. 175. Ueber den Denkstein auf dem Schloß Oebisfelde: Anno domini MCCCVIII dominus Hermannus marchio Eldeburch cum magno exercitu circumvallavit et expiravit. Tunc hoc cenaculum structum fuit, und seine falsche Deutung cf. mein „Lehnin" S. 28, Anm. **.

81) Als Ottos m. b. Pf. Todestag wird z. B. von Voigtel-Cohn, Taf. 73, der 27. Nov. 1309 angegeben. Otto's letzte Urkunde ist, wenn man von der in forma producta falschen vom 13. Dez. 1308 (Riedel A. IX, 8) absieht, vom 30. Sept. ejd., wo er sich mit Woldemar im Jagdschloß Werbellin aufhielt (l. c. IV, 393. C. II, 5). Am 27. Nov. ejd. war er sicher noch am Leben (l. c. B. I, 276); v. Klödens Gründe dafür, daß er dies noch am 6. Jan. 1309 gewesen sein müsse (Walbemar II, 44), sind unzureichend. Im Cod. Goslar. der Chron. Princip. Saxon. findet sich folgende poetische Grabschrift Ottos m. b. Pf.:

Anno milleno trecenteno simul octo
cum fere transacto feliciter obiit Otto
marchio telatus, mundana laude beatus.
Nunc iacet humatus defunctis et associatus.
Hic pacem tenuit firmam. Deus ergo coronam
cum sanctis det ei lucis, pacis, requiei. Amen.

(v. Heinemann, Märk. Forsch. IX, 4 mit Auslassung des 4. Verses; MGH. XXV, 479, Anm. 6).

82) Ueber den Tatbestand cf. die Bulle vom 8. Febr. 1302, (Riedel A. VIII, 190). Am 3. Mai 1302 sprach Bischof Konrad v. Lübeck, am 15. Febr. 1303 Erzbischof Giselbert v. Bremen den Bann über Otto und Konrad aus (l. c. 192. 193). Die Angelegenheit wurde beigelegt durch die Verträge vom 16. Sept. 1304 und 3. Jan. 1305 (l. c. 198. 199). Vgl. auch Ernst v. Kirchberg cap. 137. — Auf diese Verhältnisse bezieht sich die Bulle Benedikts XI. vom 4. März 1304, durch welche Markgraf Hermann die Erlaubnis erhielt, an interdicierten Orten sich und seinem Hause durch seinen Kapellan Gottesdienst halten zu lassen (l. c. B. I, 258). Vgl. auch Hävicke, Die Reichsunmittelbarkeit und Landsässigkeit der Bistümer Brandenburg und Havelberg, Programm von Schul-Pforta, 1882. S. 33 ff.

83) Garcaeus S. 90: Cunradus obiit in oppido Schwedt, ut annotavit quidam Francus, cuius liber germanice scriptus extat apud S. Mellemannum, a. Chr. 1304. — 1304, Sept. 16, war Markgraf Conele noch am Leben (Riedel A. VIII, 198); 1304, Dec. 16 (XVII. kal. Jan.), bestätigen die Markgrafen Otto (m. b. Pf.), Johann und Woldemar (Konrads Söhne) eine letztwillige Verfügung, welche Markgraf Konrad in extremis agens zu Gunsten des Klosters Chorin getroffen (Gercken, cod. dipl. Brandenb. II, 441); in die Zwischenzeit fällt also der Tod desselben. Ein im 15. Jh. gefertigter Grabstein mit der datumlosen Umschrift: .... obiit illustris princeps dominus Conradus marchio Brandenburgensis hic sepultus, cuius anima requiescat in pace, befindet sich im Dom zu Stendal. Götze (Urkundl. Gesch. der Stadt Stendal S. 20. 581) bezieht denselben auf diesen Konrad; Entzelt (1736, S. 108) und Angelus (Annal. S. 113) schreiben ihn vermutungsweise einem sonst nicht nachweisbaren gleichnamigen Sohne Konrads zu. — Von Konrads in der Chron. Marchion. nicht genannten beiden älteren Söhnen Johann und Otto kommt ersterer 1286, Sept. 17 vor (Riedel A. XIX, 443); beide werden genannt 1295, 1297, Johannes allein 1304; auch dieser verschwindet 1305 (Gercken l. c. 434. 438. 441. 444); am 25. Sept. letzteren Jahres bezeichnet Woldemar ihn als verstorben (Riedel A. XIX, 447). — Eine Tochter Agnes verzeichnet v. Heinemann, cod. dipl. Anhalt. V, Stammtafel, als Gattin Albrechts I. von Anhalt-Köthen; ihre Söhne waren Albrecht und Woldemar; als Vormund dieser seiner „avunculi" urkundet Markgraf Woldemar 1317, März 2 (Riedel, B. I, 397).

84) 1295 heiratete Markgraf Hermann Anna, die Tochter Herzog Albrechts v. Oesterreich, des nachmaligen Königs, und zwar mutmaßlich im September (cf. Anm. 58); er wurde vorher von seinem Schwiegervater zum Ritter gemacht, wie Ottokar (Reimchron. S. 586) berichtet, der cap. 634—640 die Hochzeit weitläufig erzählt. Oft citiert ist seine Schilderung der Trauung in cap. 639:

in einem garten úf dem gras,
dâ der rinc gemachet was
von vrowen und von mannen,
des vürsten tochter vrow Annen
man hervür weist;
. . .
. . .
nach christenlicher ê
gap sie der bischof zusamd.

Eine seiner Töchter sollte laut Urkunde vom 1. Jan. 1317 (Riedel B. I, 396), Markgraf Friedrich d. J. von Meißen heiraten. — Ueber seine Kinder Johann und Agnes s. Anm. 91—94. — Mechtild heiratete Heinrich II. Herrn von Posen, Sagan und Glogau (Grotefend, Schles. Stammtaf. II, 8). — Die Verlobung Juttas mit einem der Söhne Graf Bertholds von Henneberg genehmigte ihr Bruder Johann am 15. Aug. 1314 im Jagdschloß Werbellin (Riedel B. I, 356); sie heiratete den Grafen Heinrich; wegen zu naher Verwandtschaft wurden sie exkommuniziert; durch Bulle vom 15. April 1319 erhielt der Bischof von Würzburg den Auftrag, sie nachträglich zu dispensieren; er löste sie am 2. Juli 1320 und teilte ihnen am folgenden Tage den Dispens mit (l. c. 431. 454. 455). — Nach Hermanns Tode heirathete seine Witwe Herzog Heinrich VI. von Breslau (Chron. Princip. Polonor. Stenzel, Script. rer. Silesiac. I, 130).

85) s. Anm. 78. König Albrecht äußert sich am 1. Juli 1304 speziell über seinen Schwiegersohn Hermann: tam grate beneficentie immemor et ingratus, regi Bohemie, nostrorum et imperii principatuum invasori publico et illicito, favore et auxilio se adstrinxit, nulla ratione previa contra nos inique rebelli-

onis cornua erigendo, in ipsius infortunium, salutis sue ac fidei detrimentum
et in nostrum ac imperii nocumentum. — Nos enim, qui errorem et rebellionem
ipsius cum patientia dissimulavimus usque modo, ipsum ad conversionem et peni-
tentiam exspectantes, contra eum amodo nostre potentie brachium taliter exten-
demus, ut, cum gratiam et favorem contempsit, dignam nostram ultionem sentiat
et vindictam (Riebel B. I, 260). Man vergleiche dazu die Worte, welche Ottokar
(Reimchron. S. 707) den König zum Markgrafen sprechen läßt:

> ich schick dir in kurzem zil
> urliuges so vil
> gegen Pranburg heim,
> daz der von Peheim
> deiner hilf lützel sich erfreut.

86) s. Anm. 59. Jutta sollte der dort citierten Urkunde zufolge castrum
Beltitz, castrum Dömitz et oppidum mit den zugehörigen Territorien als Mitgift
erhalten.

87) Markgraf Hermann nennt sich daher tutor Silesiae (z. B. 1307, Riebel
B. I, 369. 370) als Vormund der 3 Söhne seiner Schwester Beatrix und Herzog
Bolko's I. († 1301, s. Anm. 59), cf. Liber fundat. claustri Heinrichow, edit.
Stenzel S. 87 und Anm. 164; S. 140 und Anm. 260.

88) Markgraf Hermann verschreibt seiner Gemahlin Anna 1298, Nov. 25
comitatum seu dominium Hennenberch nec non dominium nostrum in Fran-
conia (Riebel B. I, 234).

89) s. Anm. 78.

90) s. Anm. 80.

91) Ueber Markgraf Johann, Hermanns Sohn, die Vormundschaft über
denselben und seine kurze Regierung cf. Wohlbrück, Gesch. d. Geschlechts v. Alvensleben, I, 148; ders. Gesch. der Altmark, 165; Riebel, Zur Gesch. der letzten anhaltinischen Markgrafen von Brandenburg, in v. Ledebur, Allgem. Arch. XII, 41 ff.;
v. Klöden, Waldemar II, 5 ff.; (A. H. v. Kröcher) Gesch. d. Geschlechts v. Kröcher,
I, 134 ff.

XX. **92)** Woldemar nennt sich zum ersten Mal Johanns Vormund am 4. Apr.
1308 (Riebel A. XX, 197). Der Bund der zum Gebiet des unmündigen Johann
gehörigen Städte, welchen Berlin am 3. März 1308 verlautbarte[1]), läßt schließen,
daß allgemein Vergewaltigung von Seiten der älteren markgräflichen Linie be-
fürchtet wurde.

93) Man hat gemeint, daß dies Johann v. Kröcher, genannt Droiseko, und
Friedrich v. Alvensleben gewesen, weil dieselben nachmals als Teilnehmer an der
großen nordischen Liga gegen Brandenburg erscheinen. Vom Tode Markgraf Hermanns bis Ende 1314 finden wir aber diese beiden in Urkunden sowol Wolbemars
wie Johanns als Zeugen (Urk.-B. d. Geschlechts v. Kröcher, I, no. 65—112);
erst zu Anfang 1315 erblicken wir sie auf Seiten der Gegner des Markgrafen
(l. c. no. 113); im April verbündeten sie sich mit König Erich von Dänemark,
weil sie mit Markgraf Johann in Streitigkeiten geraten (l. c. no.
114); am 23. Mai ejd. werden sie namentlich als Glieder des Bundes aufgeführt

---

1) Zum ersten Mal gedruckt bei Fischbach, Städtebeschreibung S. 6 Anm. e nach dem
damals im Eberswalder Stadtarchiv befindlichen Original mit schlimmen Lesefehlern, die von
da in die übrigen Abdrücke, z. B. Berl. Urk.-B. S. 25, übergangen sind.

(l. c. no. 115) und in den Frieden von Brobersdorf vom 10. Juni 1315 aus=
brücklich mit aufgenommen (l. c. no. 116). Nachdem erscheint insbesondere Droiselo
Kröcher wieder in alten Ehren am Hofe Wolbemars. Daraus folgt nicht nur,
daß die Erzählung der Chron. Marchion., an deren Richtigkeit zu zweifeln keine
Veranlassung vorliegt, an dieser Stelle Droiselo Kröcher und Friedrich v. Alvens=
leben nicht meinen kann, sondern m. E. auch, daß diese beiden überhaupt nicht zu
den Vormündern Johanns gehört haben.

94) 1302, Febr. 5, verpflichtete sich König Albrecht in Nürnberg, seine **XXI.**
Tochter Jutta binnen 6 Jahren dem Waldemar, Bruder des Markgrafen Otto
von Brandenburg (eine etwas eigentümliche Bezeichnung, wenn keine Verwechselung
vorliegt), zur Hausfrau zu geben (Ficker, die Ueberreste d. deutsch. Reichsarch. zu
Pisa, Sitzungsber. d. philosoph.=histor. Klasse der Wiener Akadem. d. Wissensch.
XIV, 1, S. 190). Man könnte meinen, daß Math. Neuenburg. (Böhmer, Fontes
IV, 172) dieß im Auge habe, wenn er sagt: Albertus rex unam filiam dedit
Goldemaro march. Brandenb.; daß er indessen Wolbemar und Hermann durchein=
anderwirft, ergibt sich aus seinen weiteren Worten. Noch bei Lebzeiten seines Vaters
Konrad († Ende 1304, s. Anm. 83) war Wolbemar mit Markgraf Hermanns
Tochter Agnes verlobt worden; nach dem Tode Hermanns wurde die Ehe voll=
zogen; am 14. Mai 1309 nennt Wolbemar den Johann sororius (eigentlich
Schwestermann, dann überhaupt Schwager — Berlin. U.=B. 26), und am 9. Nov.
1309 erfolgte nachträglicher Dispens wegen zu naher Verwandtschaft (Riedel B. I.
285); alles, was v. Klöden (Walbemar II, 50. 86) über Wolbemars Verlobung
im Mai 1309 zu Tangermünde und seine Hochzeit zu Pfingsten 1311 zu er=
zählen weiß, ist Erfindung. Nach Wolbemars Tode heiratete seine Witwe den
Herzog Otto von Braunschweig; der päpstliche Ehedispens ist vom 10. Dec. 1320
(v. Löher, Regesta Vaticana, in Archival. Zschr. V, S. 243 no. 69). Die An=
gabe der Chron. Marchion., daß Wolbemar klein von Statur gewesen, findet Be=
stätigung in dem, was Beness. de Weitmil (Pelzel et Dobrowsky, Script rer.
Bohem. II, 351) vom falschen Wolbemar berichtet: vir, imo homunculus satis
parvae, sed grossae staturae. Daß er eine große Narbe im Gesicht hatte, bemerkt
Kurfürst Friedrich II., s. Anm. 107.

95) 1311. Ericus Danorum rex, Woldemarus march. Brandenb. et multi
principes et nobiles Rotstoke congregati celeberrimam curiam celebrarunt. Et
dictus Woldemarus ibidem factus est miles a dicto rege cum 20 principibus
et comitibus et aliis 80 personis per regem ob favorem eiusdem marchionis
honoratis gloria militari, exceptis aliis militibus ab ipso rege et singulis principibus [1]) et magnatibus ibidem factis, quorum numerus servari non potuit propter
eorum multitudinem (Annal. Lubic. MGH. XVI, 422). Nach Ernst v. Kirch=
berg, cap. 143 begann das Fest am Tage nach Fronleichnam (Juni 12) und
dauerte 5 Tage nach Heinrichs von Herford, angeblich ex cronicis principum de
Brandenborch stammender höchst umständlicher rhetorischer Beschreibung z. J.
1308 (edit. Potthast S. 226). Aus dieser teile ich nur eine wunderbare Episode
mit: Aquila grandis magnarum alarum longo membrorum ductu diu circum-

---

1) Wolbemar erteilte selbst sofort dem 19jährigen Otto von Braunschweig den Ritter=
schlag, Excerpta Sanblasiana, b. Leibniz, Script. rer. Brunswic. II, 61. Johannes Victor.,
Böhmer, Fontes I, 367, sagt: marchio manibus regis Dacie miles cum magna decentia insig-
nitur, 1700 tyrones in tyrocinio hoc nove militie cingulo per marchionem cum pompa maxima
decorantur.

volitabat in alto super convivantes; demum subito descendens in colum vel cacumen papilionis (Pavillon, Zelt) Woldemari cunctis videntibus se recepit et plus quam per horam integram ibi quiescendo resedit. O felix princeps, cui arrident sydera, terra tantis laudibus aggaudet, quem predicat ales, cui celum, terra, pontus, cui militat aër! Ausführliche Beschreibungen geben Detmar (edit. Koppmann I, 413 ff.), welcher seinen Bericht schließt: wat dar in beider vorsten sale hoves drewen wart, ok wat dar al spere broken worden twe dage umme, unde wat dar andere grote dinge schuden, dat was in den landen êre ny horet, unde hedde alle stan to prysende. Ferner Johannes Victoriensis (Böhmer, Fontes I, 367), der aber das Fest von Woldemar veranstaltet werden läßt, um seine Hochzeit zu feiern: Woldemarus march. Brandenb., mortuis fratruelibus et patruis, divisum in multas partes totum solus illius tituli obtinuit principatum, et gloriam in fortitudine et magnitudine potentie sue. Curiam celebrem et famosam indixit regibus, principibus prope longeque positis, habiturum se nuptias cum filia patrui sui mandans, omnesque missis veredariis ad huius sollempnitates gaudium invitavit. Er schließt: que quidem gloria post hec in favillam breviter est redacta. Nam propter nuptias illicitas et fastum glorie temporalis ipse marchio sine herede decessit, et ad imperium totum dominium hoc pervenit. — Das Lied Heinrichs Frauenlob auf das Rosengartenfest s. Märk. Forsch. 1, 110 ff.; L. Ettmüller, Heinrichs des Frauenlobs Leiche, Sprüche ꝛc. 1843 S. 98—101. — Vgl. auch Gercken, Nachricht von der 1311 gehaltenen berühmten fürstlichen Zusammenkunft bei Rostock und dem darauf erfolgten Kriege Markgraf Waldemars mit dem Markgrafen Friedrich von Meißen, worin der letztere gefangen worden, Verm. Abhandl. I, 124 ff.

XXII.   **96)** Die Eheberedung Herzog Heinrichs d. Löwen von Mecklenburg mit Anna, Tochter Herzog Rudolfs von Sachsen, fand am 16. Juli 1315 statt (Mecklenb. Urk.-B. VI, no. 3771).

97) Ueber den großen nordischen Krieg cf. Ann. Lubic. ad ann. 1315. 1316 (MGH. XVI, 424—426); Detmar (hrsg. v. Koppmann I, 425. 429—431; Ernst v. Kirchberg cap. 154—157. Die Belagerung von Woldeck, welche Kirchberg cap. 155 sehr eingehend beschreibt, fand im December 1315 statt; am 21. Dec. urkundet Woldemar „in den sloten vor Woldecke" (Riedel A V, 310). Da von den Details mittelalterlicher Kriegführung unsere norddeutschen Quellen in der Regel wenig mitteilen, möge hier eine Episode aus der Belagerung der hartnäckig und glücklich verteidigten Stadt nach der Schilderung des Mecklenburgischen Chronisten folgen:

> An einem tage das geschach,
> der marcgrêve gebot und sprach,
> daz man eine katzen solde ingâhen
> triben an die stat hin nâhen;
> die stat meinte her undergraben.
> Als die arbeit wart erhaben,
> die da waren in der stat
> dargegen ein werk erhuoben drât,
> und begunden baltlich sunder snaben
> gein des marcgrêven greber graben,
> daz sie mit sulchen vunden
> den grebern widerstunden.

Der stat werk wart getrieben nâ
boben des marcgreven werk aldâ.
Her Merten ir houbetman
hiez snelleclichen sunder wan,
daz man in dem vullemunde[1])
ein hol machte zu der stunde,
und gusse sunder underlâz
dâ wazzer in vuller mâz
und vulten das hol nicht lazzer
ân underlâz mit wazzer
so lange, daz sie wârhaft
vernaemen ander bodeschaft.
Dô das geschah, dieselben vart
daz das hol vul wazzer wart,
die oberste erde viel dar nider,
dô wart gewêret ir ûzganc sider,
zurücke mochten sie nicht zâ,
sie erstickten unde storben dâ;
dô wart in ir êwic grap
in des graben urhap.

Die letzte Schlacht des Krieges, im August[2]) 1316 bei Granſee (ſ. Chron. Marchion. cap. 25), war, nach Kirchbergs Worten (cap. 158):

daz groeste strîden,
daz je bî unsern zîden
in Wendischen landen so geschach.

Nach Annal. Lubic. (MGH. XVI, 426) hatte Herzog Heinrich b. L. von Mecklen=
burg 800 Reiter und viel Fußvolk, Woldemar nur 500 viros in dextrariis bene
expeditos; aus Furcht, daß die Feinde wieder abziehen möchten, wagte er den An=
griff; der Sieg wurde der Tapferkeit des Mecklenburgiſchen Fußvolkes zugeſchrieben.
Ernſt v. Kirchbergs Angabe, daß Woldemars Streitkräfte viermal ſo groß als die
der Gegner geweſen, bezieht ſich wol nur auf die von ihm und ſeinen Bundes=
genoſſen überhaupt aufgebotenen Truppen, nicht auf die am Kampfe beteiligten;
ſagen doch die Annal. Lubic. ausdrücklich, der Markgraf habe aliam suam gentem
nicht abgewartet. Auf brandenburgiſcher Seite wurden gefangen der Graf von
Wernigerode und Graf Burchard von Mansfeld (über deren Freilaſſung im Temp=
liner Frieden verhandelt wurde, Riedel, B. I, 412), nach Ernſt v. Kirchberg auch
noch ein Graf v. Jleburg und 5 ungenannte Grafen; Detmar (edit. Koppmann
I, 431) nennt auch noch einen Grafen v. Regenſtein. Ueber die Gefahr, in welcher
der Markgraf perſönlich ſchwebte, und über ſeine Rettung berichtet Kirchberg, von
der Chron. Marchion. etwas abweichend

Brandenborc gienc under
(daz was michel wunder!),

_____

1) Fulcimentum = fundamentum, hier Boden.
2) Wol nach dem 17.; am 5. verpflichteten ſich die Grafen von Holſtein zu Rhlöbing
auf Falſter, dem König Erich von Dänemark mit 100 Reiſigen gegen Markgraf Wolbemar zu
bienen (Riedel, B. I, 394); am 29. Juli und am 17. Aug. war der Herzog von Mecklenburg
in Sternberg (Mecklenb. Urk.=B. VI, S. 215. 220.); weitere Urkunden aus der fraglichen Zeit
liegen nicht vor.

so daz an des strides vart
der marcgrêve nåhen gevangen wart,
ich mein den edeln Woldemar;
sin helm wart im genomen dar,
im entstuont grôz widersatz,
den taet im her Michel Kratz
und Niclans Schrapentroc vurwâr,
ein Grewismoelisch burger zwâr.
Von den sînen verrante her sich
in iren houf unvursichtiglich;
dô wart her umgetrieben vaste
mit strides slegen sunder raste,
sô daz her von dem rosse quam.
Der sînen einer das vernam,
des name der wirt hie vermelt:
ein grêve geboren von Manesvelt,
der half im manlich sunder verdrôz
wider ûf ein ledic ros,
und half im dâ von dannen wol
manlich und ouch mit küenheit mol(?),
und wart doch da vür in gevangen:
dô schienen wol getrûwheit spangen!

Bei biefer Gelegenheit mag Wolbemar bie Wunbe babongetragen haben, welche
bie Anm. 94 erwähnte Narbe hinterließ. Auffällig unb wol nur auf einem Ver=
fehen bei ber Excerpierung beruhenb ift, baß Chron. Marchion. ben Ritter Webigo
v. Plote als Befreier bes Markgrafen nennt, welcher als mecklenburgifcher Vafall
häufig gerabe in biefer Zeit unb insbefonbere auch im Templiner Friebensvertrag
im Gefolge Heinrichs von Mecklenburg erfcheint; man müßte benn annehmen, baß
ber v. Plote ben vom Pferbe geriffenen unb von ben „rusticis" nicht erkannten
Markgrafen vom Tobe gerettet habe, um ihn gefangen zu nehmen, baß in biefem
Moment aber Wolbemar auf bem ihm vom Grafen v. Mansfeld bargebotenen
Pferbe entkommen fei. Nach Chron. Marchion. (mit welcher Ernft v. Kirchberg
übereinftimmt) hatten bie Mecklenburger bas Lanb um Granfee verwüftet, unb
prope Granzoye laffen Annal. Lubic. ben Kampf ftattfinben. Ernft v. Kirchberg
berichtet, Heinrich v. Mecklenburg fei troß ber Nachricht vom Anzuge Wolbemars
ins Lanb hinein unb bei Schulzenborf (norbweftlich von Granfee) über ben Bach (bas
in ben kleinen Rhin fich ergießenbe Mühlenfließ) gegangen; bie Chron. Marchion.
nennt als Stätte bes Kampfes (Gr.) Woltersborf (zwifchen Schulzenborf unb ber
mecklenburgifchen Grenze). Daraus folgt, baß bie Branbenburger fich auf bie
Rückzugslinie ber Feinbe warfen, um ihnen bie Beute wieber abzujagen, baß biefe
fie zwar auseinanberfprengten, ihren Vorteil jeboch nicht verfolgten, fonbern ab=
zogen; nach Ernft v. Kirchberg rückten fie auf Buchholz (jeßt mecklenburgifches
Dorf nörblich von Woltersborf, jenfeits bes Polkow=Baches, nicht, wie Boll,
Gefch. b. Lanbes Stargarb, I, 241, meint, bas weit entlegene Buchholz am Müriß=
See) unb teilten bort bie Beute. So hat benn offenbar ber Schlacht auch nicht
bie Bebeutung, welche man ihr wol beimißt; von Wolbemar gilt, was Tacitus
vom Armin fagt: proeliis ambiguus, bello non victus. Nach ben Friebenspräli=
minarien zu Meienburg am 13. Dez. 1316 (Mecklenb. Urk.=B. VI, 242) fanb ber

endliche Friedensschluß zu Templin am 24./25. Nov. 1317 statt (Mecklenb. Urk.-B. VI, 315. 319).

98) 1312. Annal. Vetero-Cellenses (Opel S. 218 ff.): contigit Walde- **XXIII.** marum march. Brandeb. civitates et castra et totam Lusaciam occupare. Sopita discordia cum Erfordensibus cepit Fridericus pro marchia Lusacie cum Waldemaro march. Brandeb. contendere et plura placita secum habere. Sed Waldemarus de potentia sua, et maxime, quia possessiones Lusacie iam habebat, confisus, cepit Friderico lantgravio et marchioni fortiter resistere, sicque guerra exorta est maxima inter eos. March. Friderico in Misna existente, nocte qua= dam satellites et militares Waldemari clandestine per murum civitatis Hainensis transcendentes civitatem ipsam clam preoccupare conabantur; unde civibus et vigilibus traditionem presentientibus in irritum cessit conatus eorum; quinimo circiter triginta eorum, qui civitatem iam intraverant, capti tentique sunt; statim hoc domino Friderico principi versus Misnam denunciaverunt. Qui gavisus statim equum suum insiliens quantocius suis non exspectatis Hainis properavit mane diluculo. Alii autem socii eorum, qui captivati fuerant, foris murum forte studiose remanserant, ut si quos advenientes invenirent, in cambium suorum captorum similiter captivarent. Accidit proh dolor, quod inclitus princeps precise manus inimicorum suorum ante muros incidit, sicque captivus abductus fuit et Waldemaro march. Brand. presentatus. Tandem cum inclitus princeps se redimere vellet, in tantum ab eo extorquebant, quod utique eum sic depauperarent, quod se in posterum vindicare non posset. Quare 30000 marcarum pro redemtione sua constituit, omnibus captivis in Hain primo libertati donatis. Item coactus fuit renuntiare pro se et suis heredibus omni iuris actioni sibi competenti in marchia Lusacie et in castris Landisberg et Eckertsberg, Nuenborg, que pater suus dicto Woldemaro obligaverat (cf. Anm. 46). Preter hec omnia pro redemtione sua fuit compulsus dare pro pignore castrum Misnense et civitatem Fribergensem. Patruo dicti Waldemari preterea dilectam unicam filiam suam compulsus fuit promittere in matrimonium, comiti de Anehalt, de quo plus doluit quam de omnibus aliis persolvendis. Eoque soluto de captivitate computata sunt plus quam 100000 marc. pro redemptione una cum dampnis et expensis exposita fuisse. Libertate potitus patruum Waldemari (Heinrich ohne Land) persequi cepit, eumque de terra Misnensi et de castris Landisberg et Missene potenter effugavit. — Kürzer faßt sich Chron. Sampetr. (edit. Stübel S. 157); in behaglicher Breite erzählt die Vorgänge Joh. Rothe in seiner „Düringischen Chronik" (edit. v. Liliencron S. 535 ff.). — Großenhain befand sich am 1. März 1312 in den Händen Wolde= mars; auch Meißen wurde erobert (Wegele, Friedrich d. Freib. 314, Anm. 1). Der Friedensschluß zu Tangermünde v. J. 1312 ist datiert „vor sunte Tiburtiustage", also unbestimmt „vor dem 14. April". Riedel gibt als Tag den 14. April selbst (B. I, 319), Wegele (Friedrich d. Freib. 325 Anm. 3) den 13. April. Die Landgrafen traten in der Urkunde an Brandenburg die Lausitz, die Mark Landsberg, das Land zwischen Elbe und Elster, Großenhain, Torgau abund setzten als Pfand u. A. Grimma, Doebeln, Oschatz, Leipzig.

99) Gesta Archiep. Magdeb. (MGH. XIV, 429) über Erzbischof Burchard v. Schraplau: hic etiam habuit gwerras cum ministerialibus ecclesie, nam castrum Wantsleve obsedit, donec se cum certis pactis ad gratiam suam darent; deinde obsedit castrum Arxsleve, ubi dominus marchio Brandenburgensis Woldemarus adveniens se interposuit placitando pacem et amicitiam inter partes, in quibus placitis terram Luchow (so ist statt Lusacie ober Lusicie ber Drucke zu lesen), quam illis de Arxsleve exposuerat, recuperavit. — Am 18. März 1319 verbündeten sich Markgraf Wolbemar und Erzbischof Burcharb gegen bie v. Alvens= leben; ber Zug, zu welchem jeber von ihnen 300 Berittene stellte, sollte am 1. Mai beginnen (Riebel, B. I, 430); am 17. unb 21. Juli urkunbete Wolbemar im Lager vor Erxleben (l. c. 436. C. III, 24).

XXIV.   **100)** Markgraf Johann (vgl. auch Anm. 91—93) urkundet zuerst selb= ständig am 16. Aug. 1314 (Riebel, B. I, 356), war also mündig und hatte bem= nach (nach Landrecht) das 12. Jahr vollendet[1]). Er muß somit spätestens am 15. Aug. 1302 geboren sein und hatte, als er im März 1317 starb, das 14. Jahr vollendet, war also nach gewöhnlichem Sprachgebrauch 14 Jahre alt. Die Chron. Marchion. stimmt 'bamit wol überein; wenn Brotuff fol. 47 v̄o̱. unb Garcaeus S. 97 ihn sechszehnjährig nennen, mag bas vielleicht auf einer Verwechselung von XIV unb XVI beruhen. — Seine Verlobte war Katharina, Tochter Heinrichs II. von Posen, Sagan unb Glogau aus ber Ehe mit Mechtild, Hermanns b. L. zweiter Tochter, also seine Nichte (Grotefenb, Schles. Stammtafeln, II, 19). Eine ber Be= bingungen bes Friedens von Templin vom 24. Nov. 1317 (s. Anm. 97) war, baß bie „relicta marchionis Johannis domina Catharina" ben in ber Schlacht bei Gransee von ben Brandenburgern gefangenen Grafen Johann v. Holstein, ben Bruder bes Königs von Dänemark, heiraten sollte: comes Johannes traditus est marchioni, qui eum detineri fecit, donec quasi coactus in uxorem duceret et sine dote et thesauro relictam march. Johannis, videlicet filiam ducis Wartiz- lavie. (Annal. Lubic. MGH. XVI, 426). — Nach ben von Garcaeus S. 97 citierten Annales manuscripti starb Johann nicht am 24., sonbern am 26. März (vigil. Palmar.). Bei Riebel (B. I, 400) steht noch eine Urkunde Johanns d. d. Magdeburg 1317, März 28 (M.CCC.XVII, V. kal. Apr.); bie Ueberlieferung ber= selben ist keine besonderes Vertrauen erweckende; schon im Urk.=B. zur Gesch. b. Geschl. von Kröcher (I, 88) ist barauf hingewiesen, baß bas Monatsbatum vielleicht XV (ober XVII?) kal. Apr. = März 18 (16?) lauten sollte. Dies hat viel Wahrscheinlichkeit für sich, ba Wolbemar unb Johann, am 11. März von Tanger- münbe nach Magdeburg kommenb (Riebel, B. I, no. 484. 485), sich bort auch am 12. März (l. c. no. 483, mit bem falsch aufgelösten Monatstage: März 5) zusammen mit bem Grafen Heinrich v. Lüchow befanden, welcher in ber fraglichen Urkunde an ber Spitze ber Zeugen steht. Jebenfalls aber erteilte Wolbemar am 1. April selbständig ber zum Anteil Johanns gehörigen Stadt Straußberg ein Privileg (Riebel A. XII, 69) unb machte am 5. April eine Memorienstiftung für Johann im Kloster Lehnin (l. c. X. 231).

XXV.   **101)** S. Anm. 46.
XXVI. **102)** S. Anm. 98; es können aber auch bie späteren Zerwürfnisse, nach Ablauf bes am 1. Mai 1313 geschlossenen zweijährigen Landfriedens (Wegele, Friedrich b. Freib. 328) gemeint sein. Zum Jahre 1314, sicherlich zu früh, refe= riert Chron. Sampetr. (edit. Stübel S. 159): Fridericus marcgravius Misnensis vi et arte omnes municiones, quas marcgravius Heinricus habebat, qne antea

---

[1]) Vgl. bie Urkunde Wolbemars von 1310, Juni 11 (Riebel A XV, 58): march. Johannes — cum ad annos pervenerit etati legitime deputatos, id est cum compleverit duodecimum annum suo cursu.

fuerant sue potestatis, obtinuit, scilicet Kemmenitz, Ossenitz (Oschatz), Lypcz, Grimme, Dorgowe, Hain, Oberelbe et alia multa oppida sue subdidit ditioni. 1315 hatten die Brandenburger sich Dresdens bemächtigt (Wegele l. c. 333); im Febr. 1316 rüstete sich Landgraf Friedrich zum Kampf gegen den Abt von Fulda und den Markgrafen Heinrich v. L. (Riedel B. I, 381); am 1. Jan. 1317 wurde durch Vermittler eine Sühne zwischen den kriegführenden Parteien verabredet (l. c. 396); am 11. März ejd. entbanden Woldemar und Johann die Länder Meißen und Freiberg ihres Eides und wiesen sie an Markgraf Friedrich von Meißen (l. c. 398); am 10. Juni setzte Woldemar Dresden und Großenhain zum Pfande für die Ausführung des Vertrages vom 11. März (l. c. 409); am 10. Juli wurde das „orlog" zwischen Heinrich v. L. und Friedrich v. Meißen beigelegt (l. c. 410. Wegele l. c. 334).

103) Ueber den Kampf der Markgrafen mit Polen um Danzig im Jahre 1308 vgl. Aeltere Chron. v. Olivia (Scr. rer. Pruss. V, 605 ff.); J. Voigt, Ueber die Zeit der Eroberung Pommerns durch den Orden, in seiner Geschichte Preußens IV, 607 ff. Woldemar verkaufte diese ganze pars terrae l'ommeraniae (d. h. Pommerellen) an den Deutschen Orden; cf. Urkunden von 1309, September 13; 1310, Mai 31; 1311, Juli 24 (Riedel B. I, 283. 290. 311). — Ein im Geheimen Staatsarchiv zu Berlin befindliches ungedrucktes Fragment eines Rechnungsbuches der Woldemarschen Hofhaltung verzeichnet kleine Streifzüge in Polnisches Gebiet im Oktober, November und Dezember 1317.

104) S. Anm. 97.

105) Ueber Woldemars Todestag haben gehandelt Gercken, Untersuchung XXVII. der Nachrichten von der genauen Bestimmung der Zeit und des Tages, an welchem Markgraf Waldemar von Brandenburg a. 1319 gestorben, in Verm. Abhandl. I, 149 ff. — Riedel B. I, 441 ff. — v. Klöden, Waldemar II, 317. 339.

106) Entzelt (edit. 1682 S. 129, edit. 1736 S. 109) sagt: „da setzen nun XXVIII. etliche, Woldemar sei gestorben anno 1319 (etliche 1320), begraben zu Corin, am abent der geburt (Sept. 7) oder assumtionis Mariae (Aug. 14), als auch sein memoria ist zu Stendal im tum". Das Datum 1320 vigil. nativ. Mariae hat er offenbar aus Brotuff fol. 51, woher es auch Jobst und Garcäus (S. 107) entnehmen, letzterer sich fälschlich auf die bei Entzelt zum 14. August zitierte Stendaler Memorie berufend. Durch diese von Riedel übersehene Notiz Entzelts wird die bis dahin noch vorhandene formelle Ungewißheit hinsichtlich des Todestages, welche darin bestand, daß Waldemar am 14. August zuletzt urkundet und am 16. August in dem Bericht des Grafen Günther v. Kefernberg als verstorben bezeichnet wird (fer. 5 post assumptionem b. Mariae virginis demandavit dominus comes Guntherus de Chevernberc advocatis prenotatis, quod dominus Woldemarus march. Brandenb. bone memorie ab hoc seculo demigrasset. Riedel B. I, 440), völlig beseitigt. Diese Unsicherheit ist übrigens schon alt und findet sich bei fast gleichzeitigen Chronisten. So gibt Math. Neuenburg. (Böhmer), Fontes IV, 194) den Juli, Francisc. Pragens. (Pelzel et. Dobrowsky, Script. rer. Bohem. II, 127) den Sept. 1319 an (pius et pacificus (!) princeps Wolframus (!), march. Brandenb. moritur sine liberis, qui excreverat in divitiis et potentia suos antecessores), Kurfürst Friedrich II. in seiner Denkschrift von 1444 (Riedel B. IV, 331) gar die vigil. nativ. Mariae (Sept. 7) 1348! — Die in besonders feierlichem Tone gehaltene, am 14. August 1319 zu Bärwalde ausgestellte Schenkungsurkunde für das Kloster Chorin, infra cuius septa nostrorum predecessorum corpora requiescunt et nostrum, cum de medio sublati fuerimus, volumus tumulari (Riedel A. XIII, 240), in welcher Woldemar auch seiner successores legitimi vel dativi gedenkt, nennt Herzog Rudolf von Sachsen am 30. November ejd. richtig die testamenti donatio desselben (l. c. 241; ebenso Markgraf Ludwig 1330, März 29, l. c. 245: litterae eiusdem principis desuper in ultimo suae voluntatis arbitrio concessae). — Nach des Bärwalder Diakonus Löckel Angabe (Möhsen, Gesch. b. Wissenschaften in b. Mark Brandenburg, S. 316) stiftete der medicinae magister Johannes 1320 in der Stadtkirche zu Bärwalde einen dem hl. Bartholomäus, Georgius und der hl. Katharina geweihten Altar[1]). Es ist nicht unwahrscheinlich, daß er den Markgrafen in seiner letzten Krankheit behandelt habe, und daß der hl. Bartholomäus seiner Stiftung mit Bezug auf die Beerdigung Woldemars gewählt sei. Trat der Tod am 14. August abends ein, so würde, nach neuntägiger Aufbahrung (wie sie Heinrich von Herford überliefert), die Beisetzung in Chorin am 24. erfolgt sein. Und das war der Tag des hl. Bartholomäus. — Einige Chronisten, Detmar (edit. Koppmann I, 437), Ernst v. Kirchberg Kap. 161:

> danach do marcgrêve Woldemar
> quam in die Mark von Wenden gar,
> ein snelle siuchde quam in an,
> davon erstarp er sonder wân,

lassen Woldemars Tod erfolgen nach seiner Rückkehr von einem Hoftage zu Wismar, welchen König Erich von Dänemark zusammenberufen hatte, und welcher nach Detmar „to middensommere" (Johannistag, Juni 24), nach Kirchberg zur Pfingstenzeit (Pfingsten fiel auf den 27. Mai) stattfand. Letzterer Gewährsmann schildert den Markgrafen bei dieser Gelegenheit:

> dâ sach man sitzen würdeclich
> den marcgrêven bî dem künege rich,
> als her was gekrônet schône,
> und saz mit zepter und mit krône;
> ûz einem vaz sie dâ âzen
> und irer vigentschaft vergâzen.

Daß diese Angabe unrichtig, zeigt die schon oben (Anm. 99) erwähnte Belagerung Erzlebens zu Anfang Juli, sowie überhaupt das Itinerar Woldemars aus seinem Sterbejahre:

1319, Jan. 1: Angermünde, — 8: Spandau, — 22: Barnewitz, — 24: Lynum, — 26: Spandau; Febr. 9: Werbellin; März 18: Magdeburg? — 20: Tangermünde, — 23: Grünberg; April 2: Spandau, — 13: Berlin, — 19: Tangermünde; Mai 4: Tangermünde, — 14: Spandau, — 25: Angermünde, — 27: (Pfingsten) Eberswalde, — 28: Spandau; Juni 18. 26. 29: Tangermünde; Juli 11: Tangermünde, — 17. 21: Erzleben; Aug. 2: Pasewalk, — 6: Salzwedel, — 12. 14: Bärwalde.

Die von Heinrich von Herford angeblich einer märkischen Fürstenchronik

---

1) Nach der Urkunde des Johannes medicinae magister (der wol der Adelsfamilie v. Wulckow angehörte) vom 13. Jan. 1320, welche bei Riedel A. XIX, 11 nach der Dickmannschen Sammlung von Abschriften neumärkischer Urkunden gedruckt ist, war der Altar in honore dei et matris sne gloriose gestiftet. Es würde sich trotzdem noch fragen, ob nicht beide Urkunden identisch und ob bei Dickmann nicht bloß die Special-Patrone ausgefallen sind. Jedenfalls war dieser Magister Johannes ein anderer als der bürgerlichem Stande entsprossene, 1318 erwähnte Leibarzt der Markgräfin Agnes, Meister Jan von Halberstadt.

entnommene Sage von den neunzehn kurz vor Woldemars Tode gleichzeitig leben=
den Markgrafen (cum tamen brevi prius tempore, ut dicitur in cronicis principum de Brandenborch, 19 marchiones simul viventes gloria, divitiis et potentia
cunctos Theutonie principes anteirent) findet sich auch bei Entzelt (1736 S.
106) mit einem eigentümlichen Zusatz: nach dem Tode von Markgraf Hermanns b. L.
Sohn, Johann, sei das Land „gefallen an seine Vettern zu der Zeit, als der
Markgrafen sehr viel worden und 19 derselben in einer Landschauung zusammen=
kamen bei Rathenow auf dem Markgrafenberg, der noch daher den Namen hat,
da einer dem andern sein Unvermögen klagte, darauf Gott verschaffte, daß sie in
sehr wenig Jahren, nämlich zwei Jahren, starben und der Stamm also ver=
dorrete"; cf. auch Kuhn, Märk. Sagen und Märchen S. 142; Schwartz, Sagen
und alte Geschichten der Mark Brandenburg S. 118. — Charakteristisch für die
Wertschätzung Woldemars bei den Zeitgenossen ist, daß ihn Herzog Heinrich von
Jauer und Fürstenberg bald nach seinem Tode nennt: magnae et felicis recordationis dominus Woldemarus, nuper march. Brandenb. (Riedel B. I, 445).

107) Graf Bertbold von Henneberg wird 1323 Aug. 28 zum Pfleger Mark= **XXIX.**
graf Ludwigs ernannt (Riedel, B II, 8); vgl. über ihn Heidemann in den For=
schungen zur deutschen Gesch. XVII. — Ulrich und Günther Grafen v. Lindow,
administratores s. gubernatores, 1327 (Riedel A VIII, 237. B II, 37). — Graf
Burchard v. Mansfeld, Vormund, 1328 (l. c. 49). — Heinrich Mujolf, famulus,
kommt 1320—1338 öfter als Zeuge in landesherrlichen Urkunden vor, Henze
Mujolf im Karolinischen Landbuch als Besitzer von Pramsdorf im Teltow; 1338/42
eroberte „Herr" Mujolf im Dienste der Markgrafen die im Besitze Wichards v. Rochow
befindliche Burg Trebbin (Riedel A VI, 190. VII, 309. VIII, 226. X, 479. XI, 27.
S. B. 225). — Markgraf Ludwig d. Aeltere schenkte am 1. Januar 1326 villam
Parne prope Roschowe dem Brandenburger Domkapitel in recompensam et
restaurum impensarum, welche der Dompropst aufgewendet in causa, quam dominus archiepiscopus Magdeburgensis nostris subditis et terris movit (Riedel
A. VIII, 227; am 5. April 1323 hatte bereits Herzog Rudolf von Sachsen dem
Domkapitel das Dorf geschenkt, l. c. 225), und am 29. März 1327 überließ er
demselben die Havel von der „Vurstede" bis zur Neustadt=Brandenburg (Unter=
Havel), als Entschädigung für ein Darlehen, welches ihm der Propst gegeben in
causa, quam dominus Borchardus s. Magdeburgensis ecclesiae archiepiscopus
movit contra nostros antecessores (l. c. 232).

108) Zum Schluß gedenke ich kurz des „inhumanum figmentum de ficto **XXX.**
quodam Woldemaro in Marchia Brandenburgensi", wie Herzog Bolko von
Schlesien in einer Urkunde vom 16. Februar 1350 sagt (Riedel A. XXIII, 43;
Markgraf Ludwig spricht von ůtgerichte unminslike snödicheit, l. c. V, 327).
Ich verweise dieserhalb auf meine kurze Zusammenstellung in „Zur Geschichte
Berlins im M.=A." (Märk. Forsch. XVII, 19—23) und auf Werunsky, Geschichte
Kaiser Karls IV. und seiner Zeit (II, 1 (1882) S. 125—140. 142—144. 182.
208—230. 235—238[1]), ohne mir des letzteren Ausführungen im einzelnen zu eigen
zu machen. Was er z. B. von der „harten, rohen, norbischen Natur der Märker

---

1) Die wichtigsten Quellenschriften sind außer Heinrich von Herford: Gesta Alberti II.
episc. Halberst. (MGH. XXIII, 128. 129); Gesta Archiep. Magdeb.; Heinricus dapifer de Diessen-
hoven (Böhmer, Fontes IV, 67 ff.); Mathias Nuenburg. (l. c. 260 ff.); Heinricus Rebdorfens. (l. c.
516 ff.); Michael Herbipolensis (l. c. 474); Benessius de Weitmil (Pelzel et Dobrowsky, Script.
rer. Bohem. II, 351 ff.; Aeltere Chronik von Oliva (s. weiter unten); Corner, chronica no-

und der Reizlosigkeit ihres Landes" (S. 125), von Ludwigs b. Aelteren „ungebun-
benem Leben, seinen Liebesaffären mit Frauen und Töchtern aller Stände, wodurch er sich die geschworene Feindschaft so mancher einflußreichen adeligen Familie
zugezogen hatte" (S. 126), berichtet, beruht auf der tendenziösen Darstellung Heinrichs von Herford oder dessen Gewährsmannes — selbst Benessius de Weitmil sagt
nur: cum sua gens hanc gratiam ad ipsum non haberet —, auf den von Mathias
von Neuenburg kolportierten Klatschgeschichten (gens enim terre sibi luxuriam
cum filiabus et uxoribus suis, et quod liberi sui — des Markgrafen aus seiner
Ehe mit Margaretha Maultasch — non sint legitimi nec digni tanto principatu,
impingere dicebatur) und auf der phantasiegeschmückten Erzählung v. Klödens[1]).

Der Bericht der älteren Chronik von Oliva (nach der Rezension der Lem-
berger Hschr., Script. rer. Pruss. V, 619), welcher dadurch von hervorragendem
Interesse ist, daß in ihm ein Zeitgenosse den ersten Eindruck schildert, welchen das
Auftreten des falschen Woldemar machte, möge hier folgen: eodem eciam tempore
Woldemirus march. Brandeb., qui per viginti novem annos putabatur esse
mortuus et in Choryn sepultus, rediit et se per tot annos in forma pauperis
peregrini et heremite penitenciam egisse dixit pro eo, quod cognatam sibi
proximam, in secundo videlicet gradu, duxerat in uxorem. Quo autem modo
vel qua simulatione alter in persona ipsius mortuus et sepultus fuerit, nondum
ad nos pervenerat certus rumor. Hoc tamen certum est, quod per multa
memorabilia et secreta, que egerat, quibusdam nobilibus et civitatibus nota,
probavit sue persone veritatem, et ob hoc plures civitates in Marchia, et
plures nobiles, utpote dux Saxonie, dux Magnipolensis et episcopus Magdeburgensis sibi fideliter apponebant, per quorum auxilium magnam sibi partem
Marchie subjugavit; et de die in diem usque ad presens tempus potencia sua
crescit, et Ludovici, filii Bavari quondam imperatoris, qui sibi in marchionatu
successerat, minuitur et decrescit.

Ferner stelle ich hier zusammen, was um die Mitte des 15. Jahrhunderts
am kurfürstlichen Hofe zu Brandenburg die offizielle Anschauung über diese dunkele
Periode märkischer Geschichte war. In seiner Prozeßschrift vom 21. Dezember 1443
gegen den Erzbischof von Magdeburg sagt Kurfürst Friedrich II. (Riedel B.
IV, 320): das ouch er vurder berurt von marcgraven Woldemar etc. vorstehen
wir nicht, von welchem Woldemar er das setzet. Meinet er den warhaftigen
und rechtverdigen markgraven Woldemar, die zu Corin begraben leit, deme
wart die Marke von nüwe nicht gelegen, sundern der hatte die Marke nach
Markgrave Cunraten, seines vater seliger, als sein veterliche erblehn. Meinet
er aberst den falschen Woldemar, der zu Dessow begraben leit, so waere
nützer von dem geswegen, dan gesatzt; wan, wie seine vorfaren und ire hil-
fere den in die Marke brachten, und mit unser herschaft umme gegangen und
gefaren haben, brenget unserm ohem und seiner kirchen nicht vil gelimpfes,
wan wir dovon die warheit setzen und melden wurden.

Der Erzbischof von Magdeburg antwortete darauf unterm 1. Februar 1444

---

vella (Eccard. corp. historic. medii aevi II, col. 1090 ff): besonders in der deutschen Recension
(Kaiserl. Biblioth. zu Wien, cod. mscr. 3048 fol. 192 vo.).

1) Diesem schreibt der grundgelehrte Schwebel in einem seiner bekannten historischen Feuille-
tons nach: es lasse sich urkundlich (!) nachweisen, wie sehr der ältere Ludwig den Wein
und die Frauen geliebt habe.

(l. c. 322): alse unse ohem vorder setzen von markgrave Woldemare, welchin wir meinen, den warhaftigen ader den falschen, welchir Woldemar der warhaftig ader falsch gewest ist ader sie, stehit uf erkentnisse gottis, sunder wi meinen den Woldemar, der verstorben is vor dem jare alse men gescriben hat nach gots gebord tusent drihundert in dem zwenzigisten jare. Darauf repli= zierte der Kurfürst am 9. April 1444 mit einem merkwürdigen chronologischen Irrtum hinsichtlich des Todesjahres Wolbemars (l. c. 331 ff.): als unsir here unde ohem in seiner schulden ouch berurt hat von markgraven Woldemar, daruf wir gesatzt haben von zwierleien Woldemaren, von dem warhaftigen und von dem falschen, dojegen unser here und ohem aber redet und setzt, wer der warhaftige oder falsche si gewest. das solle gode wissentlichen sein, unde setzt vurder, das er den Woldemaren meinet, der verstorben ist vor dem 20. jahre M. CCC.; dowidir reden wir: das gote alle sachen wissentlichen sein, ist an im sulbist, doch wissen die leute etzwas, das sie gehort, geschen odir gelesen haben, unde das wol sagen mogen; unde daruf haben wir gesatzet, das unsir vorfaren einer, Woldemar genant, hatte de Marke als sein veterliche lehnerbe, unde starb nach Cristi unsers heren gebort 1300 darnach in dem 48. jare (!), unde nicht vor dem 20. jare, an unsir vrouwen abende irer gebort (!), unde wart zu Coryn begraben, unde das ist gote und ouch vil leuten, die davon gehort unde ouch in vil bucheren gelesen haben. wol wissentlichen, das der mit namen unde werken ein rechter markgrave was; sunderen umbe den valschen Woldemar, der zu Dessouw begraben liet, dovon wir ouch ge- . satzt haben unde noch setzen werden, wie unde wenne der sich ufgehoben hat, sweiget unser ohim. — Es ist geschen, das nach tode markgraven Woldemars seligen, unsers vorfaren, do wir von gesatzt haben, die zu Coryn begraben wart, die Marke erbelos starb unde an das Romische reich vorviel, unde zu der zit was der allirdurchluchtigeste vurste, er Lodewig, Romischer koning, der de Mark gab seinem sone Ludewige dem Romere (!). — Als nu die obgenante markgrave Ludewig de Marke ingenomen hatte, unde wedderumbe buzen landes gezogen unde nicht binnen landes war, wart ein gebut ufgeruckct unde in unsir land gebracht unde darvor ausgegeben, das er markgrave Woldemar, de lange begraben was, sein solle, damit vil einfoldiger leute betrogen worden, daruff, wanne unde in welchem jare das geschehen ist, sulche urkunde gemachet ist:

Nach god M tria C
quadraginta octo und nicht mê,
dun in deme jâre
quam valsche Woldemâre,
markgrâve; mit hulfe starke
so machede he plass in de Marke [1].

Unde zu zit was er Otte erzbischof zu Magdeburg; ob darzu hilfe oder rat tete, ist gote bekant, doch haben wir dorvon wol schrifte gesehen unde gelesen, der wir umbe gelimphes willen nicht ensetzen; sunderen in dem rumpel hatte sich der obgenante erzebischof Otte vil unsir stete, sloss, rente unde gutere underzogen, die ein teil markgraven Ludewigen umbe gros gelt widderwurden,

---

1) Vgl. Märk. Forsch. XVII, 7 ff.

onch ein teil, de mit sulcher wise wechquamen, daruf er villichte briefe muste geben nach not unde nicht nach willen, darumbe wir noch klagen, unde rechtes mit guter ausrichtunge wol bedorfen.

In der Instruktion desselben Kurfürsten für seinen Gesandten beim Kaiser, Dr. Hertnit, vom Jahre 1464 heißt es (v. Raumer, Cod. diplom. Brandenb. contin. I, 258): und hat sich derselbe handel also begeben, das ein markgrave zu Brandburg verstorben ist on erben, dadurch die Mark zu Brandburg heimgevallen ist dem Romischen reich und irem vorweser, die zeit konig Ludwigen, der domit begnadet und belenet hat seinen sun. — Als nu derselbe markgraf, konig Ludewigs son, ingenommen hat die land, sein lehen hat wollen leihen, und regieren als ein furste, haben dieselben hern — ein aufsatze erdacht und ein untrewe getan an demselben markgraven, und ufgeworfen einen mulner, der ist gleich gewesen dem vorigen markgraven, ausgenomen das er kein wunden durch das antlitz gehabt hat, haben sie im ein wunden gesnitten, dadurch er im dest gleicher solt gesehen haben, und haben denselben markgraven ausgestossen; der ist gerannt zu seinem hern und vater dem konige und hat im das claget; also hat der Romisch konig mit dem swert im widder ingeholfen, und ist so lauter die sache an den tag komen, das der ein mulner, und nicht rechtfertig gewesen ist; hat man im doch seinen rechten lon nicht, sunder des iares zu leipgeding funfzig mark gegeben, angesehen das er daran kein schult het, sunder von den ungetrewen vursten des lands zu der Marke gehorende darzu bracht was.

Anläßlich des pommerschen Lehnstreites heißt es in einer historischen Notiz von 1468 in einem Lehnskopialbuche Kurfürst Friedrichs II. (Riedel B. V, 124): auch etlich zeit die Mark zu Brandenburg ân enen rechten Markgraven gewesen ist, als der molner die Mark regierte, den dieselben hern in die Marke brachten mit andern.

Schon früh hat der Volkswitz an den vom Betrüger so ruhmlos getragenen Namen Woldemar angeknüpft und ihn in etymologisierende Beziehung zu dem Unheil gesetzt, welches er über die Mark gebracht. Markgraf Otto der Baier nennt ihn am 2. Januar 1361 „den mann, den man nennet markgreve Woldenberge", und in der gereimten Einleitung zur Magdeburger Schöppenchronik heißt es (4, 2 ff.):

> Greve Woldenberch[1]) de dode man,
> sprak men, he waer' up irstan;
> daraf in der Marke
> jamer hof so grote starke,
> dat stede, borge unde lant
> vorhêret worden unde brant.

Die ruhmreichen Zeiten der Askanier sind dem Gedächtnis des Volkes entschwunden; nur die dunkele Erinnerung an die blutigen Tage des falschen Wolbemar klingt aus einer neumärkischen Sage herüber. A. Kuhn (Märk. Sagen

---

1) Die in Janickes Ausgabe benutzten Hschrn. lesen irrig: Wobenberch; einzelne Ableitungen setzen statt dessen Wolbemar; vgl. überhaupt meinen Aufsatz „Wolbenberger" in Zschr. f. Deutsch. Altert. Neue Folge XI, 49 ff.

S. 247) berichtet nach mündlicher Ueberlieferung von dem vermauerten Tore zu Mohrin: Vor Zeiten war einmal ein Spitzbube, der sah dem König sehr ähnlich und hatte ihm auch seinen Siegelring und Scepter gestohlen und zeigte sich nun allerwegen, sagend, er sei der König selber. Der war auch gerade verreiset, und alle Welt glaubte dem Betrüger eine zeitlang; doch endlich kam heraus, wer er sei, und er wurde nun fortgejagt; das Tor aber, zu dem er eingezogen, ward von Stund an vermauert, damit kein ehrlicher Mann mehr hindurchzugehen brauche. Diese vielleicht auch in anderen Städten ähnlich erzählte Sage ist wol der Grund dafür, daß man die in der Mittelmark, Neumark, Grafschaft Ruppin, Priegnitz und ganz vereinzelt in Stendal (Gräße, Preuß. Sagenbuch I, 131) sich findenden vermauerten Tore (Aufzählung derselben bei Beckmann, Beschreibung der Kurmark I, Sp. 283 ff.) „als ein Andenken des Wolbemarischen Krieges und gleichsam als eine poena moralis derjenigen Städte ansah, welche sich auf des von neuem angekommenen Wolbemars Seite begeben" (Worte Beckmanns; vgl. auch Bergau, Bau= und Kunstdenkmäler S. 125). Von einer landesherrlich angeordneten Vermauerung eines Tores in Pritzwalt, welche ihre Veranlassung in einem Bürgerzwiste hatte, haben wir indes schon im Jahre 1335 urkundliche Nachricht (Riedel A. VII, 367); merkwürdig ist auch, was Reimar Kock (Grautoff, Lübeckische Chroniken I, 486) zum Jahre 1375 berichtet, daß nämlich Kaiser Karl IV. gewünscht habe, das Tor zu Lübeck, durch welches er ausgeritten, solle vermauert werden; ähnlich, wenn auch ohne Namennennung, lautet die Sage von den beiden vermauerten Toren zu Gransee (Schwartz, Sagen und alte Geschichten, S. 150).

Ist Beckmanns Angabe richtig, daß die vermauerten Tore „mehrenteils gerade auf die Straßen der Stadt gehen, die jetzigen offenen dagegen nicht gerade, sondern schräg in die Stadt führen", so mag die auffällige Anlage in fortifikatorischen Gründen ihre Veranlassung haben.

Daß in dem ehemals sächsischen Städtchen Görzke das Obertor auch Tor des Waldemar heißen soll (Langenau, Aus der Vorzeit Görzkes, 1881. S. 9. 11), mag nur der Vollständigkeit halber angeführt werden.

————

Mit diesem — man möchte sagen Satyrspiel, wären nicht Gut und Blut der Märker und die Ehre ihres alten Fürstenhauses der Preis, um den es gespielt, gewesen, wurde das Andenken an die Markgrafen anhaltischen Stammes noch einmal wachgerufen, um dann in den wüsten Folgezeiten, die nicht einmal die feste Hand Kaiser Karls IV. dauernd in geordnete Bahnen zu lenken vermochte, fast ganz zu verklingen. Wol gedenkt der erste Geschichtschreiber, den die Mark hervorgebracht, Engelbert Wusterwitz aus Brandenburg, zu Anfang des 15. Jahrhunderts wehmütig und sehnsuchtsvoll „der streitbaren markgrafen, die zu ihren zeiten die Mark Brandenburg getreulich und seliglich regieret, die nicht allein in der Mark gestritten, sondern auch in fremden ländern ihre pferde angebunden und grosse dinge getan"; wie gering und verworren aber die Kenntnisse waren, die man damals von jenen Zeiten hatte, haben wir mehrfach gesehen. Brotuff griff zwar auf die alten reinen Quellen zurück, doch nur, um sie nach der Weise seiner Zeit mit trügerischen Hirngespinnsten schier unentwirrbar zu durchsetzen. Verständiger erfaßte Garcäus seine Aufgabe; allein die Fingerzeige,

12*

die er gab, blieben zwei Jahrhunderte hin urch unverstanden. Als dann zu Ende des vorigen Jahrhunderts, vornehmlich durch Dobners Ausgabe des Pulkawa, die Fragmente und Excerpte der brandenburgischen Fürstenchronik bekannt wurden, entspann sich über deren Alter, Wert und Glaubwürdigkeit ein heftiger Federkrieg, der längst zu ihren Gunsten entschieden ist. Die Publikation der Chronica Principum Saxoniae durch v. Heinemann ließ den älteren Teil der Fürstenchronik, den man bisher nur aus dem Epit. Brietz. gekannt hatte, in neuem Lichte er= scheinen; der Fund Ketrzynskis in Paris brachte gute Lesarten für ihre Fort= setzung bis zum Ausgang der Askanier in der Mark. Noch aber war man sich über das gegenseitige Verhältnis all dieser einzelnen Bruchstücke nicht hinreichend klar; es waren immer die disiecta membra Chronistae, die bald als Pulkawa, bald als Chronica principum Saxoniae, bald als Abbas Cinnensis oder Brießener Chronik zitiert, ja sogar eines zur Bekräftigung des andern vorgeführt wurden. Nun galt es, das Vorhandene zusammenzufassen, durch die Zusammenstellung den Nachweis zu führen, daß alle diese anscheinend losen Stücke nicht bloß ehemals einem Ganzen angehörten, sondern auch jetzt noch ein leidlich geschlossenes Ganzes bilden. Dieser Versuch, dem Freunde märkischer Geschichte — und welcher Märker wäre das nicht? — seine zu Ende des drittletzten Jahrzehnts des 13. Jahrhunderts abgefaßte, dann bis zum Tode des großen Woldemar (und vielleicht noch darüber hinaus?) fortgeführte Fürstenchronik als das selbständige Werk vorzulegen, welches es einstmals gewesen, ist im Obigen gemacht. Und mit gutem Rechte dürfen wir den Goetheschen Mahnruf uns hierfür zu eigen machen: Dies ist unser! so laßt uns sagen und so es behaupten!

Nachtrag.

Zu Cap. I S. 117 Z. 14 v. o. ist zu verweisen auf Helmold I, 35; Z. 11 v. u. auf Wibukind, I, 35; Z. 10 v. u. auf Annal. Magdeb. ad ann. 1100 (MGH. XVI, 180); zu Cap. II, S. 118, Z. 11—19 v. o. auf Helmold I, 54. Vgl. auch Platner, Forschungen z. Deutsch. Gesch. XVII, 513. 517.

IV.

Die kirchlichen Zustände der Mark unter dem großen Kurfürsten.

Von

Hugo Landwehr.

Die Reformation in den Marken hatte sich durchaus in lutherischem Sinne vollzogen. Die strengere Richtung des Luthertums fand hier hauptsächlich Boden: einige wenige hatten sich wohl mit der Lehre Cal= vins vertraut gemacht, aber begeisterte Anhänger hatte das reformierte Bekenntnis nicht gefunden. Wenn es auch hier oder da Leute gab, die im Rufe der Calvinisten standen, so war doch ihre Zahl immer so gering, daß nicht im entferntesten an die Bildung von Gemeinden zu denken war. Für die Abfassung der Konkordienformel hatte sich dann Kurfürst Johann Georg in hervorragender Weise gemüht. Die Geistlichkeit der Mark hatte die neue Bekenntnisschrift nicht in Folge äußerer Zwangsmittel, sondern aus voller Ueberzeugung unterschrieben. Die Zahl derer, welche sich dem Bergischen Buche nicht anschlossen, war nur gering, und der Protest gegen das neue Symbol stammte nicht aus theologischen Kreisen. Die Konkordienformel tritt nun als Bekenntnis= schrift neben die ungeänderte Augsburgische Konfession. Die Stände nehmen dieselbe in ihre Rezesse auf, und die Geistlichen werden auf die= selbe verpflichtet.

Die Konkordienformel war im bewußten Gegensatz zum Calvinismus abgefaßt; durch sie sollte das unverfälschte Luthertum zur Geltung ge= bracht werden. Als nun Johann Sigismund zum reformierten Bekennt= nis übertrat, war er nicht geneigt, die strengste Form des Luthertums ferner in Geltung zu lassen. Durch die Beseitigung derselben hoffte er

für die Reformierten in seinen Landen den Boden zu ebnen. Aber infolge des heftigen Widerstandes der Stände nahm er von diesem Beginnen Abstand. Die Konkordienformel galt in der Mark nach wie vor
als symbolisches Buch. Georg Wilhelm hatte infolge des Krieges wenig
Zeit, sich um die innere Politik des Landes zu kümmern. Erst Friedrich
Wilhelm nahm die Kirchenpolitik wieder energisch auf. Ihm ist es vor
allem darum zu thun gewesen, die Lutherischen und Reformierten
mit einander zu vereinen. Da er die Konkordienformel als Hinderungs-
grund seines paritätischen Bestrebens erkannte, so suchte er vor allem
deren Beseitigung zu erreichen. Aber bei den Lutherischen fand er für
derartige Bestrebungen keinen fruchtbaren Boden; sie sahen in der Beibehaltung gerade dieser Bekenntnisschrift ein Stück ihres Seelenheiles.
So muß er denn anfangs die Konkordienformel als symbolisches Buch
den Lutherischen zugestehen; der Rezeß von 1653 erkennt dieselbe ausdrücklich an.

Religiöse Fragen standen damals sehr im Vordergrunde der Tages-
betrachtung. Ein jeder fühlte sich zur Einmischung in den dogmatischen
Streit berufen und suchte mit allem Eifer pro oder contra zu fechten.
Nur die Zeit hatte die Macht, die Gemüter zu besänftigen. Alle
Religionsgespräche, so viel deren immer veranstaltet wurden, waren vergeblich und mußten es auch sein. Denn selbst wenn unter den
Theologen eine Einigung erzielt worden wäre, nimmermehr hätte
das Laientum gutwillig jedem von seinen Seelsorgern geschlossenen Vergleich zugestimmt. Eher hätte es diese des Verrates an den ihnen an-
vertrauten Seelen angeschuldigt. Um dies zu verstehen, braucht man
nur die damalige Flugschriftenlitteratur zu durchblättern, die mit Vor-
liebe die Abendmahlslehre und die Frage der Gnadenwahl erörtert. So
mußten denn die Unionsgedanken Friedrich Wilhelms auf wenig fruchtbaren Boden fallen. Sie entsprangen allerdings einem idealen Streben;
aber die Zeit war für dieselben noch nicht gekommen.

Noch ein weiteres Moment mußte der Unionspolitik des Kurfürsten
hinderlich sein. Sah doch das gemeine Volk in dem Versuch der Abschaffung der Konkordienformel, in jedem irenischen Streben überhaupt, ein
Zeichen der beginnenden Reformation im calvinischen Sinne. Die Cal-
vinisterei dünkte den meisten schlimmer als der Papismus. Wurden nicht
die Reformirten in jeglicher Weise begünstigt? Ueberall, wo es nur an-
ging, wurden Gemeinden geschaffen, und Friedrich Wilhelm scheute keine
Ausgabe, wenn es galt, reformierte Prediger zu bestellen. Auf diese
Weise hoffte er sich freudige Mitarbeiter seiner Kirchenpolitik zu schaffen.
Im Zusammenhang hiermit stehen die Kolonisationen. Die hollän-

dischen Einwanderer und später die französischen Refugiés waren durchweg reformiert; überall, wo sie sich niederließen, wurde dem reformierten Gottesdienst eine Stätte eröffnet. Daß die Lutherischen hierin eine Be= nachteiligung ihrer Interessen fanden, darf man ihnen nicht verargen.

Die bisherige Geschichtschreibung hat fast durchweg vom refor= mierten Standpunkt die Kirchenpolitik des großen Kurfürsten behandelt; sie hat kurzer Hand alle Beschwerden der Lutherischen als unberechtigt zurückgewiesen. Die Lutherischen galten allein als die streitsüchtigen, welche nicht Frieden halten wollten. Von diesem Vorurteil ist die For= schung immer beherrscht gewesen. Zudem ist es dieser Forschung als großer Fehler anzurechnen, daß sie niemals aus den ersten Quellen schöpfte. Die gedruckte Litteratur diente ausschließlich als Grundlage. Eine Ausnutzung der Publizistik des siebzehnten Jahrhunderts wird nie= mals einer Untersuchung der kirchlichen Politik des großen Kurfürsten eine glückliche Fülle geben können. Wer die Akten des Geheimen Staatsarchivs auch nur oberflächlich durchmustert, erkennt leicht die geringwertige Beschaffenheit jener anderen Quellen. Als ich mich daher an das Studium der kirchlichen Politik des großen Kurfürsten machte, beschloß ich, allein die Akten als Grundlage der Forschung zu nehmen. Die Sammlung der Urkunden und Aktenstücke zur Geschichte des Kur= fürsten Friedrich Wilhelm von Brandenburg, („U. u. A.") bot einen guten Anhalt; doch die Schätze des Geheimen Staatsarchivs in Berlin („B. St. A.") gaben eine Fülle von Material, die bis jetzt noch gar nicht ausgenutzt war. Ergänzend traten für die Mark Branden= burg hinzu einzelne Handschriften der königlichen Bibliothek in Berlin (Abteilung Manuscripta borussica)[1] und verschiedene Bände der königs= lichen Universitätsbibliothek in Breslau[2]. Einen wertvollen Fund ge=

---

[1] Es sind die Folianten nr. 3. 14. 115. 117.

[2] Handschriften geschichtlichen Inhalts, welche aus der Universitätsbibliothek zu Frankfurt in die zu Breslau gelangt sind. Berlin 1887. Verlag des Vereins für die Geschichte Berlins. fol. 27. 38. quarto 12. 13. Dies Verzeichnis soll „mit Hülfe tüchtiger Breslauer Philologen" angefertigt sein. An der Zuverlässigkeit des= selben sind mir Bedenken aufgestiegen. In mehr als einem Fall kann ich nachweisen, daß der Katalog der Universitätsbibliothek einfach abgeschrieben wurde, ohne die Hand= schrift selbst einer genauen Durchsicht zu unterziehen. S. 10 wird z. B. angegeben: Kirchenakten von Frankfurt 1663—1684. Allein den Inhalt der Handschrift bilden — Ratsprotokolle der Stadt Küstrin. Gleich der erste Verhandlungsgegenstand hätte auf Küstrin führen müssen: Es wird betreffs des M. Gladow verhandelt. (Seyffert, Annalen der Stadt und Festung Küstrin aus Urkunden und Hand= schriften, Küstrin 1801, S. 171, erwähnt den Fall, der wohl nur durch Druckfehler in das Jahr 1633 gesetzt wird; Seyffert hat nach S. 101 auch Ratsprotokolle

lang es in der Bibliothek des Joachimsthalschen Gymnasiums zu machen [1]).

Was ich jetzt hier vorlege, ist ein Teil einer größeren Studie über die Kirchenpolitik des großen Kurfürsten. Es ergab sich mir beim Durchforschen des Materials die Gewißheit, daß von einer einheitlichen Kirchenpolitik Friedrich Wilhelms nicht zu reden ist. Die Gestaltung derselben war lediglich abhängig von dem Zustande der einzelnen Pro= vinzen. In Cleve mußte anders verfahren werden, als in Preußen. Den Abschnitt über die Mark Brandenburg habe ich deshalb ausgewählt, weil die landläufige Darstellung über sie noch am meisten zu sagen weiß; eine Vergleichung meiner Resultate mit Brandes (Geschichte der kirchlichen Politik des Hauses Brandenburg, Gotha 1872 f.) wird zeigen, um wie viel die Kirchengeschichte durch archivalische Studien sich fördern läßt. Wenn die Darstellung nicht überall gleichmäßig ist, so liegt die Schuld weniger an mir, als an dem Material. Immer war ich bestrebt, zu zeigen, wie weit unsere Kenntnis geht.

1. Die ersten Maßnahmen.

Der Krieg hatte viele Wunden geschlagen. Unter den Zügen der feindlichen und freundlichen Scharen war auch das Kirchenwesen arg in Verfall geraten. Die Kaiserlichen hatten stets die evangelischen Prediger verjagt und, so lange sie anwesend waren, katholischen Gottesdienst gehalten. In Tangermünde nahmen sie das Gotteshaus in Besitz mit der Behauptung, die Kirche sei keine evangelische: „die Evangelischen liebten ja nicht dergleichen Bilder und Altäre, wie sie da gefunden, in ihren Kirchen, sondern hielten es für Abgötterei." Deshalb glaubten sie sich befugt, den eignen Gottesdienst darin abzuhalten [2]). Ein Bericht der Räte des Konsistoriums [3]) giebt ein klares Bild von dem Zustande, in dem sich die Marken bei dem Regierungsantritt Friedrich Wilhelms be= sanden: „Aus solchem Totalruin und Verderb, wie es der Krieg herbei= geführt, erspringt zuvorderst dieses Unheil, daß bei so gänzlicher Verwüstung der Städte und Dörfer fast keine Mittel mehr vorhanden, wodurch das heilige Ministerium und Predigtamt im Lande zu unumgänglicher Not=

---

benutzt). Und auch der Schluß des Protokolls vom 11. Dezember 1675: „Bürger allhier in Cüstrin eignet und gebühret", hätte auf Küstrin weisen müssen.

     1) Allen denen, die mich bereitwilligst bei meinen Forschungen unterstützt haben, den Vorständen der Archive und Bibliotheken, sage ich auch hier meinen aufrichtigen Dank.

     2) U. u. A. I, 565.

     3) Bericht vom 27. November 1640. B. St. A.

durft den noch übrigen Leuten ferner erhalten und mit Notdurft versehen werden könnte. Dann weil diejenigen subsidia, darauf ihr Unterhalt von Altersher gewidmet, gemeiniglich von liegenden Gründen oder jähr= lichen Pächten, auch wohl Zehnt und Meßkorn genommen werden sollen, solche Kultur der Aecker aber teils wegen der fast unerhörten Inso= lentien und Vergewaltigungen der Soldaten ganz daniederliegt und davon nichts erhoben werden kann, so kann daraus nichts anderes erfolgen, als Abgang derer zur Erhaltung des Ministerii verordneten Mittel: woraus dann weiter entstehet, daß der größte Teil der Prediger fast vor Hunger verschmachten oder, in ihrer Station verlassen, was anders anfangen und endlich wohl gar zum Lande hinauslaufen müssen; dadurch dann ihre Pfarrkinder, so gemeiniglich einfältige Leute sein, von ihnen verlassen werden, keinen notdürftigen Unterricht von Gott und seinem Worte mehr haben können und gleichsam hinwieder in ein Heidentum geraten, woraus dann ferner nichts anderes erfolgen kann, als ihr zeitliches und ewiges Verderben, ist auch gewiß zu vermuten, daß deshalb und wegen so gänzlichen Unterganges des heiligen Mini= sterii und öffentlichen Gottesdienstes die Strafe Gottes noch ferner anhalten und das Land noch länger drücken werden"[1].

Die Räte wünschen deshalb, daß der zum 30. Juni einberufene Landtag sich mit dem kirchlichen Notstande beschäftigen möge. Unter Zuziehung der Landstände wünschen sie eine Generalverfassung zu schaffen. Bis zum erlangten Frieden soll ein Interim angeordnet werden. Der Kurfürst, dem das Wohl seiner Lande sehr am Herzen lag, kam ihren Wünschen gern nach. Am 12./22. März 1641 verordnete er u. a., daß „die ordinationes vom Propst und sämtlichen Predigern der beiden Pfarrkirchen zu Berlin verrichtet werden mögen"[2].

Wenn Friedrich Wilhelm es als Aufgabe seiner Kirchenpolitik er= achtete, den Reformierten weitergehende Rechte zu verschaffen, so hatten sie eine Berücksichtigung gar wohl verdient. In der Bekundung patrio= tischen Eifers hatten sie nie hinter den Lutherischen zurückgestanden, viel= mehr danach getrachtet, es denselben zuvorzuthun. Als Prälaten und Ritterschaft der Mark in Betreff fällig gewordener Zahlungen 1643 Moratorien forderten, wiesen etwa sechzig adlige Gutsherrschaften die,

---

1) Ausführlicheres bietet die consultatio politico-theologica über den be= trübten Zustand der Mark von dem brandenburgischen Rate und Kanzler der neu= märkischen Regierung, Hans Georg von dem Borne, dem Kurfürsten Friedrich Wilhelm im Anfang seine Regierung übergeben. Histor. Portefeuille 1781. 1. Stück. S. 117 ff.; vgl. über die Flugschrift E. Münzer: Märk. Forsch. XVIII, 228 ff.
2) Reskript des Kurfürsten an das Konsistorium. B. St. A.

wie es ihnen schien, zu nachsichtige Gewährung des Kurfürsten zurück, da sie nach ihrer Ansicht „zur Verkleinerung seiner hohen Autorität, zur Schmälerung der Justiz, zur Verachtung des abligen Standes und Be= schimpfung der ganzen märkischen Nation gereichen werde". Die Majo= rität dieser am 13. Juli 1643 Protestierenden waren Reformierte[1]). An ähnlichen Beispielen opferfreudiger Vaterlandsliebe fehlte es nicht.

Freilich die Lutherischen faßten jede Konzession, die Friedrich Wilhelm den Reformierten machte, nur als eine Schmälerung der ihnen zukommenden Rechte auf; denn daß die Calvinisten die gleichen Rechte wie sie beanspruchen könnten, war nicht ihre Meinung. Bald nach dem Regierungsantritt des Kurfürsten hatte sich auch das Gerücht verbreitet, er werde „hinfüro keine der lutherischen Religion zugethane Personen mehr im Rate oder sonsten leiden oder dazu befordern, ja denen Lutherischen wohl gar ihre Kirchen nehmen und einziehen lassen". Der Kurfürst gab dem Konsistorium Auftrag, dem Urheber eines derartigen, völlig un= begründeten und falschen Gerüchtes nachzuforschen[2]), um ihn zur Ver= antwortung zu ziehen.

Um in kirchlichen Mißständen, wie sie durch die langen Kriegsjahre hervorgerufen waren, zu bessern, reichte die Ritterschaft im Mai 1643 ein Memorial ein. Sie sprach in demselben den Wunsch aus, daß in erster Linie mehrere Dörfer, die keinen Geistlichen hatten, provisorisch unter einem Geistlichen zusammengelegt würden. Dann sollten den Pre= digern die rückständigen Gelder aus wüst liegenden Hufen nicht verloren gehen. Ferner schlug die Ritterschaft zur Hebung des kirchlichen Lebens die Einführung der Kinderlehre vor. An vierter Stelle folgte die For= derung einer größeren Aufrechterhaltung und Berücksichtigung des Buß= tages. Das kurfürstliche Konsistorium, welchem die Eingabe zur Begut= achtung überwiesen wurde, hat sich namentlich mit den beiden letzten Punkten beschäftigt und in zwei ausführlichen Gutachten seine Meinung dem Kurfürsten kundgethan: der Nutzen der Katechisationen sei nicht genug zu schätzen; die Räte empfahlen lebhaft deren Einführung. Um aber auch in der so notwendigen Kirchenzucht tüchtig durchgreifen zu können, verlangten sie eine weitere Reform, über die sie in einem beson= deren Aktenstück handelten: „Unvorgreifliches Bedenken, was wegen An= stellung christlicher Bußzucht und Kirchenbannes in die Konsistorialordnung möge referiert werden." Trotz alledem kam es sogleich noch zu keinem Entscheid. Im Mai 1644 reichte deshalb die Ritterschaft abermals eine

---

1) Droysen, Gesch. der preuß. Pol. III, 1, 270.
2) Mylius, C. C. M. I, 1, 360.

Denkschrift ein, in der sie den Auseinandersetzungen der Konsistorialräte im wesentlichen beistimmte; betreffs der Geistlichen wünschte sie aber einen Unterschied zwischen denen, welche fortwährend auf ihrem Platze ausgeharrt, und denen, die ihn ohne weiteres verlassen hätten.

Doch inmitten der Kriegswirren war es schwierig, Ordnung im Innern zu schaffen. Wenn Friedrich Wilhelm auch bestrebt war, den kirchlichen Mißständen, die er selbst lebhaft empfand, abzuhelfen, so forderte doch hauptsächlich der Gang der äußeren Politik sein Interesse. Immerhin verabsäumte er nicht, wo sich ihm Gelegenheit bot, für eine spätere Ordnung der Dinge vorzuarbeiten. Bereits Georg Wilhelm hatte am 26. Mai 1637 eine Revision der Konsistorialordnung befohlen. Es war beim guten Willen geblieben. Friedrich Wilhelm befahl[1]) nun dem Konsistorium, die unter seinem Vater begonnene Arbeit wieder auf=zunehmen. Daneben gab es mancherlei andere Dinge zu ordnen. Es will uns wenig fruchtbringend dünken, wenn das Konsistorium sich längere Zeit mit der Gerechtsame des Freibrauens der Landgeistlichen beschäftigte und mehrere Verordnungen in dieser Angelegenheit erließ[2]).

Erst als die Zeit des goldenen Friedens wiederkehrte, als endlich jener Kampf, der Deutschland mehr als hundert Jahre in der Kultur zurückgebracht hat, beendigt war, konnte der Kurfürst auf eine Ordnung der kirchlichen Zustände Bedacht nehmen. Präsident und Räte des Konsistoriums gaben ihm unterthänigst zu erkennen, „wie hoch nötig und nützlich sei, daß zu Abhelfung derer durchs Kriegswesen eingerissenen Verordnungen eine allgemeine Visitation in Kur= und Mark Branden=burg angestellt werde". Die statthaltenden Kanzler und Räte sowie der Statthalter der Mark wurden beauftragt, mit dem Konsistorium über die Art der Anstellung sich zu beraten und „zu solches heilsamen Werkes Beförderung nichts verwinden zu lassen"[3]).

Aber trotz aller Maßnahmen und des besten Willens, das löbliche Werk zu fördern, kam es zu keinem endgültigen Beschluß. Erst der 1652 beginnende Landtag sollte die kirchliche Frage in vollen Fluß bringen.

2. Der Landtag von 1652—1653.

Einen Begriff von den damaligen Zuständen und Anschauungen bietet die Eingabe der Pfarrer in den Hauptstädten des Mittel=, Ucker=

---

1) Reskript vom 4. April 1644. B. St. A.
2) Ms. bor. fol. 117 S. 220—224. Kgl. Bibliothek in Berlin.
3) Reskripte vom 11. Dezember 1649. B. St. A.

märkischen und Ruppinischen Kreises [1]). Aus allerhand geschehenen Prodigien, die sie genau schildern, und der Türkennot prophezeien sie eine große Gefahr. Deshalb bitten sie „um Gottes, um der Einwohner Seligkeit und um des Landes Wohlfahrt willen, daß der Kurfürst mit der weltlichen Hand ihrem Strafamte, mit welchem sie fast gar nichts mehr ausrichten können, zu Hülfe komme und mit Anrichtung der Kirchendisziplin dem ruchlosen Wesen steure, insonderheit aber wegen der zweifelsohne vorhandenen großen Not, die einmal allzu geschwind möchte über den Hals kommen, einen und anderen absonderlichen Solenn=, Buß= und Bettag anordne, dazu die Leute in Predigten zuvor etwas bereitet würden, daß sie mit angedichtetem Fasten auf den Knieen ihre Andacht verrichten müßten, wie es allemal diejenigen gemacht haben, denen ihre Buße und Anrufung ist ein rechter Ernst gewesen, damit allesammt durch herzrührende Gebete und ernste Bußpredigten, nicht wie sie bishero gewohnt gewesen, mögen erwecket werden, Gott dem Herrn in seine Arme zu fallen und allerlei Plagen abzuwenden.“

Die Stände ihrerseits überreichten 1652 dem Kurfürsten eine aus= führliche Erörterung der Gravamina und speziell der kirchlichen Zu= stände [2]). Friedrich Wilhelm war bereit, eine Abstellung der Mißstände eintreten zu lassen; aber in eine Beschränkung seines Patronatsrechtes wollte er ebenso wenig willigen, wie sich die freie Besetzung der Pro= fessuren an der Universität zu Frankfurt verkümmern lassen. Das Joachimsthalsche Gymnasium hatte er vollständig im reformierten Sinne [3]) wiederhergestellt, und von der einmal getroffenen Einrichtung war er auch nicht willens abzuweichen [4]). Nicht anders dachte er über das Gymnasium zum grauen Kloster. Wohl war es unleugbar und lag hell am Tage, daß der Kurfürst die Religionsübung seinen Unter= thanen „frei und ungehindert gelassen, auch dem geringsten Unterthanen niemals etwas anderes zu glauben zugemutet hatte“ [5]). Bei der Be= förderung und Erweisung der Gnade war er stets „ohne Ansehung der

---

1) Vom 27. Juli 1652. B. St. A.

2) U. u. A. X, 233 f.

3) v. Orlich, Gesch. des preuß. Staates im siebzehnten Jahrhundert II, 434 f.

4) Das Joachimsthal ist bis zur Union reformiert geblieben. Daß die Lutherischen durch diese Umwandlung arg benachteiligt wurden, kann nicht ge= leugnet werden. Denn die Lehrkräfte, welche nunmehr an der Anstalt wirkten, wurden meistens aus Cleve oder aus Anhalt herangezogen. Gütige Mitteilung des Herrn Prof. Heller.

5) U. u. A. X, 255 f.

Religion" verfahren; ja, die meisten Chargen und Ehrenstellen waren mehr mit Lutherischen, als Reformierten besetzt. Aber schon darin, daß die letzteren überhaupt zugelassen wurden, sahen die Stände eine Schmälerung ihrer Rechte. Eben in dem Glauben, daß ihre Privilegien bedroht seien, betonten sie stets scharf ihren religiösen Standpunkt. Zu diesem Zwecke bedienten sie sich des Ausdrucks „ungeänderte Augsburgische Konfession" und gaben das „Konkordienbuch" als eine der Hauptgrundlagen ihres Glaubens an [1]). Als Friedrich Wilhelm wünschte, daß dies in Zukunft fortgelassen würde, meinten sie, „es würde solches bei männiglich ein widerliches Ansehen und Nachdenken erregen, wenn anitzo der Punctus Religionis nicht also sollte gefaßt werden, wie er in allen vorigen Landrezessen enthalten"; dazu sei ja auch die Apologia und Konkordienformel nicht nur in allen Kur= und Fürstentümern, sondern auch in etlichen Reichsstädten des römischen Reiches anerkannt [2]).

In der That gelang es ihnen, in den Landtagsrezeß eine ihren Forderungen entsprechende Fassung zu bringen. Es war darin die Rede von der Augsburgischen Konfession, „welche insgemein von der Lutherischen Kirche Ungeändert genannt wird" [3]).

Friedrich Wilhelm mußte sich bei dem Abschluß dieses Landtages [4]) zu allerhand Zugeständnissen verstehen. Wohl hatte das Konsistorium geraten [5]), für das salvum et integrum ius episcopale einzutreten. Doch das Patronatsrecht blieb den Ständen und Städten unter der obersten Aufsicht der geistlichen Superintendenten, die auch beide auf Erhaltung der Rechte und Freiheiten von Kirchen und Geistlichen zu achten hatten [6]). Bei der Neubesetzung erledigter Prälaturen, Kanonikate und ähnlichen Pfründen sollen die Einheimischen vom Adel in erster Linie Berücksichtigung finden. Der Geistlichkeit wird keine besondere Gerichtsbarkeit zuerkannt; vielmehr hat sie sich vor dem Forum der weltlichen Gerichte zu stellen. Vergebens hatte sich hiergegen die Geistlichkeit Salzwedels in einer Eingabe an den Kurfürsten gewandt [7]). Ihr ausführlich begründeter Einwand, daß ein derartiges Bestreben „dem göttlichen Recht und der heiligen Schrift zuwider" sei, hatte ebenso wenig genützt, wie der Hinweis auf die Visitationsordnung vom Jahre 1573

---

1) U. u. A. X, 270.
2) U. u. A. X, 270 f.
3) U. u. A. X, 275.
4) Mylius C. C. M. VI, 425—464.
5) Eingabe vom 28. Juni 1653. B. St. A.
6) U. u. A. X, 275 f.
7) Eingabe vom 12. August 1652. B. St. A.

Kap. 9 p. 21. Dem Konsistorium wurde nur in Ehe=, Patronats=, geistlichen Einkünfte= und Pfründesachen ein Spruchrecht zugestanden [1]). Der Nebenrezeß enthielt dann Bestimmungen betreffs der Universität Frankfurt. Friedrich Wilhelm war wohl geneigt, Lutherische bei der theologischen Fakultät anzustellen [2]); aber wegen der Streitsucht, die er ihnen zuschrieb, hielt er sie nicht für geeignet, „die Jugend, welche in's Künftige bei den geistlichen und weltlichen officiis bestellt werden solle", zu unterrichten [3]). Daß er leicht in die Lage kommen würde, auch schroffe Lutheraner zu den Professuren zulassen zu müssen, war ihm klar, wenn er auf den Vorschlag der Stände einging, die Fakultäten in gleicher Zahl mit Lutherischen und Reformierten zu besetzen. Deshalb wollte er je nach Bedürfnis und nach Tauglichkeit der einzelnen Be= werber die Stellen vergeben. Aber gerade diese beiden verschiedenen Gesichtspunkte, von denen die Stände und der Kurfürst ausgingen, mußten zum Konflikt führen. Mit Recht konnten die Stände behaupten, in ihrem Entgegenkommen weit genug gegangen zu sein, wenn sie die Parität beider Bekenntnisse in den Stellen in Vorschlag brachten. Bei dem Anerbieten des Kurfürsten mußten sie befürchten, immer die tüchtigsten Verteidiger ihres Glaubens als unfriedfertig zurückgewiesen zu sehen.

Um den Frieden in der theologischen Fakultät zu Frankfurt auf= rechtzuerhalten, erließ Friedrich Wilhelm noch besondere Bestimmungen. Die Professuren sollten nach seinem freien Ermessen besetzt werden, jedoch so, daß ein Professor ordinarius lutherischer Konfession erst an= gestellt würde, nachdem er durch einen Revers sich verpflichtet hätte, aller Angriffe gegen die Reformierten sich zu enthalten. Auch dem Magister Heinse, für den die Stände ein besonderes Interesse an den Tag gelegt hatten, sollte gegen Ausstellung eines derartigen Reverses das Recht zu privaten oder auch nach Erlangung des Doktorgrades zu

---

1) Isaacsohn, Gesch. des preuß. Beamtentums II, 231, glaubt aus dem Art. 1 des Rezesses eine Gleichstellung der Reformierten und Lutherischen indirekt abstrahieren zu können. Das ist durchaus falsch. Der Artikel hat vielmehr den Zweck, zu verhindern, daß an den Universitäten, Kirchen und Schulen reformierte Lehren Eingang fänden.

2) Erst Friedrich Wilhelm I. gab der Universität auch Lutheraner zu Pro= fessoren, die außerordentlichen Deutsch und Dietrich; vgl. Hering, Neue Beiträge I, 334. Simon Ursinus, welcher 1646 starb, war als Lutheraner nur aus be= sonderen Gründen zur ordentlichen Professur zugelassen; vgl. Hering a. a. O. I, 328 f.

3) U. u. A. X, 255 f.

öffentlichen Vorlesungen zustehen, aber ohne daß er den Titel eines Pro=
fessors erhielt[1]).

Die lutherische Geistlichkeit der Marken nahm an den Vorgängen
im Landtag regsten Anteil. Als im Oktober 1652 Fr. Wendelin unter
dem Vorsitz Beckmanns seine Disputatio theologica contra pontificios de
calice eucharistico[2]) verteidigte, versäumten die lutherischen Geistlichen
Heinse und Lübecke es nicht, sich an der Disputation zu beteiligen.
Im Jahre 1653 erschien aus lutherischen Kreisen[3]) eine Quaestio theo-
logico-politico-iuridica de privilegio fori, quod clericis competit. Die
Schrift beginnt mit der Frage: an clerici, sive ut hodie vocantur
ecclesiastici, a iurisdictione seculari omnino sint exempti, adeo ut
coram iudice saeculari sive urbano sive paganico conveniri aut coram
illo actionem contra alios instituere cogi non possint. Es wurde
untersucht: 1) die Stellung der Geistlichkeit vor dem Religionsfrieden,
2) wie sie der Religionsfriede änderte, 3) welches Privileg oder Forum
es zur Zeit der Reformation in den Staaten, namentlich in Branden=
burg, gegeben hatte. Der Verfasser ist ein ausgesprochener Gegner der
Tendenz, die Geistlichkeit der weltlichen Gerichtsbarkeit zu unterwerfen[4]).
Nach dem Rezeß und Revers von 1538 und 1572, folgert er, soll in
Brandenburg kanonisches Recht gelten. Der Kurfürst darf deshalb nicht
die erste Instanz den Abligen oder den Magistraten einräumen. Das
Konsistorium sei zu recht bestehend; solle eine Aenderung eintreten, so
müsse dies mit Bewilligung der Geistlichkeit geschehen. Auch in dieser
Frage unterließ man es nicht, den Rat der theologischen Fakultät zu
Wittenberg, als des wahren Horts des Luthertums, einzuholen. In
einem Gutachten vom 23. Januar 1653 erklärte diese sich für die Pri=
vilegien der Geistlichkeit und wies dabei auf Sachsen hin. Auch an den
Kurfürsten wandte sich die Geistlichkeit mit Petitionen. Eine solche ist
die „Interventionsschrift der Inspectorum, Pastorum und Prediger in der
alten Mark und Priegnitz contra die Exceptionsschrift, welche die Herren

---

1) U. u. A. X, 280. Mylius C. C. M. VI, 463—466.

2) Erschienen Frankfurt a. O. 1652.

3) Der Verfasser sagt von sich: ego non ut iurisconsultus et iurisconsultis
loquar.

4) Concludimus itaque clericos temporalibus quidem magistratibus sub-
iectos, attamen non cuivis inferiori magistratui subesse, ita ut vel nobilis vel
senatus vel etiam praetor potestatem habere possit, clericos in ius vocare vel
etiam in vincula conicere. Multo minus ergo principes consistoria auferre aut
nobilibus potestatem cognoscendi de causis et personis ecclesiasticis concedere
possunt.

Deputati von Prälaten, Herrn Ritterschaft und Städten der Kur- und Mark Brandenburg dies- und jenseits der Oder und Elbe eingegeben wider die Inspectores und Geiftlichen des Mittelmärkischen, Uker= märkischen und Ruppinischen Kreises"[1]. Hier giebt sich namentlich der Wunsch kund, genaueres über die Absichten des Kurfürsten in Erfahrung zu bringen.

Mit dem 1653 getroffenen Landtagsrezesse waren die Stände nicht zufriedengestellt; sie verlangten 1654 abermals die Anstellung des Magisters Heinse als Professor der Theologie. Friedrich Wilhelm wollte ihnen entgegenkommen und versprach, „damit den adversariis quaelibet calumniandi et cavillandi occasio abgeschnitten und benommen werde", einen lutherischen Professor anzustellen[2]; die Stände schlugen mit zwei andern wiederum den Magifter Heinse vor[3]. Doch der Kurfürst ließ sich durch die wiederholte Forderung nicht erweichen; er konnte es dem Magister Heinse nicht vergessen, daß er „die von ihm unterschriebenen conditiones lutherischen Ständen gegenüber heimlich limittiert" habe[4]. Er erklärte, daß er nicht mehr den Vorschlag der theologischen Fakultät abwarten, sondern sich an das gesamte consilium academicum wenden werde. Für die ordentliche Professur war augenblicklich kein qualifizierter Gelehrter zu finden; außerdem war die Errichtung derselben an das Zustande= kommen eines theologischen Konventes geknüpft. Bezüglich der Univer= sität Frankfurt blieb es bis auf Weiteres bei den Bestimmungen des Nebenrezesses von 1653[5]. Einen Konkordisten wollte Friedrich Wilhelm durchaus nicht zulassen. Lieber verzichtete er auf die völlige Reorgani= sation der Universität.

3. Erste Angriffe auf das Luthertum.

Der Kurfürst, wie gesagt, hatte die Absicht, den Reformierten in seinen Landen eine rechtliche Stätte zu schaffen; er hegte den Wunsch, beide Bekenntnisse, die nach seiner Meinung so nahe mit einander ver= wandt waren, als gleichberechtigt gelten zu lassen. Aber jede Konzession, die den Reformierten gemacht wird, sehen die Lutherischen als eine Schmälerung ihrer Rechte an. Unserer heutigen Zeit, die im allgemeinen über dogmatische Fragen weniger streng denkt, mag mancher Vorgang

1) Vom 3. Juni 1653. B. St. A.
2) U. u. A. X, 207.
3) U. u. A. X, 289.
4) U. u. A. X, 288 f.
5) U. u. A. X, 295.

jener Tage nicht völlig begreiflich erscheinen. Doch müssen wir uns bemühen, für die damaligen Zustände ein Verständnis zu gewinnen. Theologische Fragen jeglicher Art, namentlich aber der Lehre von der Gnadenwahl, wurden von Jedermann erörtert. Jede Maßnahme der kurfürstlichen Regierung wurde im Lande einer scharfen Kritik unter= worfen, und wehe, wenn man eine Kalvinisterei darin verspürte! Allerdings darf es nicht verschwiegen werden, daß von leitender Stelle nicht immer mit dem richtigen Takt vorgegangen wurde. Dem Pfarrer und Schullehrer von Oranienburg z. B. wurde anbefohlen, auf Begehren eines Gemeindemitgliedes den Exorzismus bei der Taufe wegzulassen. Das hätte man noch ertragen können; aber wenn dann weiter an einen lutherischen Kirchendiener das Ansinnen gestellt wurde, nach dem Heidel= berger Katechismus die christliche Lehre zu erklären[1]), so mußte das bei jedem halbwegs überzeugungstreuen Lutherischen den höchsten Grad des Unwillens erregen. Die Folge davon war, daß streitbaren Geistlichen der lutherische Katechismus nicht mehr genügte; sie nahmen „selbst geschmiedete oder von anderen Orten herfliegende neue Catechismos" in Gebrauch, und diese waren, wie der Kurfürst 1654 gegen die Deputierten der Stände äußerte, „sonderlich wider die wahre Religion und deren Glaubensartikel, so aber fälschlich verkehrt und in abscheuliche Gottes= lästerungen verwandelt worden"[2]). Namentlich der sogenannte Frank= furtische Katechismus zeichnete sich durch scharfe Spitzen gegen die Reformierten aus. Die lutherische Geistlichkeit hielt sich für verpflichtet, an der Hand desselben die Jugend auf die von der Kalvinisterei drohen= den Gefahren aufmerksam zu machen. Zur Abschaffung jenes Katechis= mus schritt Friedrich Wilhelm erst 1683 und gestattete den Lutheranern seit= dem einzig und allein den lutherischen[3]). Doch mußte er noch da= mals zu seinem größten Mißfallen bemerken, daß der Frankfurter Kate= chismus nicht sogleich beseitigt wurde, sondern sogar in der Residenz, namentlich auf dem Friedrichswerder, Sonntags bei den nachmittäglichen Katechisationen nach wie vor zur Grundlage der Erklärung genommen wurde. Erst durch ein erneutes Gebot erreichte er die Abschaffung desselben[4]).

Im Jahre 1655 beschloß man in Sachsen, die hundertjährige Wiederkehr des augsburger Religionsfriedens zu feiern. Das Konsi=

<hr />

1) Verfügung Otto von Schwerins vom 9. Februar 1653. B. St. A.
2) U. u. A. X, 294.
3) Mylius I, 1, 405.
4) Mylius I, 1, 407 ff.

ſtorium zu Wittenberg wandte ſich an das zu Berlin mit der Bitte, an der Feier teilzunehmen. Friedrich Wilhelm wünſchte nicht, daß dem Folge geleiſtet würde: „dergleichen Dank= und Jubelfeſt anzuordnen, ſtehe allein der hohen landesfürſtlichen Obrigkeit zu, ohne deren Befehl etwas hierin vorzunehmen ſich nicht gebühre"[1]. Ohne Zweifel gab der Kurfürſt einen derartigen abſchlägigen Beſcheid, weil er keine Ge= meinſchaft zwiſchen den Wittenbergern und ſeiner Geiſtlichkeit wünſchte. Glaubte er doch, daß gerade von der Univerſität Wittenberg der Haß gegen die Reformierten geſchürt würde. Hierdurch aber ſah er ſich in ſeinem Bemühen, die beiden evangeliſchen Bekenntniſſe zu vereinen, wozu er gerade in dieſer Zeit die erſten Schritte gethan hatte, gehindert. Denn nur mit betrübtem Herzen konnte er bemerken, wie durch das fortwährende Verkeßern Lutheriſche und Reformierte, die doch ſo nahe verwandt waren, immer mehr von einander entfernt wurden.

Der Nebenrezeß, welchen er mit den Landſtänden 1653 ſchloß, nahm zur Verſtändigung und Anbahnung eines friedlichen Verkehres einen Konvent der Theologen beider Konfeſſionen in Ausſicht[2]. In Gegenwart und unter der Initiative kurfürſtlicher Kommiſſarien ſollte feſtgeſetzt werden, „nach welchen Reguln und Geſetzen im Predigen, Leſen und Disputieren ohne Abbruch ihrer Religion ſie ſich zu achten". Das einmal Beſchloſſene ſollte dann von den Profeſſoren und Predigern beider Teile sub poena remotionis ab officio gehalten werden. Freilich die Stände waren wenig geneigt, auf eine Disputation einzugehen, da nach ihrer Anſicht daraus nur neue Zwiſtigkeiten entſtänden; doch fanden ſie es gerechtfertigt, „daß der Kurfürſt gewiſſe leges und statuta wider das unzeitige Debattieren und Kalumniieren auf den Kanzeln von beiderſeits Theologen mit Einraten und Einwilligung der Stände ſetze, ordne und publiciere"[3]. Die lutheriſchen Theologen waren ebenfalls wenig geneigt, ſich auf Disputationen einzulaſſen; hatten doch gerade ſie mehr als ihre Gegner ihre Glaubensſätze feſt formuliert, ſo daß ſie ihnen nur mit kategoriſchen Meinungen gegenübertreten konnten. Friedrich Wilhelm hielt dennoch einen Konvent der Theologen für ſehr nützlich und wollte für das Nichtzuſtandekommen deſſelben die „friedhäſſigen Prediger" verantwortlich machen[4]. Auf eine erneute Forderung des Kur= fürſten erklärten die Stände, daß es wider ihr Gewiſſen ſei, in den Konvent der Theologen zu willigen. Friedrich Wilhelm faßte dies nun nicht anders

---

1) Reſkript vom 8. Oktober 1655. B. St. A.
2) U. u. A. X, 280.
3) U. u. A. X, 287 f.
4) U. u. A. X, 288 f.

auf, als daß sie mit gutem Gewissen nicht zuzulassen vermöchten, daß die Reformati coram Lutheranis Theologis ihre in Gottes Wort wohl=gegründete Bekenntnis thäten [1]).

Trugen aber diese Männer, welche fest auf ihren Glaubenssätzen beharrten, die alleinige Schuld, daß der Konvent nicht zusammentrat? Wenn ihrer Ansicht nach jegliche Unterredung mit den Gegnern ergebnislos sein mußte, warum sollten sie wider ihre bessere Ueberzeugung eine Danaidenarbeit unternehmen? Der Geist der damaligen Zeit erforderte ein scharfes Festhalten der einmal für richtig anerkannten Glaubens=formel; selbst die kleinste Aenderung im Ausdruck wäre einem gläubigen Herzen verdächtig erschienen, und es hätte dahinter eine Neuerung ver=mutet, die geeignet sein konnte, den Zugang zur ewigen Seligkeit abzuschneiden.

Freilich als Andreas Fromm, Inspektor zu Cöln, ohne kurfürstliche Erlaubnis zu theologischen Disputationen aufzufordern begann, trat Friedrich Wilhelm dem entgegen, da er nicht sehen konnte, „daß einiger Nutz und Vorteil zu hoffen" [2]). Ein jeder Inspektor und Pfarrer konnte nach seiner Ansicht die Gemeine Gottes mehr ausbauen, „wenn er seinen Zuhörern Gottes Wort rein, lauter und unverfälscht predigt und den=selben mit gutem Exempel und unsträflichem Wandel vorgeht". Dies Verbot muß um so mehr Wunder nehmen, da es mitten in die Zeit fällt, wo der Kurfürst mit den Ständen lebhaft über den Theologen=konvent unterhandelte. Sollte etwa den Lutherischen nicht gestattet sein, frei ihre Meinung herauszubilden?

Hatte nun Friedrich Wilhelm bei den Ständen keine Neigung ge=funden, an einer Einigung der beiden Bekenntnisse mitzuarbeiten, so beschloß er, das Werk allein in die Hand zu nehmen. Seine erste Maß=nahme in diesem Sinne war höchst bedenklicher Art. Er befahl dem Konsistorium, „daß man keinen Ordinandum auf die Formul Concordiae, sondern blos allein auf die heilige Schrift alten und neuen Testaments und mit derselbigen einstimmige uralte Symbola und augsburgische Konfession obligieren sollte" [3]). Der Schritt erregte größten Anstoß. Bisher war in den Berufungen der Geistlichen vielfach hervorgehoben, daß der ins Amt tretende die Konkordienformel namentlich zur Grund=lage seiner Lehre machen sollte [4]). Die große Menge, welche fest an

---

1) U. u. A. X, 295.
2) Mylius I, 1, 363.
3) Reskript vom 3. Dezember 1656. B. St. A. — weniger genau Mylius I, 1, 366.
4) Am 14. November 1663 forderte der Kurfürst die Bürgermeister der Städte

dieser Bekenntnißschrift hing und in derselben allein ihre Seligkeit zu finden
hoffte, wurde sehr beunruhigt. Dann könnte man ihr ja auch, hieß es,
calvinische Priester aufhängen, zumal die kurfürstliche Bestimmung
nichts darüber verlauten ließe, ob die variata oder invariata der augs=
burgischen Konfession zur Grundlage der Verpflichtung genommen
werden sollte, wohl aber die Zulassung der Reformierten zur Ordination
bestimmte! Eine im Frühjahre 1657 erfolgende kurfürstliche Verordnung
bestärkte den Verdacht[1]. Die von neuem vocierten Prediger sollten
von jetzt ab einzig und allein an die kurfürstliche Residenz zur Ordi=
nation gewiesen werden. Wenn nun aber eine Examinierung außerhalb
des Landes nicht mehr zulässig sein sollte, wie hatte man da eine
Garantie, daß die neu ordinierten wirklich strenggläubige Lutheraner,
wie sie die Gemeinde verlangte, waren? Stand es nicht zu erwarten,
daß der Kurfürst zur Prüfung Geistliche beordnete, welche nicht auf dem
streng lutherischen Bekenntnis fußten? Und wie leicht konnte es dann
kommen, daß diese die orthodox=lutherischen Kandibaten zurückwiesen!
Zudem war die Konkordienformel doch durch den Landtagsrezeß von
1653 garantiert. Nichts als ihre Beibehaltung konnte für die Unterthanen,
welche eine Reformation im calvinischen Sinne fürchteten, eine Be=
ruhigung sein[2]. Daß diese Verordnung mit dem Herkommen in Wider=
spruch stand, suchten die Stände 1661 bei der Erörterung ihrer Gravamina
zu erweisen[3]. Sie sagten: „Solches ist in der ganzen Neumark niemals
Herkommens gewesen; maßen dann es auch in etlichen Städten der Alt=
mark und Mittelmark gebräuchlicher ist, daß über denen Diaconis keine
Confirmationes gesuchet werden. Wann auch die Candidati aus der
Altmark und Priegnitz, deren Ordinationes von dem Superintendenten zu
Stendal geschehen, hieher müssen und die Confirmationes abholen sollten,
wäre es ein Neues und Ungewöhnliches und würde solches denen Pre=
digern und Pfarrkindern nicht mehr als neue und große Unkosten ver=
ursachen; derohalben so bitten die Landstände, daß S. Ch. D. es
gnädigst dahin richten wollten, daß zwar von denen Orten, da es bis=
hero gebräuchlich gewesen, die Confirmationes der neuen Prediger mit

---

auf, die Ordinationen der jetzt noch in Funktion befindlichen Geistlichen einzufenden.
Ein starkes Konvolut des Geh. Staatsarchivs umfaßt die eingelaufenen Akten;
darunter befindet sich auch Paul Gerhardts Berufungsschreiben, das aber nichts
Bemerkenswertes bietet.

1) Mylius I, 1, 366.
2) Die Stände an Friedrich Wilhelm vom 23. Juni 1665. B. St. A.
3) Der Stände Gravamina vom 7. Dezember 1661. Ms. vor. der Kgl.
Bibliothek in Berlin. fol. 14, S. 207 f.

zwei Thlr. gelöset, dem Superintendenten aber in der alten Mark und Priegnitz gewisse Exemplaria dem alten Gebrauch nach eingesandt werden, damit er denen Candidatis ministerii gegen Erlegung zweier Thaler und nicht mehr selbige ausantworten und hiernach dem Consistorio deßhalb Rechnung thun möge, wobei auch in specie die altmärk= und priegnitzischen Stände bitten, daß zu den examinibus und ordinationibus nicht nur die zwei Prediger im Dom, sondern das ganze Ministerium der Stadt Stendal hinfüro möge gezogen werden."

Jene Maßnahmen des Kurfürsten, die gewiß im besten Glauben und Willen gegeben waren, veranlaßten nicht zum wenigsten das schroffe Auftreten einiger lutherischer Geistlicher, wie Heinzelmann und Pomarius. Natürlich war der Kurfürst, um seine Autorität als Landesherr zu wahren, gezwungen, gegen sie einzuschreiten. Es erfolgten Amts=entsetzungen. Wenn Heinzelmann, Diakonus der Nikolaikirche in Berlin, in einer Predigt gesagt hatte: „So verdammen wir nun die Papisten, Calvinisten und auch die Helmstädter: mit einem Worte, wer nicht lutherisch ist, der ist verflucht" [1]), so konnte das nicht ungestraft hin=gehen, da der Landesherr demnach selbst zu den Verfluchten gehören würde [2]). Am 28. Juli 1658 wurde Heinzelmann vor das Konsi=storium gezogen. Das Verhör, welches mit ihm angestellt wurde, ergab nichts für ihn nachteiliges. Friedrich Wilhelm sah allerdings in den Wendungen und Deutungen, die der Diakonus seinen auf der Kanzel gesprochenen Worten gab, nur Ausflüchte; doch ließ er es auf Fürbitte des Konsistoriums noch einmal hingehen, verlangte aber, daß dem Heinzelmann in seinem Namen angedeutet würde, „daß er sich der=gleichen hinfüro gänzlich enthalten, auch die Helmstädter mit Frieden und unlariert lassen solle" [3]). Heinzelmann gelobte dann Gehorsam, „außer=halb des einigen, was wider sein Gewissen laufen könnte, wiewohl noch niemals seines Wissens weder gegen ihn, noch andere getreue lutherische Unterthanen einiger Gewissenszwang vorgegangen." Heinzelmann hielt sich für berechtigt, „die widrigen Opiniones, wenn es der Text mit sich bringt, anzuziehen und davor zu warnen die Zuhörer, darunter viel der Meinung und eingenommen sind, als werde der Mensch erwählet in Ansehung der Werke, da wir doch allein in Ansehung des selig machen=den Glaubens erwählet werden und glauben durch die Gnade Gottes selig zu werden gleicher Weise, wie unsere Väter" [4]).

---

1) Hering, Neue Beiträge II, 104.
2) Reskript vom 27. Juli 1658. B. St. A.
3) Reskript vom 3. Aug. 1658. B. St. A.
4) Schreiben Heinzelmanns an den Kurfürsten vom 5. August 1658. B. St. A.

In gleicher Weise wurde Pomerarius, ein Diakon in Cöln, zur Verantwortung vor das Konsistorium gezogen[1]). Als er in lutherischem Eifer gegen die Calvinisten auftrat, benutzte das Konsistorium die Gelegenheit, um ein altes Edikt Johann Sigismunds vom Jahre 1614 wieder hervorzuholen und darauf zu bringen, daß dasselbe „steifer und fester gehalten und diejenigen, so dagegen gehandelt, alsofort der Gebühr nach abgestraft werden könnten"[2]).

Schon vordem war 1654 die Verordnung erlassen, daß keine theologische Schrift, welche von einem brandenburgischen Geistlichen verfaßt war, weder im Auslande, noch in den Marken ohne vorhergegangene Zensur des Konsistoriums gedruckt werden sollte. An Uebertretungen fehlte es natürlich nicht. So ließ Jakob Schilling, Prediger in Stendal, 1660 in Wittenberg eine gegen den Synkretismus gerichtete Schrift drucken[3]). Als Strafe für diesen Fehltritt erfolgte die Amtsentsetzung[4]). Was ihm der Kurfürst zum Vorwurf machte, war nicht derartig beschaffen, daß es die geübte Strenge rechtfertigen könnte[5]). Die Reformierten Calvinisten und Sakramentierer zu nennen, war damals ebenso üblich, wie sie unter diejenigen zu rechnen, „wider die im täglichen Gebet geflucht wird, daß Gott ihren Namen und Reich, das ist Religion und Kirche, zerstören wollte". Schilling verharrte deshalb in mündlichen und schriftlichen Erklärungen dabei, daß er nichts Unverantwortliches begangen hätte.

Das Jahr 1662 sollte für die lutherische Kirche weitere gefahrbrohende Maßregeln bringen. Das Konsistorium befand es für „hochnötig, daß die Studiosi, so zum Predigtamt sich geschickt machen wollen, angewiesen werden, ihre Studia und meisten Fleiß dahin zu richten, daß sie die Fundamenta christlichen Glaubens, und was sonsten einem Prediger zu wissen nötig, aus der heiligen Schrift fassen und begreifen und nicht allein in den Schriften der Theologorum, wie bishero leider geschehen, daraus sie ofte gar nichts, so zum Lehramte nötig und wodurch sie ihre Zuhörer in ihrem Christentum erbauen und befestigen können, lernen,

---

1) O. Schulz, Paul Gerhardts geistliche Andachten S. 317 ff.
2) Reskript vom 16. August 1659. Schulz a. a. O. S. 322 f.
3) Brevis historia syncretismi ex bello angelico oder eine kleine Defension wieder den vermeinten Liebessuccurs so angekommen wieder der Person Freund und der Sachen Feind beschrieben durch M. Jacobum Schillingium Stendaliae ad div. Mar. Past. Prim. In Wittenberg gedruckt bei Johann Borcharden.
4) von Orlich, Gesch. d. preuß. Staates im siebzehnten Jahrh. III, 62.
5) von Orlich a. a. O., III, 65. — Ms. bor. der Kgl. Bibliothek in Berlin fol. 54 b bietet reiches Material über diesen Fall.

sich aufhalten"[1]). Der Kurfürst stimmte den Räten des Konsistoriums
bei, und Ende März erging eine Zirkularverfügung, durch welche die
Inspektoren darauf hingewiesen wurden, die Kandidaten der Theologie
zum eifrigen Studium der heiligen Schrift zu ermahnen. Allerdings
war sie „der rechte Brunnen und Schatz der göttlichen Weisheit", und
mit Recht konnte auf die Mahnung des Herrn hingewiesen werden:
„Suchet in der Schrift, denn ihr vermeinet, ihr habt das ewige Leben
drinnen, und die ist es, die von mir zeuget"; aber das an sich höchst
löbliche Streben erhielt doch einen bösen Beigeschmack, wenn die Be=
gründung des Erlasses lautete: „Die nun diese wohlgemeinte Ver=
mahnung in gehöriger Acht halten, und wenn sie zur Ordination
kommen, in den Examinibus erweisen werden, daß sie geübte Sinne in
der Schrift erlanget, und mit den Worten Christi und der Apostel die
nötigen Punkte christlicher Lehre vom w a h r e n Glauben und christlichen
Leben darthun und befestigen, des Satans Versuchungen daraus begegnen,
die Unwissenden unterrichten und gründen, die Irrenden zurechte weisen,
die, so a u f r e c h t e m W e g e sind, stärken, den Schwachen führen, die
Betrübten trösten, den angefochtenen Gewissen helfen, die Nachlässigen
ermuntern, die Ruchlosen aber strafen und dergestalt das Reich Gottes
bauen können, die habet ihr zu versichern, daß sie allenthalben mit guter
Beförderung in Acht genommen werden sollen, o b s i e s c h o n a u f
s u b t i l e S t r e i t = u n d S c h u l f r a g e n n i c h t s o e b e n z u a n t =
w o r t e n w i s s e n. Ja, es werden vielmehr in den Examinibus die=
selben am angenehmsten sein, welche nicht der fleischlichen Weisheit,
sondern der Einfältigkeit und göttlicher Lauterkeit nachgestrebet, d i e
u n g e i s t l i c h e n l o s e n G e s c h w ä tz e und das G e z ä n k der f a l s c h =
g e r ü h m t e n K u n s t gemieden und der feuchtigen und unnützen Fragen
und der schädlichen Wortkriege sich entschlagen haben, daran die Welt
und ihre Tugend jetziger Zeit fast am meisten Beliebung träget"[2]).

Gleichfalls auf Antrag des Konsistoriums erließ der Kurfürst an
demselben Tage eine Verordnung, die das früher erlassene Zensurgesetz
in verschärfter Form erneuerte. Doch die Geistlichkeit remonstrierte da=
gegen und berief sich darauf, daß schon damals die Stände gegen den
Erlaß Beschwerde erhoben hätten[3]).

Wenige Monate später geschah ein neuer Schlag gegen das Luther=
tum. Am 2. Juni 1662 kam aus der kurfürstlichen Kanzlei das erste

1) Eingabe des Konsistoriums vom 2. Februar 1662. B. St. A.
2) Mylius I, 1, 373 ff.
3) Schulz, Paul Gerhardts geistliche Andachten S. 326 f.

der sogenannten Toleranzedikte[1]). Friedrich Wilhelm bezog sich auf Johann Sigismunds Verordnung vom Jahre 1614: auch er sei „um die Ausbreitung der Ehre Gottes und um die zeitliche und ewige Wohl= fahrt seiner lieben Unterthanen" bekümmert. Schon der Ausdruck, daß Gott den Johann Sigismund zu der wahren evangelischen reformierten Religion erleuchtet habe, konnte vermuten lassen, daß die Toleranz des Ediktes nur für die Reformierten in Anspruch genommen wurde. Alle Beschränkungen und Bedingungen waren in der That nur gegen die Luthe= rischen gerichtet. Von ihnen wurde verlangt, sich keiner Scheltreden gegen die Reformierten zu bedienen; aber daß von diesen die gleiche Praxis gegen die ersteren geübt war, davon ist in dem Edikt nichts zu vernehmen. Ihnen war also nach wie vor das „Verdammen, Verketzern, Benennung und Verhöhnung der Personen oder Kirchenlehrer, die höhnische Verstellung der Lehren oder Verkehrung derselben" gestattet. Der luthe= rischen Geistlichkeit wurde „gnädig und ernstlich" befohlen, „das Wort Gottes lauter und rein zu predigen, wie solches in den prophetischen und apostolischen Schriften gegründet und in den vier Hauptsymbolis, der augsburgischen Konfession von 1530 und derselben Apologie wieder= holet ist." Bei den Ordinanden sollte nachgeforscht werden, „wie sie in der christlichen Lehre gegründet, ob sie die Kontroversien verstehen, deren Statum recht formieren und principia fidei a dogmatibus theologiae recht unterscheiden können". Bei der Ordination war ihnen dann dies Reskript vorzulegen und ein Revers darüber abzuverlangen, daß sie dem= gemäß sich verhalten wollten. Auch auf die schon im Amt befindlichen Priester war Obacht zu geben, ob sie der Verordnung Gehorsam erwiesen.

4. Das Religionsgespräch von 1662/63.

Am 21. August 1662 erging die kurfürstliche Einladung an die berliner und cölnische Geistlichkeit, sich amicabiliter mit den Refor= mierten zu unterreden[2]). Friedrich Wilhelms Bestreben war, wie er selbst sagt, darauf gerichtet, „daß er es bei den Geistlichen in seinen Landen dahin bringen möchte, damit doch das unchristliche Verketzern, Verlästern und Verdammen, auch falsche Deutungen und erzwungene Beschuldigungen, gotteslästerliche Lehren allerseits eingestellt, hingegen das wahre Christentum und die Uebung der wahren, klaren Gottseligkeit den Zuhörern ins Herz gepredigt werden möchte." „Solchem nach haben Wir", heißt es dann weiter, „endlich und zwar um so viel desto lieber, weil

---

1) Mylius I, 1, 375 ff.
2) Schulz, Paul Gerhardts geistliche Andachten S. 335 f.

Wir von einigen Friedliebenden unter den Lutherischen selbst deshalb angetreten worden, zur Beförderung dieses löblichen Zweckes nicht un= dienlich zu sein erachtet, daß unter den Geistlichen dieser beiden Residenz= städte eine freund= und brüderliche Konferenz gehalten und also von ihnen nicht allein ein Versuch gethan, sondern auch ein guter Anfang zur brüderlichen Verträglichkeit gemacht, den andern aber ein christliches Beispiel zur Nachfolge gegeben werden möchte".

An demselben Tage, an welchem die offizielle Aufforderung zum Religionsgespräch die kurfürstliche Kanzlei verließ, erschien auch das Dekret, durch welches den brandenburgischen Landeskindern in Zukunft der Besuch der Wittenberger Hochschule verboten wurde[1]. Mochte auch diese ihre Berechtigung haben — denn Wittenberg blieb die Hochburg des orthodoxen Luthertums — immerhin war sie für die damalige Lage eine kaum angemessene Maßregel. Freilich die in Wittenberg erzogenen Theologen waren keine Partisane einer kurfürstlichen Unionspolitik; sie standen fest auf dem Glaubensboden der Konkordienformel. Wenn nun den Brandenburgischen der Besuch jener Hochschule verboten wurde, wo sollte dann ein orthodoxgesinnter Studierender sich seine wissenschaft= liche Bildung aneignen? Die Landesuniversität war im Besitz halb oder ganz Reformierter; in Helmstedt erhob unter Calixt's Führung der Synkretismus mächtig sein Haupt. Jene Maßregel war auch deshalb wenig ersprießlich, weil dieselbe in Kursachsen sehr übel vermerkt wurde. Auch von anderen lutherischen Mächten liefen Beschwerden ein; nament= lich erhob Schweden energisch seine Stimme[2]. Doch Friedrich Wilhelm erwiderte darauf, daß er nur aus dringenden Ursachen so gehandelt hätte, auch ginge jenes Edikt die Religion nicht im Geringsten an. „Wir waren," schreibt er[3], „es zur Genüge befugt und berechtigt ge= wesen, und wenn wir damit länger an uns gehalten, würden Wir wider unser landesfürstliches Amt, wider die Ruhe unseres Landes und wider das instrumentum pacis gehandelt haben." Nun wird vielfach behauptet, die Universität Wittenberg habe auch dadurch den Zorn des Kurfürsten auf sich gezogen, daß sie sich verschiedentlich in die Interna des Landes gemischt hätte. Diese Einmischung aber beruht darauf, daß die theologische Fakultät des öfteren Gutachten über dogmatische Fragen abgab. Daß die brandenburgische Geistlichkeit sich in zweifelhaften Fällen gerade nach

---

1) Mylius I, 2, 79 ff. Hering, hist. Nachricht Anhang S. 87 ff. Hering, Neue Beiträge II, 160 ff.
2) U. u. A. IX, 767.
3) U. u. A. IX, 769 f.

Wittenberg mit der Bitte um ein Gutachten wandte, darf nicht Wunder nehmen, da die dortigen Professoren ihnen am meisten geistesverwandt waren und auch sie selbst in der Mehrzahl dort ihre Ausbildung ge= funden hatten.

Unter dem Eindrucke dieser Verfügungen traten die Geistlichen am 1. September zum Colloquium zusammen. Von reformierter Seite er= schienen: Der Kanzler Lor. Christoph von Somnitz, der Vizekanzler Lucius von Rhaden, der Havelberger Dombechant Otto von Grote, Konsistorialrat Gottfried Schardius, die Hofprediger Stosch, Kunsch (für ihn seit dem 26. September der Konrektor Gerson Vechner) und der Rektor des Joachimsthalschen Gymnasiums Vorst. Von · lutherischer Seite waren bestellt: Die Geheimräte Johann Friedrich von Löben, Hans Ludwig von der Gröben, Konsistorialrat Johann Georg Reinhart, Kammergerichtsrat Martin Friedrich Seidel, die Geistlichen Propst Lilius, Lic. Elias Sigismund Reinhart, Jakob Helwing, Mag. Martin Lubath, Paulus Gerhardt, Propst Andreas Fromm, Johann Buntebart, Christian Nikolai. Der Oberpräsident Otto von Schwerin führte den Vorsitz und legte als zu behandelnde Frage vor: „Ob dann in denen reformierten confessionibus publicis und sonderlich, welche in Unserem jüngsten Edicto fürnehmlich benennet sind, etwas gelehret und bejahet, warum der, so es lehret oder glaubet und bejahet, iudicio divino ver= dammet sei; oder ob es etwas darinnen verneinet oder verschwiegen sei, ohne dessen Wissenschaft und Uebung der höchste Gott Niemand selig machen wolle." Diese Formulierung war ohne Zweifel aus einer Feder geflossen, die sich nicht in die dogmatischen Fragen der damaligen Zeit vertieft hatte[1]). Wohl mochte sie dem einen oder anderen Laien fromm und christlich erscheinen; aber eine so allgemeine Fassung konnte doch nicht die Grundlage für die Erörterungen bilden.

Hierzu kam noch ein Zweites. Wenn Friedrich Wilhelm durch den resultatvollen Verlauf des Casseler Religionsgespräches (1661) von neuem einen Antrieb zur Verwirklichung seiner Unionsgedanken empfangen hatte, so unterschied sich schon dadurch die Berliner Konferenz bedeutend von jener, daß dort die Theologen vertrauensvoll einander gegenüber= getreten waren, während hier nicht unbegründetes Mißtrauen vorwaltete. Hieraus ergaben sich zweierlei Folgen: Die berliner Geistlichkeit, welche

---

1) Die Frage steht in dem kurfürstlichen Einladungsschreiben vom 21. August 1662. B. St. A. Dasselbe ist von Otto von Schwerin unterzeichnet. Ich glaube nicht fehlzugehen, wenn ich annehme, daß von ihm die Formulierung stammt. In der kirchlichen Frage war er derjenige, dessen Urteil der Kurfürst am liebsten befolgte.

anfangs wenig Neigung zur Teilnahme an dieser Disputation verspürte, verlangte gleich in der ersten Sitzung, daß bei einer so wichtigen Sache auch
die Geistlichkeit aus anderen Städten, insbesondere das Ministerium der
Stadt Brandenburg, hinzugezogen würde. Paul Gerhardt wies in einem
Gutachten mit Recht darauf hin, daß ja augenblicklich die wahre Tendenz des Gespräches die Beförderung des Synkretismus sei, für den
die berliner Geistlichkeit zuerst das Eis brechen helfen sollte, und den
abzulehnen für die lutherischen Colloquenten ebenso gefährlich sei, als
ihn anzunehmen [1]). Nur der Gehorsam gegen die Obrigkeit veranlaßte
die Berliner, der kurfürstlichen Einladung Folge zu leisten.

Das Mißtrauen der Lutherischen gegen die Reformierten veranlaßte
ein genaues Erwägen jeglichen Wortes. Jeder Begriff wurde sorgfältig
geprüft, und jeder Syllogismus daraufhin betrachtet, ob man aus dem
Vordersatz diese oder jene Konklusion zu ziehen berechtigt sei. Es
dauerte daher lange Zeit, bevor man sich über die zu verteidigenden Posi-
tionen einigte. In erster Linie verlangten die Berliner festzustellen, ob
eine Lehre bedingt oder unbedingt notwendig zu erachten sei, und ob
der Gehorsam gegen die Schrift eine Lehre als notwendig erscheinen lasse,
obschon damit nicht gesagt wäre, daß nicht Gott einen Christen, der in
einfältigem Irrtume von seiner Lehre abwiche oder sie noch nicht recht
kenne, dennoch aus Gnaden selig machen kann. Reinhart erklärte in
einem Gutachten, daß die Lutherischen die Reformierten stantibus hypo-
thesibus nicht für Brüder anerkennen könnten. Noch schärfer sprach sich
Paul · Gerhardt in einem Gutachten über die Möglichkeit des Selig-
werdens für einen Reformierten aus: „Ein Christ ist entweder, der auf
Jesum getauft ist und Jesum von Nazareth für Messiam und Heiland
der Welt bekennet — also können vielleicht nicht allein Calvinisten, sondern auch Papisten Christen genennet werden —, oder ein Christ ist
derjenige, welcher den wahren selig machenden Glauben rein und unverfälscht hat, auch die Früchte desselben in seinem Leben und Wandel
sehen läßt; also kann ich die Calvinisten quatenus tales nicht für Christen
halten" [2]).

So war denn vom September 1662 bis in den Mai des folgenden
Jahres disputiert, ohne daß irgend ein nennenswertes Resultat erzielt
wäre [3]). Die Cölnische Geistlichkeit hatte die vorgelegte Frage unter

---

1) Langbecker, Leben und Lieder von Paulus Gerhardt S. 23—27.
2) Langbecker, Leben und Lieder von Paulus Gerhardt S. 88.
3) Ueber den Gang der Verhandlungen, den ich hier nur in den Haupt-
phasen charakterisiert habe, orientiert unter der gedruckten Litteratur am besten
Hering, Neue Beiträge II, 116—160. Die Akten des Geh. Staatsarchivs bieten

der Bedingung bejaht, daß über die Gnadenwahl disputiert würde, und
damit traf sie den Kern der Sache. Da die Berliner unter dieser Be=
dingung die Verhandlungen nicht weiterführen wollten, trat jene vor=
läufig zurück. Den Disputationen zwischen den Berlinern und Refor=
mierten wurde durch einen Zwischenfall in der Sitzung vom 29. Mai
ein jähes Ende bereitet. Da der Rektor Vorst eine Reise nach Hol=
stein unternehmen mußte, wurde von Schwerin den Reformierten Abam
Gericke zur Unterstützung beordert[1]. Als nun Reinhart in einer
längeren Erörterung „viele Worte vom Unterricht gemacht", bat Gericke,
mit ihm „zur besseren Information" konferieren zu dürfen[2]. Da er
nun bisher nur zum Verlesen von Schriftstücken benutzt war und auch
seiner sonstigen amtlichen Stellung[3] nach nicht als ein ebenbürtiger
wissenschaftlicher Gegner gelten konnte, so erklärte Reinhart im Namen
der lutherischen Geistlichkeit, daß sie mit demselben nicht disputieren
würden. Schwerin versuchte Reinhart von seinem Entschluß abzubringen,
aber vergebens. So nahm er denn von weiteren Verhandlungen Ab=
stand mit dem Bemerken, daß er zuvor dem Kurfürsten Bericht erstatten
müßte. Vielleicht war es ihm ganz erwünscht, daß ihm so die Mög=
lichkeit gegeben wurde, dem Kurfürsten gegenüber die Fruchtlosigkeit der
Verhandlungen den Lutherischen in die Schuhe schieben zu können.

---

wenig mehr: doch hat Hering diese nicht eingesehen, wie Brandes, Gesch. der kirchl.
Pol. des Hauses Brandenburg I, 1, S. 241, behauptet; er schöpft aus Beckmann
(vgl. Märkische Forschungen Bb. XX, 235). Durch Zufall fand ich in der Biblio=
thek des Joachimsthalschen Gymnasiums Fol. VIII nr. 71 ein Aktenkonvolut, welches
die Protokolle des Religionsgespräches fast vollständig enthält. Das Bündel ge=
hört zu Oelrichs' Bibliothek.

1) Hering, Neue Beiträge II, 155. — Nach Schwerins Bericht (vgl. Anm. 2)
war er nur „neulich im Namen S. Churf. Dchl. auf gewisse Maß zu Collo=
cutorn mit introduziert worden". Näheres darüber läßt sich nicht ermitteln.
Jedenfalls war er nicht den andern Collocutoren ebenbürtig.

2) Abschied vom Freiherren von Schwerin, in der jüngsten am 29. Mai ge=
haltenen Session der theologischen Konferenz gegeben, Bibl. Oelrichs. (Joach. Gym.)

3) Infimus gymnasii (Joachimici) wird er von Helwing, Unschuld. Nachr.
1720 S. 535 genannt. Leider sind die Akten des Archivs des Joachimsthalschen
Gymnasiums so wenig geordnet, daß eine Nachforschung hier unmöglich ist. Ich
muß mich daher begnügen, das anzuführen, was Lilius, Lubath, Gerhardt, Lorenz,
Helwing in ihrer Eingabe vom 3. Juni 1663 über ihn sagen: „daß wir nie ver=
schuldet, daß der Infimus der Joachimsthalschen Schule uns samt und sonders
(denn des Herrn Lic. Reinharts Schimpf ist unser aller Schimpf, wie sein Wort
unser aller Wort ist) dergestalt schimpfen sollte, daß er davon wir doch nicht
wissen, wo er seine Prinzipien religionis reformatae, geschweige dann so große
Meisterstücke darin möge gelernt haben, da er kaum ein Jahr zu Wittenberg ver=
harren mögen, uns, die wir gleichwohl unsere Examina auf Akademien sowohl,

Um für die hierauf erfolgenden Maßnahmen des Kurfürsten ein Verständnis zu gewinnen, muß man den Bericht, welchen Schwerin über den Abbruch der Verhandlungen nach Königsberg [1]) sandte, scharf ins Auge fassen; denn hier lediglich ist der Maßstab gegeben, nach welchem Friedrich Wilhelm seine weiteren Verordnungen erließ. Schwerin berichtete am 18./28. Juni 1663, daß er das Colloquium nicht weiter stattfinden lasse, weil er pflichthalber nicht verantworten könnte, in eines Mannes Gegenwart zu sein, welcher S. Churf. Dchl. Respekt dergestalt zu läbieren sich unterstände [2]). „Sonsten hat auch dieser Lic. Reinhart schon vor diesem, da ich ihm notwendig gleichfalls zureden müssen, mir gar trotzlich geantwortet, er wäre bei Ew. Churf. Dchl. in solchen Gnaden, daß Sie ihn auch Dero Frau Schwester der Herzogin von Kurland Frstl. Dchl. rekommendieret, daß er dero Sohn informieren solle, mit diesen Worten: Das ist ein ehrlicher Mann, auf welchen Ew. Liebden sich verlassen können. Ich bezeuge es mit Gott, gnädigster Herr, daß ich in particulari im Geringsten nichts wider den Mann habe, sondern muß ihm vielmehr das Zeugnis geben, daß er mich und die Meinigen allemal hochgeehret und sonderbare Freundschaft zu uns gesuchet. Wenn ich aber dieses Werk, so Ew. Churf. Dchl. uns an= befohlen, betrachte, so kann ich der Wahrheit zum Zeugnis anders nicht sagen, denn daß er solches nach allen seinen Kräften und Vermögen zu hindern suchet, wie dann dergleichen bittere Sachen öfters hervorbringet, die ich nicht leichtlich bei einigem Lutheraner gelesen oder gehöret, dannenhero dann wohl gar keine Hoffnung zu machen, daß, so lange er bei diesem Werk ist, einiger guter Effekt erfolgen solle." Gleichzeitig spricht Schwerin den Wunsch aus, es möchte angeordnet werden, „daß die Ministeriales aller Anzüglichkeit auf den Kanzeln gegen die Refor= mierten gänzlich sich enthalten, die Räte aber entweder bis zu S.

---

als bei Antretung des Predigtamtes ausgestanden und etliche Jahr nach einander auf Akademien nicht mit Spazierengehen zugebracht haben, ad examen zu fordern, sich unterstellen darf. Denn anders als ein schimpfliches Examen können wir's ja nicht deuten und wirds alle unparteiische Welt nicht anders erkennen können, ob= gleich er nur als ein gewesenes membrum ecclesiae Lutheranae und ergo als ein Informandus uns vorgestellt worden. Denn wäre es ihm ein Ernst gewesen mit Begehrung besseren Unterrichts, so hätte er zu uns kommen und denselben fordern [sollen], ehe er sich ab ecclesia Lutherana abgesondert und nicht nur aufgehöret derselbst membrum, sondern auch so bald angefangen ihr Widerwärtiger zu sein." Bibl. Oelrichs. (Joach. Gymn.); dazu vgl. Märk. Forsch. XV, 16 f.

1) Die Verhandlungen mit den preußischen Ständen erforderten Friedrich Wilhelms Anwesenheit in Königsberg.

2) Schulz, Paulus Gerhardts geistliche Andachten S. 357 ff.

Churf. Dchl. ferneter gnädigster Verordnung, mit wem diese Konferenzien zu reassumieren, oder aber bis zu Dero, Gott gebe, glücklicher Ankunft innehalten sollten"[1]).

Die Antwort des Kurfürsten ließ nicht lange auf sich warten. Dem Reinhart wurde zunächst am 30. Juli die Erziehung des kur= ländischen Prinzen entzogen und ihm ferner bedeutet, sich nicht mehr bei Hofe sehen zu lassen[2]). Ein weiteres Reskript unter demselben Datum[3]) verordnete die Fortsetzung des Colloquiums, von dem Reinhart aus= drücklich ausgeschlossen wurde. Aber Schwerin fand keinen lutherischen Geistlichen, der sich seinen Forderungen gegenüber willig erwies. Daß Reinhart als der allein schuldige Teil angesehen wurde, war ganz un= gerechtfertigt, da die berliner Geistlichkeit in ihrer Eingabe vom 3. Juni ausdrücklich erklärte, daß Reinhart in ihrem Namen aufgetreten sei und gehandelt habe. Sie machte Reinharts Sache zu der ihrigen.

Trotzdem das Colloquium gescheitert war, gab Friedrich Wilhelm seine Unionsgedanken nicht auf. Zunächst faßte er eine Bestrafung Reinharts ins Auge, da dieser trotz erwiesener Ungnade keine Besserung zeigte, sondern einen anderen Geistlichen einen Synkretisten genannt hatte. Der Kurfürst forderte nun die Räte des Konsistoriums auf, ihre „Be= denken einzuschicken, „welchergestalt Reinhart zu bestrafen sei"[4]). Jeder Konsistorialrat gab gesondert sein Gutachten. Fromm und Stosch wollten streng verfahren wissen; nur Seidel urteilte etwas milder.

5. Die Toleranzedikte.

Um nun für die Durchführung der Unionspläne eine feste Basis zu gewinnen, erließ Friedrich Wilhelm am 16. September 1664 ein neues Edikt, durch welches den Reformierten und Lutheranern alles gegenseitige Schmähen untersagt wurde. Ohne Zweifel bildete die jetzt beliebte Fassung einen Fortschritt gegen den Erlaß von 1662. Es mochte

---

1) Nach dem Original im B. St. A.

2) „Können Wir ferner nicht zugeben, daß er auf Unserer churfürstlichen Residenz bei dem kurländischen Prinzen die Aufwartung habe, und befehlen auch demnach hiemit gnädigst .... daß er sich Unserer Residenz .... ins Künftige enthalte. Ihr könnt aber zugleich dem Probst in Berlin Lilio sagen, daß er da= gegen die Prinzen besuche und sie aller Gottesfurcht anweise". Reskript des Kur= fürsten. B. St. A.

3) Es steht auf demselben Bogen mit dem ersten. B. St. A.

4) Reskript vom 1. August 1664. B. St. A. Es ist bezeichnend für die Empfindlichkeit der Reformierten, daß der Kurfürst den Gebrauch des Namens Synkretist als eine „denen Reformierten angethane höchste Beschimpfung" erklärt.

wohl dem Kurfürsten klar geworden sein, daß das frühere Edikt wenig brauchbar, einmal zu einseitig, sodann aber zu wenig positiv war. In ausführlicher Weise wurde in bestimmten Ausdrücken dargelegt, welche Bezeichnungen beide Parteien vermeiden, und welche Lehren sie nicht ein= ander andichten sollten. Dazu wurde der Passus über den Exorzismus aus dem Edikt von 1614 wiederholt, und jede Zuwiderhandlung gegen diese Satzung mit sofortigem Einschreiten bedroht. Gleichzeitig wurde auch verfügt, daß selbst von den bereits angestellten Predigern Reverse zu fordern seien, durch welche diese versprächen, den kurfürstlichen Ver= ordnungen strengsten Gehorsam entgegenzubringen.

Die Geistlichkeit befand sich nun in der höchsten Verlegenheit, wie sie sich dem gegenüber verhalten sollte. In ihrer Not wandte sie sich an die theologischen Fakultäten zu Leipzig, Helmstedt, Jena und Witten= berg und an die geistlichen Ministerien zu Hamburg und Nürnberg mit der Bitte um ein Gutachten in dieser Frage[1]). Nur die Nürnberger erklärten, das Edikt könnte mit gutem Gewissen angenommen werden. Bezeichnend war es, daß die mildgesinnte Helmstedter Fakultät sich lieber auf den Befehl ihrer Landesherren, in die auswärtigen Religions= streitigkeiten sich nicht einzumischen, berief, als daß sie eine Beantwortung der Frage unternommen hätte.

Bisher war der Streit nur in der Stille der Gelehrtenstuben ge= führt; jedoch die unbedachtsame Veröffentlichung eines von Magdeburg freiwillig abgegebenen Urteils[2]), welches sich für das Edikt günstig aus= sprach, rief eine litterarische Fehde hervor. Vor allem erhob sich die Wittenberger Fakultät dagegen. Friedrich Wilhelm wurde durch die

---

1) „Antwortschreiben eines Wohl Ehrwürdigen Ministerii in der Freyen Reichsstadt Nürnberg an Ein auch Wohl Ehrwürdiges Ministerium in Berlin, Betreffend die gebührende bescheidenheit der Lutherischen Prediger auff der Cantzel in der Marck Brandenburg gegen die Reformirten, wie auch den gebrauch des Exorcismi bey der Tauffe, und Sr. Churfl. Durchl. hierüber ergangenen befehl, Aus dem Lateinischen ins Teutsche gebracht, und denen Friedliebenden zur Nach= richt gedruckt. 1664." — Bemerkenswert ist die Notiz S. 3: auch in Nürn= berg sei die Widerlegung der calvinischen Lehre geübt, „und haben wir bis= hero verspüret, daß diese von uns gehaltene Weise sowohl denen Verständigeren als Einfältigeren unter unseren Zuhörern bei hiesiger Stadt nicht wenig gefallen: so daß auch die Reformierten selbst in nicht geringer Anzahl unsere Predigten be= suchen und diese unsere Widerlegung in keinem Unguten aufnehmen. Schärferer und sowohl heftigerer als sich weiter erstreckender Widerlegung mögen ohn unsere Widerrede die Lehrer auf hohen Schulen sich anmaßen."

2) D. Joh. Böttigeri magdeburgischen Pastoris und Senioris Beantwor= tungsschreiben oder Bedenken an M. Christianum Skribarium Prediger zu S. Jakob

öffentliche Erörterung ſeiner Verfügung auf das unangenehmſte berührt. Er forderte die berliner Geiſtlichkeit, welche er als den ſchuldigen Teil anſah, vor das Konſiſtorium [1]), um an dieſes ſämtliche eingeholte Gutachten aus= zuliefern [2]). Als die Geiſtlichen am 28. April 1665 erſchienen, fanden ſie auch einige Geheimräte anweſend, und nun erging an ſie nach einem ſcharfen Verweis die Aufforderung, ſofort den Revers [3]) zu unterzeichnen. Die= jenigen, an welche zuerſt dies Anſinnen geſtellt wurde, Propſt Lilius und Archidiakon Reinhart, weigerten ſich ſtandhaft, mußten aber auch die ſogleich erfolgende Amtsentſetzung als Strafe über ſich ergehen laſſen. Beide waren in Berlin höchſt geachtete Geiſtliche, und nur mit großer Be= trübnis vernahm die Bevölkerung dieſe Kunde. Am 29. April erklärte das berliniſche Miniſterium ſeine Geneigtheit, dem Inhalt der Edikte nachzuleben, weigerte aber vorläufig noch ſeine Unterſchrift, „dieweil ſie noch unterſchiedene Dubia und Gewiſſensſkrupel dabei befänden, welche ſie punktweiſe berühret und ehiſt unterthänigſt einſchicken" würden. Sie verlangten dieſe Konzeſſion umſomehr, da nach ihrem Wiſſen noch nie= mand von den Reformierten die Reverſe unterſchrieben hätte [4]).

Inzwiſchen hatte ſich das Gerücht verbreitet, der Kurfürſt wollte ſeine Unterthanen calviniſch machen. Um derartigen Beſorgniſſen die Spitze zu nehmen, erließ Friedrich Wilhelm am 5. Mai eine Dekla= ration, in der er ausdrücklich hervorhob, daß eine derartige Maßnahme völlig außerhalb ſeiner Intentionen läge. Noch nie habe er über eines Unterthanen Gewiſſen und Religion Gewalt geübt, noch wegen un= gleichen Glaubensbekenntniſſes jemanden angefeindet, vielmehr allen und jedem gleiche Gnade und Beförderung widerfahren laſſen [5]). Doch da=

in Ständal, vom 22. Mai 1665 — darauf: Discursus publicus Dr. D. Calovii de iudicio Magdeburgensi, vom 11. September 1665. Zur Replik: Animadversiones [D. Böttigeri] in discursum Wittebergensem contra iudicium, ut vocatum fuit, Magdeburgense Nov. 1665. Dann folgen: Discursus Wittebergensis contra iu- dicium, ut vocatum est, Magdeburgense. Witteberga Anno 1665 d. 13. Octobris Magdeburgum transmissus. Helmstadii Typis Henningi Mülleri Acad. Typogr. Anno MDCLXVI. 8 S. Johannis Böttigeri D. pastoris et senioris Magdebur- gensis animadversiones apologeticae in discursum Magdeburgscm. Helmstadii, typis Henningi Mülleri Acad. Typ. Anno MDCLXVI. 56 S.

1) Reſkript vom 25. April 1665. B. St. A.

2) Im Staatsarchiv befinden ſich (R. 47. 19) die Gutachten von Leipzig, Jena, Wittenberg, Hamburg, Nürnberg, letzteres mit verſchiedenen Beilagen.

3) Die urſprüngliche Form bei Wangemann, Johann Sigismund und Paulus Gerhardt S. 178 A.

4) Das Berliniſche Miniſterium an den Kurfürſten vom 29. April 1665. B. St. A.

5) Mylius 1, 1, 385 ff.

mit konnte sich kaum jemand beruhigen, der alle Maßnahmen der kur=
fürstlichen Regierung betrachtete. Eben jetzt wieder war ein Schritt ge=
schehen, der zu ernsten Bedenken Anlaß gab. Im Oktober 1665 wurde
ein Reformierter, Lucius von Rhaden, zum Konsistorialpräsidenten be=
stellt [1]). Gerade weil er Jurist und nicht Theologe war, hat diese Be=
rufung eine besondere Bedeutung. Die ihm übermittelte Bestallungs=
urkunde sagte in nackten Worten, was von ihm erwartet wurde: Wahr=
ung des kurfürstlichen Summepiskopats, der Patronatsrechte und Juris=
diktion. Bedeutungsvoll war ferner die Neuerung, daß der Präsident in
seiner Eigenschaft als Geheimer Rat auch das Referat über Kirchen=
angelegenheiten in dem Geheimratskollegium, ferner den Vortrag beim
Kurfürsten im Kabinet und damit die Ausführung der in allen bezüg=
lichen Fragen gefaßten Beschlüsse erhielt. Konnten die Lutherischen ihre
Interessen durch einen Calvinisten vertreten lassen, konnten sie a priori
zugeben, daß ihnen so die gerechteste Behandlung zu teil werden würde?
Mußten sie nicht jetzt verläumdenden Zungen, die jene reichen Do=
tationen für Kirchen und Schulen nur als ein Lockmittel hinstellten,
ihre Ohren bereitwillig leihen? Dazu mehrten sich auch andernorts
gerade in dieser Zeit die bedenklichen Anzeichen, welche eine Reformation
in calvinischem Sinne zu verkünden schienen. In Halle, Minden,
Halberstadt und Stargard traten die reformierten Hofprediger als Ver=
treter der Interessen ihrer Konfessionsverwandten in die Konsistorien ein.
Hierzu kam noch ein Ferneres. Die Landesstatthalter und Präsidenten,
meist Anhänger des reformierten Bekenntnisses, wurden mit der Ober=
aufsicht der Kirchenverwaltung betraut. Es stand ihnen nicht nur frei,
sondern sie waren sogar gehalten, bei den Sitzungen des Landeskonsisto=
riums den Vorsitz zu führen. Daß sie auch die Leitung der Inspektorate
und die Visitationen in ihren Händen hatten, mochte strenglutherischen
Gemütern doppelt bedenklich erscheinen. Dazu wurden auch jetzt die
Statthalter in Preußen und Pommern vom Kurfürsten angewiesen,
das landesherrliche Oberhoheitsrecht in der Kirchenverwaltung sorgsam
zu vertreten.

An der Unterschreibung des Reverses glaubte Friedrich Wilhelm
um so mehr festhalten zu müssen, als bereits zweihundert Geistliche den=
selben unterschrieben hätten [2]). Aber die große Zahl bewies nichts; denn
es war allbekannt, wie viele ohne Verständnis für theologische Streit=

---

1) Isaacsohn, Geschichte des preußischen Beamtentums II, 241 ff.
2) Ueber die Reverse hat das Geh. Staatsarchiv ein Konvolut Akten R.
47. 5 a 1.

Forschungen z. brand. u. preuß. Gesch. I. 1.   14

fragen diesen Schritt gethan hatten. Ging doch die Erzählung, daß die beste Fürsprecherin für den Revers die Gattin gewesen wäre, welche zu ihrem Ehegemahl sagte: Herr Pfarrherr, unterschreibt den Revers, damit Ihr bei der Pfarre bleibt. Ja, die bittere Not und die Besorgniß um die soziale Zukunft der Familie hatten gar manchem die Feder in die Hand gedrückt, denn nur wenigen konnte sich die Aussicht bieten, wegen ihrer hervorragenden theologischen Kenntnisse gern in anderen lutherischen Ländern aufgenommen zu werden [1]).

Die Jenenser Fakultät hatte sich in ihrem Gutachten über das Edikt dahin ausgesprochen, „daß die Sache nicht allein vor die Prediger, sondern auch vor die Landstände gehöre, welche wegen der Religion und Kirchenfreiheit mit landesherrlichen Privilegien versehen wären, welche

---

1) Auch die Publizistik bemächtigte sich der Frage. Im Auftrage des Kurfürsten schrieb Stosch: „Summarischer Bericht Von der Märckischen Reformierten Einträchtigkeit mit andern in und ausser Deutschland Reformierten Gemeinen. Mit Sr. Churfl. Durchl. Wissen und Genehmigung auffs kürtzeste abgefaßt und in Druck gegeben. Durch B. S. Marc. 9. 40: Wer nicht wider uns ist, der ist für uns. Cölln an der Spree. Druckts Georg Schultze, Churstl. Brandenb. Buchdrucker auff dem Schlosse daselbst 1666“. 8 S. Es wird dargelegt, daß die kurfürstliche Verordnung nichts anderes erstrebe, als daß nicht Privatmeinungen, sondern nur offenkundige Symbola als Grundlage für dogmatische Streitigkeiten genommen werden sollten; der Kurfürst wünsche das Gemeinsame der Bekenntnisse betont. Eine Entgegnung ließ nicht lange auf sich warten: „Kurtze Anmerkungen auff den neulich zu Cölln an der Spree gedruckten Summarischen Bericht B. S. Von der Märckischen Reformierten Kirchen Einträchtigkeit mit andern in und ausser Deutschland Reformirten Gemeinen. Luc. 11. 23: Wer nicht mit mir samlet, der zerstrewet. Dantzig. Im Jahre Christi 1666“ 8 S. — Gegen die Reverse richteten sich: „Examen examinis corruptae rationis: demonstrans Lapidi Lydio sacrarum scripturarum congruum esse iudicium pl. rever. et amplissimi collegii theolog. in acad. Vitebergensi, latum super subscriptione reversus in Marchia Brandenburgensi, institutum a cive quodam Marchico. Wittebergae Typis Johannis Borckardi Anno MDCLXVI.“ (50 S.) und „Παραίνεσις Pia ob Veterem Reformatorum Comoediam in Marchia, quae agitur denuo, iterata Anno 1666“ (4 S.). Für die Unterschrift der Reverse traten ein: „Unvorgreiffliches Bedencken über diese Frage: Ob die Herren Prediger zu Stänbal in der alten Marck dem Churfürstl. Brandenburgischen Edicto de dat. 16. Septemb. an. 1664 mit gutem Gewissen unterschreiben oder sich removiren lassen können? An Herren M. Christianum Scriverium Predigern zu S. Jacob in Stänbal auff inständiges Bitten Den 22. May anno 1665 ausgefertigt und aus hochbringenden ursachen durch den Druck herausgegeben von Johanne Böttigern D. Pastore und Seniore zu Magdeburg. Helmstadt, Gedruckt bey Henning Müllern Im Jahre 1666“ (24 S.). — „Die böse Sieben, Welche unlängst kurz und gut in einem Academischen Programmate zu Latein wiederlegt, Aber auff groß Verlangen treuer Deutscher Leute auch Deutsch in Druck gegeben worden. Im Jahre 1666.“ (4 S.)

sie durch ihr Privaturteil nicht präjudizieren könnten"[1]). Die mär=
kischen Stände hatten stets eifrig die Rechte der Lutherischen dem
Landesherrn gegenüber verfochten[2]). Als Lilius seines Amtes enthoben
war, legten sie den deputierten Superintendenten und Pröpsten die Frage
vor, ob sie salva fidei confessione et conscientia in dem in Frage
stehenden Reverse die ausdrückliche Erwähnung der Konkordienformel
unterlassen könnten. Als die Frage verneint wurde, führten die Stände
am 9. Juni 1665 beim Kurfürsten Beschwerde „wegen der Enturlaubung
einiger Prediger"[3]). Zugleich überreichten sie „ein unterthänigstes Be=
denken, dadurch sie verneinen, daß Ruhe und Einigkeit sowohl in ihrer
als der reformierten Kirche dieses Kurfürstentums noch ferner könnte ge=
stiftet und beibehalten werden". Sie führen hier aus, daß eine Mahnung
zur Toleranz unnütz sei; leicht könnte darin nur eine Beförderung des
Synkretismus gesehen werden, welcher „gewißlich in den Kirchen Gottes
keinen Nutzen schaffen kann, sondern zu lauteren Zerrüttungen Anlaß
geben und dazu Thür und Thor eröffnen würde". Die lutherische
Geistlichkeit hatte nach ihrer Meinung durchaus keinen Anlaß zu der=
artigen Verordnungen gegeben; „es muß ihr mit Wahrheit nachgesaget
und das Gezeugniß erteilet werden, daß, seitdem daß die Edicta ge=
standen, sie sich auf den Kanzeln (es wäre denn, daß etwa einige wenige
Subjecta ein anderes gethan hätten) darnach getrachtet und aller ge=
bührender Bescheidenheit und harter Reden und Beschuldigungen wider
die Reformierten sich enthalten haben."

Otto von Schwerin beantwortete umgehend diese Eingabe[4]), doch
ohne etwas Positives dagegen vorzubringen. Von neuem drangen die
Stände auf Erledigung ihres Gravamens. Am 16. Juni wandten sie
sich abermals an den Kurfürsten; sie wünschen die Erklärung, daß sie
in ihrer Gewissensfreiheit nicht bedroht und „bei der ungemolestierten
Uebung der evangelisch=lutherischen Religion" gelassen werden sollen.
Von den schon im Amte befindlichen Geistlichen Reverse zu fordern,
halten sie nicht für nötig: das Edikt von 1662 genüge. Wenn der
Kurfürst aber bei seinem gegenwärtigen Standpunkte beharre, so bitten
sie um Begnadigung der beiden lutherischen Prediger. In die Fort=
lassung des Exorzismus als einer res adiaphora sind sie geneigt zu
willigen; doch wünschen sie, daß zuvor die einzelnen Gemeinden über die

---

1) Hering, Neue Beiträge II, 193.
2) Wangemann a. a. O. S. 182 sagt, die Stände hätten bisher nur aus
der Ferne zugesehen; das beruht wohl nur auf der Unkenntnis der U. u. A. X.
3) Langbecker, Leben und Lieder von Paulus Gerhardt S. 135.
4) 13. Juni 1665. B. St. A.

Richtigkeit desselben von ihren Predigern aufgeklärt würden[1]). Friedrich Wilhelm erklärte, daß er zu einem Verzicht auf den Revers sich nicht herbeilassen könnte; doch gab er den Ständen anheim, über ein neu zu entwerfendes Formular zu beraten. Er konzedierte dann, daß die Frage der Reverse zuerst in suspenso bleiben sollte[2]). Darauf begann eine Verhandlung mit Lilius. Der erklärte, daß ein Lutheraner die Edikte sehr wohl und mit gutem Gewissen halten könnte. Aber der Kurfürst konnte nicht einsehen, weshalb Lilius nicht das, was er mündlich er= klärt hatte, auch schriftlich kundthun wollte[3]). Nur so weit kam er ihm entgegen, daß er ihm gestattete, selbst das Formular seines Reverses zu entwerfen. Lilius' Nachgiebigkeit erfuhr heftigste Anfeindung[4]). Es nutzte ihm nichts, daß er unter den maßgebenden Geistlichen eine Um= frage gehalten hatte, ob man den Edikten nachleben könnte. Nach An= sicht der Strenggesinnten nutzten alle Reservationen nichts, sie würden vielmehr die Einführung des Calvinismus erleichtern. „Denn es werden die Reformierten", heißt es in einer Flugschrift, „balde mit ihren Ver= besserungspunkten wegen Abschaffung der Augsburgischen Konfession und Katechismi Lutheri, wie sie schon mit der Formula Concordiae und Exorcismo gethan haben, Bildstürmerei, Hausbackenbrod und Brodbrechen und endlich ganz calvinischen Sauerteig in Catechismo Heidelbergensi aufgezogen kommen."

Die Oberpräsidialverordnung[5]), welche Lilius' Rehabilitation veran= laßte, zeigte sogleich, daß diese Nachgiebigkeit nur eine ausnahmsweise zugestanden sein sollte. Denn in derselben ward verfügt, daß von Paul Gerhardt die Unterzeichnung des Reverses gefordert werden sollte. Dem Charakter dieses Geistlichen entsprach es, daß er nach kurzer Bedenkzeit ein solches Ansinnen zurückwies und lieber die Amtsentsetzung ertrug. Aber seine Ueberzeugungstreue und sein oftmals bewiesener Glaubensmut hatten ihm so viel Freunde erworben, daß in Berlin die Klage über

---

1) Eingabe vom 16. Juni 1665. B. St. A.

2) Schwerins Antwort vom 20./30. Juli 1666 auf eine Eingabe der Stände vom 7. Juli. B. St. A.

3) Reskript vom 28. Nov./8. Dez. 1665 in der Anm. 4 angegebenen Flug= schrift.

4) Flugschrift: M. Georg. Lilii rc. rc. zu Berlin An und Umbfrage An etliche der Herrn Inspektoren und Prediger auf'n Lande Mit Bitt und Anwar= tung ihrer zurückkommenden Aussage. Sampt derselben gebetenen und erwarteten zurückkommenden Aussage, ob man den Revers mit gutem Gewissen schreiben und unterschreiben könne? Anno 1666, S. 23.

5) Schulz, Paul Gerhardts geistliche Andachten S. 388 f.

diesen kurfürstlichen Befehl allgemein war. Bürgermeister und Rat=
männer verwandten sich für ihn bei dem Landesherrn[1]); der Bescheid,
welcher ihnen zuteil wurde, war ein abschlägiger[2]). Eine nochmalige
Petition[3]) erweiterte die Kluft eher, als daß sie dieselbe überbrückte.
Erst das Eingreifen der märkischen Stände, welche Gerhardt „je und alle
Wege für einen frommen und exemplarischen und dabei allerdings fried=
liebenden theologum" erklärten, mochte dem Kurfürsten die Ueberzeugung
inne werden lassen, daß er bisher nicht richtig verfahren sei. Er ver=
fügte daher, daß die Frage bis zu seiner Rückkehr aus den clevischen
Landen eine offene bleiben sollte. Alsdann erließ er, wahrscheinlich
durch die Kurfürstin beeinflußt, den Befehl, daß Gerhardt in sein Amt
wieder einzusetzen sei, ohne daß er den Revers unterzeichnete. All=
gemeiner Freudenjubel herrschte darüber in Berlin. Der „Sonntägische
Merkur" vom 12. Januar 1667 meldete: „Wie S. Churf. Dchl. des
bishero ab officio suspendierten Predigers Paulus Gerhardt Unschuld
und Moderation gerühmt worden, haben Sie alsofort anbefohlen, den=
selben wieder in sein Amt einzusetzen."

Die Glaubensfestigkeit gerade der hervorragendsten Geistlichen er=
weckte in dem Kurfürsten die Ueberzeugung, daß seine Verordnungen nur
zum Schaden des Landes durchgeführt werden konnten. Dazu verlangten
die Stände immer wieder die Aufhebung des Reverses und die Bei=
behaltung des Exorzismus in der Form eines Gebetes. Sie erboten
sich, „soviel an ihnen als Kirchenpatronen jedes Ortes ist, sich dahin
zu bearbeiten, daß denen Edictis nachgelebet und also guter Friede in
denen Kirchen dieser Landen erhalten und Gottes Ehre, Liebe und gutes
Vertrauen desto besser befördert werde"[4]). Der Kurfürst willigte darein,
daß eine Kommission eingesetzt würde, welche die streitigen Punkte be=
raten sollte. Die früheren Edikte wurden nicht widerrufen, aber in einem
neu erlassenen vom 6. Juni 1667[5]) gab sich ein bedeutender Umschwung
kund. Von der Forderung eines Reverses wurde vollständig Abstand
genommen. Bei den Kandidaten der Theologie sollte allerdings stets darauf
geachtet werden, welche Universitäten sie besucht hätten. Die Witten=
bergischen und die ihnen gleichgesinnten sollten ohne weiteres zurück=
gewiesen werden und ihnen weder Ordination, noch Konfirmation
erteilt werden.

---

1) Langbecker, Leben und Lieder von Paulus Gerhardt, S. 160.
2) von Orlich, Gesch. des preuß. Staates III, 172.
3) Langbecker, Leben und Lieder von Paulus Gerhardt, S. 164. 170.
4) 13. April 1667. B. St. A.
5) Mylius I, 1, 393 ff.

Freilich waren die Kirchenpatrone wenig geneigt, aus diesen vom
Konsistorium Approbierten ihre Seelsorger zu wählen. Lieber ließen sie
nur Studiosen predigen und holten zur Bedienung der heiligen Sakra=
mente einen Pfarrer aus der Nachbarschaft. In späterer Zeit ergab sich
dann die Notwendigkeit, auch Geistliche, die in Wittenberg studiert
hatten, anzustellen. Der von diesen nachgesuchte Pardon wurde gegen
Unterzeichnung eines Reverses gewährt[1]). Wenn aber der Kurfürst
glaubte, hierdurch die wittenbergische Fakultät milder zu stimmen, so
irrte er. Deshalb nahm er von dieser Praxis wieder Abstand, zumal
„auch diejenigen, so da in's Land kommen, ob sie sich gleich alles gut
erbieten, dennoch die Wittenbergischen Principia so tief in ihre Herzen ein=
gewurzelt haben, daß sie selbige nicht ablegen können"[2]).

Auch Friedrich Wilhelms Bemühen, der Konkordienformel die Gel=
tung eines symbolischen Buches zu nehmen, fand bei der Geistlichkeit
keinen Anklang, und Gerhardts Wunsch, auf dieselbe verpflichtet zu
werden[3]), stand sicher nicht vereinzelt, sondern war nur der beredte
Ausdruck der Gesinnungen vieler anderer, denen nur nicht der gleiche
Glaubensmut innewohnte, dies frank und frei auszusprechen. Eine dem
Kurfürsten gewidmete Abhandlung Valentin Fromms, welche im No=
vember 1666 erschien[4]), wahrte den Standpunkt der Konkordienformel.
Die streitigen Punkte wurden in der Reihenfolge behandelt, wie sie die
kurfürstlichen Edikte aufführten. Die Reformierten schied Fromm in
zwei Klassen, deren erste die Halsstarrigen, Blasphemen, deren zweite die
frommen Wahrheitsfreunde bildeten, welche, noch nicht genug unterrichtet,
in guter Einfalt irrten, nicht sowohl im Grunde des Glaubens, als
vielmehr in gleichgültigen und weniger erheblichen Lehrpunkten. Zwischen
diesen letzteren und den Lutherischen hielt er einen Kirchenfrieden für

---

1) So einem Prediger der Altmark Andreas Bißleborn. Reskript vom 15.
Januar 1678. B. St. A.

2) Ein Züllichauer Inspektor war trotz des unterschriebenen Reverses gegen
die reformierte Lehre aufgetreten. Christian Schumann kam um Dispens wegen
seiner Studien in Wittenberg ein, da er dort aus Armut ein Jahr sich aufge=
halten und nun 16 Jahre seitdem verflossen wären. Er wurde durch Reskript vom
4. September 1684 abschlägig beschieden. B. St. A.

3) Vgl. darüber Wangemann, Johann Sigismund und Paulus Gerhardt
S. 201 ff. Doch ist durch ihn die Frage noch nicht erschöpft; sie bedarf einer
nochmaligen Behandlung.

4) Diatribe theologica de quaestione an inter Lutheranos et Reformatos
quos vocant concordia ecclesiastica sanciri possit, ad Ser. Elect. Fridericum
Wilhelmum pacis utriusque civilis et religiosae amantissimum. Branden-
burgi 1666.

möglich, da sie noch zu heilen wären und guten Zurechtweisungen nicht widerständen. Zu diesen rechnete er diejenigen, welche sich nicht calvinisch nennen lassen wollten und dadurch bezeugten, daß sie nicht alle Lehren Calvins anerkennten.

In einem neuen Edikte vom 6. Mai 1668 machte Friedrich Wil= helm den Lutherischen noch weitergehende Konzessionen[1]). Hier erklärte er, daß er bei dem Verbot des Verdammens und Lästerns gegen ein= ander auf den Kanzeln gar nicht die Meinung gehabt habe, „daß da= durch denen Predigern solle untersagt sein, die streitigen Lehrpunkte auf die Kanzel zu bringen und aus Gottes Wort und schriftmäßigen Gründen die Meinung ihrer Kirchen zu vertätigen oder die widrigen zu refutieren"; vielmehr handle ein Prediger nicht wider die Edikte, „wann er in denen Articulis, die zwischen den Lutherischen und Refor= mierten streitig sein, die Thesin der Kirchen, denen er zugethan, sonder= lich wo es der Textus und Gelegenheit mit sich bringet, in öffentlichen Predigten seiner Gemeinde fürträget, dieselbe mit Gottes Wort und schriftmäßigen Gründen behauptet und hergegen des andern Teils Meinung widerleget, verwirft und seine Zuhörer darunter aufs Beste informieret, woran sie sich halten sollen, nur daß es geschehe ohne Bitterkeit, Ver= ketzerung, Verdammung und Anathematisieren, mit Sanftmut und einem gottesfürchtigen Theologo anständiger christlicher Bescheidenheit." In einer Konsistorialratssitzung vom 27. Juli 1668 wurde dann der Stand= punkt des Kurfürsten dahin präzifiert, daß er nicht eine Religions= mengerei einführen wollte, denn er wüßte gar wohl, „daß, so lange die Kontroversien währeten, diese Einigkeit nicht zu hoffen sei, sondern er verstände durch solche Einigkeit anders Nichts, als nur civilem concordiam in conversatione politica; einem jedweden aber bliebe seine Religion und libertas conscientiae frei". Auch diese Wendung war dem Einschreiten der märkischen Stände zu verdanken. In einer Eingabe vom 11. April 1668 machten sie dem Kurfürsten ausführliche Vorschläge. Sie wurden dem Konsistorium zur Begutachtung überwiesen. Die Pro= tokolle über die hier gepflogenen Verhandlungen liegen noch im Geh. Staatsarchiv vor. Bemerkenswert ist eine eigenhändige Bemerkung von Bergius: „Ich meinesteils kann nicht anders absehen, wann je eine Deklaration soll ausgefertigt werden, als daß sie den Edictis nicht zu= wider sei, sondern vielmehr zur Einigkeit dienen könne, wann nur die Prediger nicht weiter greifen und sich in denen vorgeschriebenen Schranken halten."

Wenn Friedrich Wilhelm mit seinen irenischen Bestrebungen in den

---

1) Mylius I, 1, 395 f.

Marken wenig auf empfänglichen Boden gestoßen war, so ließ er sich
darum doch nicht abhalten, jedem, der sich ihm nahte mit Versuchen, die
Evangelischen zu einigen, hülfreiche Hand zu leisten. Als daher Jo=
hannes Duraeus sich 1668 nach Berlin wandte, um sich mit den dor=
tigen Theologen über sein Unionswerk zu einigen, ordnete der Kurfürst
bereitwillig seine Theologen zur Disputation ab[1]). Auch Christoph
Rojas von Spinola fand in Brandenburg Entgegenkommen[2]).

6. Spätere Politik.

Friedrich Wilhelms Kirchenpolitik schlug immer mehr eine andere
Richtung ein. Bezeichnend war es, daß 1669 Otto von Schwerin
„sonderlich der geistlichen Sachen entladen" wurde[3]). Der Kurfürst
hatte jetzt mehr Zeit, persönlich die Leitung der Kirchenpolitik in die
Hand zu nehmen. Von allgemeinen Erlassen kam er zurück; er beschloß,
von Fall zu Fall zu entscheiden. Wie er schon früher eingeschritten
war, wenn dieser oder jener Geistliche in seinem Glaubenseifer zu weit
gegangen war, so that er es auch jetzt[4]).

Die gedruckte Litteratur wurde im Konsistorium eifrig durchforscht.
Sobald eine Schrift erschien, in der gegen die Reformierten geschrieben
war, wurde sie mit peinlicher Sorgfalt durchmustert, ob nichts Gehässiges
darin war. Hier wurde anfangs noch etwas zu scharf vorgegangen.
So wird heute niemand begreifen können, weshalb in „D. Egidii
Strauchens abgenötigten Retorsion" (Wittenberg 1668) der Kurfürst
„die Reformierten auf's heftigste injurieret" findet[5]). Auch nahm der
Kurfürst die Hülfe anderer Landesfürsten für die Abwehr der Polemik
gegen die Reformierten in Anspruch. So verlangte er vom Kurfürsten
von Sachsen[6]) einen Verweis gegen den Professor Johann Olearius wegen
einer von diesem verfaßten Schrift.

---

1) Vgl. meinen Aufsatz: Johannes Duraeus' Unionsbestrebungen in Branden=
burg in Zschr. für Kirchengeschichte Bd. X, 1888.

2) Vgl. meinen Aufsatz: Spinolas Unionsbestrebungen in Brandenburg in
Märkische Forschungen Bd. XX, 234 ff.

3) Reskript vom 4. Oktober 1669. B. St. A.

4) Was in diesen oder jenen Werken über Citationen vor das Konsistorium
berichtet wird, muß mit der größten Vorsicht aufgenommen werden.

5) Reskript vom 27. Juli 1668 B. St. A. verordnet, alle Exemplare der
gegen Ulrich Calixt gerichteten „Schmähschrift zu confisziren, auch allen Buch=
druckern, Buchführern und Buchbindern bei 100 Thlrn. Strafe verbieten zu lassen,
sie solche Schmähschrift weder heimlich, noch öffentlich allhier verkaufen, wenig
anhero von anderen verschreiben sollen."

6) Schreiben vom 26. Mai 1685. B. St. A.

Auch die Predigten der Geistlichen wurden überwacht. Als Friedrich Gesenius, Prediger zu Gardelegen, 1674 Aeußerungen über das Abendmahl der Reformierten fallen ließ, sollte er zur Vernehmung vor das Konsistorium gezogen werden. Gesenius suchte mit nichtigen Einwänden dem zu entgehen. Es wäre ihm dies auch gelungen, wenn er nicht 1676 „ohne Konsens, ohne Zensur, außer Landes" eine Schrift über die Abendmahlslehre[1]) hätte erscheinen laßen, trotzdem ihn Stosch schon bei der Ankündigung im Leipziger Katalog gewarnt hatte. Erst im März 1677 erscheint Gesenius vor dem berliner Konsistorium; doch sucht er die Verhandlung bald abzubrechen und kehrt in seine Heimat zurück. Erst bei Androhung einer Strafe von 100 Thlrn. kommt er allmählich wieder nach Berlin[2]).

Bemerkenswerter ist das Verfahren gegen den Inspektor Lic. Johann Georg Hoffmann aus Wittstock.

Hoffmann hatte 1674 auf Veranlassung des Magistrates von Berlin in der Marienkirche eine Probepredigt gehalten. Da nun wider das Herkommen der Propst der Kirche Andreas Müller nicht um Rat deshalb gefragt war, so veranlaßte der Kurfürst auf Müllers Beschwerde den Magistrat, nochmals eine Probepredigt von Hoffmann halten zu lassen, da „die Gemeinde und sonst jedermänniglich mit seiner Gabe gar wohl vergnügt" sei[3]). Alsbald wird vom Konsistorium eine neue Anklage gegen Hoffmann vorgebracht; er soll in Rostock die Konkordienformel beschworen und zu Magister Lubath, Diakonus zu St. Marien in Berlin, geäußert haben, daß er ungeachtet der kurfürstlichen Edikte doch „bei der beschworenen Konkordienformel verbleiben wolle"[4]). Doch auch diese Anseindung fruchtete bei dem Kurfürsten nichts. Deshalb wendet sich Müller an Otto von Schwerin; doch dieser erklärt, daß er „bei dergleichen Sachen nichts thun könnte". Das berlinische Ministerium[5]) fordert die Entsetzung Hoffmanns, eines „widersetzlichen Mannes, der bei seiner Promotion so ärgerlich gehandelt, uns alle so trotzig und freventlich injurieret". Doch Friedrich Wilhelm fand „keine erhebliche

---

1) Gründlicher bündiger und klarer Beweisthumb, daß die Worte des Testaments Jesu Christi im hocherheyl. Abendmahl, so wie Sie sonst angenommen zc. gedruckt zu Magdeburg und Helmstedt 1676.

2) Reskript vom 1. September 1677. Die Akten über diesen Fall befinden sich vollständig in der Bibliothek des Joachimsthalschen Gymnasiums. Bibl. Oelrichs. fol. VIII. nr. 71.

3) Konsistorium an den Kurfürsten vom 10. März 1674. B. St. A.

4) Reskript vom 10. April 1674. B. St. A.

5) D. h. die reformierten Prediger in demselben.

Ursache", warum Hoffmann nicht zum Prediger zu St. Marien voziert werden sollte „zumal ermelter Hoffmann zwaret der Lutherischen Lehre und Bekenntnis zugethan zu sein genugsam bezeuget, aber auch gehor= samer Haltung der ergangenen Edikte sich verbunden gemachet".

Diese unabhängige Entscheidung kann dem Kurfürsten nicht hoch genug angerechnet werden. Stosch empfand es schwer, „daß man um eines jungen unerfahrenen und ehrgeizigen Mannes willen ein ganzes Ministerium zu Berlin betrübet und ihren angefangen Frieden gestöret" [1]). Es war dies einer der seltenen Fälle, in denen der Kurfürst seine Ent= scheidung nicht nach Stosch's Vorschlag getroffen hatte. Stosch's Ein= fluß in der Kirchenpolitik war nicht heilsam. Auf jeden Verdacht und jede Denunziation hin wurden lutherische Prediger von ihm verhört, und die von ihm beliebten Privatkonferenzen bildeten häufig einen Be= schwerdepunkt [2]).

Die vielfache Beschäftigung mit der äußeren Politik, dazu die wiederholte Abwesenheit verhinderten den Kurfürsten, sich anhaltend mit der kirchlichen Frage zu beschäftigen. Wenn auch die Stände hin und wieder diesen oder jenen Punkt zur Erörterung brachten, so kam die Sache doch erst durch den Konvokationstag von 1683 zum Abschluß. Die Stände hatten bei ihrem Zusammentritt allerhand vorzubringen. Die Deputierten des Havellandes fanden es unbillig, daß eine Visitation der Geistlichen vorgenommen wurde [3]); die aus der Neumark brachten klagend vor, „daß bei ihnen ihren ganz lutherischen Gemeinden refor= mierte Prediger etiam inconsultis et contradicentibus patronis et paro- chialibus eingesetzt" seien [4]). Die Uckermärker waren nun der Meinun die gravamina ecclesiastica nicht vor den civilia zu behandeln, da sie „besorglich" waren, „überall nichts fruchtbarliches auszurichten" [5]). Die Vertreter der Altmark wollten dagegen auf die wesentlichen Punkte von 1653 zurückgehen [6]). Auch die Ritterschaft war der Ansicht, „zur Ab= thuung der gravamina ecclesiastica vornehmlich zu Gottes Ehre und Befreiung der bedrängten Gewissen ihr Absehen zu richten" [7]). In der

---

1) Nach den im Geh. Staatsarchiv befindlichen Akten.
2) Deputierte der Landstände an Friedrich Wilhelm vom 22. Oktober 1677. . B. St. A.
3) U. u. A. X, 583.
4) U. u. A. X, 589.
5) U. u. A. X, 593.
6) U. u. A. X, 587.
7) U. u. A. X, 600 f.

dem Kurfürsten überreichten Eingabe [1]) hoben die Stände bezüglich der
kirchlichen Frage namentlich hervor, „daß nicht allein zu verschiedenen
Malen alles dawider geschehenen Protestierens und Kontradizierens ohn=
geachtet von dem Kurf. Consistorio zu Küstrin ganz lutherischen Ge=
meinden unstreitig reformierte Prediger, als wie im Amt=Städtlein zu
Fürstenfelde, Schaumburg, Zorndorf, Ziche, Blumberg und auf dem
Berge vor Crossen geschehen, ohngeachtet des denen von der Ritterschaft
Membris zustehenden iuris compatronatus vorgesetzet, sondern auch einige
der Compatronen reformierter Religion zugethan contra praxin ecclesiae
Lutheranae, nach welcher das exercitium actuum parochialium' dem
ordentlichen Prediger des Ortes kompetiert, der Oerter wie zum Balchow
und Zibingen geschehen, sich selbsmächtig unterstanden, die Kirchen=
schlüssel vom ordinario loci mit Gewalt abzufordern, und den Gottesdienst
und Administrierung der Sakramente durch fremde und auswärtige
reformierte Prediger bestellen lassen“. Sie richten des Ferneren an den
kurfürstlichen Herrn die unterthänigste Bitte, „nicht allein die gn.
Verfügungen zu thun, daß dergleichen Seelen und Gewissen drückende
Prozeduren in dero Landen nicht weiter vorgenommen, sondern auch die
lutherischen Gemeinden in der Neumark hinwiederum mit lutherischen
Predigern versehen und ihnen ihre Gewissen freigelassen, auch einem Pa=
trono fernere Veränderung im Kirchenwesen zu machen wider das Her=
kommen der Oerter nicht verstattet, auch daß zu solchem Ende eine nach=
drückliche gn. Verordnung an das Kurf. Küstrinische Konsistorium,
solches alles gesuchtermaßen zu redressieren, ins künftige aber nicht ferner
zu gestatten, noch selbst vorzunehmen, abgelassen werden möge“.

Friedrich Wilhelm hatte durchaus „nicht einen Gedanken, jemanden
in seiner Gewissensfreiheit zu kränken“, und war gern erbötig zu recht=
licher Entscheidung, „dafern ja ein oder ander Patronus etwas wider
Recht vorgenommen hätte“ [2]). In einem andern Schreiben an die
Stände [3]) versprach er Abstellung der betreffs der Neumark vorgebrachten
Beschwerde; doch fügte er hinzu, daß die Interessenten besser gethan
hätten, bei ihm Beschwerde zu führen, als die Sache zu einem Land=
grabamen zu machen. Darauf brachten die Stände [4]) Fragen der Ver=
waltung, wie Bestellung der Vertreter im Schul= und Predigtamt, Ver=
kündigung der kurfürstlichen Erlasse von der Kanzel u. a. m., zur

---

1) U. u. A. X, 606 f.
2) U. u. A. X, 611 f.
3) Ms. bor. der Kgl. Bibliothek in Berlin fol. 14 p. 725.
4) Ms. bor. der Kgl. Bibliothek in Berlin fol. 14 p. 785 ff.

Erörterung, vergaßen dabei auch nicht das Patronatsrecht. Auch hier war der Kurfürst geneigt, Mißstände zu beseitigen[1]). Ausdrücklich betonte er dabei, daß als Grundlage jeglicher Maßnahme der Rezeß von 1653 angenommen werden sollte. Gleichzeitig wurde dem Konsistorium anbefohlen, „daß wann in puncto redituum die Sache über 4 Thaler nicht ansteiget oder der Streit wegen der Kirchenstühle mehr nicht als zween Thaler trägt, die Sache alsdann vor den Magistrat und Richter deßselben Ortes ausgeführet, wann sie aber ein Mehrers und über izt= gedachte Summe sich belaufen, alsdann an das Konsistorium remittieret werden solle"[2]).

In den folgenden Jahren wurde das Interesse des Kurfürsten hauptsächlich durch die Fürsorge für die aus Frankreich geflüchteten Reformierten in Anspruch genommen[3]). Die Aufnahme derselben in die kurfürstlichen Lande ist deshalb von Wichtigkeit, weil durch dieselben das reformierte Element bedeutend gestärkt wurde. Es kamen mit jenen Flüchtlingen auch bedeutende Geistliche nach der Mark. Wenn sie auch anfangs ihren spezifisch französischen Charakter beibehielten, so gingen sie später völlig in dem deutschen Wesen auf. Die Ordnung des französisch=reformierten Kirchenwesens gehört hauptsächlich der Regierung Friedrichs III. an; doch wurden vom großen Kurfürsten schon die ersten Bausteine dazu gelegt.

7. Die Reformierten.

Für die Beurteilung der Kirchenpolitik des großen Kurfürsten ist die Frage von Wichtigkeit, ob denn die Reformierten wirklich immer nur die Angegriffenen gewesen sind. Wenn man die Beschwerden der reformierten Hofprediger über die geringsten Angriffe der Lutherischen liest, so verlangt man von diesem Zartgefühl eine doppelt achtsame Schonung der Andersgläubigen. Doch der mehr als einmal von den Ständen ausgesprochene Wunsch, „daß sowohl der reformierten, als der lutherischen Religion zugethane Prediger in ihrer Lehre und Leben sich moderati auf den Kanzeln, wie auch in dero hohen und anderen Schulen bei Traktierung der Streitartikul gegen einander erweisen, aller

---

1) Mylius VI, 557 f.
2) Reskript an das Konsistorium vom 6. Juni 1683. Ms. bor. der Kgl. Bibliothek in Berlin fol. 14 p. 840. Eine Erläuterung des Ediktes giebt eine weitere Verfügung vom 15. Mai 1684 bei Mylius VI, 563.
3) Auf den Akten des Geh. Staatsarchivs fußt mein Aufsatz: Ludwig XIV. und Friedrich Wilhelm im Jahre 1685, in Allgem. konserv. Monatsschrift XLII. 1885, S. 1010 ff.

Execration sich enthalten und keiner den andern verdammen, verlästern, verketzern oder mit unannehmliche Zunamen belegen", war wohl nicht unbegründet. Die Reformierten sprachen es in der schärffsten Form aus, daß die Lehre der Lutherischen unchriftlich sei und der heiligen Schrift widerspreche[1]). In den Streitschriften der Reformierten aus damaliger Zeit findet sich nur zu viel, was nicht aus friedfertigen Herzen geflossen ist, und der gegen die Lutheraner erhobene Vorwurf des „capernaitischen Fleischgenuffes" beim Abendmahl ist bei jenen eine ganz gewöhnliche Stilblüte. Auch die Schriften von Stofch atmen nicht eben Friedensliebe.

Daß die Reformierten von den brandenburgischen Kurfürsten auf Kosten der Lutherischen begünstigt sind, wird niemand den urkundlichen Beweisen gegenüber in Abrede stellen. Johann Sigismund hat die Domkirche zum reformierten Gottesdienst allein auf Grund seines ius reformandi genommen[2]). In den Marken war keine Stimmung für das reformierte Bekenntnis. Daß die Stände gegen jede Begünstigung desselben Beschwerde führten, gebot die Vorsicht, da ja der Landesherr vermöge des ihm zustehenden ius reformandi zu den weitgehendsten Maß= nahmen berechtigt war. Auch Friedrich Wilhelm hat in verschiedener Richtung den Versuch gemacht, die Rechte der Reformierten zu er= weitern. Schon 1656 bestimmte er, „daß diejenigen so zur reformierten Kirchenlehre sich bekennen, sowohl als andere zum Examen und Ordi= nation zugelassen werden sollen, und, dafern solche sich in der Domkirche ordinieren laffen wollen, daß den lutherischen Präpositis sowohl der reformierten examini als ordinationi beizuwohnen freistehen solle"[3]). Es kann dann nicht auf Zufall beruhen, daß bei der Befürwortung bei Gesuchen um Anstellung im kurfürstlichen Dienste mehr als ein= mal hervorgehoben wird, daß der Betreffende auch reformiert sei[4]). Der Uebertritt hervorragender Familien zum reformierten Bekenntnis

---

1) Die Stände an den Kurfürsten vom 16. Juni 1665. B. St. A.

2) Wangemann, Johann Sigismund und Paulus Gerhardt S. 65.

3) Reskript vom 3. Dezember 1656. B. St. A.

4) Namentlich bei den Bewerbungen um Stellen in der Marine findet sich dieser Hinweis häufig, wie mir Herr Archivar Dr. Philippi gütigst mitteilte. Auch darin liegt ein Stück Politik, daß mit peinlicher Sorgfalt alles auf die Reformierten bezügliche Aktenmaterial aufgehoben wurde. Daß unter den Akten die französischen Refugiés betreffend, jedes Gesuch um die geringste Unterstützung aufbewahrt wurde, darf auch nicht unbemerkt bleiben. Die Fülle der Materialien über die französischen Reformierten tritt doppelt scharf hervor, wenn man im Geh. Staatsarchiv nur Weniges über die Lutherischen findet. Daß die Festschriften der französischen Kolonie in Berlin ohne Kenntnisnahme von den Aktenbeständen des Geh. Staatsarchivs gemacht sind, kann nicht genug bedauert werden.

wurde stets begünstigt; gern wurde alsdann den Abligen der Gottes=
dienst nach dem Gebrauche der reformierten christlichen Kirche im Wohn=
hause gestattet [1]).

Namentlich seit dem Ende der sechziger Jahre wurden verschieden=
fach reformierte Gemeinden in den Marken begründet. Es steht dies
im engen Zusammenhang mit den Kolonisationsversuchen des Kur=
fürsten. Den ins Land gezogenen Holländern wollte Friedrich Wilhelm
auch gern ein kirchliches Heim schaffen. Was an reformierten Ge=
meinden vorhanden war, genügte ihm nicht. Wohl hatten sich nach
Johann Sigismunds Uebertritt reformierte Gemeinden gebildet; aber es
fehlte ihnen die Organisation [2]). In Küstrin waren schon seit lange
die Calvinisten zusammengekommen, · wenn der Kurfürst dort anwesend
war. Der mehrjährige Aufenthalt des jungen Kurprinzen Friedrich
Wilhelm schuf dann einen ständigen Gottesdienst. Später wurde die
Seelsorge von einem Frankfurter Professor besorgt. Unliebsame Streitig=
keiten der Gemeindemitglieder mit der lutherischen Geistlichkeit ver=
anlaßten im Jahre 1662 die Anstellung eines reformierten Predigers [3]).
Aus ähnlichem Grunde hatte sich in Crossen eine reformierte Gemeinde
gebildet. Hier hatte Georg Wilhelms Gemahlin ihren Witwensitz;
aber auch nach dem Tode derselben (1660) wurde auf Befehl des Kur=
fürsten in der Schloßkapelle reformierter Gottesdienst gehalten [4]). Ferner
erhielt das wiederaufgebaute Städtchen Joachimsthal in der Mittelmark
einen reformierten Prediger [5]); ebenso die holländischen Kolonien Zehlen=
dorf und Zülsdorf bei Oranienburg [6]), dazu das von reformierten Kolo=
nisten wiederbesetzte Alt=Landsberg [7]). In Potsdam war die reformierte
Gemeinde so gewachsen, daß sie nicht mehr von Berlin aus versehen
werden konnte und selbständig wurde [8]). Von „brabantischen Kessel=
führern" wurden die reformierten Kolonien Liebenberg und Neuholland
gegründet [9]). Um das reformierte Waisenhaus in Oranienburg bildete
sich ebenfalls eine Gemeinde [10]).

---

1) Reskript vom 28. August 1665. B. St. A.
2) Hering, neue Beiträge I, 1 fl.
3) Hering, neue Beiträge I, 14.
4) Hering, neue Beiträge I, 41 ff.
5) Hering, Beiträge II, 222 ff.
6) Hering, Beiträge II, 227 ff.
7) Hering, Beiträge II, 238 ff.
8) Hering, Beiträge II, 256 ff.
9) Hering, Beiträge II, 267 ff.
10) Hering, Beiträge II, 277 ff.

Die reformierten Kirchen und Gemeinden, deren es 1680 sechszehn gab, erhielten eine einheitliche Organisation. Sie hatten keine besonderen Inspektoren, sondern hingen· allein von dem kurfürstlichen Konsistorium ab. Der Präsident war der Vorstand, dann ein Geheimrat; ein Hof= prediger, zwei Pröpste und vier Geistliche nebst dem Diener machten 1700 das Personal derselben aus[1]).

Den lutherischen Gemeinden wurden mehrfach reformierte Geistliche aufgenötigt[2]). Doch nicht immer gaben die Gemeinden damit sich zu= frieden. Vergebens versuchte Friedrich Wilhelm, die Propstei auf dem Berge vor Crossen für das reformierte Bekenntnis zu gewinnen. Zwar setzte er hier 1661 einen reformierten Propst ein; aber in der Folgezeit mußte er sich zu einer paritätischen Teilnahme der Lutherischen und Reformierten bequemen[3]). Das Städtchen Fürstenwalde erhielt 1677 einen reformierten Prediger. Mit Unterstützung der Prälaten, Herren, Ritterschaft und Städte der Neumark beschwerte es sich darüber beim Kurfürsten. Er befahl nun, „den Reformierten anderwärts zu befördern, den Supplikanten aber einen lutherischen Prediger zu vozieren, jedoch daß derselbe von denen moderatis sei, und da sich alles Schmähens, Lästerns und Verketzerns der Reformierten enthalte"[4]). Auch in der Altmark ereignete sich Aehnliches. Schon früher gab es hier einige reformierte Familien. Die Einwanderung von friesischen und hollän= dischen Kolonisten bot dann den Anlaß zu dem Plane, nach Stendal einen reformierten Prediger zu berufen[5]). Wenn nun auch derselbe zu= fällig ausblieb, so zeigte doch der sich kundgebende Unwille der luthe= rischen Geistlichkeit, daß hier ein wenig fruchtbares Feld sei. Die Reformierten wandten sich an den Kurfürsten mit der Bitte, ihnen in der ihm unterstehenden Kirche von Buch, einem Flecken im Amt Tangermünde, die Abhaltung des sonntäglichen Gottesdienstes zu ge= statten. Doch die Ausführung dieses Planes scheiterte an dem Wider= stand des dortigen lutherischen Geistlichen, der sich dabei auf ein von Wittenberg eingeholtes Gutachten[6]) berief. Die Altmark litt hierunter

---

1) von Orlich, Gesch. des preuß. Staates I, 416.
2) Herings (Neue Beiträge I, 33 ff.) Behauptung, daß dem Unionsver= suche in Ziche, Schaumburg, Fürstenfelde, Blumberg und Zorndorf die Stimmung der Einwohner günstig war, bedarf nach U. u. A. X, 606 f. der Berichtigung. Vgl. oben S. 219.
3) Hering, neue Beiträge I, 48 ff.
4) von Orlich, Gesch. des preuß. Staates III, 271 f.
5) Hering, neue Beiträge I, 66 ff.
6) Consil. theol. Witteberg. I, 493.

insofern Schaden, als die holländischen Kolonisten sich nach Oranien=
burg begaben, da ihnen dort freie Religionsübung gestattet war.

Die Gesamterfolge des Kurfürsten auf dem Gebiete der Kirchenpolitik
waren gering. Den letzten Grund hat schon die damalige Zeit erkannt.
In einer Flugschrift von 1674[1]) heißt es: „Aus denen Edictis haben
sowohl Ausländische als wir soviel vernommen, E. K. D. wollten
zwischen beiden Religions=Verwandten in Seinen Landen, als Refor=
mierte und Lutherische, einen Kirchen= und geistlichen Glaubensfrieden
aufgerichtet wissen, zumalen da zu diesen Zeiten an ein und anderen
Orten sich ein Friedensgeschrei hören, und die Füße unberufener Boten
den vermeinten Frieden auf den Bergen Israels zu verkündigen sich
spüren lassen. Wollen anitzo nicht anführen, was von solchen Friedens=
boten der Erfahrung und dem Grunde der Religion nach zu halten sei,
sondern beklagen nur, daß dieses göttliche Kirchenwerk E. K. D. so gar
leichte und geringe von etlichen, so um Sie stehen, ist fürgetragen worden,
als wann darüber keine Fürschläge, kein Gebet, keine Erforschung der
Sachen Eigenschaft nützlich und nötig wäre, sondern allein durch bloße
Edicta könne füglich ins Werk gerichtet zum Stande kommen."
Friedrich Wilhelm hat seine Kirchenpolitik ausschließlich mit dem Bei=
rat von Reformierten durchgeführt: Otto von Schwerin und Bartholomäus
Stosch waren seine Hauptstützen. Es ist im Verlauf der Darstellung an
mehr als einer Stelle darauf hingewiesen, daß beide nicht immer heilbrin=
genden Einfluß übten. An die Errichtung getrennter Konsistorien der
Lutherischen und Reformierten hat Friedrich Wilhelm ebenso wenig wie
Johann Sigismund gedacht[2]). Erst Friedrich dem Großen war es be=
schieden, hier durch die Verordnung vom 4. Oktober 1750 Billigkeit
eintreten zu lassen.

---

1) Vox Oppressorum in Marchia Brandenburgica supplex. Saltzbach bei
Christoph Friedrich Henning MDCLXXIV. 96 S. 4°.
2) Einen Abschnitt über das Kirchenregiment hat der Verfasser für später
zurückgelegt.

V.

Drei Briefe Voltaires über seine Uebersiedelung nach Preußen 1750.

Mitgeteilt

von

Reinhold Koser.

———

Nach zweimaligem vorübergehenden Besuch am preußischen Hofe, 1740 und 1743, war Voltaire am 10. Juli 1750 auf die Einladung König Friedrichs wiederum in Potsdam eingetroffen. „Sie werden em=pfangen werden", hatte ihm Friedrich entgegengerufen, „wie der Virgil unseres Jahrhunderts, und der gentilhomme ordinaire Ludwigs XV. wird dem großen Dichter den Vortritt lassen müssen". Einmal ge=kommen, entschloß sich Voltaire zu bleiben; er erhielt den Kammerherrn=schlüssel, das Kreuz des Ordens pour le mérite und ein Jahrgeld von 20 000 Franken.

Gewisse Schwierigkeiten verursachte Voltaires Zugehörigkeit zum Hofstaat des Königs von Frankreich. Auf die Regelung dieses Verhält=nisses beziehen sich die folgenden, überaus charakteristischen Briefe, deren Mitteilung nicht unwillkommen sein wird. Sie fanden sich im Archiv des Ministeriums der Auswärtigen Angelegenheiten zu Paris unter den Gesandtschaftsberichten des damaligen Vertreters Frankreichs am preußischen Hofe, des bevollmächtigten Ministers Lord Tyrconnell, an den sie gerichtet sind. Sie sind ganz von Voltaires Hand[1]) und, soweit meine Erkundi=gungen reichen, bisher unbekannt. Zur Ergänzung dienen zwei, in dem genannten Archiv im Konzept erhaltene Schreiben des Marquis Puy=zieulx, des Staatssekretärs der Auswärtigen Angelegenheiten, an Tyr=connell und an Voltaire selbst, sowie der Auszug aus einem Berichte

———

[1]) Deshalb mit Beibehaltung der orthographischen Eigentümlichkeiten wieder=gegeben.

Forschungen z. brand. u. preuß. Gesch. I. 1.   15

Tyrconnells an Punzieulx, mit dem scharfen Urteil über Voltaires Charakter anläßlich des ersten der ärgerlichen Händel, die Voltaire in Preußen sich zuzog.

„Verkaufe alles, was Du hast, und folge mir nach" — nach dieser Vorschrift der Selbstentäußerung will Voltaire bei seiner Uebersiedelung von Frankreich nach Preußen gehandelt haben. Aus dem Munde des französischen Staatssekretärs vernehmen wir es hier, daß Ludwig XV. bei dem Verzicht auf Voltaire „nichts zu bedauern" fand. Trotz alles Haschens nach der Gunst seines Landesherrn war es Voltaire nicht gelungen, sich bei Hofe zur Geltung zu bringen; hätte er in Versailles glänzen können, er wäre, wie sich von selbst versteht, nicht nach Pots= dam gegangen.

Voltaire au comte de Tyrconnell à Berlin.

a potsdam ce 7 aoust 1750.

Vous m'avez ordonné monseigneur de vous mander des bagatelles, mais voicy une chose bien serieuse pour moy. Le roy de prusse charge son ministre de vous en parler, et de vous demander vos bons offices. en verité je tremble a m'expliquer et j'ay le cœur déchiré. mais si vous aviez vécu quinze jours aupres du roy de prusse, et que vous n'eussiez pas aproché de Louis XV, je croi que vous en feriez autant que moy. en un mot il faut avoir pitié des passions des hommes. j'en ay une extreme pour le roy de prusse, et elle m'aveugle au point de me faire croire qu'il n'est pas sans goust pour moy. il ne s'agit icy ny de grandeur ny de fortune. je ne suis point ébloui je suis enchanté. cest d'ailleurs une nouvelle maniere dapartenir au roy, que de vivre aupres du meilleur allié et du meilleur amy quil ait dans l'Europe. je me flatte encor que Le roy considerera que rien nest plus glorieux pour la france que de voir cette predilection qu'on a icy pour les francais, les honneurs qu'on leur fait, et surtout le besoin qu'on a d'eux quand on veut etablir le goust des arts.

je me flatte donc monseigneur que le roy verra avec plaisir que je le sers dans la personne du roy de prusse, qu'il permettra que je celebre icy Sa gloire, qu'il me regardera toujours comme un de ses plus fideles sujets, qu'il daignera me conserver tous les droits et les privileges de son sujet et de son domestique. cest a vos bontez que je devray cette grace. je n'attends que lhonneur de votre ré- ponse pour aller faire un tour en italie, et revenir ensuitte jouir des bontez inexprimables d'un roy dont le moindre mérite est d'avoir gagné cinq batailles. Soyez sur que je porteray partout dans mon cœur l'attachement le respect et la reconnoissance avec les quels je seray toutte ma vie

monseigneur

votre tres humble et tres obeissant serviteur

Voltaire

permettez moy d ajouter encore quil peut se trouver des occasions, ou un francais deplus aupres de Sa majesté prussienne, un francais zelé pour son roy et pour sa patrie pouroit netre pas absolument inutile. je ne suis guere fait pour rendre service. je n'ay que la bonne volonté et je suis sur que des sentiments aussi purs que les miens trouveront grace aupres de vous.

Le marquis de Puyzieulx au comte de Tyrconnell à Berlin.

Versailles, 22 août 1750.

Vous apprendrez que le roi de Prusse a fait demander Voltaire au Roi. Sa Majesté le lui accorde volontiers, Elle a pensé que cette complaisance seroit agréable à ce Prince, et que, si d'un côté Elle laissoit aller un académicien que quelqu'uns de ses ouvrages rendent célèbre, Elle n'avoit d'ailleurs rien à regretter à ce sacrifice.

Voltaire au comte de Tyrconnell à Berlin.

au chateau ce 25 aoust 1750.

je crois mylord que pour prevenir les longueurs et les difficultez qui pouroient peutetre se rencontrer dans une expedition de lettres patentes, il sera beaucoup plus aisé et plus simple que M le marquis de puisieux ait la bonté denvoyer une permission illimitée concue apeu pres en ces termes, nous permettons au S^r de v notre historio-grafe et notre gentilhomme ordinaire de demeurer hors de notre royaume autant de temps qu'il avisera bon etre et de recevoir du roy de prusse touttes les marques de faveur et de distinction dont le roy de prusse veut lhonorer sans que pour ce il cesse de jouir en france de ses droits et prerogatives.

il me semble que cette tournure previent tous les cas qu'il faut toujours prevoir, me laisse la liberté de revenir finir mes jours dans ma patrie, et celle de rester aupres du roy de prusse, et surtout me

15 *

conserve le titre de domestique du roy dont je suis plus jaloux que de touttes les faveurs singulieres dont je puis etre comblé ailleurs.

Vous pouriez milord avoir la bonté d'inserer aujourduy dans votre paquet a M le marquis de puisieux ce billet que jay lhonneur de vous ecrire. il peut d'ailleurs compter quil aura icy eu moy le serviteur le plus zelé et le plus reconnaissant. jy seray toujours a vos ordres jauray lhonneur d'en dire davantage a votre excellence si mon mal de gorge me permet de sortir aujourduy et de venir vous assurer de mon tendre respect et de ma reconnoissauce.

V.

Le marquis de Puyzieulx à Voltaire.

à Versailles, le 28 août 1750.

Le Roi, qui est toujours, Monsieur, également empressé à se porter à tout ce qui peut être agréable à Sa Majesté Prussienne, consent très volontiers que vous passiez a son service.

Je suis fort aise en mon particulier d'avoir eu l'occasion de seconder les désirs que je vous counois de vous attacher à un prince qui vous honore de tant de bontés. Je suis très parfaitement, Monsieur, votre etc.

Voltaire au comte de Tyrconnell à Berlin.

12 septembre [1750] au chatau.

Le roy de Prusse m'a ensorcelé mylord. il me fait quitter la france qui est pourtant fort aimable, il me fait sacrifier l'italie ou je voulois aller ce mois cy, le pape que je voulois envisager, le jubilé que je voulois gagner. j'iray faire un tour dans ma patrie au mois d'octobre, pour y pratiquer le precepte, *vende omnia quae habes et sequere me*. a l'egard de quelques titres que j'ay en france et qui m'attachent encor moins au roy mon maitre, que mon zele inviolable; jose croire qu'il faudroit attendre mon retour pour disposer de ces petites places. ce n'est pas une affaire bien importante. M. le marquis de puisieux peut en dire un mot a M. de St florentin. je vous supplie d'apuyer cette requete. je demande seulement quon attende mon retour. je ne fatigue point monsieur de puisieux d'une lettre inutile. deux mots de vous dans votre depeche vaudront baucoup de mieux. mais il peut etre sur ainsi que vous mylord que vous aurez toujours en moy un serviteur

attaché sans reserve. vous pouriez sans tant de mistere ajouter un
mot a ce billet. ce seroit une lettre tres bien endossée.

Mille tendres respects.

V.

Le comte de Tyrconnell au marquis de Puyzieulx.

Berlln, 19 décembre 1750.

. . . . Le grand crédit de M. de Voltaire me paraît furieuse-
ment péricliter. Le roi de Prusse a découvert hier que ce célèbre
poëte ne s'amusoit pas toujours à faire des vers et avoit chargé dans
un de ses moments de loisir un juif[1]) d'aller à Dresde lui acheter
des billets de la *Steuer* dans le dessein de les faire payer par cette
banque en entier, conformément au traité de Dresde. Vous jugerez
aisément, Monsieur, de l'impression qu'une pareille manœuvre a faite
sur Sa Majesté Prussienne dans un moment où l'on travaille à la
liquidation des billets et où elle vient de défendre par un édit à
tous ses sujets cette espèce de commerce[2]). Le roi de Prusse a fait
hier confidence de cela au major Chazot, qui a dîné avec lui tête à
tête, et lui a même dit d'envoyer chercher le juif ce matin et de lui
ordonner de se plaindre à lui de la commission dont M. de Voltaire
l'avait voulu charger. M. de Chazot, qui m'est venu conter toute
l'histoire hier au soir, m'a dit que le roi de Prusse était furieux contre
Voltaire, et vouloit faire éclater cette affaire, ainsi que plusieurs vilains
tours d'argent que ce poëte a fait depuis qu'il est ici, et dont Sa
Majesté Prussienne est informée.

Je me suis toujours bien douté que, si l'ostentation l'a fait prendre,
ses licences le feroient chasser, car c'est un homme qui pour gagner
un écu commettra toujours le roi de Prusse, quand il en trouvera
occasion. Il est bien malheureux, avec autant d'esprit, d'avoir aussi
peu de jugement et de conduite.

---

1) Abraham Hirſchel.
2) Vgl. Politiſche Korreſponbenz Friebrichs des Großen VIII, 169; Carlyle,
Buch XVI, Kap. 7; Strauß, Voltaire Kap. 3; Desnoiresterres, Voltaire et la
société du XVIIIe siècle, IV, 122 ff.

VI.

Aus ungedruckten Memoiren der Brüder Friedrichs des Großen.

Die Entstehung des Siebenjährigen Krieges und der General von Winterfeldt.

Von

Albert Naudé.

Unter den vier Söhnen König Friedrich Wilhelms I., die im August 1756 an der Spitze des preußischen Heeres in den Krieg zogen, ist Friedrich der Große nicht der einzige gewesen, der Denkwürdigkeiten über die Erlebnisse jener großen Zeit aufgezeichnet hat. Auch der Thronfolger, Prinz August Wilhelm, sowie der dritte Bruder, Prinz Heinrich, haben — vielleicht durch das frühere Beispiel des Königs angeregt — zu einer eigenen Darstellung des Krieges wenigstens den Anfang gemacht. Es ist diese Thatsache bisher nicht bekannt geworden. Indem ich auf dem Geheimen Staatsarchiv für die Veröffentlichung der „Politischen Korre=spondenz Friedrichs des Großen" auch die nachgelassenen Papiere des Prinzen Heinrich durchforschte, kamen mir eigenhändige Aufzeichnungen des Prinzen Heinrich und alsdann auch des Prinzen August Wilhelm[1]) zu Gesicht, die, nach Ordnung der einzelnen Blätter, als zusammen=hängende Teile, als Anfänge zweier Memoirenwerke über den Sieben=jährigen Krieg sich darstellten: „Anecdotes sur la guerre" oder auch „Relation de la campagne de 1756" nennt Prinz Heinrich

---

1) Die Papiere des Prinzen August Wilhelm wurden nach seinem Tode durch den Sekretär von Francheville an den Prinzen Heinrich übergeben, in dessen Nachlaß sie sich zum Teil noch heute befinden. Vergl. Thiébault, Mes souvenirs de vingt ans de séjour à Berlin II, 95 (2. éd., Paris 1805).

den vorliegenden Teil seiner Arbeit; als „Relation et anecdotes
de la campagne de 1756" und als „Continuation des anecdotes de la campagne en Saxe 1757" bezeichnet Prinz Wilhelm
die zwei ersten Abschnitte seines Werkes.

Beide Prinzen beginnen mit der Entstehung des Krieges. Während
jedoch Heinrich die Vorgeschichte sehr eingehend behandelt, sofort in diesem
Abschnitte seine eigentümliche Anschauungsweise, die Tendenz, welche seine
Memoiren beherrscht, mit voller Klarheit zum Ausdruck bringt, widmet
Prinz Wilhelm den gleichen Vorgängen nur wenige eigene Bemerkungen;
die Veranlassung des Krieges sowie die Pläne und Aussichten vor Er-
öffnung des Feldzuges werden bei ihm durch den General Winterfeldt
geschildert; des Prinzen eigene Auffassung vom Kriege kommt erst in
späteren Teilen zum Durchbruch. Sehr ausführlich besprechen beide
Brüder den Feldzug des Jahres 1756 und die Begebenheiten während
der Zeit der Winterquartiere bis zum März 1757.

Mit dem 22. März 1757 schließt Prinz Wilhelm seine Denkwürdigkeiten; er fügt mit Blei die Worte hinzu: „Fini Dresde le 22 mars
1757, mardi. Ceci est un mauvais brouillon que je corrigerai, si je revois
mes papiers." Ob der Prinz die vorliegenden Aufzeichnungen über-
arbeitet, oder ob er sie für den ganzen Feldzug von 1757 fortgeführt
hat, davon haben wir keine Kunde; vermutlich ist die Arbeit nicht von
neuem aufgenommen worden. Als eine Art Fortsetzung der Memoiren kann die Relation gelten, welche Prinz Wilhelm über den unglücklichen Rückzug aus Böhmen abgefaßt hat.

Die zusammenhängende Darstellung des Prinzen Heinrich endet
ebenfalls im Frühjahr 1757. Aus späterer Zeit liegen von ihm eine
Beschreibung der Schlacht bei Prag und einige abgerissene Fragmente
aus dem Feldzuge von 1760 vor. Es ist nicht unwahrscheinlich, daß
weitere Teile der Heinrichschen Memoiren sich noch werden auffinden
lassen.

Auch für den Feldzug des Jahres 1756 haben wir es bei den
Darstellungen der Prinzen nicht mit durchgearbeiteten fertigen Schriften
zu thun, wie etwa bei der „Histoire de la guerre de sept ans" König
Friedrichs oder auch schon bei den zusammenfassenden jährlichen Berichten,
die der König am Schlusse der einzelnen Feldzüge aufgesetzt und späterhin bei der Ausarbeitung seiner Geschichte zu Grunde gelegt hat[1]).
Es sind vielmehr erste rohe Entwürfe, die in flüchtiger Schrift auf zu-

---

1) Gerade für das Jahr 1756 ist dieser Campagne-Bericht des Königs noch
erhalten. Vergl. Polit. Korrespondenz XIV, 85—93.

fällig vorliegenden Blättern, bald auf Briefbogen, bald auf grobem Konzeptpapier, niedergeschrieben sind. Sie werden nicht zu ein und der= selben Zeit hintereinander, sondern bald in dieser, bald in jener Muße= stunde, vornehmlich während der Winterquartiere, entstanden sein. Die einleitenden Abschnitte, mit denen wir uns näher beschäftigen werden, reichen zum Teil wohl bis in die ersten Wochen des Krieges zurück. Litterarischen Ansprüchen können die Denkwürdigkeiten der Prinzen durch= aus nicht genügen. Auch aus der Feder des Königs sind für einzelne seiner Relationen die ersten in der Unruhe des Feldlagers niedergeschrie= benen Entwürfe vorhanden; doch stehen diese weit über den entsprechenden Leistungen der beiden jüngeren Brüder, und Prinz Heinrich bleibt gegen den Thronfolger noch um vieles zurück: der letztere bietet wenigstens eine ziemlich zusammenhängende, leidlich geordnete Darstellung, während bei Heinrich die Notizen vielfach ohne Verknüpfung auf einander folgen, spätere Erzählungen nicht selten vorher berichtetes wiederholen oder auch mit den früher gemachten Angaben in Widerspruch geraten. Doch ist festzuhalten, daß derartige Mängel in der Form für unsern vorliegenden Zweck nicht ins Gewicht fallen: denn nicht als schriftstellerische Leistungen, sondern als historische Berichte sollen die Aufzeichnungen hier betrachtet werden, und in dieser Hinsicht kann es nur erwünscht sein, daß wir den frischen Eindruck der Begebenheiten vor uns haben, weder durch spätere Er= wägungen abgeschwächt, noch durch künstlerische Umgestaltung verwischt.

Aber nach einer andern Seite hin, und zwar in einer sehr wesent= lichen Frage, können die Denkwürdigkeiten der Prinzen auch als historische Quellen mit der Darstellung des Königs sich nicht messen: der letztere erzählt fast völlig objektiv, in ruhiger sachlicher Art, ohne bestimmte Nebenabsichten; die Prinzen dagegen treten als entschiedene Parteigänger ein: sie färben und entstellen die Thatsachen nach ihrer vorgefaßten Meinung, sie urteilen, vornehmlich Prinz Heinrich, durchaus nach per= sönlicher Neigung oder Abneigung, sie berühren sich darin mit den Me= moiren ihrer Schwester, der Markgräfin von Baireuth.

Es ist dieser Charakter der neu aufgefundenen Memoiren, der uns nötigt, und zwar wiederum besonders beim Prinzen Heinrich, den Mit= teilungen, die hier gegeben werden sollen, zugleich eine Kritik des Mit= geteilten hinzuzufügen.

Nur auf die Anfänge der Memoiren gehen wir im folgenden ein, auf dasjenige, was beide Prinzen über die Entstehung des Krieges be= richten. Es liegt hier zur Kontrole ein reiches Aktenmaterial gedruckt vor: die in der „Politischen Korrespondenz Friedrichs des Großen" ver= öffentlichten Schreiben aus dem Königlichen Kabinet. Mit Hülfe dieser

Urkunden ist eine Darstellung der Vorgeschichte des siebenjährigen Krieges in der „Historischen Zeitschrift" versucht worden; auf diese zusammen= fassende Arbeit muß der Kürze halber im folgenden öfters verwiesen werden[1]).

1. Die Memoiren des Prinzen Heinrich.

Wie schon erwähnt, sind die Mitteilungen des Prinzen Heinrich, insbesondere diejenigen über die Vorgeschichte des Krieges, ohne rechte Ordnung und häufig auch ohne Zusammenhang aneinander gereiht. Die größere Zahl der hierher gehörigen Betrachtungen findet sich zwar am Anfange der Memoiren, es folgen aber später, als bereits der Feldzug in Sachsen geschildert wird, von neuem einzelne Teile, die allein mit der Entstehung des Krieges sich befassen, Erinnerungen und Erwägungen, die dem Prinzen nachträglich kamen, und die er, ohne Rücksicht auf das vorher und nachher erzählte, am ersten freien Platze einschaltete.

Aus dem im Eingange stehenden Hauptteil hebt sich ein erster Abschnitt hervor, der vermutlich einheitlich abgefaßt und niedergeschrieben ist. In der äußeren Form zeichnet er sich dadurch aus, daß bei dem hier mitgeteilten eine gewisse Ordnung bewahrt bleibt; die Erzählungs= weise dieses ersten Abschnittes ist verhältnißmäßig ruhig gehalten, der Gegner des Prinzen, der Generallieutenant von Winterfeldt, wird noch nicht mit Namen genannt; nur versteckt wird auf ihn als den zum Kriege drängenden üblen Ratgeber des Königs hingewiesen. „Telles sont en raccourci les circonstances par lesquelles les Prussiens se sont trouvés engagés dans une guerre très dangereuse eu égard à toutes les puissances ennemies qu'ils ont à combattre", so schließt dieser erste Abschnitt.

Danach setzt der Verfasser mit den Worten „Si l'on veut encore d'autres preuves de la légèreté de notre système politique, en voici", in größerer Lebhaftigkeit ein, und kaum ist der Name Winterfeldt's als des „ennemi juré des Français" genannt, so folgen mit einer von Satz zu Satz sich steigernden Leidenschaftlichkeit die verschiedensten Anklagen und Vorwürfe gegen den General. Einmal scheint die Rede sich zu mä= ßigen: es werden Thatsachen über die vom französischen Gesandten Valory am 26. Juli eingereichte Denkschrift berichtet; aber mit der Erfolglosig= keit der Bemühungen Valory's bricht der Zorneseifer gegen den Urheber

---

1) Politische Korrespondenz Friedrichs des Großen, Bd. XI, XII, XIII (Berlin 1883—1885) und A. Naudé, Friedrich der Große vor dem Ausbruch des siebenjährigen Krieges (Histor. Zeitschrift LV, 425—462; LVI, 404—462).

alles Unheils mit erneuter Gewalt hervor, und der Angriff erreicht seinen Höhepunkt in der haßerfüllten Charakterzeichnung des Feindes, dem „Portrait de Winterfeldt". Hiermit könnte man den zweiten Abschnitt der Vorgeschichte des Krieges als beendet ansehen.

Es folgen in ruhiger Vortragsart einzelne Angaben, die der Prinz als nicht in den Zusammenhang passend mit Zahlen versieht: über das Einlaufen der zweiten Wiener Antwort (25. August), dann über die Beweggründe der ersten preußischen Anfrage beim Kaiserhofe (18. Juli). Darauf wird der Einmarsch in Sachsen besprochen.

Inmitten der Schilderung des sächsischen Feldzuges kehren die Gedanken des Prinzen auf die Entstehung des Krieges zurück. Es werden, gleichsam in einem vierten Teile, Zusätze zu dem früher erzählten gemacht. Diejenigen Betrachtungen, auf welche hier der Autor das meiste Gewicht zu legen scheint, beziehen sich auf die Stellung des Feldmarschalls Schwerin zum Ausbruch des Krieges. Unvermittelt kehrt die Darstellung nach einigen Seiten wieder zu den Vorgängen in Sachsen zurück.

Dieser Mangel an Ordnung und innerer Verknüpfung des mitgeteilten verschuldet es, wenn einzelne Begebenheiten doppelt und sogar in zwei sich widersprechenden Fassungen berichtet werden: so ist Valory's Eintreten gegen den Angriff auf Oesterreich zweimal erzählt; für die im Juli mit dem Kaiserhofe eingeleitete Verhandlung wird erst König Friedrich, später der Marschall Schwerin als geistiger Urheber genannt.

Wir werden im folgenden die in den Memoiren eingehaltene Reihenfolge durchbrechen müssen und zur besseren Uebersicht die Ansichten des Prinzen Heinrich nach einigen leicht sich ergebenden Gesichtspunkten zusammenzustellen versuchen.

Nicht mit Unrecht widmet Prinz Heinrich der Vorgeschichte des Krieges eine ausführliche Besprechung. Seine ganzen Aufzeichnungen durchzieht der Gedanke, daß König Friedrich einen ungerechten Krieg führt, einen Krieg, der dem preußischen Königshause und dem preußischen Staate zum Verderben gereichen muß. Diese Auffassung wurzelt in Heinrichs Ansichten von der Entstehung des Krieges: der Krieg ist nicht einer politischen Notwendigkeit entsprungen, er ist unschwer zu vermeiden gewesen, er ist hervorgerufen einzig und allein durch den schrankenlosen Ehrgeiz, durch die schmählichen Leidenschaften, durch die jahrelangen Umtriebe eines einzelnen Mannes, des alles beherrschenden und lenkenden Winterfeldt, der den schwachen, willenlosen König trotz dessen großer Friedensliebe zum Kriege gedrängt hat.

Dieser Grundtendenz der Memoiren entsprechend, beschäftigt sich der größere Teil der Mitteilungen mit der Persönlichkeit und dem Wirken des Generals Winterfeldt. Um das verwerfliche Treiben dieses Mannes verständlich zu machen, hält es der Prinz für nothwendig, den Charakter und die Fähigkeiten Winterfeldt's in einem „Portrait de Winter - feldt" [1]) näher darzulegen:

Sous un extérieur de franchise, il cache sa fausseté; mais il [n'] est pas assez le maître de son regard, et on voit le fourbe à travers le masque, pour peu qu'on y fasse attention. La vanité et l'orgueil lui font prendre un essor qu'il est incapable de soutenir. Sans éducation, sans connaissance et sans avoir rien vu que la cour de son maître, il juge les nations, il forme des systèmes politiques et condamne les gouvernements.

Il a des talents pour la guerre et d'ailleurs l'expérience des campagnes que les Prussiens ont faites contre les Autrichiens, dans lesquelles il a eu quelques succès contre des troupes légères. Cependant, il présume assez de lui-même pour former des projets de campagne, et vérifie que »Tel brille au second rang qui s'éclipse au premier.« [2])

Il sacrifie tout à son ambition, si on peut appeler ainsi un désir insatiable de s'élever, sans avoir de ces sentiments nobles, désintéressés, sans passion, qualités réservées pour les grandes âmes. Il méconnaît ses amis et les abandonne, quand la fortune leur tourne le dos. Impérieux et fier, sans noblesse, souple et rampant, sans modestie, il a du courage, le coup d'œil militaire bon, et serait encore plus capable, si son éducation avait été meilleure.

Il aime le vin et les sociétés comme elle l'était (sic!) du temps de Henri l'Oiseleur, où l'on se tutoie, où l'on prend toutes les familiarités ensemble, sans joie, sans badinage, sans propos et sans franchise.

Il parle beaucoup: tout ce qu'il dit, est trivial. Il aime à faire rire, à dire des bons mots qui ne sont que des platitudes.

C'est, en un mot, un homme qui se croit au dessus de tous les hommes, par son esprit et ses talents.

Leidenschaftlicher persönlicher Haß, Neid und Eifersucht haben zu diesem Gemälde den Pinsel geführt. Es könnten alle entgegenstehenden Nachrichten, die über Winterfeldt's Charakter, über Winterfeldt's Fähig= keiten erhalten sind, unbeachtet bleiben, und dennoch würde man obige Schilderungen ohne weiteres zurückweisen dürfen; ein Autor, der über eine historische Persönlichkeit allein vom Standpunkte des erbitterten Gegners urteilt, kann dieser Persönlichkeit in keiner Hinsicht gerecht werden. Und wie vollends einem Winterfeldt, dem die berufensten Richter

---

1) Nach dem Vorbilde der „Polit. Korrespondenz" sind in den folgenden Mitteilungen Stil und Grammatik des Originals bewahrt, dagegen Orthographie und Interpunktion nach heutigem Gebrauch geändert. Ich kann mich nicht ent= schließen, den Leser mit der wüsten ungeregelten Schreibweise des Prinzen zu be= lästigen, die das sachliche Verständnis nicht wenig erschweren würde.

2) Aus Voltaires Henriade, Gesang I.

so uneingeschränktes Lob zuerteilt haben? Seine Treue, sein hingebender
Eifer, seine außerordentlichen Fähigkeiten find von Friedrich Wilhelm I.
und von Friedrich II. übereinstimmend anerkannt worden, und doch mit
wie verschiedenem Maßstab urteilten diese beiden trefflichen Menschen=
kenner! Winterfeldt war einer der größten, man darf vielleicht sagen,
er war der größte Feldherr in der glänzenden Reihe der militärischen
Genossen Friedrichs II. Mit ihm beriet der König seine Feldzugspläne,
ihm sandte er seine Entwürfe zur Beurteilung zu; Winterfeldt's kühne
wohldurchdachte Vorschläge bewunderte Friedrich, sie legte er nicht
selten seinen Entschließungen zu Grunde. Wo General Winterfeldt gegen=
wärtig war, glaubte Friedrich seine Sache gesichert. Ihn gesellte er als
seinen Stellvertreter, sozusagen als Vertreter des in dem Könige verkörper=
ten Großen Generalstabes, den Heerführern bei, die ein getrenntes Kom=
mando übernehmen sollten. Als der König bei Lobositz focht, blieb
Winterfeldt vor Pirna bei dem Markgrafen Karl und dem Prinzen Moritz,
im Winter 1756 und während des Einmarsches in Böhmen ward er
dem Marschall Schwerin beigegeben, in der Zeit der Kämpfe bei Kolin
dem Feldmarschall Keith, beim Rückzuge aus Böhmen dem Prinzen
August Wilhelm, endlich im August, als der König nach Thüringen ging,
wurde Winterfeldt dem Herzoge von Bevern zur Seite gestellt[1]). Bei
allen diesen Gelegenheiten korrespondierte Friedrich nicht bloß mit den
Oberfeldherren, sondern — ein ganz eigenartiger Vorgang — in gleicher
Weise auch mit dem General Winterfeldt, der seine Berichte unmittelbar
an den König einsandte; in allen wichtigen Fragen waren die Ober=
kommandeure auf den Rat Winterfeldt's hingewiesen. Noch war der
General zu jung, um auch dem Range nach den Platz einzunehmen,
auf welchen seine Talente ihm einen Anspruch zu gewähren schienen. Ein
hartes Geschick raffte ihn früh dahin. Die zweite Führerstelle neben
dem Könige, die Winterfeldt versagt blieb, ward seinem glücklicheren
Gegner, dem Prinzen Heinrich, zu Teil.

Mit ungewöhnlicher Arbeitskraft ausgerüstet, versah Winterfeldt in
der Umgebung des Königs, in der Stellung eines Generaladjutanten,
einen großen Teil der Geschäfte, die heutzutage dem Chef des General=
stabs oder dem Kriegsminister obliegen. Er arbeitete nicht bloß mit

---

1) Im September 1756 blieb Winterfeldt bei dem Heere des Königs in
Sachsen, weil seine ausgezeichnete Kenntnis aller sächsischen Angelegenheiten ihn
hier unentbehrlich machte; in der Zeit zwischen den Schlachten von Prag und
Kolin wäre W. vermutlich zu dem Heere des Herzogs von Bevern gesandt worden,
wenn nicht die bei Prag empfangene Wunde ihn zurückgehalten hätte.

dem Könige an den Feldzugsplänen, er entwarf auch ganz allein die gesammten Dispositionen für die Mobilmachung; er setzte die Befehle auf für die Märsche, die Sammlung und Verteilung der Truppen; in seiner Hand lagen wichtige Zweige der Armeeverwaltung; wir hören nicht bloß, daß er sich um die Gewehrfabriken zu bekümmern hatte, er, der Infanterieoffizier, sorgte auch für den Ankauf der Kavalleriepferde, für die Ausrüstung der neu errichteten Husarenregimenter, für die Berufung und das Avancement der Husarenoffiziere; selbst die kavalleristische Aus=bildung der Husaren hatte er zeitweilig zu überwachen. Der König be=traute ihn mit den geheimen Untersuchungen gegen verdächtige Offiziere; so gegen General Walrave, der Gelder für die Festungsbauten veruntreut hatte. Winterfeldt führte die geheimen Korrespondenzen in militärischen Angelegenheiten; er knüpfte die Verbindungen an, die in den feindlichen Staaten, am Hofe und im Heere des Gegners notwendig wurden, er verwendete die Gelder, die zu diesen Zwecken bestimmt; er war es, der den König über die militärischen Zustände in Oesterreich, in Sachsen und Hannover auf dem laufenden erhielt.

Bei all diesen Aufträgen war nur ein Mann zu gebrauchen, dessen Redlichkeit und Treue, dessen Uneigennützigkeit über jeden Zweifel erhaben war; nie ist das Vertrauen des Königs auf Winterfeldt schwankend ge=worden; in den Aufzeichnungen unparteiischer Zeugen und in Winter=feldt's eigenen Briefen findet sich nichts von jenen häßlichen Zügen, die Prinz Heinrich dem General beilegt. Es ist letzthin ein Schreiben Winterfeldt's bekannt geworden, das Kunde giebt von seiner großen Be=scheidenheit: ein Schreiben an den Minister von Münchow, die Bitte enthaltend, das Buch eines Doktor Stieff zu unterdrücken, weil in der Widmung desselben die militärischen Leistungen des Generals, nach seinem eigenen bescheidenen Urteil, zu glänzend dargestellt seien[1]). Aus den zahlreich erhaltenen, zumeist noch ungedruckten Papieren Winterfeldt's spricht eine streng rechtliche Denkungsart, eine allein dem Dienste des Königs gewidmete, aufopferungsfreudige Gesinnung, ein gutes Verständnis wie für militärische, so auch für politische Fragen und aus dem Brief=wechsel mit Eichel auch ein liebenswürdiger, treuer Freundschaftssinn. Die durchgängig deutschen Schreiben zeigen eine eigenartige, markige Aus=drucksweise; was dem tapferen Degen wirklich gefehlt zu haben scheint, das war eine nähere Vertrautheit mit der französischen Sprache; und dieser Mangel wird allerdings in den Augen des Franzosenfreundes

---

1) Historische Zeitschrift LIX, 184—187.

Heinrich von schwerem Gewichte gewesen sein und mag vielleicht den Vorwurf der Unbildung veranlaßt haben [1]).

Auch abgesehen von militärischen Dingen wird man die Begabung, die Kenntnisse und Erfahrungen Winterfeldt's nicht gering veranschlagen dürfen, wenn man bedenkt, daß König Friedrich ihn häufiger als irgend einen anderen General für politische Missionen verwandt hat und auch auf diesem Gebiet mit den Leistungen Winterfeldt's höchst zufrieden gewesen ist: er nannte ihn „einen ebenso guten Offizier wie guten Unterhändler": sein „bon sens poméranien" habe über die „sagacité italienne" des österreichischen Gesandten obgesiegt [2]). Im ersten schlesischen Kriege gelang es Winterfeldt, den russischen Hof für das preußische Interesse zu gewinnen, im zweiten unterhandelte er mit den sächsischen Staatsmännern über den Durchzug des preußischen Heeres durch das Kurfürstentum, im Jahre 1756 ward er an den König von Polen gesandt, um die Kapitulation der sächsischen Truppen zu fordern. König Friedrich schätzte Winterfeldt nicht bloß als Feldherrn und als Politiker, er schätzte ihn auch als Menschen hoch: „Er war ein guter Mensch, ein Seelenmensch; er war mein Freund [3])", so die bekannten Worte, mit denen Friedrich in späteren Jahren des früh verlorenen treuen Dieners gedachte.

Und wie den König selbst, so wird man auch den trefflichen Eichel als glaubwürdigen Zeugen ansehen; er hätte schwerlich eine so enge Freundschaft dauernd aufrecht erhalten mit einem, wenn auch hochbefähigten, so doch sittlich tiefstehenden Manne. Nur mit höchster Achtung spricht Eichel von Winterfeldt, den er mit oft wiederholtem Beiwort als den „würdigen" Herrn General bezeichnet (z. B. P. C. XV, 11). In erster Linie auf die militärische Tüchtigkeit Winterfeldts' gehen die Worte du Moulin's: „Ich kann bei meiner Ehre bezeugen, in meinem Leben wenig Menschen angetroffen zu haben von seinem Kaliber und von solcher Befähigung. Wenn Ew. Majestät die Gnade hätten ihn zum General zu befördern, Sie würden seinen Verdiensten Gerechtigkeit widerfahren lassen; denn er ist ein sehr würdiger und tapferer Offizier [4])". Auch die königlichen Prinzen, wenigstens der Prinz August Wilhelm, scheinen in früheren Jahren Winterfeldt größere Anerkennung gezollt zu haben. Im März 1750, bei einem Zerwürfnis zwischen König Friedrich

---

1) Vergl. dazu „Militär. Nachlaß des Grafen Henckel", hrsg. von Zabeler, I, Teil 2, S. 46.

2) Hist. de mon temps, Ch. III u. II, Œuvres II, S. 78 u. 64.

3) Fouqué, Biographie Rüchel's, S. 39.

4) Vergl. Schöning, Winterfeldt's Beisetzung auf dem Kirchhofe des Königl. Invalidenhauses, S. 14. 15.

unb bem älteſten Prinzen, wendet ſich ber letztere an ben General mit
ber Bitte, bei bem Könige für ihn einzutreten; er betraue Winterſelbt
mit bieſer heiklen Sache: „ba ich gewiß von Ihnen verſichert bin, baß
Sie ein ehrlicher Mann ſeinb unb bem Könige attachirt unb Ihnen vor
meinen Freunb halte." „Ich gebe Ihnen bieſe Kommiſſion", ſchließt
ber Prinz, „weil ich hoffe, baß es beſto verſchwiegener bleiben wirb,
unb bin beſtänbig Ihr ergebener Freunb Wilhelm [1])."

Doch genug ber Zeugniſſe über die Perſönlichkeit Winterſelbt's.
Kehren wir zu ber Darſtellung bes Prinzen Heinrich zurück. In welcher
Richtung ſoll bas unheilvolle Treiben bes Generals hervorgetreten ſein?

Winterſelbt hat ben König gegen die franzöſiſche Allianz einge=
nommen; er hat ihm eine von Oeſterreich, Rußland unb Sachſen brohenbe
Gefahr vorgeſpiegelt:

Des personnes, guidées par l'intérêt, prévenues et ignorautes [2]) se ren-
dirent maîtres de l'esprit du roi de Prusse, au point de lui persuader que
l'alliance de la France pouvait lui être funeste; cette puissance, disait-on, se
trouvant occupée, [ne] serait pas en état de lui donner du secours, en cas
qu'il fût attaqué, ce qu'on faisait envisager comme prochain par la maison
d'Autriche, la Russie et la Saxe.

Die Einflüſterungen Winterſelbt's haben zum Abſchluß ber Weſt=
minſterkonvention beigetragen:

Poussé par ces discours et voulant éviter un orage qu'il croyait prêt à
tomber sur lui, le roi de Prusse fit une convention avec le roi d'Angleterre.

Winterſelbt treibt zum Angriff auf Oeſterreich:

Excité par une personne ambitieuse et qui, par un intérêt personnel,
souhaitait la guerre, il [3]) se croyait à tout moment sur le point d'être attaqué
et ne crut trouver d'autre moyen pour écarter ce danger, que celui d'entre-
prendre ses ennemis en les attaquant dans leurs propres foyers.

Dieſe brei Stellen ſinb bem erſten, in ruhigerem Tone gehaltenen
Abſchnitt entnommen. Winterſelbt's Name iſt noch nicht genannt.
Offener, hitziger unb ausführlicher hebt ber Angriff im zweiten Abſchnitte
an, in „ben weiteren Beweiſen für die Leichtfertigkeit ber preußiſchen
Politik", benen auch bas ſchon mitgeteilte „Portrait de Winterfeldt"
angeſchloſſen iſt.

Winterſelbt arbeitet an ber Löſung bes preußiſch=franzöſiſchen Bünb=
niſſes:

Lorsque l'Angleterre fit toutes ses prises sur les Français, le général
de Winterfeldt, ennemi juré des Français, pour rompre entièrement l'alliance

---

1) März 1750; ohne Tagesbatum. Geh. Staatsarchiv.
2) In ber Hanbſchrift: personne, guidé, prévenu, ignorante, maître.
3) König Friedrich.

qui subsistait encore entre la France et la Prusse, persuada le Roi d'envoyer quelqu' un sous main en France, pour être instruit des forces de cette puissance. Il proposa à cet effet un certain nommé Haude, créature du Général et placé comme volontaire aux gardes du corps et décoré du titre de lieutenant.

Ce fut sur le rapport que fit cet homme, que le Roi, sans s'apercevoir de supercherie, assura fermement que la France était épuisée, que jamais elle ne pouvait résister à l'Angleterre, et qu'elle ne serait pas en état de remettre sa marine.

Cet homme [n'] a jamais été plus loin en France qu' à Marseille, il a cependant parlé de la France avec plus d'assurance que l'aurait fait le premier commis de Monsieur d'Argenson ou Rouillé [1]).

Immer von neuem weist Prinz Heinrich darauf hin, daß Friedrich der Große für seine Person durchaus den Frieden gewünscht habe, und es ist nicht ohne Bedeutung, diese Thatsache, welche so oft angezweifelt worden, hier aus dem Munde eines Gegners des Königs bestätigt zu sehen; allerdings darf dabei nicht vergessen werden, daß Heinrich die Friedensliebe des Königs deswegen so sehr betont, um den übermächtigen verderblichen Einfluß des zum Kriege drängenden Winterfeldt desto stärker hervortreten zu lassen. „Fortdauernd zum Frieden geneigt", glaubt Friedrich „ein Mittel gefunden zu haben, um den Frieden zu erhalten": er knüpft die erste Verhandlung in Wien an [2]). Jedoch alle friedlichen Bestrebungen werden zu Schanden gegenüber den kriegerischen Gelüsten des einen Mannes, der unumschränkt den König beherrscht und leitet, den König gegen seine bessere Einsicht ins Verderben führt.

Cet aveuglement pour Monsieur de Winterfeldt coûta bien cher au Roi. Tous deux d'accord, mais avec des vues différentes: Winterfeldt travailla pour satisfaire sa vanité, et le Roi est poussé à la guerre, ayant l'intention de conserver la paix. Toutes ses craintes et ses appréhensions pour ces infâmes guerres des merluches [3]) — c'est ainsi que cent fois je lui ai entendu appeler la guerre que les Anglais et Français se faisaient — était (sic) absolument fondés aussi (?) sur une disposition naturelle qui lui fait envisager les dangers de la guerre.

Winterfeldt entretenait cette disposition depuis longtemps; il est notoire qu'il ne s'est presque point passé d'année, où le Roi, sur les avis de son confident, [n'] a cru fermement que l'Impératrice lui déclarait la guerre.

Mais, ce qu'il y [a] d'étonnant, et ce que l'Europe aura de la peine à croire, c'est qu' avec cet éloignement pour la paix [4]), le Roi se soit laissé pousser à faire l'action la plus éclatante, et laquelle, comme tous qui ont eu

---

1) Argenson französischer Kriegsminister, Rouillé Minister des Auswärtigen.

2) Vergl. Histor. Zeitschr. LVI, 414.

3) Stockfisch=Krieg, der an den Küsten und Inseln Kanabas gekämpft wurde.

4) Sic. Der Prinz hatte „éloignement de la guerre" oder „inclination pour la paix" schreiben wollen.

un peu de part à sa confiance, lui ont dit, qu' elle (sic) devait soulever toutes les puissances contre lui.

Mais Winterfeldt avait pris un tel ascendant sur l'esprit du Roi, au point de lui faire envisager que la démarche contre les Saxons intimiderait toutes les puissances, de sorte que l'on [n'] osait nommer ni la Russie ni la France, sans que le Roi et son intime vous accusassent de timidité.

Cependant, ce Prince, tout adonné à son confident, désirait sincèrement de conserver la paix. Il dit un soir, j'étais le troisième à table avec lui: »Je renonce avec plaisir à tous mes beaux projets, si on veut me donner des sûretés pour la paix.« Il n'envisageait pas qu'il se jetait de gaieté de cœur et à bras ouverts dans le précipice, et qu'il aurait pu. prendre bien des chemins pour s'en écarter.

Die in letzter Zeit veröffentlichten Kabinetsakten Friedrich's des Großen ermöglichen es, die preußische Politik bis zum Ausbruch des siebenjährigen Krieges Schritt auf Schritt, Tag für Tag zu verfolgen, jedwede Steigerung in der Freundschaft zu England, in der Entfremdung gegen Frankreich, in der zum Kriege treibenden Entwicklung gegen Ruß= land und dann gegen Oesterreich deutlich zu erkennen und zugleich die Gründe festzustellen, welche bei jeder neuen Phase den Ausschlag gegeben haben [1]). Wenn man alle diese Wendepunkte vom Monat August 1755 bis zum September 1756 durchgeht, alle Beweggründe für die wechseln= den Ansichten des Königs betrachtet, so tritt auch nicht an einer einzigen Stelle ein entscheidender Einfluß Winterfeldt's hervor: stets entspringen die Entschlüsse des Königs allein seinem eigenen Geiste, ohne daß die Kabinetsminister, der Kabinetssekretär Eichel oder der Generaladjutant bestimmend eingewirkt haben.

Auch die bisher noch nicht veröffentlichten Briefe Winterfeldt's an den König und an Eichel enthalten nichts, was auf einen Anteil des Generals an der vom Könige verfolgten Politik hindeuten könnte.

Ganz etwas anderes ist es, wenn Winterfeldt, der von den militä= rischen Plänen der Gegner ebenso gut wie der König unterrichtet war, für seine Person, unabhängig vom Könige, zu ähnlichen Ergebnissen ge= langte wie Friedrich, wenn er eine kriegerische Lösung voraussah, ja unter Umständen einen baldigen preußischen Angriff für das beste er= achtete. Doch diese letzteren Ansichten Winterfeldt's, sie haben, wie be= stimmt nachgewiesen werden kann, nicht die Ueberzeugung des Königs von der Notwendigkeit des Krieges hervorgerufen.

Am 13. Juli hatte Winterfeldt aus Böhmen wie aus Sachsen aus= führliche Anzeigen über die militärischen Vorbereitungen der Gegner

---

1) Vergl. Histor. Zeitschr. LV, 434. 436. 437. 438. 451. 454. 455. 456; LVI, 405. 411. 412. 420. 423. 428. 430. 441. 442. 443. 445. 451. 459.

empfangen. In einem von Berlin datierten Bericht sendet er dem Könige diese neuen Meldungen; die wichtigste derselben ist: „daß die Oester=reicher dieses Jahr nicht losbrechen würden, oder es müßten die Russen zugleich mit ins Spiel sein. Auf künftiges Frühjahr aber machten sie gar kein Geheimnis mehr daraus." Winterfeldt gelangt zu dem Schluß: „Wann die österreichischen Anstalten so verdächtig werden sollten, daß Ew. Majestät obligiert wären, Dero Armee auf jetzigen Fuß zusammen zu behalten[1]) oder gar Postierung zu machen, so wünschte ich lieber heute als morgen zu prävenieren." Dieses Schreiben hat König Friedrich am 14., vielleicht schon am 13. Juli, in Sanssouci empfangen. Läßt sich in den folgenden Tagen irgend ein Einfluß der Nachrichten und Aeuße=rungen Winterfeldt's auf die Anschauungen des Königs nachweisen? Es ist nirgends der Fall. Im Gegenteil, als Friedrich am 16. Juli dem englischen Gesandten eine Zusammenstellung aller in den letzten Tagen eingelaufenen bedrohlichen Berichte zufertigt[2]), da findet sich von den Meldungen des Winterfeldt'schen Schreibens nicht eine einzige, und während in der Zusammenstellung das Urteil eines Ungenannten[3]), Preußen müsse dem österreichischen Angriffe zuvorkommen, sorgfältig ge=bucht ist, wird die gleiche Ansicht Winterfeldt's mit keinem Worte er=wähnt. Während der General bereits an einen preußischen Angriff denkt, entscheidet sich der König am 16. Juli zu der friedlichen Verhandlung am Wiener Hofe[4]). Erst vier Tage später, am 21. Juli, tritt plötzlich auch beim Könige die Ansicht hervor, daß es notwendig sei, den Oester=reichern noch in diesem Sommer zuvorzukommen. Veranlaßt wird dieser Umschwung einzig und allein durch die am 20. und 21. eintreffenden Berichte Hellen's, die auf den Relationen des holländischen Gesandten Swart in Petersburg beruhten[5]). Darf man unter solchen Umständen von einem ausschließlichen und den König völlig beherrschenden Einfluß Winterfeldt's sprechen? Darf man da behaupten, daß Friedrich allein durch falsche Vorspiegelungen und schlechte Ratschläge des Generals Winterfeldt zum Kriege bewogen worden sei? Ratschläge politischer Natur sind in Winterfeldt's damaligen Schreiben an den König überhaupt nicht enthalten, und auch von Ansichtsäußerungen, die auf das politische Gebiet sich beziehen, ist fast nur die eine oben angeführte aufzufinden. Wenn Winterfeldt dagegen politische Neuigkeiten aus Böhmen und Sachsen ein=

---

1) Histor. Zeitschr. LV, 459.
2) Histor. Zeitschr. LVI, 412—414; Pol. Korr. XIII, 80—82.
3) Prinz Ludwig von Braunschweig im Haag. Vgl. Histor. Zeitschr. LVI, 413.
4) Ebend. LVI, 414.
5) Ebend. LVI, 419—425.

sandte, so kam er hierin nur dem bestimmten Befehle des Königs nach. Wie gewissenhaft er dabei zu Werke ging, wie vorsichtig er sich hütete, das Kriegsfeuer durch unverbürgte Gerüchte anzufachen, das beweist ein Schreiben an Eichel vom 12. Juli. Hier äußert Winterfeldt, er würde unsichere Nachrichten, „Fuhrmannszeitungen" wie er sie nennt, dem Könige gern vorenthalten, „um Se. Majestät nicht zu ombragieren"; doch sei ihm der Befehl geworden, alles, was er erfahre, nach Potsdam zu melden.

Für die politischen Fragen — auf diese beziehen sich in erster Linie die Angaben der Memoiren — müssen wir jegliches Einwirken Winter= feldt's bestreiten. Anders steht es bei den rein militärischen Angelegen= heiten. Auch hier kann von einer Beherrschung des Königs durch Winter= feldt nicht die Rede sein; doch gebührt dem General an der militärischen Thätigkeit des Königs ohne Zweifel ein bedeutender Anteil. Diese Mit= arbeit hat mit der Frage, ob ein Krieg und ob ein Offensivkrieg geführt werden soll, nichts zu thun: sie bezieht sich allein auf die Form, in der der Angriff vor sich gehen soll, für den Fall, daß der König sich für den Angriff entscheidet. Wie der Feldzugsplan von 1757 in erster Linie von Winterfeldt herrührt, so vermuten wir, daß auch die Pläne für den Einmarsch in Sachsen und für die Eroberung des Pirnaer Lagers das Werk des Generaladjutanten gewesen sind. Bei Betrachtung der Memoiren des Prinzen August Wilhelm soll diesen Fragen näher getreten werden.

Der Anteil, den Winterfeldt an den militärischen Vorbereitungen für den Krieg nahm, und dazu die bei ihm allerdings ziemlich schnell hervortretende Ueberzeugung von der Notwendigkeit des Angriffs, eine Ueberzeugung, mit der dieser offene und gerade Charakter auch in den Kreisen der königlichen Prinzen wohl nicht zurückgehalten hat, diese beiden Thatsachen werden dem Prinzen Heinrich den ersten Anlaß zu seinen Beschuldigungen geboten haben. Wohl ist es möglich, daß Heinrich persönlich an die Richtigkeit seiner Anklagen fest geglaubt hat, daß er sich nicht bewußt geworden ist, wie sehr sein verblendeter Parteieifer und seine neidische Eifersucht die Dinge vergrößert und verschlimmert haben, wie bitteres Unrecht er dem General that, indem er ihn zum Anstifter des Krieges, zum Urheber alles Unglücks machte.

Auch bei der oben mitgeteilten Erzählung über die Mission Haude's möge man den Prinzen nicht ohne weiteres einer bewußten Entstellung der Wahrheit zeihen. Was ihm vorgeworfen werden kann, besteht darin, daß er die wirklichen Ziele der Reise Haude's vermutlich aus dem Streite zwischen König Friedrich und dem schwedischen Präsidenten

Höpfen [1]) kennen gelernt hat, daß er sowohl über Haude wie über die Politik des Königs gegen Frankreich und England von Friedrich und den Ministern die beste Aufklärung hätte erlangen können [2]), daß er aber in einem ungerechtfertigten Mißtrauen allem diesem sein Ohr verschloß und nur auf das verleumberische Gerede hörte, das von unberufenen, nicht ein= geweihten Leuten ausgegangen war.

Thatsächlich ist Haude niemals nach Frankreich, sondern allein nach Konstantinopel gesandt worden, um zwischen dem Großsultan und dem Könige von Preußen einen Handels= und Freundschaftsvertrag abzu= schließen. Haude verließ Berlin, fünf Monate bevor die Streitigkeiten zur See zwischen England und Frankreich ausbrachen, lange Zeit bevor an irgend einen Wechsel in den Beziehungen zwischen Preußen und Frankreich gedacht werden konnte. Friedrich rechnete auf Frankreichs Unterstützung bei den Verhandlungen seines Agenten. Da die Landreise durch Polen mit vielen Gefahren verbunden war, so wählte Haude von Smyrna aus den Rückweg zur See, und es verstand sich von selbst, daß er über Marseille, den Hafen der befreundeten Nation, und durch französisches Gebiet heimkehrte [3]). Daß Haude nach der Rückkehr dem General Winterfeldt mündliche Eröffnungen über die französischen Kriegs= anstalten gemacht, ist nicht bekannt; wenn es aber geschehen, so hatte Prinz Heinrich, der von den einfachsten Dingen so schlecht unterrichtet war, wohl am wenigsten über diese vertrauten Vorgänge zwischen Winter= feldt und Haude etwas Zuverlässiges erfahren. Doch selbst angenommen, Haude hätte derartige Mitteilungen gemacht, und Winterfeldt hätte sie dem Könige unterbreitet, so wäre auch dies von keinem Belang gewesen: schon längst kannte und beklagte Friedrich die üblen Zustände in Frank= reich, die Schwäche und Aengstlichkeit der Minister, die mangelhaften Rüstungen gegen England; er wußte hiervon aus bester Quelle, durch seinen Gesandten in Paris, der vortrefflich unterrichtet war. Was hätte es also der Reise eines besonderen Agenten bedurft? Die guten Be= ziehungen König Friedrichs zu dem Versailler Hofe sind durch Nachrichten über die geringe Kriegstüchtigkeit der französischen Marine durchaus nicht erschüttert worden; es waren ganz andere Gründe, die zur Auflösung des preußisch=französischen Bündnisses führten. Und desgleichen sind die Meldungen über das französische Militärwesen auf den Abschluß der hannoverschen Neutralitätskonvention ohne jeden Einfluß gewesen.

---

1) Pol. Korr. XI, 487.
2) Prinz Heinrich befand sich insbesondere im Juli und August 1756 sehr viel in der Umgebung des Königs.
3) Pol. Korr. XI, 488.

Daß Winterfeldt früher mit Haude in militärischen Angelegen=
heiten zu thun gehabt hatte, daß Haude durch Frankreich heimgekehrt
war, diese beiden unschuldigen Dinge genügten dem Hofklatsch, um
daraus alle jene Phantasiegebilde aufzubauen, die Prinz Heinrich sich
nicht scheut in seinen Memoiren nachzuerzählen, vielleicht auch selbst
noch weiter auszuspinnen, um nur gegen den verhaßten General neue
Angriffsmittel zu gewinnen.

Es ist wohl möglich, daß Winterfeldt vom Könige oder von Eichel
aus den Pariser Gesandtschaftsberichten manches über den verwahrlosten
Zustand der französischen Staatsverwaltung gehört hat, und es mag der
thatkräftige Mann seinem Unmut über die schwächlichen Bundesgenossen
hin und wieder Luft gemacht haben. Solche Aeußerungen Winterfeldt's,
von geschäftigen Zungen dem Prinzen Heinrich wiedererzählt, werden
diesen blind ergebenen Verehrer des französischen Wesens auf das höchste
empört haben, und sie mögen Ursache gewesen sein, daß Winterfeldt vom
Prinzen zum geschworenen Feinde der Franzosen, zum Urheber auch des
preußisch=englischen Vertrages gestempelt wurde. Diese Fabel, wie die
gleiche von der Urheberschaft des siebenjährigen Krieges, haben die be=
triebsamen Schriftsteller der Heinrichschen Partei von dem Prinzen Heinrich
selbst übernommen, mit heiligem Eifer ihm nachgebetet, und in die
Litteratur des siebenjährigen Krieges eingeführt, wo denn die beiden Er=
zählungen so und so oft von neuem auftauchen und sich breit machen
durften, da eine Widerlegung nicht versucht wurde. —

Dem General, der nur als Führer leichter Truppen einige Erfolge
aufzuweisen hat, wird dann als Vertreter der Friedenspartei der Marschall
Schwerin entgegengestellt, der allseits geachtete und bewunderte Feld=
herr, der Besieger Oesterreichs, gegen dessen Autorität, wie Prinz
Heinrich meinte, die Ansichten eines Winterfeldt völlig in den Hinter=
grund treten mußten. Schwerin erscheint als der warnende gute Geist
des Königs, während Winterfeldt als der Verführer gezeichnet ist.

Der Gedanke, Feldmarschall Schwerin als Gegner des Krieges ein=
zuführen, dieser Gedanke kommt unserem Autor erst nachträglich, als bereits
der Einmarsch in Sachsen geschildert wird. Den Prinzen kümmert es nicht,
nun mit dem früher Erzählten in Widerspruch zu treten. Vorher hatte
es gegolten, die friedliche Stimmung des Königs im Gegensatz zu
Winterfeldt's kriegerischen Gelüsten darzuthun: deshalb war die An=
knüpfung der Unterhandlungen mit dem Wiener Hofe als ein Zeichen
der Friedensliebe des Königs, als freier Entschluß des Königs dargestellt
worden; jetzt aber sollte auch für Schwerin's Friedensliebe der Beweis
erbracht werden: da trägt Heinrich kein Bedenken, eben jene erste An=

frage in Wien nunmehr als das Werk Schwerin's zu bezeichnen. Aber
nicht bloß mit der eigenen Erzählung: was schwerer wiegt, auch mit den
Akten und Briefen aus jenen Tagen gerät der Prinz in Widerspruch:
König Friedrich hat die diplomatische Aktion am Kaiserhose ins Auge
gefaßt, bevor Schwerin von der Lage der Dinge unterrichtet war; es
sind alle einzelnen Faktoren bekannt, die den vom Könige ausgehenden
Entschluß befördert und zur Reise gebracht haben[1]), Schwerin wird
nirgends dabei erwähnt. Im Gegenteil, gerade an dem 16. Juli, an
welchem die Absicht des Königs zu unterhandeln das erste Mal
mit Bestimmtheit ausgesprochen wird, an jenem Tage schreibt Schwerin
an den König einen Brief, erfüllt von unzeitigem Kampfeseifer, und
Friedrich sieht sich darauf genötigt, den Feldmarschall zur Gebuld und
zu ruhigem Abwarten zu ermahnen[2]).

Während Winterfeldt in alle Pläne eingeweiht ist, wird Schwerin,
so erzählt Prinz Heinrich, vom Könige gröblich vernachlässigt:

Le maréchal de Schwerin [n'] était instruit de rien. Ce ne fut qu'au
moment de son départ de Potsdam, qui arriva environ 15 jours avant celui
du Roi, où le Roi lui dit: »Monsieur le Maréchal, vous commanderez en
Silésie, et vous aurez sous vos ordres 25,000 hommes.«

Le Maréchal dit, étant seul: »Par Dieu, on veut me sacrifier avec un si
petit corps; pour ma vieille tête, je la donne volontiers, mais il faut qu'il
songe, — en parlant du Roi, — qu'en me sacrifiant, il perd la Silésie.«

Quand le Maréchal parlait au Roi de ce qu'il voulait faire de sa grande
armée, et s'il voulait laisser la Saxe à dos: »Ne me pénétrez pas, Monsieur
le Maréchal, ne me pénétrez pas« répondait le Roi. Cependant, tout le monde
s'apercevait où il en voulait; ce ne fut que le soir avant le départ du Maréchal
que le Roi lui découvrit tous ses desseins — on peut parler plus vrai —
ceux de son confident: car tel était l'ascendant que cet homme avait pris sur
l'esprit du Roi que de lui faire garder le secret vis-à-vis des personnes les
plus respectables et les plus intéressées à connaître les projets du Roi.

Schon sieben Wochen vor dem Beginn des Krieges, im Anfang Juli,
wurde Schwerin aus seiner Garnison Frankfurt nach Potsdam berufen.
Friedrich wünschte den Feldmarschall während dieser erregten Zeit in
seiner nächsten Umgebung zu behalten; er wies ihm auf Schloß Sans=
souci selbst eine Wohnung an[3]). Unter anderem am 16. Juli erfolgte
eine eingehende Unterredung über den nahe bevorstehenden Krieg; Schwerin

---

1) Histor. Zeitschr. LVI, 410—414, 417—419.
2) Histor. Zeitschr. LVI, 416; Pol. Korr. XIII, 85.
3) Nach dem noch ungedruckten Tagebuch eines Offiziers aus der Umgebung
des Königs, das für diese Zeit manche schätzenswerte Notiz enthält. Kriegsarchiv
des Großen Generalstabs, C. II, 2. Vgl. auch Pol. Korr. XIII, 162. Anm. 1.

gewann hier die Ueberzeugung, daß der Kampf sofort losbrechen werde. Doch wurde dem Marschall noch nicht mitgeteilt, welches spezielle Kommando ihm zufallen solle[1]). Wenn also Schwerin nicht deshalb nach Potsdam befohlen war, um seine eigene Bestimmung für den Feldzug zu erfahren, wenn die Konferenzen, welche in der langen Zeit seiner Anwesenheit stattfanden, nicht mit dem schlesischen Oberbefehl sich beschäftigten, so kann in dieser Zeit, in all diesen Unterredungen doch nichts anderes zwischen den königlichen Feldherren und dem Marschall besprochen worden sein, als eben die Kriegspläne im allgemeinen, der gegen Sachsen und Oesterreich zugleich zu eröffnende Feldzug. Es ist absurd, wenn Prinz Heinrich behauptet, daß Schwerin nach den vielen Konferenzen mit dem Könige erst am 4. August, am Abend vor seiner Abreise, die eigentlichen Absichten des Königs erfahren haben soll.

Für das Kommando in Schlesien empfing Schwerin nicht, wie Prinz Heinrich sagt, im Moment seiner Abreise, vielmehr 3 Tage vor dieser, nicht 2 Wochen vor dem Ausmarsch, sondern fast 4 Wochen zuvor, nicht etwa eine kurze mündliche Weisung, sondern eine ausführliche schriftliche Instruktion. Daß diese Instruktion erst am 2. August übergeben wurde, an dem Tage, als die ablehnende österreichische Antwort eintraf, das hätte dem Prinzen Heinrich gerade zeigen müssen, wie vorsichtig der König zu Werke ging, daß er keinen entscheidenden Schritt thun wollte, so lange noch eine Spur von Hoffnung für die Erhaltung des Friedens vorhanden war[2]).

Durchaus unbillig ist der Vorwurf, Winterfeldt habe mit Eifersucht darüber gewacht, daß die ihm allein bekannten Geheimnisse nicht auch anderen Heerführern mitgeteilt wurden. Ein Brief an Eichel vom 18. Juli liegt vor, der das Gegenteil beweist. Winterfeldt selbst hat lebhaft darauf gedrungen und geflissentlich dahin gearbeitet, daß der König die Kommandeure der gegen Sachsen vorrückenden Korps von seinen Absichten „au fait setze": er habe, schreibt Winterfeldt, alles, was er ausarbeiten müsse, auf diesen Fuß eingerichtet; die Sache käme „in die größte Bredouille, wann sich der König nicht ehrlichen Leuten, die doch kommandieren und alles besorgen sollen, einige Tage vorher anvertrauen will."

---

1) Vgl. dazu auch die bei Retzow (Charakteristik der wichtigsten Ereignisse des siebenjährigen Krieges I, 39—41) beschriebene Konferenz, in der die Umtriebe des sächsischen Hofes und der Krieg gegen Sachsen, d. h. also der Feldzug der preußischen „großen Armee", erörtert werden. Die Konferenz ist vermutlich identisch mit derjenigen vom 16. Juli.

2) Histor. Zeitschr. LVI, 438—442.

Zutreffend bleibt, daß Schwerin an der ihm erteilten Instruktion mancherlei auszusetzen hatte, daß er die Stärke seines Heeres für zu gering ansah; König Friedrich hat mit heftigem Wort die ihm un=begründet erscheinenden Einwände zurückgewiesen[1]). Wohl möglich, daß der alte Krieger infolge dessen Klagen hat laut werden lassen, zumal in dem Kreise der königlichen Prinzen, die ja allen Unzufriedenen ein offenes Haus boten; ob die Klagen in so bittrer Form geäußert wurden, muß allerdings dahingestellt bleiben.

Wiederum hat, wie wir sehen, der Prinz an gewisse thatsächliche Verhältnisse angeknüpft, diese aber verallgemeinert, nach seiner Tendenz umgemodelt, mit falschen Zusätzen versehen, und so ist das Ergebnis auch hier ein fast vollständiges Zerrbild.

Prinz Heinrich schließt die wenig glückliche Einführung Schwerin's mit einer Parallele zwischen diesem und Winterfeldt:

Il est certain que, si, par exemple, le Roi avait parlé au maréchal de Schwerin, et s'il lui eût dit au vrai l'état des affaires, nous [n'] aurions pas près d'une révolution qui nous met dans la situation de tout perdre. Cet homme, tant patriotique que zélé, n'aurait point conseillé que l'on hasarde la patrie, en la mettant à deux doigts de sa perte, ce que tout le monde en-visageait dès lors devoir arriver, hors le seul Winterfeldt, qui, trop intéressé à jouer un rôle, ne songeait qu' à lui et au seul objet d'une campagne heureuse, sans voir au delà.

Als Prinz Heinrich seine Denkwürdigkeiten niederschrieb, da waren bereits von preußischer Seite in einer Reihe von Staatsschriften die Beweggründe zum Kriege dargelegt worden. Gänzlich konnte sich auch der Prinz einer Besprechung der dort genannten Motive nicht entziehen; er erwähnt sie zum Teil und zwar in dem ersten, mehr den Thatsachen gewidmeten Abschnitt, aber dies in einer Weise, daß der Hauptzweck seiner Memoiren nicht verdunkelt, sondern wo möglich noch in helleres Licht gesetzt wird.

Für den Entschluß des Königs zum Angriff hat bekanntlich die Meldung Hellen's den Ausschlag gegeben, daß Oesterreich und Rußland für das Frühjahr 1757 einen gemeinsamen Angriff auf Preußen ver=abredet hätten. Dieses wichtigste Motiv, das auch in den Verhand=lungen mit der österreichischen Regierung und in dem preußischen Kriegs=manifest, dem Exposé des motifs, eine hervorragende Rolle spielt und dem Prinzen ohne Zweifel bekannt war, verschweigt er vollständig; selbst aus der an den Kaiserhof gesandten Note, deren Inhalt er wiedergeben

---

1) Pol. Korr. XIII, 173. 174.

will, tilgt er diese entscheidende, aber für ihn unbequeme Angelegenheit. Das Vorrücken der russischen Heere gegen die preußische Grenze, die Rüstungen in den österreichischen Erblanden werden nur flüchtig und vorübergehend berührt, ohne daß ihnen erhebliches Gewicht beigelegt wird. Ja, der preußische Prinz stellt sich geradezu auf die Seite der österreichischen Regierung; er behauptet — genau wie die Wiener Staats= männer — erst durch die Sammlung des preußischen Truppenkorps in Hinterpommern (welche sich doch allein gegen Rußland richtete)[1] seien die österreichischen Kriegsanstalten veranlaßt worden[2].

Die Unterhandlungen mit dem Wiener Hofe schildert Prinz Hein= rich verworren unter Fortlassung der entscheidenden Punkte, so daß in ihnen eine Rechtfertigung für die Entschlüsse des Königs nicht mehr ge= funden werden kann. Auch hier tritt der Prinz auf den gegnerischen Standpunkt; er versteigt sich sogar zu Behauptungen, wie sie nicht ein= mal von österreichischer Seite vorgebracht worden sind. Wir führen eines an. König Friedrich hat bei allen drei Verhandlungen, im Juli sowohl wie im August und September, immer wieder ausgesprochen, er werde vom Kriege abstehen, sobald die Kaiserin erkläre, daß sie nicht die Absicht hege, Preußen anzugreifen. Es hat, so viel ich sehe, auch kein österreichischer Publizist zu behaupten gewagt, daß Maria Theresia sogleich bei der ersten Antwort dem Könige die erbetene Erklärung, genau so, wie sie gewünscht war, wirklich erteilt habe. Prinz Heinrich aber thut dies: nach seiner Darstellung antwortet die Kaiserin schon bei der ersten Anfrage: „qu'elle n'avait pas dessein de faire la guerre au roi de Prusse.“ Mit dieser Antwort wäre die Sache Friedrich's ge= richtet, dem preußischen Angriff wäre die beste Stütze entzogen. Das ist eine der Entstellungen, die Prinz Heinrich gebraucht, um alle anderen Beweggründe für den Ausbruch des Krieges bei Seite zu schieben und freien Raum zu schaffen für das nach seiner Auffassung allein zum Kriege treibende Motiv: die schändliche Handlungsweise des Generals Winterfeldt.

König Friedrich hat wiederholt erklärt, daß der Krieg, nachdem die Unterhandlungen in Wien gescheitert, nicht mehr zu vermeiden ge= wesen sei. Prinz Heinrich ist anderer Meinung; er weiß Mittel und Wege zu nennen, durch welche das Unglück hätte abgewendet werden können. Immer wieder kommt er darauf zurück, daß man, statt mit

---

1) Histor. Zeitschr. LV, 460.
2) Vgl. dazu Pol. Korr. XIII, 286.

Oesterreich zu verhandeln, sich Frankreich hätte nähern, daß man statt eines Versprechens der Kaiserin die Garantie der französischen Regierung für den Frieden hätte erbitten müssen. Der Anschluß an Frankreich war und blieb für Prinz Heinrich der hartnäckig festgehaltene Mittel= punkt all seines politischen Denkens. Ist der Prinz im Recht, wenn er seinem Bruder den schwerwiegenden Vorwurf macht, daß dieser den Krieg durch eine Verhandlung mit Frankreich habe vermeiden können, daß er dieses naheliegende Auskunftsmittel aber leichtfertig von der Hand ge= wiesen habe?

Das Urteil des Prinzen beruht auf seinen falschen Ansichten über das zwischen Frankreich und Preußen bestehende Verhältnis und über die Entwicklung dieses Verhältnisses; nicht nach preußischen Akten, nicht nach dem, was Friedrich oder die preußischen Minister ihm mitgeteilt haben oder mitteilen konnten, hat Prinz Heinrich seine Ansichten ge= bildet: er folgte ausschließlich den Einflüsterungen seiner französischen Freunde, der Darstellung, die etwa der französische Gesandte Valory ihm gegeben hatte.

König Friedrich hat vor und nach der Westminsterkonvention mit großem Eifer sich bemüht, die ablaufende Allianz zwischen Frankreich und Preußen zu erneuern, ein gutes Verhältnis mit den alten Bundes= genossen aufrechtzuerhalten; von den Verhandlungen und Bestimmungen, welche auf die Neutralität Hannovers sich bezogen, hat er die fran= zösischen Staatsmänner mit einer beispiellosen Offenheit unterrichtet (Pol. Korr. XI, 302; XII, 504). Der Bevollmächtigte, Herzog von Nivernois, mußte anerkennen, daß das Vertrauen des Königs ohne Grenzen sei (XII, 146). Trotz alledem beharrte die französische Re= gierung auf ihrem unversöhnlichen Standpunkt, sie zeigte sich der Er= neuerung des preußischen Bündnisses abgeneigt; mit dem Todfeinde Preußens, mit Oesterreich, schloß Frankreich nicht bloß eine Neutra= litätskonvention, sondern auch einen Unions= und Freundschaftsvertrag; und als die kriegerische Stimmung in Wien und Berlin anwuchs, da ließ der Versailler Hof, ohne nach den Beweggründen Preußens zu fragen, ohne den naheliegenden Gedanken einer Vermittlung zwischen seinem alten und seinem neuen Bundesgenossen zu äußern, ohne auch von einer Garantie des Friedens etwas zu erwähnen, es ließ der Ver= sailler Hof durch seinen Gesandten sofort in schroffer Weise die Drohung aussprechen: Frankreich werde dem Angriff — der dem Könige doch aufgedrungen war — nicht ruhig zuschauen, es werde seine Waffen mit denen der Kaiserin gegen Preußen vereinigen.

Prinz Heinrich stellt diese Verhältnisse ganz anders dar. Er be=

schuldigt seinen Bruder, die französische Regierung getäuscht zu haben, indem er — was nie geschehen — durch Knyphausen in Paris habe erklären lassen, daß Preußen keinerlei Verhandlungen mit dem Londoner Kabinet führe; der König habe Frankreich tötlich beleidigt, indem er troß dieser Erklärung mit England abgeschlossen, er habe durch die Neutralitätskonvention sich die Hände gebunden, so daß er auf die „vorteilhaften" [1]) Anerbietungen Nivernois' nicht mehr habe eingehen können. Frankreich ist — mehrfach betont es der Prinz — „auf das grausamste verletzt werden". Troßdem will Heinrich an eine wirkliche Feindschaft gegen Preußen nicht glauben: nur eines geschickten Entgegen= kommens von preußischer Seite bedürfe es, um ein besseres Verhältnis wiederherzustellen. Wie oft Friedrich den Franzosen bereits entgegen= gekommen, wie oft er die Hand zu einer Versöhnung geboten, und wie oft er kalt zurückgewiesen worden, das läßt Prinz Heinrich völlig außer Acht, davon erwähnt er kein Wort.

Und durfte wohl der König die Zukunft seines Staates, die allein ein schnelles Niederwerfen Oesterreichs sichern konnte, dem unversöhnlichen, feindlich gesinnten Hofe von Versailles anvertrauen, indem er nach des Prinzen Heinrich Wunsch die französische Garantie für den Frieden er= bat und, mit dieser sich begnügend, von dem Angriff auf Oesterreich abstand? Eine solche Garantie, selbst für den Fall, daß Frankreich sie aussprach, konnte dem Könige doch keine Sicherheit bieten. Wenn nun der Kaiserhof im Verein mit den Russen im folgenden Frühjahr den geplanten Angriff ausführte, mußte man nicht befürchten, daß die fran= zösischen Staatsmänner sich dann wiederum durch die österreichischen Einflüsterungen über den wahren Sachverhalt würden täuschen lassen? Und selbst wenn sie Preußens Recht anerkannten, konnte man jemals erwarten, daß Frankreich seinen Pflichten als Friedensgarant wirklich nachkommen, daß es mit den Waffen für Preußen gegen seinen neuen Bundesgenossen Oesterreich eintreten würde?

Als stetes Ergebnis unserer Untersuchung tritt hervor, daß die Memoiren des Prinzen Heinrich, wenigstens in der Vorgeschichte des Krieges, sehr tendenziös gehalten sind, daß wir weder den Angaben des Prinzen Glauben schenken, noch seinen Urteilen beistimmen können. Wenn einzelne Bemerkungen, die nicht näher erwähnt wurden, sich gar nicht oder nur wenig von der Wahrheit entfernen, so vermag dieser

---

1) Vgl. dagegen Pol. Korr. XI, 373 u. Hist. de la guerre de sept ans, Chap. III, Œuvres IV, 31.

Umstand das Gesamturteil nicht zu beeinflussen. In den folgenden Teilen der Denkwürdigkeiten, da wo die militärischen Vorgänge besprochen werden, wo Winterfeldt's Persönlichkeit etwas mehr zurücktritt, ändert sich allerdings das Verhältnis einigermaßen: eine richtige, begründete Anschauung bringt doch einige Male durch, so vollkommen parteiische und verkehrte Urteile, wie im Anfang zu entdecken waren, fehlen zwar auch später nicht, doch begegnen sie im ganzen seltener.

Unsere heutige Auffassung von der Entstehungsgeschichte des siebenjährigen Krieges — wie sie in den letzten Jahren auf einem äußerst reichen und zuverlässigen Material begründet worden ist — kann durch des Prinzen Heinrich Darstellung in keiner wesentlichen Frage erschüttert und umgestaltet werden.

Ist aber nach solch' einem Resultat die Kenntniß der besprochenen Memoiren entbehrlich? Wir möchten es nicht annehmen.

Die preußische Geschichte des achtzehnten Jahrhunderts ist arm an Memoiren; gegen andere Länder, zumal gegen Frankreich, steht sie in dieser Hinsicht bei weitem zurück. So muß es erwünscht sein, neue bisher unbekannte Denkwürdigkeiten zur preußischen Geschichte nachgewiesen zu sehen, selbst wenn dieselben dem ja fast allen Memoiren gemeinsamen Schicksal unterliegen, daß sie als Quelle für die thatsächlichen Begebenheiten, zumal einer reichen aktenmäßigen Ueberlieferung gegenüber, außerordentlich in den Hintergrund treten. Auch dann, wenn neue Thatsachen kaum zu gewinnen sind, behält doch ein derartiges Memoirenwerk immer noch seinen Wert als Spiegelbild des Charakters, der individuellen Auffassung und der persönlichen Stellungnahme seines Verfassers, und um so höher steigt nach dieser Seite der Wert solcher Schriften, wenn ihre Verfasser so hervorragende Persönlichkeiten sind wie Prinz Heinrich und bei den nachher zu behandelnden Denkwürdigkeiten der Prinz von Preußen. Waren doch Prinz August Wilhelm in erster, Prinz Heinrich in zweiter Linie berufen, die Leitung des preußischen Staatswesens zu übernehmen, wenn dem Könige ein Unglück zustieß: es müssen daher ihre persönlichen Ansichten vom Kriege und dessen Entstehung von Bedeutung sein, ganz gleichgültig, ob nun diese Ansichten begründet oder unbegründet waren, ob sie auf einer richtigen politischen Einsicht oder auf falschen, subjektiven Vorurteilen beruhten. Man mag von hier aus einen Ausblick gewinnen, welche veränderten Bahnen die preußische Politik eingeschlagen hätte, wenn König Friedrich den Gefahren, denen er so vielfach im Laufe des Krieges sich ausgesetzt, erlegen wäre, und einer der Brüder an seiner Stelle das Ruder des Staates in die Hand bekommen hätte.

Prinz Heinrich und Prinz August Wilhelm sind Gegner des Krieges gewesen, sie haben den Angriff auf Oesterreich nicht gebilligt. Diese Thatsache war im allgemeinen bekannt. Aber welche Beweggründe die beiden Prinzen zu ihrer Opposition hatten, darüber wußte man nichts. Hier liegt der Punkt, an welchem m. E. die Gegner Friedrichs des Großen bis jetzt am leichtesten hätten einsetzen können, an welchem den An= hängern der fridericianischen Politik die Verteidigung verhältnismäßig schwer gefallen wäre. Durfte man nicht behaupten: die Brüder müssen gute Gründe für ihren Tadel gehabt haben, sie, die dem Könige nahe standen, denen es möglich war, von ihm, von den Ministern und Generalen vielfache Aufklärung zu erhalten? Sie mußten imstande sein, die preußische Politik in richtiger Weise zu beurteilen, ihre Aussprüche müssen als gewichtige Zeugnisse angesehen werden. Wenn selbst die preußischen Prinzen sich entschieden gegen die Handlungsweise des Königs erklärten, dann kann die Sache Friedrichs nicht ganz so gerecht gewesen sein, wie man es von preußischer Seite glauben machen will.

Einem solchen nicht ganz unberechtigten Einwande ist, wenn ich nicht irre, nunmehr die Spitze abgebrochen. Die neu aufgefundenen Memoiren lassen den Gedankenkreis, die ganze Stimmung des Prinzen Heinrich erkennen, sie zeigen uns alle die Gründe, welche Prinz Heinrich — und nicht viel anders wird Prinz Wilhelm geurteilt haben — für seine Auffassung hat geltend machen können. Gelingt es, die vom Prinzen hier erhobenen Vorwürfe, die Grundlagen seiner eigentümlichen Anschauung als vollkommen nichtig zu erweisen, dann wird es auch nicht mehr erlaubt sein, aus der Opposition der königlichen Prinzen Waffen gegen König Friedrich schmieden zu wollen.

Und das nämliche wie von dem Urteil über Friedrichs Entschluß zum Angriff auf Oesterreich, es gilt auch von dem Urteil über die Persönlich= keit Winterfeldt's und seinen Anteil an der Entstehung des Krieges. Auch hier hatte man wohl schon aus späteren Schriften im allgemeinen ersehen, daß des Prinzen Heinrich Freunde dem vertrauten Ratgeber des Königs häß= liche Charakterzüge zuschrieben und die Schuld am Kriege ihm beimaßen. Es mußten jedoch erst die eigenen Ansichten und Urteile des Prinzen Hein= rich bekannt werden, es mußten vor allem die Gründe aufgedeckt werden, welche der Prinz für seine Ansichten geltend machte; erst nachdem dieses geschehen, konnte der Beweis erbracht werden, daß die gegen Winterfeldt erhobenen Anklagen allein durch den persönlichen Haß, durch die Eifer= sucht des Prinzen Heinrich hervorgerufen sind, durch die thatsächlichen Verhältnisse aber in keiner Weise gerechtfertigt erscheinen.

Man ist häufig von der Annahme ausgegangen, daß des Prinzen

Heinrich feindliche Haltung gegen den König und gegen Winterfeldt durch die Vorgänge während des siebenjährigen Krieges hervorgerufen sei, daß die Gegnerschaft des Prinzen auf militärischen Gründen, auf einer verschiedenartigen strategischen Anschauung beruhte. Wir sehen jetzt, daß Heinrich schon vor dem Kriege und zunächst wenigstens aus politischen und persönlichen Motiven in die oppositionelle Stellung ein= getreten ist.

Die Feindseligkeit gegen Winterfeldt, die herben, absprechenden Urteile, sie blieben keineswegs auf die Person des Prinzen Heinrich beschränkt. An Heinrich schloß sich eine große Zahl unzufriedener preußischer Offiziere an. Ihnen galt der Prinz als erste Autorität, und desto mehr blieben sie von seinem Urteil abhängig, je weniger ihnen für Vorgänge wie die Entstehung des Krieges eigene, persönliche Erfahrungen zur Seite standen. So verbreiteten sich des Prinzen Ansichten über Winterfeldt in weiten Kreisen des preußischen Offizierkorps; viele dieser Militärs griffen zur Feder, führten die prinzlichen Legenden in die kriegsgeschichtliche Litteratur ein. Die Werke von Henckel und Gaudi, von Warnery, Retzow, Schmettau und Bülow stehen in scharfer Opposition gegen Winterfeldt; sie wiederholen viele von den Angaben Heinrichs, sie spinnen manche Erzählung auch noch weiter aus; und gerade diese Werke sind es, die mehr als hundert Jahre die allgemeine Auffassung des siebenjährigen Krieges beherrscht haben. Von den Offizieren drangen die nämlichen Meinungen auch in die Schriften der Laien ein. Selbst die Tagebücher de Catt's [1]) und die Aufzeichnungen dieses Autors über das Jahr 1756 [2]) haben sich dem Einfluß der von Prinz Heinrich ausgehenden Ueber= lieferung nicht entziehen können; und eine ähnliche Einwirkung ist zu erkennen bei der Lebensgeschichte Friedrichs des Großen, die nach dem Tode des Königs von dem berliner Professor de la Veaux verfaßt wurde.

Für diese sozusagen antiwinterfeldt'sche Richtung, welche einen großen Teil der älteren preußischen Schriften über den siebenjährigen Krieg durchzieht, ist in den Memoiren des Prinzen Heinrich die erste Quelle

---

1) Vergl. Publikationen aus den Preuß. Staatsarchiven XXII (Memoiren und Tagebücher von Heinrich de Catt, hrsg. v. Koser) S. 397.

2) Da diese nicht auf eigenen Erinnerungen de Catt's beruhten, so haben sie in der Publikation nicht Aufnahme gefunden. Vergl. S. XXXII. Hier erscheint W. als Urheber des Krieges; es wird ihm Haß gegen alles französische Wesen zu= geschrieben; die Mission Haube's nach Frankreich erscheint als sein Werk; Knyp= hausen soll der französischen Regierung versichern, daß Preußen keine Unterhand= lungen mit England führe.

aufgedeckt worden, der Ausgangspunkt der gesammten feindseligen Tra=
dition. Allerdings ist hierbei nicht an - den ganz äußerlichen Zu=
sammenhang zu denken, wie er häufig zwischen einer primären und einer
sekundären Quelle des Mittelalters besteht. Mechanisch abgeschrieben
sind die Memoiren des Prinzen von keinem der späteren Schriftsteller;
wohl nur wenige derselben haben die Memoiren in der uns überlieferten
ursprünglichen Form zu Gesicht bekommen: allein von Graf Henckel
oder von de Catt und de la Veaux könnte man es annehmen. Viel=
mehr wird Prinz Heinrich die gleichen Ansichten über Winterfeldt, die
er in den Memoiren für sich schriftlich fixierte, mündlich in den Ge=
sprächen des Feldlagers oft genug wiederholt haben, und durch solche
mündliche Mitteilungen wird die Heinrichsche Auffassung in die Werke
der späteren Schriftsteller übergegangen sein.

Mit dem Nachweis, daß die Angaben des Prinzen Heinrich über
Winterfeldt keinen Glauben verdienen, wird zugleich den ihm folgenden
Autoren in diesen Fragen der Boden entzogen[1]).

Als ein entschiedener Gegner des Krieges zog Prinz Heinrich in
den Kampf, als ein verbitterter Widersacher dessen, was im Rate des
Königs beschlossen wurde. Da ist es leider nur zu erklärlich, wenn
Tadelsucht und Schmähslust bei dem Prinzen und in seiner Umgebung
zur Herrschaft gelangen, wenn die politischen Meinungsverschiedenheiten
in das Feldlager, in das preußische Offizierkorps verpflanzt werden, wenn
Heinrich mehr denn einmal die ihm bestimmte Befehlshaberstelle zurück=
weist, wenn er sowohl wie der im Grunde ähnlich gesinnte Prinz Wilhelm
das preußische Heer verlassen und sich zeitweise gänzlich vom Kriege
fernhalten. Unbekannt blieb es, daß Heinrich schon in den ersten Wochen
des Krieges, d. h. gerade zu jener Zeit, als er die Anschauungen in sich
ausbildete, von denen der Eingang der Memoiren ein getreues Abbild
liefert, daß Prinz Heinrich schon in diesem Vorspiel des Kampfes, in
den Tagen, als das Unwetter über Preußen immer drohender sich zu=
sammenzog, mit dem Gedanken umgegangen ist, aus dem Heere des
Königs auszuscheiden und in die Ruhe des Privatlebens sich zurückziehen.
Er schreibt am 22. September 1756 aus Sedlitz an einen Vertrauten:
»La situation où je me trouve, me met dans la nécessité de demander
au Roi de me retirer. J'ai cru ne devoir entrer en aucun détail sur les motifs qui m'obligent à lui écrire sur ce sujet. Les raisons que j'aurais pu al-
léguer, auraient pu avoir un air de mauvaise humeur que j'ai absolument

---

1) In einer abschließenden Biographie Winterfeldt's wären manche Zusätze
der späteren Autoren, die bei Prinz Heinrich sich noch nicht finden, einer besonderen
Betrachtung zu unterziehen.

voulu éviter; je ne demande que la tranquillité, ce n'est point par des plaintes que j'y puis parvenir, et toutes mes raisons, quelque couleur que je leur donne, en auraient pu avoir l'apparence. Mais j'ai cru d'un autre côté que, ne parlant point au Roi, je devais du moins instruire quelqu'un qui a sa confiance de mes intentions. Je n'ai pu faire choix de personne d'autre que de vous. Votre probité est connue, et je puis tout dire à un homme à qui le Roi confie les plus grands intérêts.

Vous savez que tout homme d'honneur qui fait la guerre, s'y engage pour deux motifs, pour l'honneur et pour l'amour de la patrie. Dieu m'est témoin que c'est par ces principes que j'ai réglé ma conduite . . .

Hier bricht der eigenhändige Entwurf des Prinzen ab; eine Ausfertigung liegt nicht vor, ebenso wenig der erwähnte für den König bestimmte Brief. Es ist wahrscheinlich, daß die Schreiben nicht zur Absendung gelangt sind, daß der Prinz sich eines besseren besonnen hat. Wer der Vertraute des Königs ist, an den Heinrich den obigen Brief senden will, bleibt unbestimmt: am ersten könnte man auf den Kabinetssekretär Eichel schließen.

2. Die Memoiren des Prinzen August Wilhelm.

Die Denkwürdigkeiten des Thronfolgers, des Prinzen von Preußen, gehen nicht mit der gleichen Ausführlichkeit auf die Vorgeschichte des Krieges ein. Den Hauptnachdruck legt Prinz Wilhelm auf die militärischen Begebenheiten im Jahre 1756, insbesondere auf die Schlacht bei Lobositz. Im allgemeinen wird die Meinung des Prinzen über die Entstehung des Krieges nicht allzuweit von der des Prinzen Heinrich, des vertrauten, ihm sehr nahe stehenden Bruders, abgewichen sein. Auch Prinz Wilhelm spricht gleich im Eingange von Winterfeldt als le boute-feu de cette guerre, und tadelnde Seitenblicke auf den General finden sich in allen Teilen der Memoiren; aber es fehlt doch durchaus jene gehässige Sprache, welche die Darstellung des Prinzen Heinrich charakterisiert. Es ist schon oben darauf hingewiesen, daß wenigstens in früheren Jahren zwischen dem Thronfolger und dem General Winterfeldt freundschaftliche Beziehungen bestanden haben.

Prinz Wilhelm beginnt die Erzählung sogleich mit der zweiten, am 25. August eingetroffenen Antwort der Kaiserin, durch welche der Ausmarsch des preußischen Heeres entschieden wird. Der Prinz will den Inhalt dieser wichtigen aus Wien erhaltenen Note angeben. Er hat dieselbe sehr wohl kennen gelernt. Der König teilte ihm schon am 26. August mit: „Maria Theresia stelle die Offensiv-Allianz in Abrede; über die von Preußen geforderten Versicherungen erwähne sie kein Wort. (P. K. XIII, 283). In den Memoiren wird diese Antwort vollkommen entstellt. Die Kaiserin soll erklärt haben: „qu'elle ne réglait ses mouvements militaires qu'après les arrangements du Roi, et qu'elle n'était responsable qu'à Dieu de sa conduite." „Nach solcher Antwort der Kaiserin", fährt Prinz Wilhelm fort, „erteilte der König den Befehl, daß die preußische Armee sich in Marsch setze." Es ist offenbar, bei dieser Darstellung des Prinzen muß König Friedrich als der Schuldige erscheinen.

Die weiteren Mitteilungen, sofern sie noch zu der Vorgeschichte des Krieges gerechnet werden können, schließen sich in der Hauptsache an eine Unterredung an, die der Prinz am 27. August, einen Tag vor dem Ausmarsch, mit dem General Winterfeldt gehabt hat. Der General kam nicht im Auftrage des Königs, sondern aus eigenem Antriebe, um den Prinzen von dem Feldzugsplan in Kenntnis zu setzen.

Winterfeldt erklärte, die preußische Armee würde in 3 Kolonnen in das Kurfürstentum Sachsen einrücken; bei Pirna sei der Versammlungs= platz der sächsischen Truppen: sie glaubten, in dem Pirnaer Lager einen unangreifbaren Posten gefunden zu haben.

Que lui, général Winterfeldt, avait reconnu ce poste, en revenant de Karlsbad, où il avait pris les eaux, qu' à la vérité il avait trouvé que le front était d'un accès très difficile, mais qu' il croyait qu' il pourrait être pris à revers; que, l'entrée du Roi en Saxe étant une surprise, l'armée saxonne manquerait bientôt de vivres, qu' il était instruit qu' à Pirna et Königstein il n'y avait aucun magasin considérable, qu' ainsi, en bloquant le camp, cela ne durerait que 4 à 5 jours, après lesquels l'armée saxonne serait à la dis- crétion du Roi.

Je demandai au Général si le roi de Pologne faisait des propositions pour s'allier avec nous, si le Roi entrerait en négociation, et quel parti il croyait que prendrait le roi de Pologne.

Le Général répondit:

›Le Roi ne veut point négocier, il veut avoir les troupes pour s'en servir et les revenues de la Saxe pour les entretenir et des contributions pour sou- tenir la guerre. Le roi de Pologne, à l'approche de notre armée, avec toute sa famille et son ministre, quittera, selon toute apparence, Dresde, pour aller en Pologne, où la Diète exige sa présence; enfin, dit-il, le Roi ne veut point accepter des propositions du roi de Pologne; car telle qu'elle puisse être, elle ne saurait égaler les avantages que le Roi saura lui-même se procurer.

Après que l'expédition sur la Saxe sera terminée, l'armée entrera en Bohême. Le Roi compte d'avancer jusqu'à l'Egra, d'étendre ses postes jusqu' à Melnik sur l'Elbe, de laisser un corps en Saxe, pour lever les con- tributions et former des nouveaux régiments. Le Roi s'est proposé d'agir avec toutes les précautions possibles, de compasser ses mouvements, ménager ses troupes et de faire tous les arrangements nécessaires pour ne jamais man- quer de vivres; l'Elbe, que nous cotoyerons, nous en garantira.

La Saxe ne sera point foulée, on tiendra un ordre exact, pour maintenir la discipline; pas le moindre pillage sera toléré, c'est ce que le Roi m'a bien promis. La Saxe [ne] payera qu' un seul impôt sous le titre de *Steuer;* le Roi demandera aux pays 5 millions par an, qui est une moindre contribution qu' ils paient pour l'ordinaire! Le ministre Borcke sera le président du directoire que le Roi établira à Torgau.«

Il finit par me dire que le maréchal Schwerin, qui commandait un corps en Silésie, avait ordre de couvrir le pays et d'agir à la défensive.

Es wird dieser Bericht im ganzen durchaus Glauben verdienen: was Winterfeldt über die Absichten des Königs hier darlegt, steht im Einklang mit den Briefen Friedrich's aus jener Zeit. Immerhin bleibt nicht ausgeschlossen, daß der prinzliche Verfasser an einzelnen Stellen die Rede Winterfeldt's nicht ganz genau wiedergegeben und die Farben etwas zu stark aufgetragen hat: so hat vielleicht Winterfeldt die Einnahme des sächsischen Lagers nicht ganz so leicht hingestellt, nicht ganz so zuversichtlich vorausgesagt, wie hier angegeben wird.

Im Frühling des Jahres 1757 ist Winterfeldt von König Friedrich in weitgehendem Maße zur Beratung des Operationsplanes herangezogen worden. Auch an dem Feldzugsplane des Jahres 1756, zumal an der Okkupation Sachsens, wird man dem vertrauten Ratgeber einen nicht geringen Anteil zuschreiben dürfen. Nur sind die Einzelheiten hier weniger deutlich zu erkennen, da die Verhandlungen im Juli 1756 nicht schriftlich wie im März 1757, sondern mündlich auf Schloß Sanssouci geführt wurden. Der Gedanke, bei einem neuen Kriege gegen Oesterreich das Kurfürstentum Sachsen in Besitz zu nehmen, dieser Gedanke, der zunächst durch die Erfahrungen des Jahres 1744 und durch die feindseligen Umtriebe des Ministers Brühl hervorgerufen war, mag wohl in erster Linie von König Friedrich ausgegangen sein; aber es ist möglich und auch sehr wahrscheinlich, daß die zunächst von der Politik diktirte Absicht des Königs durch den militärischen Vertrauten genährt und verstärkt worden ist. Trefflich unterrichtet über alle Verhältnisse in Sachsen, hat Winterfeldt vielleicht die großen militärischen Vorteile einer Besitznahme des Kurfürstentums dem Könige vor Augen gestellt, hat aufmerksam gemacht auf die vorzügliche Operationsbasis, die zu gewinnen war, auf die großen für den schweren Krieg notwendigen Geldmittel, die das reiche Land zu liefern vermochte, hat wohl auch die Eroberung des Landes und die Verbindung des sächsischen Heeres mit dem preußischen als ein nicht gerade schweres Unternehmen dargestellt. Mag man das Verfahren Friedrichs gegen Sachsen entschuldigen und rechtfertigen, oder mag man es streng verurteilen, das eine bleibt doch gewiß, daß, wie die Dinge lagen, die Besetzung und das Festhalten Sachsens für Preußen eine militärische Notwendigkeit war; ohne Sachsen wäre die jahrelange Ver-

17*

teidigung gegen den übermächtigen Feind nicht durchzuführen gewesen.
Und wenn dieser rettende Gedanke auch dem Könige zukommt, so bleibt
doch in zweiter Linie dem General Winterfeldt das größte Verdienst:
denn die Ausführung des Gedankens, Sachsen zu besetzen, die militärischen
Vorbereitungen, die Pläne zur Okkupation des Landes und zur Einnahme
des Pirnaer Lagers, sie müssen im wesentlichen als das Werk Winter=
feldt's angesehen werden.

Seit einer Reihe von Jahren hatte der General sein Augenmerk
dem Militärwesen Sachsens und der Beschaffenheit des sächsischen Landes
zugewendet; die sächsischen Angelegenheiten bildeten im Königlichen Ka=
binet gleichsam Winterfeldt's Ressort; es ist bezeichnend, daß der preu=
ßische Gesandte in Dresden die Schriften über das sächsische Militär,
die Beschreibungen und Pläne der sächsischen Manöver nicht an den
König, sondern direkt an Winterfeldt einsandte; verschiedene Agenten
waren im Kurfürstentum thätig, sie alle standen mit Winterfeldt und
erst durch ihn mit dem Könige in Verbindung; von Winterfeldt empfängt
Friedrich vor dem Ausbruch des Krieges fast alle Nachrichten, die auf
die sächsischen Rüstungen sich beziehen; der General hatte selbst bei seinen
Reisen nach Karlsbad das Land, insbesondere die Gegend am Königstein,
in Augenschein genommen, Beobachtungen für einen künftigen Feldzug
angestellt[1]). Die Befehle für den Einmarsch der preußischen Truppen
in Sachsen, die Dispositionen, durch welche den einzelnen Kolonnen ihr
Marsch nach Ort und Zeit bestimmt wurde, sind von Winterfeldt aus=
gearbeitet; die Instruktionen, welche das Auftreten der preußischen Sol=
daten im Kurfürstentum bis auf jede Einzelheit regeln, und welche über=
einstimmen mit den Aeußerungen Winterfeldt's in den Memoiren des
Prinzen Wilhelm, sie rühren von Winterfeldt's Hand her. Die Entwürfe
zur Eroberung des sächsischen Lagers gehen nach den Memoiren von
Winterfeldt aus, und diese Angabe steht mit sonstigen Nachrichten in
Uebereinstimmung. Entsprechend den Absichten, wie sie oben dargelegt
werden, ist acht Tage nach dem Einschließen ein Sturm auf das säch=
sische Lager geplant worden; der König hatte zwei Tage zuvor in Be=

---

1) Doch ist es durchaus nicht richtig, daß Winterfeldt, wie Schäfer noch wieder=
holt (Gesch. des Siebenjähr. Krieges I, 195), kurz vor Beginn des Krieges im
Sommer 1756 nach Böhmen und Sachsen gereist sei; er hat vielmehr in früheren
Jahren, so 1750 und besonders 1754, die Beobachtungen gemacht, deren auch die
Memoiren erwähnen. Im August 1754 hielt er sich auf dem Königstein bei dem
General Pirch auf. In einem Bericht an den König, Barschau (in Schlesien) 14.
August 1754, rechnet Winterfeldt, daß die sächsischen Truppen aus Mangel an
Fourage für die Pferde sich dereinst höchstens acht bis zehn Tage im Pirnaer
Lager würden halten können.

gleitung Winterfeldt's das Terrain besichtigt[1]). Am 27. August, an demselben Tage, an welchem die Unterredung zwischen Prinz Wilhelm und Winterfeldt stattfand, hat auch König Friedrich dem englischen Gesandten mitgeteilt, daß von den Sachsen nur geringer Widerstand zu erwarten sei. In den Briefen Winterfeldt's aus dem Juli und August 1756 finden sich mehrfach Hinweise, welche die in den Memoiren hervortretenden Anschauungen bestätigen, zugleich aber zeigen, daß noch manches, was der General in der Unterredung als Meinung des Königs darstellt, ebenfalls zuerst von Winterfeldt geäußert und von ihm auf den König übergegangen ist. So spricht Winterfeldt schon am 13. Juli in einem Schreiben die Erwartung aus, daß König August, sobald die preußische Einmarsch drohe, sich nach Polen zum Reichstage begeben werde. Als Friedrich nach Böhmen ging, blieb Winterfeldt vor Pirna zurück, um die Belagerung zu leiten. Sein Werk ist die endliche Ueberwältigung der Sachsen.

Diese Belege mögen genügen, um die Annahme zu unterstützen, daß der Bericht der Memoiren über den Operationsplan gegen die Sachsen als glaubwürdig gelten darf, und daß dieser Operationsplan in der Hauptsache von Winterfeldt herrühren wird[2]).

Die Entwürfe Winterfeldt's waren ursprünglich ohne Frage darauf berechnet, daß König Friedrich, wie zuerst beschlossen, schon Ende Juli oder Anfang August gegen Sachsen losbrach. Indem Friedrich sich gezwungen sah, mit Rücksicht auf Frankreich den Beginn des Feldzuges um drei Wochen hinauszuschieben[3]), gewannen die Sachsen Zeit, das Pirnaer Lager zu verschanzen und einigermaßen mit Proviant zu versehen. Trotz dieser mißlichen Wendung blieb Winterfeldt auch noch Ende August der Ansicht, daß er mit den Sachsen in kurzer Zeit fertig werden könne. Er hat sich in dieser Annahme stark getäuscht; die lange Ausdauer der Sachsen war der Grund, daß das zweite Ziel dieses Feldzuges, die Besetzung von Nordböhmen, nicht erreicht wurde. Die königlichen Prinzen und ihre Anhänger[4]) erhoben, wie es schien nicht mit Unrecht, die Anklage gegen Winterfeldt, daß er die Sache zu leicht dargestellt und dem

---

1) Vergl. Pol. Korr. XIII, 404 Anm. 2, und After, Kriegswirren zwischen Sachsen und Preußen 1756, S. 265. 269.

2) Die oben angeführten Beweise sind den Akten entnommen. Es ist daneben zu bemerken, daß auch Gaudi, Warnery, Retzow, Bülow in Winterfeldt den Leiter der Unternehmungen gegen die Sachsen sehen; ebenso Graf Vitzthum in einem Schreiben vom Dez. 1756, vgl. (Vitzthum) Geheimnisse des Sächs. Kabinets I, 52. 53. 97—99.

3) Histor. Zeitschr. LVI, 430. 431.

4) Z. B. Gaudi, Kriegsarchiv des Großen Generalstabs. C. I, 1, 1. S. 3.

Könige falsche Vorspiegelungen gemacht habe. Man wird diesem Urteil nicht ohne weiteres beistimmen können. Wäre die Verzögerung des preußischen Angriffs unterblieben, so würden die Erfolge bei Pirna wohl ziemlich nach den Erwartungen Winterfeldt's ausgefallen sein; nur der eine Vorwurf könnte den General treffen, daß er die Thätigkeit der Sachsen während des Monats August unterschätzt, daß er den binnen drei Wochen eingetretenen Wechsel der militärischen Lage nicht genügend ge= würdigt habe.

Gegen die Schilderung der Memoiren könnte man vielleicht den Einwand erheben wollen, daß Verhandlungen zwischen König Friedrich und König August doch stattgefunden haben. Es ist jedoch bei diesen Verhandlungen zu beachten, daß sie allein von König August angeknüpft und immer von neuem begonnen wurden. Friedrich war zu Antworten genötigt; aber er ließ sich auf keine sächsischen Vorschläge ein und trat auch selbst nicht mit Gegenvorschlägen hervor. Erst am 14. September bei der Sendung Winterfeldt's und am 15. in der Unterredung mit Arnim deckte er seine Pläne auf; er forderte, daß König August voll und ganz auf diese Pläne eingehen solle; die Absichten, wie sie Friedrich damals am 14. und 15. September kundgiebt, sind die gleichen, die Winterfeldt schon am 27. August dem Könige zuschreibt [1]).

Was Winterfeldt über die künftige Behandlung Sachsens mitteilt, entspricht ebenfalls vollständig den Angaben der Akten. Befehle für eine streng zu haltende Disziplin, scharfe Verbote jeglicher Plünderung sind beim Einmarsch ergangen. In der Instruktion für den Minister von Borcke ward angeordnet, daß in Sachsen „nur Eine Art von Kontribution, so alle anderen Abgaben unter sich begreifet, eingeführet werde"; die Summe der Revenüen des Kurfürsten sei bisher „bis auf ungefähr sechs Millionen Thaler gegangen; des Königs Majestät wollen sich über= haupt daher mit 5 Millionen kontentiren, daß also die dortige Leute dadurch noch soulagieret werden" [2]).

Sehr beachtenswert sind die Aeußerungen Winterfeldt's über des Königs Absichten für den böhmischen Feldzug. Vielfach ist die wichtige Frage erwogen worden: Welchen Zweck verfolgte Friedrich bei dem Ein= fall in Böhmen? War sein Endziel das feindliche Heer, wollte er dieses schlagen und womöglich vernichten, oder war sein Hauptzweck die Okku= pation einer feindlichen Provinz? Noch vor wenigen Jahren war man der Ansicht, daß eine zuverlässige gleichzeitige Nachricht über den Feld=

---

1) Vergl. Geheimnisse des Sächsischen Kabinets II, 93. 95. 99. 101. Pol. Korr. XIII, 395.

2) Pol. Korr. XIII, 303; (vgl. auch XIV, 293).

zugsplan von 1756 nicht aufzufinden sei[1]); ein Bericht des englischen
Gesandten Mitchell, der in der „Korrespondenz" veröffentlicht wurde und
auf mündliche Mitteilungen des Königs zurückging, brachte die erste
gleichzeitige Kunde; nunmehr kommt in den Memoiren des Prinzen von
Preußen eine zweite hinzu. Am 27. August hat die Konferenz zwischen
Friedrich und Mitchell stattgefunden[2]); auf den gleichen Tag fällt die
Unterredung Winterfeldt's mit dem Thronfolger: das eine mal macht
der leitende Staatsmann Preußens dem diplomatischen Vertreter der
verbündeten englischen Nation Eröffnungen über den Feldzugsplan; das
andere mal erläutert der militärische Ratgeber des Königs einem könig=
lichen Prinzen, einem hochstehenden preußischen General die Ziele und
Grundsätze der bevorstehenden Operationen. So erhalten wir zwei zeit=
genössische, gleich bedeutende, gleich zuverlässige und von einander völlig
unabhängige Quellen. Beide Quellen sprechen nur davon, daß König
Friedrich Nordböhmen, den Teil bis Melnik an der Elbe, in Besitz
nehmen will; von einer Schlacht, von einem etwaigen Angriff auf das
feindliche Heer schweigen beide. Und auch darauf möchte ich aufmerksam
machen, daß keine dieser beiden Quellen noch auch irgend ein Brief des
Königs oder Winterfeldt's die dreiwöchentliche Verzögerung des preußischen
Angriffs als Ursache dieses vorsichtigen Feldzugsplanes bezeichnet; es
fehlt jeder Anhalt für die Meinung, daß ohne jene Verzögerung ein
kühnerer, weiter zielender Angriffsplan entworfen worden wäre.

Jn allen späteren Feldzügen, von 1757 an, hatte Friedrich mit
verschiedenen Feinden zu rechnen; er konnte seine Entschließungen gegen
Oesterreich nicht völlig frei fassen; er mußte die Haltung der Russen
und der Franzosen, auch wohl der Reichstruppen und der Schweden mit
in Anschlag bringen; in allen folgenden Feldzügen hatte der König einen
im ganzen weit stärkeren Feind vor sich. Allein im Jahre 1756 war
das preußische Heer an Zahl dem Gegner überlegen; allein 1756, nach
der vorausgesetzten schnellen Ueberwältigung der Sachsen, konnte Friedrich
gegen Oesterreich ganz frei nach seinen strategischen Grundsätzen verfahren.
Ebendeshalb wird der Feldzugsplan von 1756 von erheblichem Gewicht
sein für die Beurteilung der fridericianischen Strategie, und jede neue
Nachricht über diesen Feldzugsplan verdient ganz besondere Beachtung.

Der Plan für den Einmarsch in Böhmen ist vom Könige und Winter=
feldt gemeinsam entworfen worden. Wie groß der Anteil des Einzelnen

---

1) Vergl. Histor. Zeitschr. LVI, 458, Anm. 2.
2) Pol. Korr. XIII, 297; Histor. Zeitschr. LVI, 458. 459.

gewesen, wie weit auch Schwerin etwa mitgewirkt, wird sich nach dem vorhandenen Material nicht entscheiden lassen.

Die Aufgabe Schwerin's im Feldzuge von 1756 ist von Winter=feldt und dem Prinzen Wilhelm richtig bezeichnet worden[1]).

Die Denkwürdigkeiten des Prinzen von Preußen, soweit wir sie oben mitteilten, bilden nicht etwa bloß eine Bestätigung bekannter That=sachen, sie bereichern auch unsere Kenntnis durch mancherlei neue glaub=würdige und wertvolle Angaben. So wußte man bisher nur, daß Friedrich mit den Sachsen schnell fertig zu werden hoffte; die Gründe, auf welchen diese Erwartungen des Königs und Winterfeldt's beruhten, werden erst aus den Memoiren deutlich. Für den böhmischen Feldzug sind die Mitteilungen, daß Friedrich mit der möglichsten Vorsicht auf=treten, daß er die Truppen sehr schonen wolle, wohl zu beachten. Das noch nicht zur genüge aufgeklärte Verfahren des Königs nach der Kapi=tulation von Pirna, das plötzliche völlige Aufgeben des böhmischen Feldzuges[2]) wird zum Teil eben dadurch veranlaßt sein, daß, wie Winter=feldt bezeugt, es ein Grundsatz des Königs bei dem Feldzuge von 1756 ist, die Truppen soweit möglich zu schonen. Friedrich wollte, da die Kälte im Oktober 1756 schon frühzeitig eintrat, die preußischen Streit=kräfte nicht den Unbilden eines Winterfeldzuges aussetzen, er wollte sie für spätere Zeiten unversehrt erhalten; gerade im Oktober erhielt ja der König einen Einblick in die Gefahren, die im nächsten Jahre seiner harrten, indem er die Gewißheit gewann, daß Frankreich für ihn voll=ständig verloren sei, daß die französische Kriegsmacht den Angriff der Oesterreicher und Russen im nächsten Frühjahr unterstützen werde.

Es zeigt sich, daß die obigen Mitteilungen des Prinzen August Wilhelm aus der Zeit vor dem Kriege einen durchaus anderen Charakter tragen als diejenigen des Prinzen Heinrich: bei dem letzteren konnten Schritt für Schritt unrichtige Angaben und parteiische Urteile nach=gewiesen werden; der Bericht des Thronfolgers, soweit er auf das Ge=spräch mit Winterfeldt zurückgeht, muß als glaubwürdig anerkannt werden. Im ganzen betrachtet, unterscheiden sich aber die beiden Memoiren=werke keineswegs in dem gleichen Maße: die spätere Erzählung des Prinzen Wilhelm kommt der bei Heinrich schon anfangs hervortretenden tendenziösen Darstellungsweise sehr nahe. Bereits dasjenige, was der Prinz über die vom Kaiserhofe empfangene Antwort mitteilte, läßt er=

---

1) Vergl. Pol. Korr. XIII, 167. 168. 174.
2) Vergl. Histor. Zeitschr. LVI, 459 Anm. 2 und Delbrück, Feldzugsplan Friedrichs des Großen im Jahre 1757, Beihefte zum Militär=Wochenblatt, 1887. S. 295.

sehen, daß auch er kein glaubwürdiger Zeuge bleibt, sobald er der sicheren Führung Winterfeldt's entbehrt. Die fertige Darstellung eines anderen vermochte Prinz Wilhelm getreu wiederzugeben, indem er vermutlich unterstützt wurde durch Aufzeichnungen, die er unmittelbar nach der Unterredung gemacht hatte; sobald der Prinz eine eigene Darstellung versucht, sobald er seine eigenen Erlebnisse und Erwägungen zu schildern beginnt, nehmen auch seine Memoiren eine subjektive parteiische Färbung an.

Anhang.

Eine Charakteristik des Prinzen August Wilhelm aus französischer Feder von 1748 und eine französische Biographie des Prinzen Heinrich von 1789.

Von Reinhold Koser.

Der voranstehende Artikel giebt Veranlassung, eine Charakteristik des Prinzen August Wilhelm in dem bekannten, durch die venetianischen Botschafter in Uebung gebrachten Porträtstil mitzuteilen, die ich bei meinen Studien im Archiv des Auswärtigen Ministeriums zu Paris fand und kopirte. Die Charakteristik ist dem Staatssekretär der Auswärtigen Angelegenheiten, Marquis de Puhzieulx, am 8. Oktober 1748 zugesandt worden; die Persönlichkeit des Einsenders, de Tilly, habe ich mit Sicherheit nicht festzustellen vermocht; vielleicht ist derselbe identisch mit dem damaligen Vertreter Frankreichs am kurpfälzischen Hofe, dem Brigadier Marquis de Tilly [1]). Unschwer wird man bemerken, daß dem Berichterstatter, wer er auch war, in dem Charakter des Prinzen schon 1748 die Züge nicht entgangen sind, die später im Sommer 1757 verhängnisvoll hervortraten, als der Prinz an einen verantwortungsschweren Platz gestellt sich dem selbständigen Kommando einer Armee nicht gewachsen, zu selbständiger Entschließung nicht befähigt zeigte.

Auf die „Notice sur la vie du prince Henri de Prusse et sur les événemens qui y ont rapport, faite en 1789" mache ich deshalb hier aufmerksam, weil die kleine Druckschrift (34 Seiten 8°) gänzlich in Vergessenheit geraten zu sein scheint [2]).

Daß die Schrift wirklich, wie der Titel besagt, 1789 entstanden

---

1) Vgl. über ihn Zévort, Le marquis d'Argenson et le ministère des affaires étrangères, Paris 1880, S. 66. Doch vermag ich einen Besuch desselben am Berliner Hofe, eine persönliche Berührung mit dem Prinzen von Preußen nicht nachzuweisen. Vielleicht war Tilly nur der Vermittler der Zustellung an Puhzieulx, nicht der Verfasser.

2) Die sonstige zeitgenössische Litteratur über den Prinzen Heinrich bespricht R. Schmitt, Prinz Heinrich als Feldherr im siebenjährigen Kriege (I, 1756—1759),

iſt, beſtätigt ihr Inhalt an zwei Stellen; von Laudon heißt es S. 11: „qui commande à présent l'armée contre les Turcs", und von dem Prinzen ſelbſt S. 34: „qui jouit dans ce moment en France, pour la seconde fois, de l'estime et de l'admiration des habitans de la capitale": Prinz Heinrich verließ Paris Mitte März 1789. Nach deſſen erſten franzöſiſchen Reiſe (1784) will der Verfaſſer mehrere Wochen hindurch zu Rheinsberg als Gaſt des Prinzen geweilt haben (S. 33). Als Franzoſe bekennt ſich der Verfaſſer mehrfach; der Tag von Roßbach heißt ihm „journée qu'il faudroit rayer à jamais des fastes de notre histoire" (S. 9); doch ſpendet er dem Heldenmut der Preußen und ihrer Führer im ſiebenjährigen Kriege warmes Lob: denn die Franzoſen ſind, „souvent légers, mais toujours justes, mais toujours enthousiastes pour le mérite et l'héroisme". Er bewundert den Prinzen Heinrich, er bewundert auch den König Friedrich; daneben kommt indeß der mißvergnügte Standpunkt des Rheinsberger Hofes mehr= fach zum Ausdruck: „On est étonné de voir qu'il (le Roi) n'associa point à ses travaux son frère, dont les grands talens lui avoient été si utiles. Mais il faut l'avouer, en rougissant des foiblesses attachées à l'humanité, Frédéric passionné de l'amour de la gloire, étoit jaloux de son frère; ce sentiment si honteux étoit entré dans le cœur d'un grand-homme" (S. 25). — „Les politiques se sont encore trompés en croyant que ce prince acquerroit une influence considérable après la mort de son frère. Frédéric-Guillaume II est monté sur le trône et s'est aussi privé des talens de son oncle" (S. 33). Eine unmittel= bare Einwirkung des Prinzen auf die Schrift darf wegen ihrer haar= ſträubenden hiſtoriſchen Schnitzer nicht angenommen werden: der König von Preußen läßt im Winter auf 1757 ſeine Truppen in Böhmen can= tonnieren; die Schlacht bei Kolin fällt in das Ende des Feldzuges von 1757, der König fliegt nach Kolin den Ruſſen entgegen und ſchlägt ſie bei „Jaegers=Horff".

Was in dieſer an ſich recht belangloſen Schrift wohl am meiſten intereſſiert, iſt die folgende Stelle in der Erzählung des Herbſtfeld= zuges von 1759:

„Le Roi de Prusse, après avoir laissé quelques troupes en Silésie, va rejoindre son frère, campé près de Torgau, et lui dit en l'em- brassant avec cette sensibilité et cet épanchement de cœur, qu' on vou- droit trouver plus souvent dans la vie de ce grand homme, ces mots qui sont le plus bel éloge du Prince Henri: *Henri est le seul général qui n'ait point fait de faute dans cette campagne.*"

Greifswald 1885 (Differt.). Für die „Anekdoten, Charakterzüge und Kriegsfahrten aus dem Leben des Prinzen Heinrich" (Göttingen 1803) iſt dort nachgewieſen, daß ganze Abſchnitte in dieſem Werk einfach aus Guyton de Morveau, Vie privée d'un prince célèbre (1784) ohne Nennung der Quelle entlehnt ſind; überſehen hat Schmitt, daß der anonyme Verfaſſer eine noch ſchnödere Plünderung ſich zu Schulden kommen ließ, indem er ganze Bogen aus der 1788 erſchienenen Histoire de mon temps Friedrichs II. abgeſchrieben hat, gleichfalls ohne jeden Hinweis auf ſeine Vorlage; auch hier wieder die von mir in der Zeitſchr. für Preußiſche Geſch. XIV, 241 ff. charakteriſierte beliebte Manier der damaligen kompilatoriſchen Zeit= geſchichtſchreibung.

Die erste Begegnung zwischen dem Könige und dem Prinzen seit dem Juli 1759 fand am 13. November 1759 zu Hirschstein statt. Bekanntlich ist für das dem Prinzen von seinem königlichen Bruder ge= schenkte Lob noch eine andere Version in Umlauf, nach welcher das Zeugnis, keinen Fehler gemacht zu haben, dem Prinzen nicht für einen ein= zelnen Feldzug, sondern für den ganzen Verlauf des Krieges zuerkannt worden sein soll. Ich habe an andrer Stelle[1]) nachgewiesen, daß diese Version sich in der Literatur zuerst 1789 bei Denina (Essai sur Frédéric II, p. 226) findet: „Frédéric II a dit mille fois que le prince Henri étoit le seul qui n'avoit fait aucune faute dans cette guerre." Der alte Thiebault schmückte dann in seinen Berliner Erinnerungen die Sache aus und erzählte, der König habe bald nach dem Hubertsburger Frieden bei einem Gastmahl den Trinkspruch auf den Prinzen ausgebracht: „Allons, Messieurs, à la santé du seul général qui durant cette guerre n'a pas fait une faute: mon frère, c'est à vous"[2]).

Für die Version, welche das Lob aus des Königs Munde nur dem Jahre 1759 gelten läßt, war bisher das Zeugnis eines Zeitgenossen nicht beigebracht worden[3]). Wie sich von selbst versteht, darf nun weder der Verfasser der „Notice", noch Denina als ein einwandsfreier Gewährs= mann gelten; ihre im Jahre 1789 gleichzeitig vorgetragenen abweichen= den Erzählungen beweisen lediglich das eine, daß sich die mündliche Tradition, aus der beide schöpften, 1789 schon gespalten hatte.

Hat König Friedrich seinem Bruder je jenes Lob gespendet, was nicht bestritten zu werden braucht, so hat er demselben nachträglich ein Kompliment machen wollen; denn wir wissen, daß er im Kriege selbst dem Prinzen oft genug Fehler vorgeworfen hat. Die Anerkennung, die dem Prinzen Heinrich von Friedrich dem Großen authentisch und zwar an bedeut= samster Stelle zu Teil geworden ist, lautet ehrenvoll genug und unein= geschränkt: „Le premier de tous de commander une armée, c'est sans contredit mon frère Henry" — die Worte des militärischen Testamentes

---

1) Publikationen aus den preuß. Staatsarchiven XXII, 479. Ein 1784 in der Vie privée d'un prince célèbre p. 66 mitgeteilter Brief eines Geistlichen an einen Marquis de Vargemont (vgl. Schmitt a. a. O. 136) sagt vom Prinzen Heinrich nur: „Ce général à qui l'on ne reproche point de fautes malgré le grand nombre des campagnes qu'il a faites —" ohne Beziehung auf einen Ausspruch Friedrichs II.

2) Thiébault, Mes souvenirs de vingt ans de séjour de Berlin (Sec. édition, Paris 1805, II, 163). Ebenso 1809 der Verfasser der Vie privée, politique et militaire du prince Henri de Prusse (als welcher den einen Bouillé, den anderen de la Roche= Aymond gilt), während 1789 Cogniazo (Geständnisse eines österreichischen Veteranen II, S. XVII) und 1802 Retzow (Charakteristik I, 333; 2. Aufl.) sich mit der Wiedergabe der einfachen Version, ähnlich wie sie bei Denina sich findet, begnügten. Vgl. Schmitt a. a. O. 133.

3) Ich weiß nicht, wie sich die Nachricht bei Preuß II 244 erklärt, daß der König am 13. Nov. 1759 zu Hirschstein gesagt haben soll: „Heinrich ist der ein= zige General, welcher in diesem Kriege keinen Fehler gemacht hat." Ver= mutlich ein Versöhnungsversuch zwischen zwei sich entgegenstehenden Quellenzeug= nissen, wie Preuß zu solchen Versuchen leider geneigt war. Die „Notice sur la vie du prince Henri", auf die sich die eine Hälfte der Angabe berufen könnte, citiert übrigens Preuß, soviel ich sehe, nirgends.

von 1768 [1]). Sie widerlegen zugleich am besten die Fabel von der Eifersucht des Königs auf den Prinzen; sie beweisen, gerade zusammengehalten mit der harten Verurteilung des Prinzen August Wilhelm im Sommer 1757, daß Friedrich Lob und Tadel nach dem wirklichen Verdienst, ohne Rücksicht der Person, aussprach.

Caractère et Portrait du Prince Royal de Prusse[2]).

Monsieur. Ne pouvant vous rien refuser et comptant sur votre amitié et votre discrétion, et que vous ne me citerez jamais, je vous envoie le portrait que vous souhaitez depuis longtemps, mais à condition que ce sera pour vous seul, comme vous me l'avez promis. J'aurai donc l'honneur de vous dire franchement et naturellement les perspectives qu'on peut se faire à vue de pays, en cas que le Roi de Prusse vînt à manquer [3]); il est vrai qu'on peut se tromper sur le sujet du successeur, comme on a fait sur le sujet du Roi; mais il serait à souhaiter que ce fût aussi glorieusement pour lui.

Il me paroit à la vérité avoir le caractère doux, et je lui ai remarqué des traits d'équité et de justice, mais il m'a paru aussi qu'il est sujet à se prévenir contre le personnel, ce qui, joint à l'influence qu' ont sur son esprit les deux princesses ses soeurs [4]), fait faire à quelques-uns de fâcheux prognostiques. Vous savez quelle a été son éducation et par conséquent vous le supposerez peu instruit; il paroit, à la vérité, qu'il commence depuis quelque temps à goûter la lecture, mais il est tard, à son âge, de tourner l'esprit à la réflexion, lequel d'ailleurs n'est pas chez lui d'une grande vivacité. Il en auroit cependant, je crois, assez pour choisir et discerner le bon moyennant de l'application; mais il faut attendre l'événement pour savoir s'il en est capable. Communément on peut cependant, ce me semble, prévoir qu'il s'en faudroit de beaucoup que son règne ne fût aussi vigoureux que c'est celui d'aujourd'hui, et, soit méfiance de ses lumières, soit penchant pour la commodité et pour les plaisirs, il est à supposer qu'il se reposeroit sur autrui, sur une grande partie du gouvernement.

En particulier, pour ce qui a rapport aux affaires étrangères, j'ai lieu de croire qu'il laisseroit faire à son ministère, mais, si on peut lui supposer là-dessus des sentiments particuliers, ou une sorte de système, je me trompe fort ou ce n'est pas celui que suit actuellement le Roi, ou bien la nécessité le lui feroit choisir dans la suite. Le système de fondation de tout le pays, pour ainsi dire, et par conséquent de tous ceux qui l'environnent, est peu favorable à la France, et j'ai remarqué qu'il en a reçu des impressions qui pourraient bien n' être pas aisé à effacer; je ne suis pas même éloigné de croire que le ministère les lui laisseroit volontiers, s'il avoit là-dessus le choix.

---

1) Herausgegeben von A. v. Zahßen (Miscellaneen zur Gesch. Friedrichs d. Großen S. 156). Innere Wahrscheinlichkeit hat deshalb auch die Erzählung bei [Stein], Charakteristik Friedrichs II., Berlin 1798, I, 208: „Als der Prinz Heinrich im Jahre 1767 bei der Revue in Schlesien zugegen war, so sagte der König, indem er die Disposition zu dem Manöver des letzten Tages gab, zu den Offizieren: „Sehen Sie sich wohl vor, daß bei unserm Manöver alles so ausgeführt wird, wie es angeordnet ist; wir werden dieses Manöver vor dem größten General in ganz Europa machen."

2) Am Rande steht: Envoyé par M. de Tilly, 8 octobre, de Berlin.

3) König Friedrich hatte im Februar 1747 einen Schlaganfall gehabt.

4) Welche von den Schwestern neben der unvermählten Prinzessin Amalie gemeint wird, ist nicht ersichtlich; vermutlich die Prinzessin Sophie Dorothea Marie, Gemahlin des Markgrafen Friedrich Wilhelm von Schwedt, die zu der Berliner Hofgesellschaft gezählt wurde.

L'esprit militaire est, pour ainsi dire, dans le sang, ou est devenu une habitude, et, quand la discipline ne seroit pas maintenue avec la même rigueur, il est à supposer cependant qu'elle subsisteroit dans sa plus grande partie. Aussi, pour peu qu'il ouvre les yeux sur son état et sur ses intérêts, il seroit difficile de ne pas voir que c'est là ce qui fait sa principale sûreté. On lui a vu des traits de générosité et d'épargne également; mais la dernière pourroit bien l'importer. On sait aussi qu'il regrette le vide des caisses; je me trompe cependant fort ou il n'en feroit pas un si digne usage. Je n'ai rien remarqué, au reste, qui annonceroit un changement dans le ministère en cas qu'il y en eût sur le trône; mais pour ce qui s'appelle favoris, le choix pourroit bien ne pas tomber sur les mêmes personnes, sans qu'il soit cependant aisé de juger encore pour qui seroit la préférence. Car jusqu'au moment présent, son accueil, comme celui de toute la famille royale, est monté sur celui du Roi. Il seroit seulement à souhaiter que les femmes et les plaisirs n'influent pas beaucoup dans le choix.

Enfin, Monsieur, prions Dieu pour la vie du Roi; quelques bonnes qualités que puisse avoir son successeur, il y auroit toujours à perdre au changement, quand ce ne seroit que relativement à la vigueur, qui fait l'âme du présent gouvernement, mais ne le seroit apparemment de celui qui succèderoit, et qui influe cependant si fort sur la satisfaction des amis et sur le bonheur des sujets également.

VII.

Ueber Parolebücher und Notizkalender aus dem siebenjährigen Kriege.

Von

Otto Herrmann.

Kriegsgeschichten, wie sie uns in den großen amtlichen Darstellungen der preußischen Feldzüge von 1864, 1866 und 1870/71 vorliegen, waren in ihrer exakten Schilderung auch der kleinsten Begebenheiten durch die während der Ereignisse selber regelmäßig und zwar schriftlich erstatteten Rapporte, die den Bearbeitern zur Verfügung standen, ermöglicht. Dagegen wird eine abschließende Darstellung des siebenjährigen Krieges, an welche seitens der kriegsgeschichtlichen Abteilung des Königlichen Großen General= stabs demnächst herangegangen werden soll, nicht zum mindesten des= halb erheblichen Schwierigkeiten begegnen, weil die dienstlichen Rapporte, selbst wenn sie zur Zeit des Krieges regelmäßig an die vorgesetzten Stellen eingereicht wurden, bei weitem nicht mehr in Vollständigkeit vorhanden sind.

Einen zwar keineswegs ausreichenden, aber immerhin willkommenen Ersatz bieten die zum Glück recht zahlreich, teils gedruckt teils hand= schriftlich auf uns gekommenen Tagebücher privaten Ursprungs [1]. Je nach ihrer Herkunft, ihrer größeren oder geringeren Gleichzeitigkeit, ihrem

---

1) Zu unterscheiden von ihnen sind die tagebuchartigen „Relationen" amt= lichen Ursprungs, die als offizielle militärische Nachrichten im Verlauf der Ereig= nisse als Einzeldrucke und durch die Zeitungen veröffentlicht und alsbald in dem großen Sammelwerk der „Danziger Beyträge" wiederholt wurden. Vgl. Fr. Am= mann, Die Schlacht bei Prag, Heidelberg 1887, S. 3 Anm.

Gesichtskreise, ihrem engeren oder weiteren Rahmen haben diese Tage=
bücher, die sich in der uns vorliegenden Form durchgängig als nach=
trägliche Ausarbeitungen kennzeichnen, einen sehr verschiedenen Wert, der
jedesmal erst auf dem Wege eingehender Prüfung und Vergleichung zu
erweisen ist. Der Versuch, die ausgedehnte und vielschichtige Tagebuch=
litteratur nach bestimmten Gattungen abzustufen, ist an anderer Stelle
gemacht worden [1]; im Anschlusse daran bezwecken die hier folgenden Zeilen,
mit Rücksicht auf die grundlegende Bedeutung, welche dem Gegenstand
für die Quellenkritik beikommt, die Entstehung und Entwicklung dieser
Tagebuch = Ausarbeitungen aus den ersten Keimen und Ansätzen an ein
paar greifbaren Beispielen zu veranschaulichen, so weit eben die geringen
erkennbaren Spuren reichen.

Wir erkennen als Unterlagen, als ursprünglichste Bestandteile der
späteren Ausarbeitungen zwei Grundformen, das Parolebuch und den
Notizkalender.

So ist uns z. B. eine Handschrift erhalten [2], in welcher sich die
Parolebefehle oder „Dispositionen" des Grafen Schwerin für die Armee,
die er von Beginn des Krieges bis zu seinem Tode in der Prager
Schlacht selbständig kommandierte, bei einander finden. Obenan steht
immer das Datum, dann folgt Parole und Feldgeschrei, weiter der
Parolebefehl selbst und endlich die Namen derjenigen Offiziere, die für
den folgenden Tag du-jour haben [3].

Wir geben als Beispiel einen Tagesbefehl nach dem Manuskript:
„Das Haupt quartier zu Augest den 24. Sept. 1756.
  Par. : Stettin.   Feldgeschr. : Bevern.
  Die Regimenter sollen bey den General Adjudanten eingeben
wie weit sie mit Brod und Fourage versehen sind, und sich alle
Stunde marschfertig halten. Die Regimenter, bey denen die De-
sertion so stark einreißt, davon werden sich die Chefs u. Comman-
deurs schlecht bey Jhro Maj. recommandiren. Cavallerie und In-

---

1) Jn des Verfassers Dissertation: Ueber die Quellen der Geschichte des
siebenjährigen Krieges von Tempelhoff, Berlin 1885, S. 44—58. Vgl. oben
S. 44 dieses Heftes.

2) Geh. Staatsarchiv Rep. 92, 199. 200.

3) Parole, Feldgeschrei und die Namen der Offiziere du jour fehlen
in dem Abdruck der Schwerinschen Dispositionen von 1756, den das militärische
Journal „Bellona" im dritten Stück bringt; der Herausgeber Seidl erlaubte sich,
wie es scheint, zum Zwecke der Veröffentlichung gern Kürzungen der vor ihm
liegenden Handschriften (vgl. meine Dissertation S. 49 Anm.)

fanterie muß die fourage so viel in der Welt möglich menagiren damit wenn wir marchiren die Infanterie zum wenigsten auf 1 tag die Cavallerie aber auf 2 biß 3 tage entnehmen könne, weil der march vermuthlich nicht weit gehen dürfte.

Gute Wacht zu halten und fleißig zu patrolliren.

Gen. du Jour G. M. v. Kursell.

v. Stechow.

Feldwacht Major v. Katt."

Es handelt sich meist um Fouragierung (d. h. es wird angegeben, aus welchen Orten souragiert werden, welcher Teil des Korps die Be= deckung bilden und wer Kommandeur sein soll), ferner um Aufrecht= erhaltung der Disziplin (strenge Strafen für Plündern, Marodieren und Desertieren) und der Wachsamkeit auf den Feldwachen (Befehle für Vor= posten, Patrouillen u. s. w.) Ueber das Plündern heißt es unter dem 7. Oktober 1756:

„Es soll allen Fourageurs u. Knechten Mann vor Mann angesagt werden daß dasern sich einer oder andere gelüsten läßt in ein Haus zu brechen und die geringste desordre durch marodiren zu machen, er so= gleich ohne Gnade gehangen werden soll. Zu dem Ende soll der Policey Meister mit dem Scharfrichter dem ein Commando von 1 Officier und 10 Husar zur Escorte gegeben wird durch die Dörfer patrolliren, u. diejenige so marodiren gleich ohne weiteren Process aufhängen lassen."

Die Parolebefehle der Hauptarmee unter dem Befehl des Königs sind für den ersten Feldzug ziemlich vollständig erhalten in dem „Tage= buch des Feldzuges von 1756" im Nachlaß des Grafen Victor Amadeus Henckel von Donnersmarck[1]), der als Sekonde = Lieutnant im Regiment Prinz von Preußen am 8. November 1756 Adjutant des Prinzen Heinrich wurde. Der Inhalt ist auch hier ziemlich derselbe wie in den Schwerin= schen Dispositionen, d. h. es handelt sich um Bestimmungen über den inneren Dienst, das Exerzieren, die Instandhaltung des Anzuges u. s. w. So heißt es am 11. September:

„Memel. Franz. Es wird nochmals erinnert, daß keine Leute aus der Feldwacht gelassen werden sollen, und soll allemal ein Ofizier dabei sein, wenn etwas geholt wird. Morgen sollen sich die Leute pudern und propre machen. Dujour: Generallieutenant Winterfeld, General= major Quadt, Oberst Münchow, Oberst Stranz, Major Kikol."

Ueber Lagerordnung und das Reinigen der Gewehre wird am 22.

---

1) Herausgegeben von K. Zabeler, Zerbst 1846, I, 1, 15—85 (28. August bis 30. Dezember 1756).

September befohlen: „Cosel. Christoph. Morgen ist weiter nichts zu erinnern, als daß kein Offizier ohne Permission des Königs aus einem Lager in das andere reiten soll. Die Gewehre sollen nachgesehen und wo es nöthig, frisch geladen werden" u. s. w.; also, wie die moderne Be= zeichnung lautet: es wird ein Appell mit Gewehr befohlen.

Im Uebrigen unterscheidet sich aber das Henckelsche Parolebuch von 1756 in dreifacher Beziehung, und dies sind ebensoviel Schritte in der Fortbildung dieser Form, von dem Schwerinschen Parolebuch. Denn:

Erstens werden, was dort nie geschieht, bisweilen die Befehle des Höchstkommandirenden erläutert, z. B. S. 36: „Den 28. [Sept. 1756] Altona. Konrad. Es soll nichts vor die Vorposten gelassen werden, und die Husarenpatrouillen sollen die ganze Nacht gehen". — Henckel setzt hinzu: Solches geschah wegen der Desertion, da zwei Mann von Moritz desertiret.

Sodann kürzt Henckel gelegentlich die Parolebefehle ab, bez. er giebt sie nur ihrem Inhalt nach wieder; z. B. S. 24: „Den 12. [Sept. 1756] Pillau. Es wurden wegen der Propretät der Leute Befehle ge= geben"; oder er läßt auch den Parolebefehl mit den Worten: „Es ist morgen nichts neues", „morgen ist wieder nichts neues" u. s. w. ganz fort.

Endlich, und das ist der wichtigste Punkt: Henckel giebt neben den Parolebefehlen eine selbständige Darstellung in französischer Sprache[1]. Was uns von derselben vorliegt, scheint noch durchweg auf e i g e n e r A n s c h a u u n g zu beruhen und unmittelbar nach den Ereignissen[2] auf= gezeichnet zu sein.

Knüpft hier, wie wir gesehen haben, die Entwicklung der Tagebücher an die P a r o l e b e f e h l e des Oberstkommandierenden an, so ist uns das Exemplar eines N o t i z k a l e n d e r s in vollkommener Originalität er= halten unter dem Nachlaß des Prinzen Heinrich im geh. Staatsarchiv. Dort findet man zwei Notizbücher in Oktavformat, mit grünem Deckel und grüner Schnur. Sie umfassen die Jahre von 1756—1763. Der Prinz hat die Eintragungen eigenhändig, bald mit Bleistift und bald mit Tinte, gemacht. Wir haben hier meist ganz kurze Notizen vor uns

---

1) Sie ist erst von dem Herausgeber seines Nachlasses, Hauptmann Zabeler, in das Deutsche übertragen worden.

2) Vgl. hierzu R. Schmitt, Prinz Heinrich von Preußen als Feldherr im siebenjährigen Kriege (Greifswalder Dissert. 1885) S. 20; der dort hervorgehobene Fall ist aus dem Tagebuch von 1757.

3) Rep. 92. 195.

liegen; z. B. wird die ereignißreiche Zeit vom 15.—21. November 1759 nur mit ganz wenigen Worten skizzirt. Es heißt da im Notizkalender:

le 15 Finck a freiberg.

le 16 Finck a Dipoldswalde fait des prisonier et prend 2 canon

le 17 l'armee a Limbuch Zieten a Kesselsdorf

le 18 l'armee a Wilsdruf Finck a Maxen Wunsch a Dohna

le 20 finck attaque et battu Hulsen detache marche jusqu'a Colmitz Kleist revient de la Boheme et trouve Dipoldswalde occupe mais en chasse l'ennemi

le 21 Finck rendu prisonier de guere Hulsen a Dipoldswalde.

Nach der Schlacht bei Roßbach zeigt das Notizbuch eine Lücke, vermutlich[1]) weil dem Prinzen seine Wunde am Arm das Schreiben verbot.

Das Bruchstück eines anderen derartigen Notizbuches ist wieder aus dem Nachlaß des Grafen Henckel zum Vorschein gekommen; es ist aus der Zeit vom 4. November bis 17. December 1757. Am 4. November bricht nämlich das ausgearbeitete Tagebuch Henckels plötzlich ab. Der Herausgeber weiß den Grund dafür nicht anzugeben und giebt uns zum Ersatz die entsprechende Stelle aus dem „Notizkalender", „nach welchem Graf Henckel seine Tagebücher manchmal erst einige Tage nach den Begebenheiten auszuarbeiten pflegte"[2]). Es ist zu bedauern, daß dieser Notizkalender nicht vollständig abgedruckt ist, da wir aus ihm jedenfalls ursprünglichere Nachrichten entnehmen könnten, als aus dem ausgearbeiteten Tagebuche, das für 1757 durch das Fehlen der Parole= befehle ohnehin geringeren Wert hat als das oben besprochene von 1756 und meist nur gehässige Aeußerungen des Königs und gegen den König enthält. Die gänzliche Einstellung der Ausarbeitung der Tage= bücher ist wohl keine zufällige. Henckel wollte offenbar, nachdem er im Vorangehenden bei Besprechung der Schlachten bei Prag und namentlich bei Kolin die Unfähigkeit des Königs, wie er glaubte, glänzend dar= gethan, nun durch eine eingehende Schilderung der jedem Preußen ewig denkwürdigen Schlachten von Roßbach und Leuthen sich nicht selbst ins Gesicht schlagen. Daher fühlte er sich nicht genöthigt, seinen Notiz= kalender weiter auszuarbeiten, in welchem es unter dem 5. November sehr lakonisch heißt: (S. 340) „Schlacht bei Reichertswerben (Roßbach). Der Prinz (scil. Heinrich) wird verwundet und geht nach Merseburg", während die Schlacht bei Leuthen überhaupt gar keine Erwähnung

---

1) Vgl. Schmitt a. a. O. S. 46. Anm. 2, der bei dieser Gelegenheit und S. 2 Anm. 1 die Notizbücher kurz erwähnt.

2) Milit. Nachlaß I, 2, 340—342.

18 *

findet. Im Uebrigen hat der Kalender die knappe Form mit jenen Tagebüchern des Prinz-Heinrichschen Nachlasses gemein. Die kurzen Notizen zu den einzelnen Kalendertagen sind offenbar ganz gleichzeitig; der Vermerk zum 22. November: „Die unglückliche Schlacht bei Breslau", von welcher der Besitzer des Kalenders im Hauptquartier des Prinzen erst nach einiger Zeit Nachricht erhalten konnte, findet sich nach Angabe des Herausgebers „mit anderer Tinte zwischen den Zeilen geschrieben".

Dasjenige, was sich an die knappen, Tag für Tag im Notizkalender gemachten Aufzeichnungen später anschloß, beschränkt sich bei den Verfassern der meisten Tagebuch-Ausarbeitungen nun zum Glück nicht auf bloße Kritik wie bei Henckel; sie suchten vielmehr vor allen Dingen zur Bereicherung ihrer Darstellung authentisches Material in die Hände zu bekommen. Wir verstehen darunter, außer den Dispositionen zu Märschen, Belagerungen und Schlachten, die Dislokations- und Kantonnierungs-Listen, ferner die sogenannten Stärkerapporte, die wieder in Tages-, Abgangs-, General- und Complettierungs-Listen zerfallen[1]). Gewöhnlich wurde die Muße der Winterquartiere dazu benutzt, dieses Material zu sammeln und mit den eigenen Aufzeichnungen zu einer einheitlichen Darstellung zu verschmelzen.

Der Sammeleifer muß ein sehr großer gewesen sein. Dies erhellt schon aus den im Archiv des Großen Generalstabs erhaltenen, leider nur dürftigen Ueberresten des Briefwechsels einiger dieser Offiziere über ihre schriftstellerische Thätigkeit. Ein berühmter Sammler ist, außer Gaudi, auf dessen Journal wir bei anderem Anlasse zurückkommen werden, der Oberst von Scheelen gewesen, der im Regiment Garde den siebenjährigen Krieg mitmachte und dessen Nachlaß (das sog. „Verzeichniß Scheelen") in der ebenfalls aus dieser Zeit erhaltenen Registratur des 1. Bataillons Garde sich im Kriegsarchiv befindet. In einem Briefe vom Dezember 1760 bedankt sich Gaudi, damals Major, bei ihm für übersandte Nachrichten und erklärt, er habe seine litterarischen Vorarbeiten ziemlich beendet; nur eine Verlustliste von Torgau fehlte ihm noch. Am 29. März 1761 schreibt er, ebenfalls an Scheelen: „Auf ihren Brief vom 13ten April habe nicht eher als jetzo antworten können, weil ich das, was Sie von mir zu wissen verlangt, nicht eher in Erfahrung gebracht. Hier ist alles was neu gerichtet worden."

----

1) Vgl. des Verfassers Dissertation S. 32—36.

Es folgen nun die Namen der neu errichteten Bataillone. Darauf wird die Stellung Dauns und der Preußischen Hauptarmee beschrieben; am Schlusse heißt es:

„Der General Lieut. Hülsen stehet mit einem besonderen Corps auf denen Katzenbergen ohnweit Nossen und bey diesem Corps befinde ich mich auch wieder.

Sammlen sie fleißig lieber Freund und seyn sie versichert, daß ich es von meiner Seite auch thun werde; leben Sie wohl.
Katzenhäuser d. 29. März 1761.
Gaudi M[ajor].“

Ein Kapitän Grabowski (Sohn des Tribunalspräsidenten in Königs= berg) schreibt im März 1761 [1]):

„Seit unserem Abmarsch aus Naumburg und bey unseren täglichen märchen biß in hiesige Gegend, hat es mir sowohl an der Zeit als an der Gelegenheit gefehlet unseren Brief Wechsel fortzusetzen. Jetzo werden wir vermutlich noch einige Tage oder vielleicht so viele Wochen stehen bleiben und da Euer Hochwohlgeboren von denen Umbständen der aus Sachsen angekommenen Königl. armée e t w a s z u w i ß e n v e r l a n g e n, so habe ich die Ehre ihnen davon so viel ich mich erinnern kann fol= gendes zu melden“ u. s. w.

Endlich sei noch eines an v. Scheelen gerichteten Briefes von dem Brigademajor Beffel d. d. Warmbrunn 28. Juni 1761 gedacht. Der= selbe beginnt: „Herzliebster Bruder! um dir nicht lange aufzuhalten, so melde ich dir hiermit von allen dem verlangten was ich mit gewiß weiß.“

Es sind dies kurze Nachrichten über die Hauptarmee und das Goltzsche Korps. Der Schreiber fährt fort:

„liebster Bruder, das ist alles Was dir vorläuffig melden kann mit nächstens aber Ein mehreres. Nun aber bitte en change mir nach= stehendes beliebigft zu bedeuten:

1) Was ist das für ein Stutterheim? . . .

2) Wo ist der Gen. v. Schlaberndorf?

3) Wo ist das 2. Bat. Horn?

4) Wo sind die Batt. von der Land Miliz geblieben?

5) Was stehet in den Garnisons von Peitz Torgau Wittenberg Leipzig Spandow? —

u. s. w., im Ganzen zehn Anfragen. Der Brief schließt mit den Worten:

---

1) Wer der Empfänger war, ist nicht ersichtlich; vielleicht wieder Gaudi.

„Verzeihe daß ich dir seit so viel Wochen (?) stets beschwere, allein Es soll mit Dein Nutzen sein, und glaube daß ich recht fleißig bin; ich bin wie Eine Biehne die aus vielen Blumen ihren honig macht."

Wie aus der mitgeteilten Korrespondenz hervorgeht, tauschte man also gegenseitig Nachrichten aus, übersandte Materialien zu Tagebüchern, verlangte aber als Aequivalent dafür detaillierte Nachrichten zur Ver= vollständigung der eigenen Tagebücher. Ja, befreundete Offiziere über= sandten sich wohl auch gelegentlich nicht bloßen Rohstoff, sondern ein schon ausgearbeitetes Tagebuch zur Abschrift. So schreibt Beßel an v. Scheelen[1]):

„Da du das journal nicht haft völlig copiren können, so übermache es Dir nochmahlen und kannstu es 14 Tage bis 3 Wochen behalten; indeffen bitte solches Niemandem zu communiciren; den Nachtrag werde dir mit Nächstens übermachen."

Dieses Leihen und Kopiren fremder Tagebücher geschah meist, so= bald ein Offizier die Geschichte eines ganzen Feldzuges in Tagebuchform geben wollte. Er selbst konnte ja nur die Begebenheiten bei dem Truppenteil, dem er angehörte, Tag für Tag aufzeichnen; sollten diese Aufzeichnungen zu der Armeegeschichte wenn auch nur eines Jahres ver= vollständigt werden, so mußte der Verfasser entweder am Schlusse des Feldzuges die bei anderen Korps geführten Journale abschreiben und dem seinigen einverleiben, oder er ließ sich noch während des Feldzuges von Korrespondenten bei anderen Korps in kürzeren Zeiträumen deren Notizen — gewissermaßen Bruchstücke von Tagebüchern — übersenden und verarbeitete sie in seine Darstellung. Die letztere Art der Ent= stehung dieser umfassendsten Kategorie von Tagebüchern schildert uns ein Zeitgenosse, der Generalquartiermeister=Lieutenant von Barsewisch:

„Wann dergleichen Journales stattfinden sollen, so wird dazu er= fordert, daß etwann ein adjutant von Sr. Majestät dem Könige oder eines anderen commandirenden Generals ein Haupt Journal führt und bei jedem Regiment und detachirten Corps einen Correspondenten hat, so die Tage vermerkt und selbige Notizen von Zeit zu Zeit dem adju= tant einhändiget, woraus alsdann eine völlig richtige Geschichte zu ent= werfen wäre"[2]). Eine solche „völlig richtige Geschichte" wird, wie man

---

1) Generalstabsarchiv C VII, 12, S. 829.
2) Meine Kriegs=Erlebnisse während des siebenjährigen Krieges, 1757—1763. Aus dem Tagebuch des K. Preuß. General=Quartiermeisters=Lieutenants E. F. R. v. Barsewisch. Berlin 1863, S. 33.

sieht, synchronistisch sein, während bei der zuerst beschriebenen Ent=
stehungsart der Verfasser die verschiedenen Tagebücher periodenweise in
einander einschachtelt — die häufigere, weil mit einer fortlaufenden Dar=
stellung allein verträgliche Form.   Sie ist namentlich von Gaudi ange=
wendet worden.

Eine Folge des häufigen, teils ganz mechanischen, teils modifizie=
renden Abschreibens der Tagebücher, die hier noch bemerkt sein mag, ist
die Aehnlichkeit von zwei, drei, ja noch mehreren, denselben Gegenstand
behandelnden Journalen, die es wiederum dem Forscher erschwert, die
ursprüngliche Gestalt festzustellen.

VIII.

Die Luxussteuer in Preußen von 1810—1814.

Von

Karl Mamroth.

Eine finanzgeschichtliche Untersuchung darf sich der Aufgabe nicht entschlagen, einen Blick auf den Zustand der Volkswirtschaft in der zu schildernden Epoche zu werfen. Zwar gebe die Volkswirtschaft, sagt Schmoller, für die Staatswirtschaft gewisse Bausteine her, sie verleihe ihr damit einen gewissen Charakter; aber Grundriß und Aufbau dieses Gebäudes könnten deshalb noch unendlich verschiedenartig, schön oder häßlich, fest oder gebrechlich gestaltet sein. Dies gilt vom Ganzen. Aber im Einzelnen: wie ließe sich z. B. ein Urteil darüber, ob ein kostspieliges Katasterwerk in einer bestimmten Zeit, in einem bestimmten Lande angebracht gewesen sei oder nicht, anders fällen als nach eingehender

Quellen: Die im geh. Staats-Archiv zu Berlin befindlichen Akten des Finanz-Ministeriums: „Acta generalia wegen Einführung der neuen Konsumtions-Steuern, namentlich wegen des Blasenzinses"; „Acta generalia betr. die Erhebung der Luxus-Steuer 1811/12/13"; „Acta der geheimen Registratur des Staats-Kanzlers betreffend die Verordnung wegen Aufhebung der Luxussteuer 1814" (diese drei R 74 MXXXVIII). Außerdem lagen mir die Provinzialakten über die Luxussteuer vor; sie enthalten indessen sehr wenig. Litterarische Hilfsmittel: Heinrich von Treitschke, Deutsche Geschichte im 19. Jahrhundert Bd. I u. ff.; Ranke, Sämmtliche Werke Bd. XLVIII; Erwin Nasse, Die preußische Finanz- und Ministerkrisis im Jahre 1810 und Hardenbergs Finanzplan, in Sybel's Historischer Zeitschrift Bd. XXVI (1871) S. 282 u. ff.; Carl Dieterici, Zur Geschichte der Steuer-Reform in Preußen von 1810 bis 1820 (Berlin 1875); Gustav Schmoller, Die Epochen der preußischen Finanzpolitik, in Holtzendorff-Brentano's Jahrbuch für Gesetzgebung ꝛc. Bd. I (1877) S. 33 ff.; Leben des Ober-Präsidenten Freiherrn von Vincke, nach seinen Tagebüchern bearbeitet von E. von Bodel-

Untersuchung der Lage der betreffenden Landwirtschaft in ihrem Ver=
hältnisse zur Industrie und zum Handel — zu jener Zeit, in jenem
Lande? wie ließe sich die Einführung einer Kapitalrentensteuer anders
würdigen, als indem wir die Höhe des mobilen Kapitals mit dem im=
mobilen vergleichen?

Daher werden auch wir uns zunächst darüber unterrichten müssen,
wie der Zustand der preußischen Volkswirtschaft um das Jahr 1810
beschaffen war.

Es ist bekannt genug, daß damals in Preußen der Wohlstand tief
gesunken gewesen ist. Die Mittel der Produktion waren durch den
Krieg zerstört, der Kredit war von Grund aus vernichtet. Den Grund=
eigentümern hatte ein allgemeines Moratorium bewilligt werden müssen.
Schwer lastete auf dem unglücklichen Lande die Unterbindung des aus=
wärtigen Verkehrs durch die Kontinentalsperre.

Auf Grund der in den Akten enthaltenen Mitteilungen möge von
dem Zustande Litthauens und Ostpreußens im Jahr 1810 eine kurze
Beschreibung hier folgen.

Litthauen trieb vorzüglich Ackerbau; von ackerbauenden Gegenden
umgeben, hatte es wenig Gelegenheit zum Absatz und mußte bei seinem
Handel seine Produkte weit zu Lande verfahren. Die Getreide= und
Fleischpreise standen daher dort gewöhnlich sehr niedrig, viel niedriger
als in der Mark Brandenburg, welche Berlin als Hauptabsatzort hatte.
Das Brauereigewerbe Litthauens war höchst unbedeutend; dagegen hatte
schon damals keine andere preußische Provinz eine ähnliche Branntwein=
Fabrikation: man schätzte den Wert der Brauerei und Brennerei von
sachverständiger Seite auf den vierten Teil des Wertes der Güter. Die

---

schwingh (Berlin 1853); Die Kurmark Brandenburg im Zusammenhange mit
den Schicksalen des Gesammtstaats Preußen während der Jahre 1809 und 1810.
Aus dem Nachlasse des Wirklichen Geheimrats Magnus Friedrich von Bassewitz
herausgegeben von Karl von Reinhard (Leipzig 1860); Theodor Gottlieb von
Hippel, der Verfasser des Aufrufs: ‹An mein Volk›, von Dr. Theodor Bach
(Breslau 1863); die Allgemeine deutsche Biographie; G. W. v. Raumer, Ueber=
sicht der Veränderungen in der obersten Verwaltung des Staats unter der Regie=
rung des Hochseligen Königs Friedrich Wilhelm des Dritten Majestät von
1797—1840 (als Handschrift gedruckt 1840); Ernst Meier, Die Reform der Ver=
waltungs=Organisation unter Stein und Hardenberg (Leipzig 1881).

Vgl. über die in Rede stehende Luxussteuer insbesondere J. G. Hoffmann,
Die Lehre von den Steuern als Anleitung zu gründlichen Urteilen über das Steuer=
wesen mit besonderer Beziehung auf den preußischen Staat vorgetragen (Berlin
1840) S. 229—231.

Schafhaltung stand auf niedriger Stufe. Von den ganz großen Schäfe=
reien abgesehen, gab es nur kleine grobwollige Schafe; nirgends wurden
sie gemelkt; in Masuren und in anderen Gegenden Litthauens bildeten
sie fast die einzige Fleischnahrung des ärmlichen Landmannes: er hielt
sich ein paar Schafe auf der Weide und schlachtete sie im Herbst oder
Winter. Die sehr zahlreiche Klasse ländlicher Arbeitsleute hatte in der
Regel kein eigenes Land, sondern wohnte auf den größeren Gütern in
den Insthäusern zur Miete. Der Gutsherr gab dem Instmann für
einiges Vieh freie Weide: dafür übernahm der Instmann gegen einen
verhältnismäßig sehr niedrigen Lohn die Verpflichtung, im Winter zu
dreschen, im Sommer andere ihm zugeteilte Arbeiten zu verrichten. Der
Drescherlohn wurde in Masuren gewöhnlich in Getreide bezahlt: durch
die niedrigen Getreidepreise, die damals in dem verkehrlosen Masuren
herrschten, litten die kleinen Leute gewaltig.

Außer den älteren Abgaben zahlte Littauen eine sehr lästige und
besonders den gemeinen Mann drückende Kriegs=Kontribution. Der
Kriegsschaden wurde, ungerechnet den verminderten Wert der Grundstücke,
auf mindestens 10 Millionen Thaler geschätzt. Das nach dem Kriege
folgende allgemeine Viehsterben hatte mehr noch als der Krieg selbst
die Provinz zurückgebracht.

In der ganzen Provinz Ostpreußen herrschte ein unübersehbares
Elend. Die Gegenden an beiden Seiten der Alle, an beiden Seiten der
Passarge, die hauptsächlich zum Kriegsschauplatz gedient hatten, waren
beinahe völlig zu Grunde gerichtet. Wo ehemals ansehnliche Ortschaften
gestanden hatten, war noch im Dezember 1810 kein einziges Gebäude
wieder aufgeführt, keine Feldmark seit dem Kriege umgeackert oder besäet.
Die verwüsteten Dorfstellen waren mit hohem Grase bewachsen. Der
größte Teil der früheren Bevölkerung hatte die Heimat verlassen oder
war gestorben: eine Folge des Mangels an Lebensmitteln im ersten
Jahre nach dem Kriege. Ein großer Teil der Bauerhöfe war noch
immer unbesetzt. Auch mehrere Städte waren fast völlig ruiniert: in
den abgebrannten Städten Seeburg, Heiligenbeil, Guttstadt und Rössel
lag der größte Teil der Brandstellen wüst. Freilich, so tief wie in den er=
wähnten Gegenden war der Wohlstand nirgends sonst gesunken; aber überall
in Ostpreußen waren die verderblichen Folgen des Krieges sehr sichtbar. Tief
lag das Gewerbe in den Städten wie auf dem platten Lande darnieder. Auf
den Komplex derjenigen Güter, von welchen beim Ober=Landes=Gericht die
Hypothekenbücher geführt wurden, deren Wert 23 607 467 Thlr. betrug,
waren im ganzen 20 718 355 Thlr. Hypothekenschulden eingetragen: eine
enorme Verschuldung — 87,76 Przt.! Ueber den Betrag der Wechselschulden,

gewiß eine ungeheuere Summe, läßt sich nichts annähernd Sicheres sagen. Auf keinem einzigen Gute war das Wirtschaftsinventar voll=ständig. 1809 wurden in Ostpreußen 91 492 Menschen weniger ge=zählt als 1805; bezüglich des Viehstandes betrug das Minus

an Pferden: 46 748
„ Ochsen: 54 913
„ Kühen: 76 064
„ Schafen: 170 050
u. f. w.

Selbst zu den erbärmlichen, damals marktgängigen Preisen ließen sich beträchtliche Getreidequantitäten in Ostpreußen fast garnicht mehr anbringen. Der Speicher des Kaufmannes war überladen: infolge hoher Vorschüsse an Abgaben für Kolonial= und Manufaktur=Waren fehlte es ihm an Geld, selbst zu den niedrigsten Preisen zu kaufen.

Auch in den anderen Provinzen Preußens sah es traurig aus, wenn auch besser als in Litthauen und Ostpreußen. So schrieb am 10. Dezember 1810 ein schlesischer Großgrundbesitzer, der Graf Johann Karl Praschma auf Falkenberg, an den Staatskanzler, er habe durch den unglückseligen Krieg an seinem Vermögen eine Einbuße von mindestens 100 000 Thalern erlitten; sein jährliches Einkommen sei um mehr als die Hälfte vermindert; er habe seinen Hausetat wie den Etat seiner Kinder auf die Hälfte reduzieren müssen: dies alles infolge des gefallenen Wertes aller Erzeugnisse, durch den schrecklichen Mangel an barem Gelde und den aus diesem Grunde natürlichen Mangel an Absatz der Erzeugnisse. Eisenwerke und Forsten hätten dermalen die schlechteste Einnahme; aber Zins= und andere Zahlungen, Steuern und Abgaben hätten zugenommen. Ein früherer schlesischer Landschafts=Direktor, der Freiherr von Kottwitz, fürchtete (Schreiben vom 15. Dezember 1810 an Hardenberg), daß der Bankerott der Gutsbesitzer in Schlesien fast all=gemein sein werde, wenn nicht bei Aufhebung des General=Moratoriums derjenige, welcher trotz genügender Aktiva einzig und allein durch den Mangel an barem Gelde zu zahlen unfähig sei, mittelst eines Spezial=Moratoriums geschützt werde. Vornehmlich litten die Bewohner Schlesiens, welche an der Grenze wohnten: denn das benachbarte Polen über=schwemmte die Provinz mit Getreide. Von der Kurmark im Jahr 1809 be=richtet Bassewitz, daß dort die Besitzer von ländlichen Grundstücken sehr verschuldet gewesen seien; ihr Viehstand, besonders an Rindern und Pferden, war sehr verringert, und bei Mangel an barem Gelde war wenig Kredit vorhanden. In Westpreußen, so schrieb im Dezember 1810 an Hardenberg ein angesehener Mann, Herr von Rosenberg, habe man durch

Freund und Feind so schrecklich gelitten, daß außer Juden und Wucherern ein jeder ehemals bemittelte Einwohner, wo nicht gänzlich verarmt, so doch so gestellt worden, daß der letzte Kredit nur gegen ungeheuere Zinsen zu erhalten möglich sei.

Dies war der Zustand der preußischen Volkswirtschaft im Jahre 1810, als die Luxussteuer eingeführt wurde: in einem Zeitpunkte der denkbar schlechtesten wirtschaftlichen Lage, wo der Luxus sicherlich im Fallen begriffen war. Man ging von dem Gedanken aus, daß eine Besteuerung der Lebensbedürfnisse der unteren Klassen gerechterweise ergänzt werden müsse durch eine Besteuerung, welche die oberen Klassen zu treffen habe. Die ein Jahr vorher eingeführte Besteuerung des Gold- und Silbergeräts, der Perlen und Juwelen hatte einen anderen Zweck: man wollte einerseits den Umlauf des baren Geldes erhöhen, andererseits das totliegende Kapital flüssig machen.

Hardenberg, seit dem 6. Juni 1810 Staatskanzler, übernahm gleich am folgenden Tage auch das Finanzministerium. Sein Plan, welcher das nach dem unglücklichen Kriege von 1806 und 1807 zerrüttete Finanzwesen zu ordnen bestimmt war, war im wesentlichen der folgende: Schaffung von schnell realisierbarem Staatsvermögen durch einen Teil der direkten Kontribution, Ausdehnung der Akzise auf das platte Land, Fundierung der Tresorscheine und aller Staatsschulden, sowie Einrichtung einer Nationalbank. Die beiden Haupt-Spezialgesetze waren das Konsumtionssteuer-Edikt und das Edikt über die Einführung einer allgemeinen Gewerbesteuer. Im Oktober 1810 hatte Hardenberg dem Könige seinen Entwurf vorgelegt; er führte den Titel: „Grundzüge eines neuen Finanzplanes nach den neuesten Erwägungen." 21 Millionen sollte der Staatshaushalt aufbringen; die Ausdehnung der Grundsteuer, die Erhöhung der Stempelsätze, die Patentsteuer, sowie die neue Konsumtions- und Luxussteuer waren bereits eingerechnet.

In der Gesetz-Sammlung wurde ausdrücklich gesagt, man habe in dem durch das Gesetz vom 28. Oktober 1810 genehmigten Finanz- und Steuerplan hauptsächlich deshalb jene Luxussteuer mit übernommen, um den wohlhabenden Teil der Unterthanen außer den gewöhnlichen allgemeinen Lasten noch zu außerordentlichen Steuerbeiträgen nach Maßgabe der äußeren Zeichen der Wohlhabenheit heranzuziehen. Besteuert wurden die männliche und die weibliche Dienerschaft, Wagen, Pferde und Hunde. Die Steuersätze waren progressiv. Bei männlichen Bedienten betrugen sie für jeden zwischen 6 und 20 Thaler jährlich; von weiblichem Gesinde war eine Person stets steuerfrei: bei mehr als einer hatte man 2 bis 6 Thaler zu zahlen. Wer also z. B. einen Bedienten hielt, zahlte 6 Thaler, wer dagegen drei hielt, für jeden 10 Thaler jährlich. Ebenfalls mit der Zahl steigende Sätze waren für Wagen und für Pferde eingeführt: für ein Reit= oder Kutschpferd wurden jährlich 6 Thaler, für einen vierrädrigen Wagen 8 Thaler, für einen Hund 1 Thaler bezahlt u. s. s.[1])

Es ist möglich, daß der damalige Chefpräsident der Regierung zu Potsdam, der spätere Oberpräsident von Westfalen, Freiherr von Vincke, die Einführung der Luxussteuer veranlaßt hat. Vincke war ein schlichter und einfacher Mann, dem jeder Prunk auf's Aeußerste verhaßt war. Es ist für ihn charakteristisch, daß er schon als Jüngling, als er in Hessen am 2. Januar in Leinwand gehüllte frohnende Bauern erblickte, in sein Tagebuch schrieb, daß er sich seines Anzuges, des feinen Tuchs des Rockes geschämt und den heiligsten Vorsatz gefaßt habe, dereinst auf dem Felde seiner Thätigkeit sich der größten Einfachheit der Speisen und Kleidung zu befleißigen. Und im August 1808 äußerte sich Vincke dem Könige gegenüber, die meiste Anhänglichkeit an König und Vaterland sei noch unter den niederen Ständen zu finden; er schilt die Einseitigkeit und den Egoismus, welchen vor der Unglückszeit „ein großer Teil der sogenannten gebildeten Klassen" besessen habe. In einem 1809 ver= faßten Aufsatze spricht sich Vincke über Luxussteuern dahin aus: die Steuer auf männliches Gesinde sei wohlthätig, weil sie die organisierte Faullenzerei der Dienerschaft in großen Häusern vermindere und selbst auf dem Lande eine Beschränkung der Dienstboten zu gunsten der viel produktiveren Akkordarbeit herbeiführen werde; die Steuer auf Pferde treffe zwar ein unentbehrliches Bedürfnis, aber ein solches, in dessen Befriedigung eine höchst nachteilige Verschwendung in allen Provinzen stattfinde; und die Wagensteuer besteuere den Luxus in einem sehr wesentlichen Artikel, fortschreitend mit dem Ueberflusse der Besitzer.

Ist es demnach wahrscheinlich, daß Vincke für die Einführung einer solchen Steuer in Preußen wirkte, so dürfen wir doch nicht vergessen, daß, ebenso wie Vincke, alle damaligen höheren Regierungsbeamten Kenner und — mehr oder weniger — Bewunderer der englischen Volks= wirtschaft und Besteuerung waren: in England aber bestand ja die Luxussteuer. Um die Mitte des vorigen Jahrhunderts entstanden, wurde sie späterhin erhöht, im Jahre 1797 vorübergehend verdreifacht; im Jahre 1808 war der Steuersatz am höchsten. Einzelne Be= stimmungen der preußischen Luxussteuer verraten deutlich die Anlehnung an das englische Vorbild. Ein Beamter, dem wir noch begegnen werden, Hippel, hatte bereits in einer im Jahre 1800 anonym er=

---

1) Das Nähere bei J. G. Hoffmann a. a. O. S. 229.

schienenen Schrift Luxussteuern für den preußischen Staat empfohlen — mit ausdrücklichem Hinweise auf England.

Bevor wir zu unserem eigentlichen Thema kommen, müssen wir von den Behörden und Beamten, welche bei Durchführung der Luxus= steuer in Betracht kommen, sprechen.

Hardenberg hatte sich zur Unterstützung bei seinen Arbeiten ein eigenes Bürcau gebildet, welches aus sieben Räten bestand. Von diesen finden wir v. Raumer, v. Beguelin, v. Bülow und v. Hippel in den Akten über die Luxussteuer oft genannt. Jordan, Gruner und Scharnweber hatten offenbar mit finanziellen Angelegenheiten wenig zu thun.

Schmoller und v. Treitschke haben Hardenberg als Finanzmann lebhaft getadelt. Was aber Treitschke an ihm rühmt: daß seine Ent= scheidungen, die er mit klaren, eleganten Schriftzügen, in gewandtem, durchaus modernem Deutsch an den Rand der Akten schrieb, immer den Nagel auf den Kopf trafen — das findet sich auch in den Akten über die Luxussteuer bestätigt. Er zeigt sich auch hier als gewandter Diplomat. Wenn hochstehende und einflußreiche Personen ihn wegen der Luxussteuer haranguieren, weiß er die verbindlichste Form für den in der Regel ab= lehnenden Bescheid zu finden. In das ihm vorgelegte Konzept seiner Räte verfehlt er nie ein „höflichst", „ergebenst", „hochgeborener Graf", „hochverehrter Herr" einzuschalten: so war die bittere Pille der fehlenden Bewilligung wenigstens durch Höflichkeit einigermaßen versüßt.

v. Raumer ist der nachmals berühmte Historiker, damals ein junger Mann von 29 Jahren, dem persönliche Zuneigung Hardenbergs jene einflußreiche Stellung verschafft hatte; auch er hatte sich mit dem britischen Steuerwesen vertraut gemacht; aber finanzielles Talent und praktische Erfahrung reichten für seinen Posten schwerlich aus. Beguelin war ein thätiger und hochgeschätzter Beamter, ein tüchtiger Finanz= mann. Schon in jungen Jahren hatte er eine für ihre Zeit wert= volle Schrift: „Ueber den Ursprung und das Wesen der Akzise" ge= schrieben (1790). Später folgte eine „Historisch=kritische Darstellung der Akzise und Zollverfassung" (1797). Man vertraute ihm 1811 und 1812 nicht unwichtige finanzpolitische Missionen für Paris an; 1814 wurde er zweiter Präsident der Ober=Rechenkammer.

v. Bülow hatte sich in Hannover als praktischer Jurist auch litterarisch hervorgethan. 1805 als geheimer Regierungsrat in den preußischen Staatsdienst getreten, war er bereits 1810 Präsident des Oberlandesgerichts in Soldin. Als geheimer Staatsrat wurde er Mit= glied der Regierungskommission unter Hardenberg, der er bis zu ihrer

Auflösung am 30. März 1813 angehörte, um dann in andere hervor=
ragende Stellungen einzurücken.

Hippel war ein Mann von klarem und freiem Blicke, von um=
fassender Bildung, der an der glücklichen Lösung der großen Krisis
Preußens redlich und selbstaufopfernd teilgenommen hat. Gewiß war er
kein Genie: aber er war ein unterrichteter Beamter, dessen schon¦ oben
erwähnte Schrift: „Freimütige Betrachtungen über eine Steuer von der
Weizenexportation, von einem Preußen", darthut, daß er seinen Blick
über die Grenzen seines Vaterlandes schweifen ließ und diesen die Er=
fahrungen anderer Länder zu Nutze machen wollte.

Der Abteilung („Departement") der Staatseinkünfte stand seit dem
6. Dezember 1810 der geheime Staatsrat v. Heydebreck vor, als Nach=
folger des geheimen Staatsrats Sack.

Heydebreck war ein Mann der Fiskalität, ein Zahlenmensch, der in den
Beratungen der alten Kriegs= und Domänenkammern groß geworden
war, ein zuverlässiger Verwaltungsbeamter, aber ohne große Gesichts=
punkte. Im Jahre 1817 war er einer der entschiedensten Widersacher
der beabsichtigten Reform des Zollwesens; er ging soweit, das Verbot=
system, wie es bis 1806 bestanden hatte, wiederherstellen zu wollen.

Die genannte Abteilung zerfiel in verschiedene Sektionen; die
Luxussteuer wurde in der Sektion der direkten und indirekten Abgaben
bearbeitet: dieser Sektion, der wichtigsten von allen, stand früher
Heydebreck, jetzt an dessen Stelle der Staatsrat Ladenberg vor. Auch
er war ein Beamter der alten Schule mit den Vorzügen und Schwächen
derselben: dem eisernen Fleiß, aber auch der Pedanterie und dem steifen
Selbstgefühl.

Es scheint, daß man die Luxussteuer, soweit sie in der That
den Luxus zu treffen geeignet war, zuerst als nicht ungerechtfertigt an=
sah. Die Stände des Stolpeschen Kreises sagen in einer an den König
am 18. Dezember 1810 gerichteten Eingabe, sie fänden gegen die
Luxussteuer nichts zu erinnern. Der Staat gebrauche Geld und der
Staatsbürger sei schuldig und verbunden, nach seinen Kräften beizu=
tragen. Wer sich also Pferde, Wagen und Bediente zum Luxus halten
könne, möge auch die darauf festgesetzte Steuer entrichten. Aehnlicher
Ansicht sind die Stände des Militsch=Trachenberger Kreises. Aber der
Gegensatz von Stadt und Land, der in der Besteuerung bis auf diesen
Tag eine so große Rolle spielt, bricht auch hier durch. Wagen, die
gegen Wind und Wetter schützten, Pferde und Hausgesinde seien auf dem
Lande kein Gegenstand des Luxus, sondern ein Bedürfnis zum Betriebe
der Wirtschaft in ihren verschiedenen Zweigen: ein Bedürfnis für die

Arbeit wie für die Aufsicht über dieselbe. Dies ist die Ansicht des Komites der ostpreußischen und litthauischen Stände. Die Luxussteuer sei zu weit ausgedehnt; von den ohnehin armen Landbewohnern denke in Ostpreußen gewiß kein einziger mehr an Luxus — sagen die Stände des Rastenburg-Bartensteinschen Kreises. Kurz, man meinte, der Städte-bewohner gebe von seinen Bedienten, Wagen und Pferden mit Recht die Luxussteuer; aber der Gutsbesitzer wohne isoliert und könne jene Dinge unmöglich als Luxus betrachten; wenigstens e i n e n „anständigen" Wagen möge man doch steuerfrei lassen.

Diese Einwendungen der Landwirte sind sicherlich nicht falsch; und es zeigt sich auch hier, daß manche Besteuerungsarten für die Städte ganz gut passen mögen, für das platte Land aber nicht: eine Erfahrung, welche sich bald in Preußen bei der Mahlsteuer noch nachdrücklicher geltend machen sollte.

Bereits wenige Monate nach der Einführung der Luxussteuer, nämlich am 24. April 1811, klagte Ladenberg in einem wahrscheinlich für Hardenberg bestimmten Schreiben, der Begriff des Luxus sei · zu schwankend, als daß er nicht bei Erhebung und Ausmittelung der Luxussteuer zu unendlichen Reklamationen hätte Veranlassung geben sollen. Derb setzte Heydebreck darunter: Das Schwankende gewisser Begriffe liegt gewöhnlich mehr in der Befangenheit der Begreifenden als in den Begriffen selbst. Allein es häuften sich bald die Zweifel bei der Auslegung des Edikts und infolge dessen die Anfragen.

Aus der großen Zahl der aufgeworfenen Streitfragen seien einige hier hervorgehoben.

Die Luxussteuer geriet bald, wie sehr natürlich, in einen Konflikt mit der Gewerbesteuer.

Sollen Pferde, die des Berufes wegen in größerer Zahl von Ge-werbtreibenden gehalten werden, besteuert werden? Das Luxussteueredikt, so sagte man, spreche doch nur von Kutschpferden: für solche könne man jene Pferde doch nicht halten. Wenn der Gewerbtreibende mittelst der Pferde sein Gewerbe in größerem Umfange betreibe, so zahle er Ge-werbesteuer in erhöhtem Betrage und werde daher event. doppelt besteuert.

Bald mußte, „um die mancherlei Zweifel und Anfragen zu be-seitigen", eine „ergänzende Erklärung" zum Edikte erlassen werden: am 14. September 1811.

Man entschied sich bezüglich obiger Frage dahin, daß diejenigen Gewerbtreibenden, welche ohne Pferde ihr Gewerbe nicht fortsetzen könnten, wie Brauer, Bäcker, Fleischer, von der Luxussteuer frei sein sollten. Aufgabe der Steuerbehörden solle es sein, bei der Regulierung der Gewerbesteuer nach Zahl und Beschaffenheit der Pferde den Umfang des Gewerbes mit abzuschätzen. Sollten aber in einzelnen Fällen solche Pferde noch zu Nebengewerben oder zum Luxus dienen, dann sei es Sache der Behörden, die Besitzer entweder zur Lösung eines zweiten Gewerbescheines oder zur Entrichtung der Luxussteuer anzuhalten.

Es zeigt sich hier, daß eine Besteuerung der Pferde durchaus unthunlich ist; denn entweder man beschränkt sie wirklich auf Luxuspferde: dann bringt sie einen minimalen Ertrag; oder aber man handelt, wie oben geschildert: dann legt man alles in die Hand der Steuerbehörde und öffnet so der Willkür und der Spionage Thür und Thor.

Uebrigens gestattete man jedem praktizierenden Arzte, 2 Pferde und einen Kutscher zu seinem Wagen, frei von der Luxussteuer und von der Verbindlichkeit zum Vorspann, zu halten, nicht so den Justiz-Kommissaren, weil sie ihre Fuhrgelder von den Parteien liquidieren könnten: aber darauf kam es ja gar nicht an, sondern darauf, ob das Halten der Pferde als ein Luxus zu betrachten sei; man trug wieder einen falschen Gesichtspunkt hinein.

Eine andere Streitfrage war: wie sollte es mit den Pferden gehalten werden, die zwar einerseits zur Ackerbestellung, andererseits aber auch zum Reiten oder Spazierenfahren zugleich dienen? Die „Erklärung" besagte, daß für Pferde in kleinen Städten, welche teils des Ackerbaues, teils des Besuchens der Märkte wegen gehalten werden, keine Luxussteuer zu entrichten sei: dies hieß doch wieder nichts anderes, als die Bestimmung völlig in die Hand der Steuerbehörden legen; ebenso, wenn selbstwirtschaftenden Gutsbesitzern nach dem Umfange ihrer Güter 1—2 Reit- und 2—4 Wagenpferde steuerfrei gelassen werden sollten: eine größere Zahl Pferde dürfe niemals steuerfrei zugestanden werden; und nun kommt wieder eine Ausnahme von der Ausnahme: wenn sie sich aber männliche Domestiken in Livree hielten und wenn sie sich solcher Pferde zu einem mehrwöchentlichen Aufenthalt in der Stadt bedienten, solle diese Bewilligung der Steuerfreiheit überhaupt wegfallen. Nun folgt wieder eine Bestimmung, die dem Ermessen der Steuerbehörde die Entscheidung anheimstellt: Pferde, die nur zum Teil zum Ackerbau, zum Teil aber zu anderen Verrichtungen gebraucht würden, seien nach dem Anteil einer jeden Art des Gebrauches entweder mit einem Teile der Luxussteuer oder mit der Gewerbesteuer zu belegen.

Noch eine ganze Reihe näherer Bestimmungen wurde mittelst der Erklärung erlassen, die alle aufzuzählen für den Leser ermüdend wäre: insbesondere sehr viele Bestimmungen über Pferde und Diener der Offiziere; so sollten z. B. Stabs-Rittmeister und Stabs-Kapitäns von ihrer

Bedienung, wenn sie sich dazu in Reihe und Glied stehender Soldaten bedienten, keine Luxussteuer bezahlen. Haushofmeister solle man zu den „Domestiken" rechnen, von den Kunstgärtnern aber nur solche, welche Treibhäuser besorgen, nicht aber die, welche sich bloß mit der Obst= und Gemüsezucht befassen. Die Proletarier unter den Hunden, die Schlächter= und Schäferhunde wurden für steuerfrei erklärt. Manche Bestimmungen sind ihrer Kleinlichkeit wegen geeignet, Heiterkeit zu erregen.

Hoffmann giebt den nach der Veranschlagung im ersten Jahre erwarteten Steuerbetrag auf 213470 Thaler an. Allein eine am 22. Juni 1811 von der Abgaben=Sektion an den Staatskanzler ge= richtete Nachweisung ergiebt, daß

275845 Thlr. 12 Sgr.			erwartet wurden. Die Erhebungs=
			kosten sind mit
6477 „ 18 „ 11 Pf.			veranschlagt, wonach geblieben wären:
269367 Thlr. 17 Sgr. 1 Pf.[1]).			

Die Erhebungskosten setzte man demnach nur zu 2,35 Pzt. an. Indeß schob man das langsame Eingehen der Luxussteuer gerade dem geringen Interesse, welches die Erhebungsbehörden hätten, zu: sie erhielten 2 Pzt., in Berlin 4 Pzt. So kam es, daß bis 1. Januar 1812 in Ostpreußen bei den Rezepturbehörden — von Königsberg abgerechnet — nur wenige Thaler eingingen. Ladenberg und Heydebreck beantragen daher eine allgemeine Erhöhung auf 4 Pzt., zumal dafür zugleich die Druck= kosten für Quittungen, Deklarationen u. s. w. bestritten werden müßten: Hardenberg genehmigt den Antrag.

Trotz jener ausführlichen Deklaration vom 14. September 1811 tauchten wieder und wieder neue Streitfragen auf, deren oft unzu= treffende Lösung die Verlegenheit der Beamten des Finanz=Ministeriums darthut. Nicht selten z. B. weigerten sich Fremde, die in Berlin oder in anderen größeren Städten einen Teil des Jahres zubrachten und daselbst Absteige=Quartier nahmen, die von ihnen geforderte Luxussteuer zu zahlen: sie besäßen, sagten sie, im Lande kein Vermögen und ver= zehrten dort bloß ihr Geld. Auf Hardenbergs, durch Heydebreck und Ladenberg veranlaßten Antrag erging unterm 3. Februar 1812 eine königl. Kabinetsordre: wenn Ausländer sich weniger als 3 Monate in Preußen aufhielten, hätten sie gar keine Luxussteuer zu bezahlen; blieben sie 3—6 Monate, so hätten sie eine halbjährige, blieben sie über 6 Monate, eine ganzjährige Luxussteuer zu entrichten. Bei Ausländern aber, die im Wirtshause oder in möblirten Zimmern wohnten, falle die

---

1) 1 Thlr. = 24 Silbergr.

Verpflichtung zur Zahlung der Luxussteuer ganz weg — „selbst wenn der Aufenthalt 3 Monate dauere": eine unklare Fassung, die natürlich später wieder zu Mißverständnissen und Anfragen Anlaß gab. Selbst aber auch bei denjenigen Ausländern, welche sich selbsteingerichtete Ab= steigequartiere hielten und dadurch zu erkennen gäben, daß sie fort= dauernd einen Teil des Jahres in Preußen domizilieren wollten, sollten, wenn besondere Rücksichten auch noch größere Schonung empfehlen würden, Ausnahme von obiger Regel stattfinden.

An diesem Falle zeigt sich klar, wie die Fiskalität der obersten Finanzbeamten über das Ziel hinausschoß. Warum ließ man denn nicht lieber die Ausländer von der Luxussteuer frei, zumal man ja die Ansicht äußerte, daß die geringe Einnahme dem Staate weniger Vorteil bringe, als das Gehässige, das in den Augen der Fremden in der For= derung der Luxussteuerzahlung liege, ihm schade, zumal man von dem vielseitigen Nutzen, welchen das Herbeiströmen ausländischer Fremden für Gewerbe und Kunstfleiß hätte, redete und fürchtete, daß die schon vorhandenen Klagen über das Ausbleiben der wohlhabenden Fremden neue Veranlassung bekommen würden? Statt dessen gab man die detailliertesten Bestimmungen, behielt sich jederzeit Ausnahmen vor und brachte so Beamte und Publikum in völlige Verwirrung.

Was machte sich ein in den Anschauungen des aufgeklärten Des= potismus aufgewachsener Mann wie Ladenberg daraus, eine Steuer in der rigorosesten Weise zur Durchführung zu bringen! Er stellte den Grundsatz auf: ein Gewerbtreibender, der sich seiner Pferde auch nur e i n m a l zur persönlichen Bequemlichkeit oder zum Vergnügen bediene, müsse Luxussteuer entrichten; aber Hardenberg modifizierte dies: nur wer es an den Werktagen thue, sei steuerpflichtig; an Sonn= oder Fest= tagen könne man die Pferde auch zur Bequemlichkeit gebrauchen.

Die unteren Behörden zeigten eine geringe Intelligenz; Ladenberg und Heydebreck aber klammerten sich pedantisch an den Wortlaut der Bestimmungen, ohne auf ihren Geist zu achten. Es waren, wie oben schon gesagt wurde, den selbstwirtschaftenden Gutsbesitzern ihrer Wirtschaft wegen 1—2 Reit= und 2—4 Wagenpferde steuerfrei gelassen worden. Nur wenn sie sich männliche Domestiken in Livree hielten und wenn sie sich der Pferde zu einem mehrwöchentlichen Aufenthalte in der Stadt bedienten, solle die Bewilligung der Steuerfreiheit überhaupt wegfallen. Offenbar ergiebt der Sinn klar, daß dieses „und" nur irrtümlich an die Stelle des „oder" gesetzt worden ist. Aber die Regierungsbehörden fragten bei der Abgaben=Sektion an, wie man sich hierzu verhalten müsse: es sei doch schwierig, das Zusammentreffen beider Umstände aus=

zumitteln; überdies könne man sich ja zur Umgehung der Steuer auf dem Lande Domestiken in Livree, in der Stadt aber einen Lohn=kutscher halten. Ladenberg erklärte: bei dieser Fassung der Deklaration müßten nun einmal beide Umstände zusammentreffen. Indessen fragte er vor=sichtigerweise doch bei Hardenberg an: es war Bülow, der entschied, daß ein Umstand hinreiche, um zur Besteuerung heranzuziehen.

Gar manche Bestimmungen betreffs der Luxussteuer waren derart, daß sie zur Umgehung naturgemäß Anlaß gaben. So die eben er=wähnte Bestimmung bezüglich der Livreebedienten der selbstwirtschaftenden Gutsbesitzer. Infolge derselben schafften viele Gutsbesitzer in Schlesien die Livree ihrer Bedienten ab, gaben ihnen Kleidergelder oder höheren Lohn und verlangten nun die Steuerfreiheit. Heydebreck und Ladenberg wollten sie nicht bewilligen. Demgemäß entschied auch Hippel: es liege wohl ganz im Sinne des Gesetzes, daß die Eigenschaft der männlichen Bedienten nicht bloß durch die Kleidung, sondern durch ihren ganzen Zustand bezeichnet werden solle. Auf die gegen diesen Bescheid zu er=wartenden Remonstrationen möge man um so weniger Rücksicht nehmen, als die Luxussteuer in ihrer damaligen Form von allen die mindest=drückende sei.

So zeigt sich auch hier, daß die Theorie sich irrt, wenn sie meint, das Steuerzahlen werde als „Ehre" empfunden. Auch ein sehr hoch=stehender Herr hielt das Steuerzahlen, wie wir gleich sehen werden, nicht für eine Ehre, sondern — gleich den alten Deutschen — für ein capitis diminutio.

Der in Schlesien begüterte Herzog Eugen von Württemberg schrieb am 12. Februar 1812 an den König, er wolle nur diejenigen Gegen=stände des Luxus versteuern, welche zu seinem Fideikommiß gehören, nicht aber diejenigen, welche er als Bruder eines Königs und von Ein=künften habe, die er aus dem Auslande beziehe. Sonst werde er Preußen verlassen. v. Raumer erörterte in einem ausführlichen Gut=achten den Rechtsstandpunkt: er verneinte, daß dem Herzog gegenüber eine Modifikation der Luxussteuer einzutreten habe. Eine andere Frage aber sei es, ob nicht politische und finanzielle Gründe sie empfehlen. v. Beguelin aber entschied sich dahin, daß der Herzog die Luxussteuer voll zu zahlen habe. Diesem schrieb der König eigenhändig am 24. April 1812, er habe die Versicherung der Anhänglichkeit an ihn und seinen Staat mit besonderem Vergnügen ersehen, hoffe aber auch, daß diese Gesinnungen den Herzog abhalten würden, seinen Aufenthalt wegen einer durch die Umstände nötig gewordenen, nur auf die Gegen=stände des feineren Lebensgenusses gelegten Steuer zu verändern, einer

Steuer, deren Entrichtung er selbst mit den Prinzen seines Hauses sich unterziehe. Er macht auf eine von ihm schon 1799 erlassene Verfügung aufmerksam: fremde in seinen Staaten ansässige Fürsten müßten bezüglich persönlicher wie dinglicher Rechtsverhältnisse, welche in Preußen belegene Grundstücke und Sachen beträfen, das forum personale preußischer Ge= richtshöfe anerkennen; daraus folge natürlich, daß sie auch in Rücksicht der persönlichen Abgaben den bestehenden Landes=Verordnungen unter= worfen seien.

Der Herzog von Württemberg scheint infolge dessen mit der Be= zahlung der Luxussteuer einverstanden gewesen zu sein. Hardenberg wies Heydebreck an, die in dem Briefe des Königs enthaltenen Be= stimmungen in ähnlichen Fällen zur Richtschnur des Verhaltens zu nehmen.

Eine höchst eigentümliche Entscheidung bezüglich der Luxussteuer wurde vom Kammergericht gefällt. Nach der Deklaration vom 14. Sep= tember 1811 sollte jede Kontravention mit dem vierfachen Betrage des Steuersatzes bestraft werden. Mehrere Einwohner von Fürstenwalde hatten die Anzeige luxussteuerpflichtiger Gegenstände unterlassen: die Abgaben=Sektion schickte die Akten dem Kammergericht zur Untersuchung und Entscheidung; dieses schickte sie mit dem Bemerken zurück, es sei in der Regel Sache des Staates, sich Kenntnis von der Existenz steuer= pflichtiger Gegenstände zu verschaffen; die in dem Gesetze verordnete Strafe setze eine betrügerische Vorenthaltung der Steuer voraus, wofür die unterlassene Anzeige, selbst die Ableugnung (!) eines der Luxussteuer unterworfenen Gegenstandes in der Regel nicht gehalten werden könne. Heydebreck sagt mit Recht, es könne unmöglich Voraussetzung des Ge= richtes sein, daß durch die Beamten bei Jedermann nach steuerbaren Gegenständen Nachfragen und Haussuchungen gehalten würden. Die Verbindlichkeit zur Anzeige liege in dem Gesetze; außerdem würde von 6 zu 6 Monaten durch die Amtsblätter eine allgemeine Aufforderung erlassen. Niemand könne sich also mit Unwissenheit entschuldigen. Sollte die unterlassene Anzeige während des vom Gesetze zur Zahlung bestimmten Zeitraums nicht bestraft werden, so möchten die Meisten es darauf ankommen lassen: entdeckte man die steuerbaren Gegenstände nicht, so würden sie die Steuer profitieren, anderenfalls dieselbe im schlimmsten Falle nachbezahlen. Er beantragt eine nochmalige Erklärung, daß eine besondere Aufforderung an Einzelne zur Angabe luxussteuerpflichtiger Gegenstände seitens der Steuerbehörde nicht erforderlich sei.

Eigentümlich ist es, daß Hippel diesem Antrage nicht beitrat: auch nach seiner Ueberzeugung sei nur wirkliche Verheimlichung eines steuer=

baren Gegenstandes, nicht seine unterlassene Deklaration als Defrau=
dation anzusehen.

Mit Recht sagt dagegen Beguelin, daß, wer auf eine im gesetz=
lichen Wege erlassene allgemeine Aufforderung nicht deklarirt, sich der
Verheimlichung ebensosehr schuldig mache, wie der Reisende, der auf die
Frage, ob er etwas Steuerbares bei sich führe, solches fälschlich verneine.
Die Einnahme der Luxussteuer würde beinahe auf nichts reduziert
werden, wenn man das unterlassene Deklarieren unbestraft hingehen ließe,
zumal jene Steuer in der Regel eine Klasse treffe, die sich mit der Un=
kunde des Lesens nicht entschuldigen könne. Derselben Ansicht waren
die anderen Räte und auch Hardenberg; daher erfolgte in diesem Sinne
am 16. Juli 1812 eine königliche Kabinetsordre.

Diese Deklarationen machten durch ihre subtilen Unterscheidungen
die Sache nur noch verwickelter, das Publikum auf Vorwände zur
Exemtion nur noch aufmerksamer, die ausspähende Fiskalität der unteren
Beamten nur noch geschäftiger; schließlich zählte man gar gegen 90
solcher Deklarationen.

Aber nicht bloß den höchsten Finanzbeamten gereichte die Luxus=
steuer zur großen Belästigung, sondern auch den unteren Organen. So
schrieben am 19. November 1811 die Stadtverordneten zu Potsdam an
den Magistrat, es hätten bereits mehrere Luxussteuer=Kommissare bei
ihnen angetragen, sie von dem ihnen so lästigen Dienste zu entbinden.
Wenngleich sie, die Stadtverordneten, zur Willfahrung des Gesuches
nicht ermächtigt seien, so sähen sie dennoch ein, wie es durchaus nötig
sei, daß der Bürger, welcher vom Urteil des Publikums abhänge, mit
dergleichen Aemtern verschont bleibe; daher möge der Magistrat möglichst
bald dahin wirken, daß die Bürgerschaft mit solchen Aemtern gänzlich
verschont bleibe und diese Geschäfte der Polizeibehörde übertragen würden.

Diejenigen Handwerker, welche mit zweien der besteuerten Objekte,
den Wagen und Pferden, zu thun hatten, schoben die zunehmende Er=
werbslosigkeit zum Teil der Luxussteuer zu, die Sattler, Stellmacher,
Schlosser, Posamentiere, die Glaser, Lackierer, Klempner u. s. w. In
der That wohl nicht mit Unrecht, wenn man auch die lebhafte Klage
des Stadtverordneten=Kollegiums von Breslau für etwas übertrieben
halten mag: die Schmiede in Breslau hätten ehedem 100 Gesellen be=
schäftigt, jetzt nicht volle 30; die Zahl der Gesellen der Stellmacher sei
von 50 auf 10, die der Sattler von 50 bis 8, die der Radmacher von
50 auf 2 herabgesunken u. s. w. Zwar habe die allgemeine Not einen
großen Anteil, aber auch zum teil die Luxussteuer. Wagen, welche
früher 300 Thaler gekostet hätten, würden jetzt für 16, ja für 10 Thlr.

ausgeboten. Rad= und Stellmacher und Lackierer böten ihre Werkzeuge feil, um nur die Mittel zur Existenz sich zu beschaffen. Man solle nicht meinen, daß der geringe Begehr nach solchen Luxusartikeln etwas im Interesse einer guten Staatsökonomie Erwünschtes sei: getroffen würden auch die Eisenfabrikation, der Holzhandel; der Landmann habe früher sein Holz in die Stadt gefahren: jetzt richte er seine Aufmerk= samkeit auf andere mehr begehrte Dinge, drücke so die Preise und ver= mehre die Konkurrenz. Man möge doch von Equipagen und Pferden, gleichviel wie viele der Besitzer habe, eine mäßige Abgabe im Ganzen erheben.

Hippel lehnte diesen Antrag ab: nicht in der Luxussteuer, der un= bedeutendsten und leichtesten von allen Steuern, sondern in den Er= eignissen der Zeit, der fortdauernden Handelssperre, den auch in anderen Staaten herrschenden schlechten Erwerbsverhältnissen liege die Ursache der Nahrungslosigkeit jener fünfzehn Gewerbe.

Bei dieser großen Unbeliebtheit der Luxussteuer ist die Lässigkeit der Behörden begreiflich; es ist aber dieser Lässigkeit und den Erhebungs= kosten für die Luxussteuer teilweise zuzuschreiben, daß der Ertrag in den folgenden Jahren so sehr sank; es gingen effektiv (ohne Sgr. und Pf.) ein: 1811/12: 158858; 1812/13: 92889; in der ersten Hälfte 1813/14: 19399 Thlr. Auch durch den 1812 allgemein gewordenen Krieges= Vorspann wurde die Luxussteuer gehässiger: denn die Pferdebesitzer empfanden es als Ungerechtigkeit, daß sie nach wie vor ein Gespann ver= steuern sollten, dessen Benutzung der Staat fortan mit ihnen teilte.

Zahllos waren die Prozesse, welche die Luxussteuer seit ihrer Ein= führung, mehr wie je eine andere, erzeugte: in Berlin allein 1884 Prozesse im Jahre 1813, viele gegen sonst sehr rechtliche Personen, welche aus Unkunde oder Vergeßlichkeit den Termin zur einzureichenden Deklaration hatten vorbeistreichen lassen.

Ueber die Behörden erhob Ladenberg lebhafte Klage. Er spricht in einem am 8. Oktober 1813 an den Geheimen Ober=Steuerrat v. Schütz zu Königsberg gerichteten Schreiben von den „übertrieben hohen Admi= nistrationskosten" für die Gewerbe= und Luxussteuer in Königsberg, welche die dortige Abgaben=Deputation „durch eine strafbare Konnivenz gegen den Magistrat" gutgeheißen hätte. Die Luxussteuer sei im ost= preußischen Regierungs=Departement bei weitem nicht mit wünschens= werter Genauigkeit und Umsicht administriert worden. So seien, fährt er fort, um nur eines Umstandes zu gedenken, für Königsberg nicht mehr als 23 Luxuspferde und für alle übrigen Städte zusammen nur 8 konsigniert worden. Es sei gewiß, daß die Nachläßigkeit der mit der

Aufnahme beauftragten Beamten hieran schuld sei, und er wünsche wohl, die fahrlässigsten unter ihnen zu kennen, um sie exemplarisch bestrafen zu können. Es sei aber auch nicht zu zweifeln, daß, wenn die Deputation die eingehenden Listen von jeher sorgfältiger geprüft und die in die Augen springenden Falsa ernstlich gerügt hätte, sie dadurch auch die Unterbehörden an die aufmerksame Erfüllung ihrer Pflichten gewöhnt haben würde.

Schon am 11. März 1813 hatte Ladenberg eine Reform der „Gewerbe= und Luxussteuer=Partie" zu Königsberg vorgeschlagen: sie werde sehr schlecht verwaltet; ohne Aenderung werde ein großer Teil der Einnahmen verloren gehen. Der Antrag wurde aber abgelehnt.

Es ist sicherlich auch für das Schicksal der Luxussteuer entscheidend gewesen, daß durch Kabinetsordre vom 26. November 1813 (am 4. Dezember publiziert) der ehemalige westfälische Minister Graf von Bülow zum Finanzminister unter Oberaufsicht des Staatskanzlers ernannt wurde. Die bisherigen Abteilungen des Finanzministeriums und des Finanzkollegiums gingen ein; am 30. Dezember 1813 wurden Ministerialbureaus oder Generalverwaltungen gebildet. Ladenberg wurde Direktor des Verwaltungsbureaus der indirekten Steuern und Abgaben; Heydebreck erhielt Anfang des Jahres 1814 ebenfalls andere Funktionen als bisher.

Bülow war nicht der Mann dazu, sich mit der Luxussteuer abzuquälen, die so viel Scherereien machte und so wenig eintrug. Er war ein vornehmer Mann von großer Weltkenntnis, von raschem Wesen, durchgreifend in den Geschäften. Jene peinlich gewissenhaften und am Detail ihre Freude findenden Finanzmänner wie Heydebreck und Ladenberg wären vermutlich, wenn sie die alleinige Bestimmung darüber gehabt hätten, an eine Reform gegangen. Aber Bülow mit seiner, wie Treitschke sagt, „leichten, oft leichtfertigen Geschäftsgewandtheit" schlug dem Könige die Aufhebung vor. Ich halte es indeß für wahrscheinlich, daß die Begründung, welche Bülow dem Könige hierfür gab, von Ladenberg verfaßt ist. Sie beginnt damit, daß von allen Gattungen von Abgaben gewiß diejenigen vorzugsweise zu vermeiden seien, die bei geringer Einträglichkeit für die öffentlichen Kassen doch zugleich Mißvergnügen im publico und Plackereien bei der Erhebung veranlaßten; die Luxussteuer zeichne sich vor allen anderen, der neueren Gesetzgebung entsprossenen Steuern hierdurch merklich aus. Auch sei zur Zeit ihrer Einführung der Luxus schon entschieden im Sinken gewesen; ebenso als ein Damm gegen die Verschwendung und den Luxus in sittlich=polizeilicher Hinsicht zu dienen wäre sie unnötig gewesen, weil die Zeitumstände den Privatmann ohnehin zur möglichsten Einschränkung seiner

Ausgaben gemahnt hätten. Es werden alsdann die wesentlichen Mo=
mente aus der Geschichte der Luxussteuer, um ihre Unbeliebtheit darzuthun,
erwähnt, und es wird schließlich beantragt — diesem Antrage wurde
auch vom Könige entsprochen —, die Luxussteuer vom 1. Dezember 1813
an aufzuheben, die noch ausstehenden Reste einziehen zu dürfen und die
gegen die Luxussteuerpflichtigen schwebenden Prozesse, sofern sie keinen
anderen Grund als die Nichtbeobachtung der vorgeschriebenen Deklarations=
förmlichkeiten hätten, niederzuschlagen.

Wenn der Bewunderer des britischen Steuerwesens, Karl Julius
Bergius, bezüglich der preußischen Luxussteuer sagt (in der 2. Aufl.
seiner „Grundsätze der Finanzwissenschaft" 1871): man müsse bedenken,
daß eine direkte Steuer, die ganz neu sei, bei der also für die Veran=
lagung und Erhebung gehörig geschulte Organe noch fehlten, in den
ersten Jahren nicht so viel als in den folgenden bringen könnte, zumal
wenn die widerwilligen Zahlungspflichtigen vorzugsweise den angesehensten
und einflußreichsten Klassen angehörten, so ist dies gewiß richtig. Auch
ist die für die Luxussteuer im ersten Jahre eingegangene Summe, wenn
wir den Zustand der damaligen Volkswirtschaft, den geringen Umfang und
die geringe Bevölkerungszahl des Staates, endlich den damaligen hohen
Geldwert erwägen, garnicht so unbedeutend. Aber berücksichtigen wir
die von uns erzählten Thatsachen, so werden wir gerechterweise sagen
müssen: die Reform wäre damals sehr mühselig gewesen und hätte einen
nennenswerten Erfolg wahrscheinlich erst in einer viel späteren Zeit, bei
gesteigertem Wohlstande der Bevölkerung, herbeigeführt. Wir können
daher die Aufhebung der Luxussteuer nicht so heftig tadeln wie Bergius,
aber auch nicht so unbedingt ihr zustimmen wie Hoffmann, von dem
treffend gesagt worden ist, er habe für alles Bestehende ein beschönigendes
Wort finden können. Durch die Aufhebung der Luxussteuer diente Bülow
den Bedürfnissen seiner Zeit; aber er dachte nicht an die Zukunft. In
jener Luxussteuer lag der Keim zu einer partiellen direkten Vermögens=
steuer, die heute in Preußen von Vielen schmerzlich vermißt wird.

Wie stellt sich die Theorie den Luxussteuern — unter denen man
nun einmal meistens Steuern auf Wagen, Pferde, Bediente versteht, ob=
gleich der Luxus ja in tausend anderen Dingen zur Erscheinung kommt —
gegenüber?

Wir beschränken uns darauf, die Urteile einiger der angesehensten
deutschen Finanztheoretiker anzuführen.

Adolf Wagner findet Luxusſteuern prinzipiell zwar nicht unrichtig: aber das Ziel einer Mehrbelaſtung der reichen Klaſſe werde beſſer, weil gleichmäßiger, auf andere Weiſe, durch Progreſſion des Steuerfußes bei der direkten Einkommenſteuer oder durch eine allgemeine Vermögensſteuer oder durch eine partielle Vermögensſteuer erreicht.

L. v. Stein hat ſeine 1871 die Luxusſteuern verwerfende Anſicht in den folgenden Auflagen ſeines Lehrbuchs unter dem Einfluſſe einer ſich für ein Syſtem von Genußſteuern ausſprechenden Monographie von Leon Ritter von Biliński („Die Luxusſteuer als Korrektiv der Ein= kommenſteuer. Finanzwiſſenſchaftlicher Beitrag zur Löſung der ſozialen Frage" 1875) zwar anders formuliert; ſachlich aber ſtehen er und Wagner meines Erachtens auf demſelben Standpunkte.

Auch Helferich verhält ſich der Luxusſteuer gegenüber ablehnend: in nicht ſehr reichen Ländern werde wenig damit zu erzielen ſein.

Günſtiger ſteht Schäffle den Luxusſteuern gegenüber: er will ſie der Kommunalbeſteuerung zuweiſen; ſie wirkten ſozial verſöhnend. Das gleiche Argument machen ſich K. Fr. Schall und Roſcher zu eigen; der letztere ſpricht ſich der leichten Kontrole wegen entſchieden für Be= ſteuerung von Luxusequipagen aus.

Aus unſerer Darſtellung ergiebt ſich, daß die Theorie nicht unter= laſſen darf, Folgendes nachdrücklich zu betonen:

1) **Luxusſteuern dürfen nicht in einer Zeit wirt= ſchaftlicher Depreſſion oder gar zur Zeit einer volks= wirtſchaftlichen Kalamität, ſondern, wenn überhaupt, ſo ſollen ſie in einer Periode des volkswirtſchaftlichen Aufſchwunges eingeführt werden.**

2) **Aus Rückſicht auf die für den Luxus arbeitenden Gewerbe ſind zuerſt niedrige Sätze feſtzuſetzen, die aber allmählich erhöht werden können.**

Die Erfahrung, auch im Wirtſchaftsleben, ſoll uns davor bewahren, begangene Fehler zu wiederholen: in dieſer Beziehung möchte vielleicht die Geſchichte der preußiſchen Luxusſteuer von 1810—1814 nicht ohne Nutzen ſein.

Der Herzog von Cumberland und das hannoversche Staatsgrundgesetz von 1833.

Von

Heinrich von Treitschke.

———

Das politische Urteil über den Verfassungsbruch König Ernst Augusts von Hannover kann unter rechtlichen Männern keinem Streite unterliegen. Was auch überseiner Scharfsinn zur Entschuldiguug oder Erklärung vorbringen mag, es bleibt doch dabei, daß die kurze Geschichte des selb= ständigen Königreichs Hannover mit einem frevelhaften Staatsstreiche begann; und wir Preußen beklagen als eine der trübsten Erinnerungen der Geschichte des Deutschen Bundes, daß König Friedrich Wilhelm III. sich nicht entschließen konnte, dem hannoverschen Welfen ebenso fest und streng entgegenzutreten, wie kurz vorher dem braunschweigischen Welfen Herzog Karl. Schwieriger erscheint das persönliche Urteil. Ist Ernst August mindestens als ehrlicher Fanatiker verfahren? Hat er gegen das Staatsgrundgesetz, das er als König umstieß, schon als Thronfolger be= stimmten, unzweideutigen Widerspruch eingelegt, oder hat er seinen Rechtsbruch durch Hinterhaltigkeit und Winkelzüge vorbereitet? Zuver= lässige Antwort auf diese vielumstrittenen Fragen geben einige Brief= schaften mit der Aufschrift „Erklärung des Herzogs von Cumberland zum Staatsgrundgesetz", welche ich kürzlich im k. Staatsarchiv zu Hannover aufgefunden habe und hier nach ihrem wesentlichen Inhalt mitteile.

Die bekannte, vom Geh. Kabinetsrat Falcke verfaßte Erklärung, welche Ernst August am 27. Juni 1839 im Bundestage abgeben ließ, enthält folgende Versicherung:

„Der König Wilhelm IV. hatte eine vorgängige Beratung über das Staatsgrundgesetz mit dem präsumtiven Thronerben nicht gewollt. Die Mitteilung der Verfassung an den damaligen Herzog von Cumberland fand auf des Königs Befehl nicht früher statt, als nachdem die königlichen Entschließungen über Inhalt und Form gefaßt worden waren. Eine bei der ersten Kenntnisnahme von dem Thronerben gemachte Ausstellung mußte schon deshalb unbeachtet bleiben, weil eine den Ständen gegebene Zusicherung des Königs Willen band. Von der ersten Berufung der allgemeinen Ständeversammlung des Königreichs auf den Grund der neuen Verfassung, behufs der Teilnahme an den Sitzungen der ersten Kammer, am 16. Oktober 1833 durch ein Ministerialschreiben in Kenntnis gesetzt, erwiderte der jetzt regierende König am 29. desselben Monats: ‚Von Allem, was dieserhalb vorgekommen, sei Er nicht gehörig unterrichtet und könne sich deshalb auch durch das neue Gesetz noch nicht gebunden halten.‘"

Diese kunstvoll aus Wahrheit und Dichtung zusammengewobenen Sätze sollen offenbar den Eindruck erwecken, als ob der Herzog erst kurz vor dem Abschlusse des Staatsgrundgesetzes vom 26. September 1833, also etwa im Sommer 1833, davon Kenntnis erhalten hätte. Die Wahrheit aber ist, daß König Wilhelm allerdings „eine vorgängige Beratung" mit dem Thronfolger gehalten hat, und zwar schon im Oktober 1831, unter persönlicher Mitwirkung des nämlichen Geh. Rats Falcke, der nachher die Erklärung für den Bundestag verfertigte. Bekanntlich hatte der König, auf die Bitte des Landtags von 1831, die Gewährung einer neuen Verfassung zugesagt und zunächst durch die Regierung und ihre Vertrauensmänner (Rose, Dahlmann u. A.) einen Entwurf ausarbeiten lassen, der im Herbst dem Monarchen zur vorläufigen Genehmigung vorgelegt wurde. Dieser Entwurf ist späterhin durch die ständischen Beratungen mannigfach umgestaltet worden; aber er enthielt bereits jene entscheidende Reform, welche dereinst dem Könige Ernst August den Hauptvorwand für seinen Staatsstreich bieten sollte: er bestimmte schon die dem Landtage versprochene sogenannte Kassenvereinigung, die Verschmelzung der königlichen Domänenkasse mit der ständischen Steuerkasse. Der König befahl nunmehr dem Minister v. Ompteda und dem Geh. Rat Falcke, den Verfassungsplan dem gerade in England anwesenden Thronfolger mitzuteilen. Nicht ohne Besorgnis sah er der Antwort des Bruders entgegen, da die Verhandlungen über die Reformbill eben damals schwebten und der Hochtory Cumberland das Whigministerium scharf bekämpfte. Wider Erwarten bekundete aber der Herzog mündlich und schriftlich seine wärmste Anerkennung für den Entwurf.

Am 30. Oktober 1831 schrieb er aus Kew seinem jüngeren Bruder, dem Vizekönig von Hannover, Herzog von Cambridge, erzählte ihm, daß er durch Ompteda und Falcke den Entwurf erhalten habe, und fuhr fort: J must say, that it does both the King and the government the highest honour the manner in which they have drawn up their proposals, and there was not one single objection that I could find or alteration to propose except in three points. Nun zählt er seine drei Bedenken auf. Er verwirft zum Ersten die Öffentlichkeit der Landtags= verhandlungen, weil dann die demokratischen Mitglieder Reden für das Publikum halten würden. Es genüge nicht, daß die Regierung und jedes einzelne Mitglied die Abhaltung einer geheimen Sitzung verlangen dürfe; denn durch solche Anträge errege die Regierung nur Unmut, der einzelne Abgeordnete aber werde a marked man. Zweitens tadelt der Herzog die Bewilligung der Tagegelder an die Mitglieder der zweiten Kammer, wegen der Gefahr der Zeitvergeudung. Zum Dritten verlangt er, daß die beurlaubten Soldaten den Kriegsgesetzen unterstellt werden sollten — ein Bedenken, das eigentlich gar nicht zur Sache gehörte, da der Entwurf diese Frage nur mittelbar berührte. Dann schließt er: These are the only three points I have to remark upon, and the King, whom I saw on Friday and who had heard my remarks in a letter from Ompteda, said: „He agreed most perfectly and entirely with me and had stated the same to Ompteda." It is impossible for any man to have behaved more nobly and disinterestedly than the King has done in this whole business, and both his head and heart have shone in this occasion. Ernest. — Das Lob des Edelsinnes und der Uneigennützigkeit des Königs hatte guten Grund; denn der Verfassungs= entwurf bemaß die Krondotation für das königliche Haus sehr reichlich und bestimmte, daß sie dem im Lande wohnenden Nachfolger voll ge= währt werden sollte, während König Wilhelm, der in England blieb, sich für seine Lebenszeit mit einer geringeren Rente begnügte.

Am folgenden Tage (Kew, 31. Oktober 1831) schrieb der Herzog vertraulich (private) an den König selbst, dankte ihm für die Sendung von Ompteda und Falcke und versicherte: I cannot sufficiently declare my perfect satisfaction in all and every point. Niemand hätte edler und uneigennütziger handeln können als der König, proving thus that Your sole object is to place the finances of the country of Hanover on a footing that Your successors may not have difficulties. Darauf kommt er wieder auf seine drei Bedenken zurück, erkennt dankbar an, daß der König hierin mit ihm übereinstimme, erwähnt sodann, daß König Ludwig von Baiern selbst nach schmerzlichen Erfahrungen die

Oeffentlichkeit der Landtage mißbillige, und bemerkt über die Diäten: hier könne man vielleicht nachgeben: then at least the expence must fall upon the country and not on the sovereign, and with such restrictions that the States cannot protract the business in order to be paid so longer. Endlich setzte er mit militärischer Sachkenntniß auseinander, wie man es künftig mit den beurlaubten Soldaten halten solle.

Auf diese beiden Briefe bezieht sich offenbar die von L. Weiland (Rede auf Dahlmann, Göttingen 1885, S. 34) mitgeteilte Erzählung Rose's; nur daß dem Wiedererzähler Pertz dabei einige kleine Gedächtnis= fehler mit untergelaufen sind.

Der wohlmeinende König war überglücklich. Sein Thronfolger hatte gegen den Entwurf nur drei Bedenken erhoben, von denen er das zweite — wegen der Diäten — selbst für unerheblich erklärte, während das dritte — wegen der beurlaubten Soldaten — kaum zur Sache ge= hörte; dagegen hatte er der einzigen Vorschrift des Entwurfs, welche vielleicht der Zustimmung der Agnaten beburfte, der Kaffenvereinigung, mit überströmender Dankbarkeit zugestimmt. König Wilhelm meinte also fortan gegen weitere Einsprüche gesichert zu sein und antwortete dem Bruder sehr freundlich (Brighton, 3. November 1831). Er beteuerte, daß er bei dem Entwurfe besonders an die Interessen seiner Nachfolger ge= dacht habe, Yourself and Your promising son. It had appeared to Me of the utmost importance to the welfare and prosperity of the coun- try . . . and to Your own comfort and tranquillity that You should be fully informed of what has been proposed to Me. Der Verfassungs= plan sei hervorgegangen aus einer gerechten und liberalen, aber hoffent= lich nicht furchtsamen Betrachtung der Lage Hannovers, aus den all= gemeinen Umständen, welche den Wunsch nach einer Verfassung hervor= gerufen, und aus der Notwendigkeit, die Kundgebungen der öffentlichen Meinung einzelner Klassen zu beachten. Die Bedenken wegen der Oeffent= lichkeit und der Diäten solle Falcke mit dem Vizekönig und dem hanno= verschen Ministerium nochmals besprechen, and I have no doubt that such consideration will be given to them as circumstances may seem to admit. Auch die Stellung der beurlaubten Soldaten würde noch von Sachverständigen geprüft werden. Hierauf ließ der König die zwischen ihm und dem Herzog gewechselten Briefe durch seinen Sekretär, General= lieutnant Sir Herbert Taylor, dem Vizekönige senden (Brighton, 7. No= vember 1831): His Majesty considers it advisable that Your R. Highness and the Hanoverian government should be in possession of these do- cuments, and He trusts they will prove satisfactory to you.

Die hannoversche Regierung befolgte die Befehle des Königs ge=
wissenhaft. Lediglich aus Rücksicht auf den Thronfolger wurde die Zu=
sage der Diäten aus der Verfassung gestrichen und in ein provisorisches
Reglement verwiesen, das leicht wieder geändert werden konnte. Die
Oeffentlichkeit der Landtagsverhandlungen ließ sich allerdings nicht mehr
ganz zurücknehmen, da der König sie den Ständen bereits versprochen
hatte; sie wurde jedoch, um den Thronfolger zufrieden zu stellen, dahin
abgeschwächt, daß die Kammern nur berechtigt, nicht verpflichtet sein
sollten Zuhörer zuzulassen, und die Folge war, daß die erste Kammer
immer geheim tagte. Damit glaubten die Minister dem Herzoge, dem
ja gar kein Mitregierungsrecht zustand, jede erdenkliche Nachgiebigkeit er=
wiesen zu haben und führten fortan unbesorgt das Verfassungswerk
weiter. Der Entwurf wurde im November 1831 einer aus Vertretern
der Regierung und der Stände gemischten Kommission, dann im Mai
1832 dem neuen Landtage und schließlich im Frühjahr 1833 nach mehr=
facher Umarbeitung abermals dem Könige vorgelegt. Nachdem die also
mit kurhannoverscher Gründlichkeit bearbeitete Verfassung im September
1833 veröffentlicht war, wurde sie von dem hannoverschen Kabinets=
ministerium am 16. Oktober 1833 dem Herzog von Cumberland zu=
gesendet, nebst der Anfrage, ob er geneigt sei seinen Sitz in der ersten
Kammer einzunehmen, während gleichzeitig Minister Ompteda in London
an den Herzog von Suffex die nämliche Frage stellte. Suffex erhob
keine grundsätzlichen Bedenken; Cumberland aber antwortete wie folgt:
Berlin, 29. Oktober 1833. Meine Herren! Ich habe durch den
Gesandten von Münchhausen Ihr Schreiben vom 16. d. Mts.
erhalten und verfehle nicht Ihnen für diese Mitteilung meinen
Dank zu erstatten. Jedoch kann ich nicht umhin Ihnen zu sagen,
daß ich im Jahre 1819 bei meinem seligen Bruder König
Georg IV. gegen die Einführung der allgemeinen Stände pro=
testiert habe, da diese nach meiner Ansicht nie hätten sollen ein=
gerichtet werden ohne vorherige Einwilligung und Zustimmung
aller männlichen Agnaten, weil dadurch eine totale Veränderung
der Verfassung des Landes bewirkt worden. Von allem, was
weiter vorgekommen, bin ich nicht genügend unterrichtet und
kann mich deshalb auch durch das neue Gesetz noch nicht ge=
bunden halten.

Ihr ergebener

Ernst.

Die Minister, Stralenheim, Alten, Schulte, von der Wisch, waren
durchweg Edelleute aus der achtungswerten, aber geistlosen althannoverschen

Schule. Begreiflich daher, daß sie durch diese unerwartete Erklärung des Thronfolgers ganz außer Fassung gerieten. Alle früheren Aeußerungen des Herzogs waren nur vertraulich geschehen. Jetzt, in dem einzigen förmlichen Aktenstücke, das er jemals über das Staatsgrundgesetz geschrieben hat, verweigerte er nicht nur, die früheren Verhandlungen einfach ableugnend, vorläufig seine Zustimmung zu dem neuen Staatsgrundgesetze; er schien sogar — soweit seine Worte sich deuten ließen — zu den alten Provinzialständen, zu dem Zustande vom Jahre 1803 zurückkehren zu wollen; denn die allgemeine Ständeversammlung, die er als unrechtmäßig verwarf, war im Jahre 1819 nur verändert, aber schon im Jahre 1814, zur selben Zeit da die Königskrone Hannovers entstand, begründet worden. In ihrer Angst wagten die Minister aber nicht, dem Herzog kurzweg die Frage zu stellen, ob er das Staatsgrundgesetz anerkenne oder eine förmliche Rechtsverwahrung einlegen wolle. Sie schrieben vielmehr an Ompteda, den hannoverschen Minister in London (14. November 1833), erzählten ihm das Geschehene und bemerkten dazu: von einem früheren Proteste des Herzogs wüßten sie gar nichts; auch hielten sie für zweifelhaft, ob ein solcher Protest im Jahre 1819 überhaupt noch möglich gewesen, da die allgemeine Ständeversammlung des Königreichs ja schon fünf Jahre früher einberufen worden sei. Nicht minder zweifelhaft scheine es, ob diese Verfassungsänderungen der Zustimmung der Agnaten bedürften; bei der Union der Landschaften Calenberg und Grubenhagen im Jahre 1801 habe man die Agnaten auch nicht befragt. Zudem lasse sich nicht leugnen, daß die alten Provinzialstände größere, für die Krone gefährlichere Rechte besessen hätten, als heute der allgemeine Landtag. Zum Schluß meinten sie harmlos, die Bemerkungen des Herzogs schienen sich doch wohl nur auf die Form, nicht auf den Inhalt des Staatsgrundgesetzes zu beziehen; denn aus seinen Gesprächen mit Ompteda und Falcke, aus seinen Briefen an den König und den Herzog von Cumberland gehe klar hervor, daß er vor zwei Jahren den Verfassungsentwurf gebilligt habe, mit einziger Ausnahme der Bestimmungen über die Oeffentlichkeit und die Diäten.

Der König zeigte sich über die Sinnesänderung seines Bruders keineswegs überrascht; er wußte längst, daß der Herzog mit dem Führer der hannoverschen Adelspartei, Freiherrn von Schele, in Verbindung stand und sich gegen den Gesandten Münchhausen sehr feindselig über das Staatsgrundgesetz geäußert hatte. Als ihm Geh. Legationsrat Lichtenberg am 28. November in Brighton Vortrag hielt, versicherte er bestimmt, daß er weder einen Protest des Herzogs aus dem Jahre 1819 kenne, noch von mündlichen Erörterungen zwischen Cumberland und

König Georg IV. etwas wisse. Er billigte die Meinung der Minister, daß ein Protest der Agnaten unzulässig sei, und bemerkte — mit deut= licher Anspielung auf Cumberlands bekannte Schuldenlast — „wie Aller= höchst=Sie nicht besorgten, die abweichenden Ansichten Sr. k. Hoheit würden dem Lande zum Nachteil gereichen, allerdings aber Sich des Ge= dankens nicht zu erwehren vermöchten, es würden dieselben eher zum Nachteil als zum Vorteil Sr. k. Hoheit selbst ausschlagen." Der König wünschte, daß der Vizekönig eine angemessene, ausgleichende Erwiderung an den Bruder schreiben solle, fügte aber hinzu, „daß Sie ungern gestehen müßten, einen günstigen Erfolg davon kaum hoffen zu können." (Lichten= bergs Bericht an das Kabinetsministerium, 3. Dezember 1833.)

Hierauf traten die hannoverschen Minister nochmals in Beratung und schrieben an Lichtenberg (Ministerialschreiben vom 13. Dezember 1833): „An und für sich können wir zwar die gedachte Erwiderung so wenig ihrer Form als ihrem Inhalt nach für eine eigentliche Protestation gegen das Staatsgrundgesetz halten; allein wir können allerdings die Besorgnis nicht unterdrücken, daß diesem Aktenstücke früher oder später eine andere Absicht untergelegt und es uns zum Vorwurf gemacht werden könnte, wenn wir dasselbe mit Stillschweigen angenommen hätten." Deshalb, und weil eine eigenhändige Erwiderung des Königs der Sache mehr Wichtigkeit geben würde, als sie haben solle, hätten die Minister sich entschlossen, dem Thronfolger selbst zu antworten, und hofften auf die nachträgliche Genehmigung des Königs.

Dies Erwiderungsschreiben des Kabinetsministeriums an Cumber= land (vom 11. Dezember 1833 datiert) war überaus zart gehalten, ob= gleich man wissen mußte, daß der Herzog mittlerweile dem Vizekönige (in einem Briefe vom 29. November) erklärt hatte, er werde mehreren Bestimmungen des Staatsgrundgesetzes, namentlich der Kassenvereinigung, nie seine Zustimmung erteilen. Die Minister begnügten sich dem Herzog zu bemerken, daß die Zustimmung der Agnaten zwar wünschenswert, doch nicht notwendig sei, und das Staatsgrundgesetz jetzt überdies unter dem Schutze des Art. 56 der Schlußakte des Deutschen Bundes stehe. Sie bewiesen ihm sodann, daß die königliche Autorität durch die Kassen= vereinigung nur verstärkt werde, und erinnerten ihn daran, wie sorgsam sie sein Bedenken wegen der Diäten berücksichtigt hätten: „es ist uns ge= lungen, jede desfallsige Bestimmung aus dem Staatsgrundgesetze zu ent= fernen"; auch die Oeffentlichkeit des Landtags sei, dem Wunsche des Herzogs gemäß, wenigstens stark beschränkt worden. Damit schlossen sie. Auch jetzt wagten sie nicht, dem Thronfolger zu sagen, daß sie nunmehr ein unzweideutiges Ja oder Nein von ihm verlangen müßten, um dann nötigen=

falls mit Hilfe des Landtags oder des Bundestags weitere Maßregeln zu ergreifen.

Der König ſprach zu dieſem Schreiben „ſeinen ganzen Beifall" aus (Lichtenbergs Bericht, 17. Januar 1834). Der Thronfolger aber er= widerte nichts, da er das Schreiben infolge eines Zufalls nicht erhalten hatte. Als Cumberland bald nachher wieder nach England kam, hielt Geh. Rat Lichtenberg am 24. Januar, 27. Februar und 24. März drei Unterredungen mit ihm über das Staatsgrundgeſetz, wobei er dem Herzog eine Abſchrift des verlorenen Schreibens vorlas (Lichtenbergs Berichte vom 28. Februar und 27. März 1834). In dieſen Geſprächen offenbarten ſich die Hintergedanken des Herzogs ganz unverkennbar.

Derſelbe Fürſt, der vor zwei Jahren das Staatsgrundgeſetz bis auf drei Punkte gebilligt hatte, erklärte jetzt: „Ich war immer gegen eine all= gemeine Ständeverſammlung des Königreichs; ich habe dies 1814 in einer Denkſchrift dem Prinzregenten geſagt und ſpäterhin mündlich bei ihm dawider proteſtiert; ich habe deshalb im Jahre 1822 die Ständever= ſammlung nicht empfangen, als ſie ſich mir durch den Grafen Merveldt vorſtellen laſſen wollte, ſondern ihr erwidert, daß ich nur die Einzelnen als Privatperſonen empfangen könne. Meine Anſicht iſt alſo notoriſch. Aus der Union von Calenberg und Grubenhagen folgt nicht, daß auch die ſtändiſche Union für das geſamte Königreich ohne Einwilligung der Agnaten eingeführt werden darf. Warum können wir nicht Provinzial= ſtände haben wie Preußen?" — Das alles unter der feierlichen, dem alten Soldaten geläufigen Beteuerung: ich ſpreche meine Anſicht immer frei und offen aus, ich habe immer die Sache, nie die Perſon im Auge. — Nachdem er früherhin erklärt hatte my perfect satisfaction in all and every point, except in three points, wagte er jetzt zu behaupten: wenn er gegen Ompteda und Falcke nur zwei Punkte hervorgehoben habe, „ſo werde daraus nie der Schluß gezogen werden können, daß Sie allem Uebrigen Ihren Beifall gegeben hätten". Am anſtößigſten erſchien ihm jetzt die Kaſſenvereinigung, die er früher mit ſo inbrünſtigem Danke begrüßt hatte: dadurch werde das königliche Einkommen abhängig von der Bewilligung der Stände. Vergeblich hielt ihm Lichtenberg vor, daß die Krone vielmehr jetzt erſt durch die Krondotation ein völlig ſelb= ſtändiges Einkommen erhalte. Auch auf ſeine früheren Einwände kam der Herzog wieder zurück: Wenn man keine Diäten bewilligt hätte und die Stände wären deshalb nicht zuſammengekommen, „ſo würde gerade dadurch das Gouvernement die Gelegenheit in den Händen gehabt haben, die Verſammlung nicht ferner zu berufen zu brauchen". Dann eiferte er noch gegen die Oeffentlichkeit des Landtags ſowie gegen die neue

Organisation der Kavallerie und ließ sich auch nicht beruhigen, als
Lichtenberg ihm vorstellte, der Landtag dürfe ja das Militärbudget nur
in Bausch und Bogen bewilligen. Selbst der ehrfurchtsvolle Geheime
Rat vermochte am Schlusse seiner Berichte nur zu sagen: „daß, wenn
der unterthänigst gehorsamst Unterzeichnete überhaupt wagen darf eine
Ansicht über den Eindruck anzudeuten, welchen die lange Unterredung
auf Se. k. Hoheit hervorbrachte, derselbe wenigstens kein durchaus un=
günstiger zu sein schien."

Damit schließen die Akten. Das Ministerium beruhigte sich bei
diesem „schien" des sanften Lichtenberg und trieb in unbegreiflicher
Sorglosigkeit dem Staatsstreiche entgegen. Die welfische Tragikomödie
fand nachher ihren würdigen Abschluß, als König Ernst August seinem
Lande eigenmächtig dieselbe Verfassung vom Jahre 1819 wieder auf=
erlegte, welche der Herzog von Cumberland einst als völlig widerrechtlich
verworfen hatte.

Dem Staatsgrundgesetze folgte am 19. November 1836 das Haus=
gesetz für das königliche Haus. Ueber dessen Entstehung weiß ich nichts
Neues zu berichten. Bekannt ist nur, daß Dahlmann, der dies Haus=
gesetz auszuarbeiten hatte, am 21. April 1834 vom Kabinetsministerium
die amtliche Mitteilung erhielt: die Zustimmung der volljährigen könig=
lichen Prinzen sei erfolgt. Ebenso bekannt, daß der Herzog von Cum=
berland am 18. Dezember 1835 an Geh. Rat Falcke schrieb: er könne
als ehrlicher Mann das Hausgesetz, das so fest mit dem Staatsgrund=
gesetze zusammenhänge, für jetzt noch nicht unterzeichnen: I must have
much more aid and advice before I can allow myself to take so serious
a step as you propose me doing. Da jene Versicherung des Ministeriums
unmöglich ganz grundlos sein kann, so drängt sich unabweisbar die Ver=
mutung auf, daß der Herzog beiden Gesetzen gegenüber auf dieselbe
Weise verfahren ist: er hat zuerst in unverbindlicher Form seine Zu=
stimmung gegeben, um nachher — nicht ehrlich zu protestieren, sondern
die Entscheidung ins Ungewisse hinauszuschieben.

Neue Erscheinungen.

I. Zeitschriftenschau.

**Jahrbücher und Jahresberichte des Vereins für mecklenburgische Ge=
schichte und Altertumskunde. 52. Jahrgang. Schwerin 1887.**

II. S. 25—33: Castrum Wustrow. Vom Archivar Dr. Schildt,
mit Tafel. [Der uralte befestigte Ort Wustrau am Tollense=See
bildete kurze Zeit hindurch den Mittelpunkt der gleichnamigen
Landschaft, welche am 20. Juni 1236 vom Herzoge Wratislaw
von Pommern an die markgräflichen Brüder Johann und Otto
von Brandenburg abgetreten wurde.]

III. S. 34—182: Die Wappen der bis 1360 in den heutigen
Grenzen Mecklenburgs vorkommenden Geschlechter der Mannschaft.
Von Dr. Crull zu Wismar. [Nach einer Einleitung über die
auf diesem Gebiete vorhandenen Vorarbeiten bespricht Verfasser in
689 Artikeln die einzelnen in jener Periode in Mecklenburg vor=
kommenden Geschlechter, von denen ein großer Teil noch heute
in den benachbarten preußischen Provinzen, Pommern, Branden=
burg, Schleswig=Holstein und Hannover blüht, indem er zugleich,
soweit dies möglich, Abbildungen der geführten Wappen beifügt
oder letztere doch beschreibt. Die Benutzung der Arbeit wird
durch ein Namen=Register und ein Schildfiguren=Register er=
leichtert.]

**Baltische Studien. Herausgegeben von der Gesellschaft für Pommersche
Geschichte und Altertumskunde. 37. Jahrgang. Stettin 1887.**

Heft 1, S. 92—96: General Tauentziens Bericht über die vom
französischen Gesandtschaftssekretär Lesebvre vorgenommene Besich=
tigung Kolbergs (Oktober 1811). Mitgeteilt von Dr. C. Bla=
sendorff in Pyritz. [Graf von Tauentzien berichtet in einem
Immediatschreiben d. d. Treptow a. R. 28. Oktober 1811 dem
Könige über die zwei Tage zuvor durch Lesebvre und den fran=
zösischen Konsul Chaumette zu Stettin stattgefundene Besichtigung
der Festung Kolberg, durch welche jene sich davon überzeugen

sollten, ob die Schanzarbeiten daselbst eingestellt und die Krümper entlassen seien. Der Bericht läßt die peinliche Sorgfalt erkennen, mit welcher jene Kommissare ihrem Auftrage nachzukommen be=müht waren, dann aber auch die überraschend genaue Kenntnis, welche sie von den Zuständen in Kolberg mitbrachten.]

Heft 2. 3, S. 97—288: Stettins hansische Stellung und Herings=handel in Schonen. Von Dr. Otto Blümcke, Oberlehrer in Stettin. [Der Verfasser behandelt S. 198 ff. das Niederlags=recht Stettins und die dadurch bedingte Stellung der Stadt zum Oberhandel; er zeigt, in welcher Weise seit dem 13. Jahrhundert die Politik Stettins durch die Rücksichtnahme auf Frankfurt a. O. bedingt wurde und in wie scharfe Gegensätze beide Städte bis=weilen in ihren handelspolitischen Bestrebungen traten.]

Monatsblätter. Herausgegeben von der Gesellschaft für Pommersche Geschichte und Altertumskunde. 1887. Nr. 1—12.

Nr. 11, S. 170—174. Die Erkundung der Kolberger Ver=schanzungen durch den französischen Konsul Chaumette (1811). Von Dr. Blasendorff. [Verfasser veröffentlicht aus den Akten der Kommandantur zu Kolberg eine Korrespondenz Blüchers mit dem Kommandanten des Ortes, dem Oberstlieutenant von Kampz, aus dem August 1811, in welcher dieser angewiesen wird, den zum Zweck einer Besichtigung demnächst eintreffenden Konsul Chaumette wie jeden anderen „Particulier" zu behandeln. Diesem Befehle kam von Kampz mit militärischer Energie nach, konnte es indeß nicht verhindern, daß Chaumette bei einem späteren Besuche am 3. Oktober 1811 trotz aller Vorsichtsmaßregeln fest=stellte, daß noch 9000 Schanzarbeiter daselbst vorhanden seien. Der Bericht Chaumettes über diese Wahrnehmung veranlaßte dann die von Blasendorff (siehe vorstehend) beschriebene Besich=tigung der Festung durch Lefebvre und Chaumette am 26. Ok=tober 1811.]

Nr. 12, S. 181—184. Die Kaiserlichen Truppen in Pasewalk. Mitgeteilt vom Senator Dr. Brehmer in Lübeck. [Bericht aus einem im Jahre 1633 veröffentlichten und von Georg Goetze in seiner 1726 zu Lübeck herausgegebenen Schrift „Quinarius commentationum historico-theologicarum varii argumenti" be=nutzten Flugblatte über einige von durchmarschierenden Kaiser=lichen Truppen zu Pasewalk im Jahre 1633 gegen die dortigen Geistlichen verübten Gewaltthätigkeiten.]

Zeitschrift des historischen Vereins für Niedersachsen. Jahrgang 1887. Hannover 1887.

VI. S. 195—241: Neue Beiträge zur Geschichte der Cellischen Herzogin Eleonore, geb. d'Olbreuse. Von Dr. Eduard Bode=mann. [Verfasser stellt zunächst fest, daß der Autor der ältesten Biographie der d'Olbreuse, der Mutter der Königin Sophie Dorothee von Preußen, der „Aventure historique", der auch sonst als Schriftsteller hervorgetretene hannoversche Geh. Rat Asche Christoph von Marenholz gewesen ist, der auf Veranlassung

der b'Olbreuse jene Schrift abfaßte, um die am hannoverschen
Hofe gegen sie herrschenden Vorurteile zu besiegen. Außer ver=
schiedenen bereits an zerstreuten Stellen veröffentlichten Berichten
über jene Dame giebt Bodemann zwei bisher ungedruckte Briefe
derselben aus den Jahren 1699 und 1703 an die Kurfürstin
Sophie von Hannover, einen Briefwechsel derselben mit Leibniz
und Christoph Nicolaus von Greiffencranz aus den Jahren 1688
bis 1701, welcher den von letzteren bearbeiteten Stammbaum
der b'Olbreuse zum Gegenstande hat, und endlich deren Personalien,
soweit sie sich aus der am 15. Februar 1722 zu Celle von dem
reformierten Prediger Schmucker gehaltenen Gedächtnisrede er=
geben.]

**Sitzungsberichte der Königl. Preußischen Akademie der Wissenschaften
zu Berlin. 1888, Stück IV.**

S. 55—60: Festrede zur Feier des Geburtstags Friedrich's II.
Von E. Curtius. [Im Anschluß an die unten S. 322 verzeich=
nete Schrift von Suphan].

S. 63—85: Die Einführung der französischen Regie durch Friedrich
den Großen. Von Gustav Schmoller. [Die Einrichtung der
vielgeschmähten französischen Regie im Jahre 1766 ist das von
legendenhafter Ueberlieferung am meisten entstellte Blatt aus der
Finanzgeschichte Friedrichs. Gestützt vorzugsweise auf die bisher
nirgends herangezogene Kabinets=Korrespondenz, legt Verfasser dar,
wie die folgenschweren Entscheidungen des Königs vom Frühjahr
1766 nicht in erster Linie zurückgehen auf eine unmotivierte Miß=
stimmung über die deutschen Beamten, nicht bloß auf zufällige
Todesfälle im Kreise der Minister oder auf Forderungen einer
Acciserhöhung, welche die deutschen Beamten abgelehnt hätten.
Es handelte sich vielmehr um große fundamentale Fortschritte
in der Organisation der Staatsverwaltung überhaupt und der
indirekten Steuern im Speziellen. Die Unterordnung der Accise=
verwaltung unter vier verschiedene Provinzialminister, wie sie
1723 bei Errichtung des Generaldirektoriums erfolgt war, hatte
sich nicht bewährt; infolge des siebenjährigen Krieges kamen die
Unzuträglichkeiten des alten Systems noch greller zu Tage. An
Stelle von vier Provinzialministern trat jetzt de Launay an die
Spitze der ganzen staatlichen indirekten Steuerverwaltung; ein
einheitlicher, nur mit der Steuerverwaltung befaßter Beamten=
körper trat an Stelle von Organen, die alles Mögliche zugleich
besorgen sollten. Die Einrichtungen Frankreichs gaben Anstoß
und Vorbild, aber sie wurden nicht kopiert. Von den 2000
Stellen, welche die Accise= und Zollverwaltung umfaßte, wurden
etwa 175—200 (die Legende hat stark übertrieben) mit Fran=
zosen besetzt.]

Jahrbuch der Königlich Preußischen Kunstsammlungen. Berlin 1888.

S. 108—128: Friedrich der Große als Kronprinz in Rheinsberg
und die bildenden Künste. Von Paul Seidel. [Ein durch
den Verfasser im Domanialarchiv zu Rheinsberg aufgefundenes

Inventar aus dem Jahre 1742 ermöglichte eine genaue Be=
schreibung der ursprünglichen Zimmereinrichtungen des Schlosses,
giebt aber leider keine Anhaltspunkte in Bezug auf die Maler der
zahlreichen Bilder; die Seele des künstlerischen Lebens in Rheins=
berg war Knobelsdorff, der 1737 nach seiner Rückkehr aus Italien
— das Stizzenbuch von der italienischen Reise befindet sich im
Besitz des Verfassers — die nüchterne und steife Wirkung des Kem=
meterschen Bauplanes mit Erfolg zu verbessern suchte und zu=
gleich unter den Augen seines alten Lehrers Pesne, der alsbald
nach Rheinsberg berufen wurde, die Malkunst eifrig pflegte; ein
Verzeichnis seiner Gemälde, Zeichnungen und Radierungen schließt
die Abhandlung. „Pesne und Knobelsdorff sind die einzigen
Künstler, welche wir, um Friedrichs des Großen Verhältnis zu
den bildenden Künsten ins Auge zu fassen, einer genaueren Be=
trachtung unterwerfen müssen, nicht die Künstler der zweiten Hälfte
des Jahrhunderts, zu denen der König in keiner engeren Be=
ziehung stand."]

Historische Zeitschrift. Herausgegeben von H. von Sybel. Neue
Folge 22. Band (der ganzen Reihe 58. Band). München und Leipzig
1887.

Heft 1, S. 1—37: Bethlen Gabor, Fürst von Siebenbürgen.
Von Fr. Krüner. [Die Verhandlungen, welche zu der Ver=
mählung (28. Februar 1626) des Fürsten mit der branden=
burgischen Prinzessin Katharina, Schwester des Kurfürsten Georg
Wilhelm, führten, finden sich nach den Akten des Geh. Staats=
archivs, bez. des königl. Hausarchivs zu Berlin dargelegt. Die
Werbung Bethlens war der Abschluß eines von langer Hand
vorbereiteten Planes der pfälzischen Partei, die den siebenbürgischen
Fürsten eng mit der Sache der deutschen Protestanten verbinden
wollte, sodann aber durch ihn wiederum den brandenburgischen
Kurfürsten zum Eingreifen für den Pfalzgrafen Friedrich zu drängen
gedachte.]

S. 55—105: Vier Denkschriften Scharnhorsts aus dem Jahre
1810. [Mitgeteilt von M. Lehmann (vgl. oben S. 50 Anm. 2),
sämtlich bisher nur in Bruchstücken bekannt geworden: „Ueber
unsere militärische Lage", 28. Januar; Immediatbericht vom
16. Juni mit Uebersicht der verwendbaren Streitkräfte und
Waffenvorräte; Denkschrift für Graf Tauentzien, einen der Gegner
der militärischen Reform (März); Denkschrift für den König über
„Unzulässigkeit der Stellvertreter", 22. November.]

Heft 2, S. 245—278: Graf Brandenburg in Warschau 1850.
Von H. von Sybel [vgl. oben S. 56].

S. 381—384: Denkschrift Metternichs über den Deutschen Bund,
vom 10. November 1855. [„Wie ist der Deutsche Bund ent=
standen? was ist der Deutsche Bund?"]

Heft 3, S. 465—496: Der Große Kurfürst und die protestan=
tischen Ungarn. Von O. Krauske. [An der Hand der Akten
des Geh. Staatsarchivs und unter Heranziehung einer sehr aus=

gedehnten und zum Teil entlegenen Litteratur behandelt Verfasser die wiederholten, aber immer ergebnislosen Interzessionsversuche (1672. 1673 1677. 1678) des Kurfürsten zu Gunsten der ungarischen Protestanten, die seit der Thronbesteigung Ferdinands II. der Verfolgung durch den Staat und den katholischen Klerus ausgesetzt waren.

Neue Folge 23. Band (der ganzen Reihe 59. Band). München und Leipzig 1888.

Heft 1, S. 184—187: Ein Beitrag zur Biographie Winterfeldt's [vgl. oben S. 238].

S. 188—190: Gneisenau's Entlassungsgesuch vom 14. Januar 1808.

S. 190. 191: Metternich über die Neuenburger Frage [Bericht des preußischen Gesandten in Dresden vom 21. Okt. 1856 über eine Tags zuvor mit M. gehabte Unterredung].

Heft 2, S. 248—294: Matthias Döring, der Minorit. Von Bruno Gebhardt. [M. Döring aus Kyritz erfüllte sich seit 1422 auf der Universität Erfurt mit dem diese Hochschule kenn= zeichnenden antihierarchischen Geist, vertrat dieselbe auf dem Basler Konzil und erscheint in seinen Streitschriften als ein heftiger Gegner des verweltlichten Papsttums. Im September 1461 kehrte Döring nach Niederlegung seiner Würde als Ordens= provinzial nach Kyritz zurück und beschloß seine Tage 1469 im dortigen Minoritenkloster. Im Streit um das Wilsnacker Blut trat er im kurbrandenburgischen und bischöflich = havelbergischen Interesse für das „Wunder" gegen den Erzbischof von Magde= burg und Heinrich Tote auf. Sein Chronikon ist für 1420—1464 eine beachtenswerte Quelle für die Verhältnisse in Brandenburg, Pommern, Sachsen und ganz Niederdeutschland.]

S. 295—301: Der Ursprung des deutschen Verwaltungsrats von 1813. [Bericht des Freiherrn von Stein an Kaiser Alexander I. d. d. Breslau 16. März 1813, mitgeteilt von M. Lehmann.]

S. 301—308: Briefe von Gneisenau an Professor Siegling in Erfurt 1814—1831. [6 Stück, nach Pertz' Tode dem Fortsetzer der Gneisenau-Biographie (vgl. oben S. 50 Anm. 2) nicht übergeben, zur Ausfüllung der Lücke jetzt hier durch M. Lehmann mit= geteilt.]

Zeitschrift für Geschichte und Politik. Herausgegeben von H. von Zwiedineck=Südenhorst. Stuttgart 1888.

Heft 1, S. 11—32: Die Sendung des Grafen Schlippenbach zu Kurbrandenburg und Kursachsen im Jahre 1654. Von W. Arndt. [Ueber die Berliner Mission dieses schwedischen Di= plomaten bietet das Geh. St. A. über das Bekannte hinaus nichts. Ersatz dürfte Schlippenbach's Korrespondenz im Stockholmer Archiv gewähren, aus der E. Schmiele im Programm des K. Wilhelms=Gymnasiums zu Berlin (1887) Mitteilungen zu machen begonnen hat].

Preußische Jahrbücher. Herausgegeben von H. von Treitschke und H. Delbrück. Band 61. Berlin 1888.

Heft 2, S. 145—163: Das altpreußische Tabacksmonopol. Von Charpentier. [Die Aufhebung der von Friedrich II. mit Sorgfalt gepflegten Einrichtung im Jahre 1798 erscheint dem Vf. als ein arger Fehler; einige verständige Reformen würden die Uebelstände beseitigt, das Opfer an die Volksgunst erspart haben].

Heft 3, S. 278—289: C. Bornhak, Die Bauernbefreiung und die Gutsherrlichkeit in Preußen [im Anschluß an das oben S. 50 Anm. 1 verzeichnete Werk von Knapp].

Deutsche Rundschau. Herausgegeben von J. Rodenberg. Vierzehnter Jahrgang. Berlin 1887/88.

Bd. 53 (Okt.—Dez. 1887), S. 120—142; 214—247; 348—362: Stein und Gruner in Oesterreich. Von August Fournier. [Enthält aus den Akten der Wiener Archive Mitteilungen über Steins Asyl in Oesterreich seit 1809, sowie das Authentische über die vielbesprochene Verhaftung des 1812 nach seinem Uebertritt aus preußische in russische Dienste in Prag als Emissär Stein's erschienenen, von dem preußischen Polizeiministerium noch mehr als der österreichischen Regierung beargwöhnten früheren Berliner Polizeipräsidenten Gruner und seine Einschließung in Peterwardein].

Jahrbücher für Nationalökonomie und Statistik. Gegründet von Br. Hildebrand, herausgegeben von J. Conrad. Neue Folge. Bd. XVI, Jena 1888.

Heft 2, S. 121—170: Die Latifundien im preußischen Osten. Von J. Conrad. [Während im Laufe dieses Jahrhunderts der größte Teil des Adels der sieben östlichen altpreußischen Provinzen aus seinem Besitz gedrängt worden ist, befinden sich 16 Prozent des Gesamtareals als Latifundien (Besitzungen über 5000 ha) in der Hand von 159 Personen, unter denen, neben dem Fiskus als weitaus größtem Grundbesitzer, vorwiegend Mitglieder souveräner Häuser und der hohen Aristokratie erscheinen; Neubildung von Latifundien hat nur ganz vereinzelt und ohne Bedeutung stattgehabt. Verfasser bezeichnet als eine weite und schöne Aufgabe für die historische Forschung die Beantwortung der Frage: „Wie sind die gegenwärtigen Verhältnisse so geworden?"]

Beiheft zum Militär-Wochenblatt. Jahrgang 1887, Nr. 10—12.

S. 281—298: Ueber den Feldzugsplan Friedrichs des Großen im Jahre 1757. Von Prof. H. Delbrück, Premierlieutenant a. D. [Gegen die Annahme von H. von Sybel in den Sitzungsberichten der Berliner Akademie vom 24. März 1887 (Stück 17) hält Verfasser mit A. von Taysen, Zimmermann, Cämmerer (vgl. oben S. 39 Anm. 5; S. 40 Anm. 5. 7) daran fest, daß der Ursprung des Feldzugsplanes nicht bei dem Könige, sondern in erster Linie bei Winterfeld zu suchen sei, und verweist auf die früher von ihm gegebene Darlegung (vgl. oben S. 40 Anm. 7), daß Friedrich der Große prinzipiell auf dem Boden des richtig verstandenen Systems der älteren Strategie stand.]

Revue des deux mondes. Band 80—84. Paris 1887. Le duc de Broglie, Etudes diplomatiques [zehn Artikel in den Nummern vom 15. April, 1. 15. Mai, 1. 15. Juni, 1. August, 1. Sept., 1. Okt., 15. Nov., 1. Dez., enthaltend eine voraus= sichtlich demnächst im Buchhandel erscheinende Geschichte des zweiten schlesischen Krieges im Anschluß an des Verfassers frü= here Studien: „Frédéric II et Marie-Thérèse" (2 Bde. 1883) und „Frédéric II et Louis XV" (2 Bde. 1885); vgl. oben S. 41 Anm. 2].

Rothan, Souvenirs diplomatiques. La Prusse et son roi pendant la guerre de Crimée [in der Nummer vom 1. Nov.; der Vf. war 1853 Legationssecretär der französischen Gesandtschaft in Berlin].

II. Universitätsschriften und Schul=Programme.

H. v. Treitschke, Das politische Königthum des Anti=Machiavell. Berlin 1887. Rede zum 22. März 1887 (22 S. 4°, vgl. oben S. 42 Anm. 3).

J. Bahlen, Die Gründung der Universität. Berlin 1887. Rede zum 3. August 1887 (17 S. 4°).

A. Schöne, Ueber die Entwickelung unseres Nationalbewußtseins. Königs= berg 1888 (Rede zum 18. Januar 1888; 19 S. 4°; auch im Buchhandel: Königsberg, Koch).

*E. Theuner, Der Uebergang der Mark Brandenburg vom wittels= bachischen an das luremburgische Haus. Berliner Dissertation 1887 (32 S. 8°).

O. Kehlert, Die Insel Gothland im Besitz des Deutschen Ordens 1398—1408. Königsberger Diss. 1887 (58 S. 8°).

*H. Bielfeld, Geschichte des Steuerwesens im Erzstifte Magdeburg. Leipziger Diss. 1888 (34 S. 8°).

*E. Wolf, Zur Geschichte der deutschen Protestanten 1555—1559. Leipziger Diss. 1888 (214 S. 8°).

Fr. Bosse, Zur diplomatischen Vorgeschichte des Königsberger Vertrages auf Grund einer kritischen Vergleichung von Samuel Pufendorfs schwedischem und brandenburgischem Berichte unter einander und mit den Acten. Berliner Diss. 1887 (36 S. 8°).

*H. Gehlsdorf, Der Frage der Wahl Erzherzogs Joseph zum römischen Könige, hauptsächlich von 1750 bis 1752. Bonner Diss. 1887 (93 S. 8°).

---

*) Die mit * bezeichneten Dissertationen werden erweitert im Buchhandel erscheinen.

Fr. Schwartz, Preußische Landmilizen im siebenjährigen Kriege, Theil I. Göttinger Diss. 1887 (inzwischen abgeschlossen im Buchhandel erschienen: siehe oben S. 40 Anm. 5).

Fr. Aumann, Die Schlacht bei Prag 1757. Straßburger Diss. 1887 (auch im Buchhandel: siehe oben S. 45 Anm. 3).

*F. Arnheim, Die Memoiren der Königin von Schweden, Ulrike Luise, Schwester Friedrichs des Großen. Hallische Diss. 1887 (31 S. 8⁰).

E. Hauser, Die Entwickelung der Viehzucht in Preußen von 1816 bis 1883 mit Rücksicht auf die zwei einheitlichen Zählungen von 1873 und 1883 für das ganze deutsche Reich. Hallische Diss. 1887 (91 S. 8⁰; auch im Buchhandel in der „Sammlung nationalöko= nomischer und statistischer Abhandlungen" her. von J. Conrad, Bd. IV, Heft 5).

A. Ucke, Die Agrarkrisis in Preußen während der zwanziger Jahre dieses Jahrhunderts. Hallische Diss. 1888.

K. Mamroth, Die Entwickelung der österreichisch = deutschen Handels= beziehungen vom Entstehen der Zolleinigungsbestrebungen bis zum Ende der ausschließlichen Zollbegünstigungen (1849—1865). Berliner Diss. 1887 (auch im Buchhandel: Berlin, Carl Heymann, 196 S. 8⁰).

Th. Dreher, Die Markgrafen von Brandenburg zu Augsburg 1500 bis 1518. Programm des Gymnasiums zu Sigmaringen 1887. (Hat der Redaktion nicht vorgelegen).

W. Maletzke, Die Verfassungskämpfe des großen Kurfürsten mit den Ständen von Kleve und Preußen. Programm des Realgymnasiums zu Zwickau 1887 (27 S. 4⁰).

J. Jungfer, Die schwedischen und brandenburgischen Kriegsdienste Land= graf Friedrichs von Homburg. Programm des Friedrichs=Gymnasiums zu Berlin 1888 (22 S. 4⁰).

R. Haage, Die feindlichen und die freundlichen Beziehungen der preu= ßischen und der österreichischen Politik zur Zeit Friedrichs des Großen. Jahresbericht des Johanneums zu Lüneburg, 1887 (9 S. 4⁰).

A. Otto, Aus der Friedericianischen Verwaltung Westpreußens. Pro= gramm des K. Gymnasiums zu Conitz 1887 (18 S. 4⁰).

Th. Bach, Denknisse und Erlebnisse aus der Zeit der Erhebung Preußens. Aus Th. G. v. Hippels handschriftlichem Nachlasse mitgetheilt. Pro= gramm des Falk=Realgymnasiums zu Berlin 1887.

Reden bei der Säkularfeier der Geburt Carl Fr. v. Klödens am 21. Mai 1886, gehalten von dem Dr. jur. R. Beringuier, dem Rector W. Bonnel und dem Direktor W. Gallenkamp. Programm der Friedrich=Werderschen Oberrealschule, Berlin 1887 (22 S. 4⁰).

L. Worthmann, Die deutschen Kolonien in Westafrika. Programm des Evang. Gymnasiums zu Schweidnitz 1887 (42 S. 4⁰ und eine Karte).

Endemann, Ueber Erziehung und Charakterbildung im Hause Hohen= zollern. Progr. des K. Gymnasiums zu Hanau 1887 (23 S. 4⁰).

III. Bücher.

Aeltere Universitätsmatrikeln. I. Frankfurt a. O. Aus der Original=
handschrift unter Mitwirkung von Dr. G. Liebe und Dr. E. Theuner
herausg. von Dr. Ernst Friedlaender. (Auch) unter dem Titel:
Publicationen aus den K. Preußischen Staatsarchiven Bd. XXXII).
Leipzig, S. Hirzel, 1887 (XVI u. 793 S. gr. 8°).

Für die Zeit von der Gründung der Universität (1506) bis 1648,
mit einer Lücke vom Herbst 1541 bis Herbst 1542. Das Vorwort giebt der
Hoffnung Raum, „daß zahlreiche märkische und andere Familien in den an=
scheinend so eintönigen Spalten der nachstehenden Bogen eine stattliche Reihe
von Mitgliedern aufspüren werden, deren Existenz bisher nicht beglaubigt
oder überhaupt unbekannt gewesen ist . . . Durch viele kleine annalistische
Bemerkungen, die den Namenreihen eingestreut sind, gewährt sie (die Ma=
trikel) dann auch für die allgemeine Geschichte einige nicht wertlose Beiträge."

**Israel Hoppe's, Burggrafen zu Elbing, Geschichte des ersten
schwedisch = polnischen Krieges in Preußen,** nebst Anhang. Herausg.
von Dr. M. Töppen [auch unter dem Titel: Die preußischen Ge=
schichtschreiber des XVI. und XVII. Jahrhunderts, herausg. von dem
Verein für die Geschichte von Ost= und Westpreußen]. Leipzig,
Duncker u. Humblot, 1887 (1. Hälfte, 400 S. gr. 8°).

Die Publikation schließt sich an die im 4. Bande der Sammlung
(vgl. oben S. 29) vereinigten, gleichfalls von Töppen herausgegebenen el=
bingischen Chroniken Christoph Falks, Peter Himmelreichs und Michael
Friedwalds an. Eine Einleitung enthält die Biographie des Verfassers
(geb. 1601, † 1679) und giebt Auskunft über die handschriftliche Ueber=
lieferung der Chronik, deren vorliegende erste Hälfte bis 1629 führt.

G. A. v. Mülverstedt: Die Kriegsmacht des Großen Kurfürsten.
Magdeburg, Baensch, 1888 (XXI u. 813 S. gr. 8°).

F. Schultz: Chronik der Residenzstadt Charlottenburg. Charlottenburg,
B. Grundmann, 1887 (V u. 319 S. 8°).

Ein ansprechendes „Stadt= und Kulturbild" nach der Natur und,
für die ältere Zeit, nach dem vorhandenen gedruckten und erreichbaren
handschriftlichen Material; das Letztere ist freilich sehr lückenhaft, da in der
städtischen Registratur sich nur Akten aus modernster Zeit fanden und da
die Pfarrakten der Zeit vor 1773, der Ueberlieferung nach, dem in diesem
Jahre gestorbenen Pfarrer mit in den Sarg gegeben worden sind. Einen
gewissen Ersatz bot eine Pfarrchronik aus dem Anfange dieses Jahrhunderts.
Nicht zutreffend sind S. 150, wie demnächst von andrer Seite dargelegt
werden wird, die Angaben über den Anteil der Frau Witte, Wittwe eines
Charlottenburger Bürgermeisters und Schwiegermutter des kaiserlichen Lega=
tionssecretärs v. Weingarten, an der Enthüllung der österreichischen An=
griffspläne von 1756.

**Bourgeois: Neufchatel et la politique prussienne en Franche-Comté
1702—1713.** (auch unter dem Titel: Bibliothèque de la faculté des
lettres de Lyon, Tome Ier). Paris, Leroux, 1887.

Aus Studien im Geh. Staatsarchiv zu Berlin erwachsen.

**Beiträge zur Geschichte des polnischen Thronfolgekrieges — Die Einzel=
kämpfe um Failly, Servigny und Noisseville am 31. August 1870**
(auch unter dem Titel: Kriegsgeschichtliche Einzelschriften herausg. von

dem Königlichen Großen Generalstabe). Berlin, E. S. Mittler u.
Sohn, 1887.

Dem Tagebuch von Barth, Privatsekretär des kaiserl. Feldmarschall=
Lieutenant Prinz Ferdinand von Bayern, über den Feldzug am Oberrhein
von 1734 schickt der K. bayrische Oberstlieutenant Erhard Mitteilungen
über die Beteiligung des Königs und Kronprinzen von Preußen an dem
Feldzug voraus.

W. v. Schultz: Die preußischen Werbungen unter Friedrich Wilhelm I. und Friedrich II. bis zum Beginn des siebenjährigen Krieges
mit besonderer Berücksichtigung Mecklenburg = Schwerins. Schwerin,
Bärensprungsche Hofbuchdruckerei, 1887 (121 S. 8 °).

Die Darstellung beruht auf den Akten des großherzoglichen Archivs
zu Schwerin; eine notwendige Ergänzung bilden für die Konflikte der
Jahre 1755 und 1756 die in der „Polit. Korr. Friedrichs des Großen"
XI—XIII mitgeteilten Schriftstücke preußischer Provenienz. Den allgemeinen
politischen Hintergrund wird eine hallische Dissertation von 1885 gewinnen
lassen: C. Matthias, Die Mecklenburger Frage in der ersten Hälfte des
achtzehnten Jahrhunderts.

P. Karge: Die russisch-österreichische Allianz von 1746 und ihre Vorgeschichte. Göttingen, R. Peppmüller, 1887 (136 S. gr. 8 °).

J. R. Danielson: Die Nordische Frage in den Jahren 1746—1751.
Mit einer Darstellung russisch = schwedisch = finnischer Beziehungen
1740—1743. Helsingfors, gedruckt bei J. C. Frenckell & Sohn,
1888. (IV, 455 und 215 S. Beilagen gr. 8 °).

Die Darstellungen von Karge und Danielson behandeln zwei auf ein=
anderfolgende Akte der Politik Rußlands — denn diese steht in beiden Ar=
beiten im Mittelpunkt — im Jahrzehnt vor dem siebenjährigen Kriege.
Mittelst der aus der russischen Geschichte Solowjews und der Aktenpubli=
kation „Archiv des Fürsten Woronzow" geschöpften archivalischen Infor=
mationen führt K. aus, daß nach dem Dresdner Frieden nicht der Wiener
Hof, wie Friedrich II. annahm, sondern Rußland der treibende Teil war,
der die sofortige Wiederaufnahme des Krieges gegen Preußen wünschte. In
dem Werke von D., das auf Archivstudien in Moskau, Helsingfors,
Stockholm, Kopenhagen und London beruht, konzentriert sich das Interesse
auf den Plan des russischen Kanzlers Bestushew von 1748 und 1749 zu
einem Koalitionskriege gegen Schweden und Preußen. Daß unmittelbar
nach dem Ausgang des österreichischen Erbfolgekriegs Europa abermals von
der Gefahr eines allgemeinen Krieges bedroht gewesen ist, war durch die
in letzter Zeit veröffentlichten Untersuchungen preußischer, österreichischer
und schwedischer Forscher bekannt; immer aber ließen sich die Umrisse des
russischen Aktionsplans bisher mehr kombinieren, als greifbar schauen, und
ganz neu ist bei D. die Klarlegung der Abwandelungen in der Haltung
Dänemarks und Englands, deren Mitwirkung Bestushew neben der des
Wiener Hofes in Aussicht genommen hatte. Daneben ist den geheimen
Beziehungen der russischen Regierung zu der Oppositionspartei in Schweden
besondere Aufmerksamkeit zugewandt worden. — In der Beurteilung der
staatsmännischen Bedeutung Bestushews und des Wertes seiner Politik steht
K. wohl einigermaßen unter dem Einfluß der hochtönenden Denkschriften
des Kanzlers, während D. S. 438 zu dem Ergebnis kommt: „Die Politik
Rußlands in jenen Jahren ist im Großen und Ganzen eine Politik der
Intrigue gewesen", und den Hauptgrund dafür in dem Umstand sucht,
„daß der Großkanzler in Winkelzügen und Heimlichkeiten seine eigentliche
Stärke fand"; das Hauptverdienst an der Beschwörung des 1749 drohenden
europäischen Krieges mißt D. Friedrich dem Großen bei (S. 440).

G. Winter: Die kriegsgeschichtliche Ueberlieferung über Friedrich den
Großen, kritisch geprüft an dem Beispiel der Kapitulation von Maxen

(auch) unter dem Titel: Hiſtoriſche Unterſuchungen, her. von J. Jaſtrow,
Heft 7). Berlin, R. Gärtner, 1888 (VIII u. 175 S. gr. 8⁰).

Die Grundlage der Unterſuchung bildet der im Geh. Staatsarchiv
befindliche dienſtliche Schriftwechſel des Generallieutenants von Finck mit
dem Könige aus der Zeit vom 14. bis 23. November 1759 ſowie die eben=
daſelbſt befindliche Berichterſtattung Zietens an den König über den Ver=
lauf der triegsgerichtlichen Verhandlung gegen Finck. Die litterariſche
Ueberlieferung preußiſchen Urſprunges über das Ereignis geht ihrem größten
Teil nach mittelbar oder unmittelbar auf Finck zurück.

**E. Reimann: Neuere Geſchichte des Preußiſchen Staates vom Huberts=
burger Frieden bis zum Wiener Congreß. Bd. II.** [auch unter
dem Titel: Geſch. der europ. Staaten her. von A. H. L. Heeren,
J. A. Ukert und W. v. Gieſebrecht]. Gotha, F. A. Perthes, 1888
(XVI u. 702 S. 8⁰).

Die Darſtellung iſt von 1775 bis zum Tode Friedrichs des Großen
geführt. Es iſt dem Vf. im Rahmen dieſes Buches vergönnt geweſen, die
Geſchichte des bayriſchen Erbfolgekrieges, für die ihm 1867 nur das ge=
druckte Material zur Verfügung ſtand, jetzt an der Hand der Akten zu ver=
tiefen und zu erweitern. Eine Auseinanderſetzung mit den beiden letzten
Darſtellern des Gegenſtandes, den Oeſterreichern A. v. Arneth und A. Beer,
erfolgt in einem längeren, ſehr lehrreichen Exkurſe (S. 681—700). Die
Kriegsführung des Prinzen Heinrich im Feldzuge von 1778 hatte der
König in ſeinen Memoiren (Œuvres VI, 154. 179) mit zwei Zeilen beſtimmt
genug getadelt; Reimann ſchließt ſich dieſer Beurteilung an und führt die
Vorwürfe näher aus. Den fünf Kapiteln über die inneren Zuſtände des
preußiſchen Staates (ländliche Verhältniſſe; Städte, Gewerbe und Handel;
niederes und höheres Schulweſen; Univerſitäten, Jeſuitenſchulen, katholiſche
Kirche; Rechtspflege) ſind vorzugsweiſe die in jüngſter Zeit erſchienenen
Sammlungen von Lehmann und Stadelmann, ſowie das Werk von A.
Stölzel über Svarez zu Gute gekommen; das zweite dieſer Kapitel mußte
ſich ohne eine unmittelbar einſchlägige Aktenpublikation behelfen. Für die
Schilderung der letzten Tage Friedrichs hätten neben dem ſpäteren Berichte
Herzbergs die gleichzeitigen Briefe des Miniſters aus Sansſouci in der
Deutſchen Rundſchau 1886 (Auguſtheft) verglichen werden mögen.

**Walter Schultze: Geſchichte der preußiſchen Regieverwaltung von 1766
bis 1786.** Erſter Teil [auch unter dem Titel: Staats= und ſocial=
wiſſenſchaftliche Forſchungen herausg. von G. Schmoller, Band VII,
Heft 3]. Leipzig, Duncker und Humblot, 1888 (X u. 431 S. gr. 8⁰).

Der Vf. giebt die Geſchichte der äußeren Organiſation der Regie bis
zum Tode Friedrichs des Großen und behandelt die materielle Seite, die
Geſchichte der neuen Tarife, die Verſuche zu einer Steuerreform („Finanz=
geſtaltung" wird S. 326 im Gegenſatz zu „Finanzverwaltung", zu der for=
malen Seite, geſagt) zunächſt bis 1770. In erſterer Beziehung gilt dem
Vf. die Berufung der Franzoſen 1766 als ein Schlag gegen das preußiſche
Beamtentum, als eine Durchführung der abſoluten Kabinetsregierung, die
auf andern Gebieten bereits beſtand, auch hier auf dem der Steuerver=
waltung (S. 19. 29); die allmählige Abkehr des Königs von der Regie,
deren einzelne Etappen verfolgt werden (S. 119), liefere den Beweis, wie
Friedrich auch auf wirtſchaftlichem und finanziellem Gebiet der Belehrung
durch die Thatſachen zugänglich war. Ueber die Reformbeſtrebungen von
1766—70 urteilt der Vf.: „Wenn ſich die neue franzöſiſche Verwaltung
auch abſolut unfähig zeigte, einzelne konkrete Steuerreformen ins Werk zu
ſetzen, ſo war es doch ihr Verdienſt, daß ſie Einrichtungen traf, einige all=
gemeine wirtſchaftliche und finanzielle Poſtulate einer rationellen Theorie

auch in der preußischen Monarchie durchzuführen" (S. 327), und „die That=
sache, daß hinsichtlich der wichtigsten Verbrauchssteuern sieben Provinzen
des Staates ein einheitliches Gebiet bildeten, war von nun an unwider=
ruflich" (S. 343). Noch bedeutender war die Wirkung in die Ferne: die
damals angeregten Gedanken, die in die Debatte geworfenen Forderungen,
konnten in Zukunft aus derselben nicht mehr verschwinden (S 344). —
Der Herausgeber der „Staats= und socialwissenschaftlichen Forschungen"
hat sich in seiner eigenen Abhandlung über den hier dargestellten Gegen=
stand (vgl. oben S. 313), über den Wert dieser archivalischen Studie und
den bedeutenden Fortschritt, den sie bezeichnet, zugleich aber über die Vor=
behalte geäußert, unter denen er dieselbe in seiner Sammlung zum Abdruck
gebracht hat, Vorbehalte teils gegen manche der Grundanschauungen,
wie den freihändlerischen Standpunkt des Verfassers, teils gegen eine Anzahl
Einzelergebnisse, insonderheit gegen die Ausführungen über die Verwaltungs=
kosten und über die Ergebnislosigkeit des Kampfes gegen den Schmuggel.

B. Suphan: Friedrichs des Großen Schrift über die deutsche Litteratur.
Berlin, W. Hertz, 1888 (111 S. gr. 8°).

Vereinigung der früher in der Vossischen Zeitung veröffentlichten fein=
sinnigen Aufsätze in umgearbeiteter Gestalt; neu hinzu treten die Aufsätze:
„Herder, Wieland und die Auswärtigen" und „Wirkung in die Ferne".

W. Wiegand: Friedrich der Große im Urteil der Nachwelt. Straßburg,
Heitz, 1888 (31 S. gr. 8°).

Ein in der Eröffnungssitzung der staatswissenschaftlichen Gesellschaft
zu Straßburg i. E. am 24. Oktober 1887 gehaltener Vortrag des Straß=
burger Landesarchivdirektors und Universitätslehrers, dessen wissenschaftliche
Studien von der Geschichte Friedrichs des Großen ausgingen und dessen
Interesse sich diesem Gebiete inmitten anderer Arbeiten nicht abgewendet
hat, und der den Gegenstand, wie diese gedrängte, aber lichtvolle Uebersicht
beweist, sicher beherrscht.

A. Chuquet: La retraite de Brunswick. Paris, L. Cerf, 1887 (271
S. 8°).

Fortsetzung zweier früheren Arbeiten des Verfassers über den Revo=
lutionskrieg. Herr Chuquet hat, wie mehrere Vertreter der neuesten histo=
rischen Schule Frankreichs, in Deutschland studiert; er kennt unsere Sprache,
er kennt uns selbst und hat den redlichen Willen, der deutschen Eigenart
gerecht zu werden. Er ist in der deutschen Litteratur über seinen Gegen=
stand von Goethe an ebenso zu Hause, wie in der französischen, und er er=
weitert noch das ausgedehnte litterarische Material, welches er beherrscht,
durch Mitteilungen aus den Akten des Pariser Kriegsarchivs. Die Dar=
stellung beginnt mit den der Kanonade von Valmy folgenden Unterhand=
lungen und wird bis zu der Räumung des französischen Gebietes durch die
Preußen und zu der Aufhebung der Belagerungen von Thionville und Lille
durch die Oesterreicher fortgeführt. Für den Standpunkt des Verf. be=
achtenswert ist S. 69 die Verherrlichung der französischen Armee im Gegen=
satz zu dem sehr abfälligen Urteil über die Zerfahrenheit, Mutlosigkeit und
Unthätigkeit der Wortführer der Assemblée nationale.

P. Foucart, Campagne de Prusse (1806). Paris, Berger=Lebrault & Cie.,
1887 (XV u. 730 S. gr. 8°).

Eine im Ganzen chronologisch angeordnete Sammlung von Schrift=
stücken, bereits bekannten, wie neu dem Pariser Kriegsarchiv entnommenen;
gewissermaßen eine Erweiterung des entsprechenden Ausschnittes „Correspon=
dance de Napoléon 1er". Zu den unmittelbaren Verfügungen des Kaisers
treten die seines Generalstabes, die Rapporte der Unterbefehlshaber, die offi=
ziellen Bülletins und andre Stücke. Die Veröffentlichung ist zunächst über

die Tage von Jena und Auerstädt nicht hinausgeführt, wird aber fortgesetzt werden. Zwischen die Urkunden ist S. 629 eine Uebersetzung der Schilderung der Vorgänge bei Vierzehnheiligen aus der Monographie des Freiherrn v. d. Goltz (Roßbach und Jena) eingelegt.

J. R. Seeley: Stein, sein Leben und seine Zeit. Deutschland und Preußen im Zeitalter Napoleons. Aus dem Englischen übersetzt von C. Lehmann. Gotha, Fr. A. Perthes, 1883—1887. 3 Bde. (XXIV u. 432; XII u. 508; XII u. 531 S.; XLV S. Sach= und Namen= register; gr. 8⁰).

Selten ist ein Buch von der Kritik so einstimmig günstig beurteilt worden, wie diese Darstellung des Cambridger Professors. „Die Eigentüm- lichkeit des Buches ist", schrieb nach dem Erscheinen des englischen Origi- nals H. Delbrück in der Histor. Zeitschrift, „daß dasselbe dadurch, daß es für Engländer geschrieben ist, auch nicht das Geringste an Wert einem deutschen Publikum gegenüber einbüßt . . . Wenn der Verf. im besten Sinne des Wortes populär schreibt und auf der andern Seite nur den be- reits bekannten Stoff verarbeitet und kein ungedrucktes Material benutzt hat, so will es um so mehr sagen, daß auch der Gelehrte, dem dieser ge- samte Stoff direkt oder indirekt bereits bekannt ist, dennoch aus S.'s Buch etwas lernen kann." Daß ein Werk von so eigentümlichen Vorzügen durch eine deutsche Uebersetzung den sämtlichen Landsleuten Steins jetzt zugänglich wird, muß mit Freuden begrüßt werden, und gern wird an dieser Stelle Veranlassung genommen, auf den nunmehrigen Abschluß dieser in etwas langsamem Tempo erschienenen deutschen Ausgabe aufmerksam zu machen. Man könnte von einer Rückübersetzung reden, insofern das Seeley'sche Buch in gewissem Sinne eine Uebertragung des großen Perthesschen Sammel- werkes über Stein war, eine Uebertragung in das Geistige und das An- schauliche. Wir können der Lehmannschen Uebersetzung nur wünschen, daß sie der Darstellung Seeleys und dem Helden derselben der Freunde noch mehr werben möge, als bisher das englische Original.

A. Stölzel: Brandenburg-Preußens Rechtsverwaltung und Rechtsver- fassung dargestellt im Wirken seiner Landesfürsten und obersten Justiz- beamten. 2 Bde. Berlin, Fr. Vahlen, 1888 (LII und 448; 774 S. gr. 8⁰).

Seiner Svarez-Biographie, der Darstellung einer „Episode der preußischen Justizverwaltung" läßt der Herr Verf. jetzt eine Gesamtgeschichte dieser Ver- waltung folgen, welche von den askanischen Zeiten ausgehend die mehr als halbtausendjährige Entwickelung bis zur Verkündung der Verfassung von 1850 behandelt. Im Vordergrund steht dabei die Geschichte der Zentralstelle mit allen den Wandelungen ihrer Gestaltung und Zusammensetzung (Kanzler, Geheime Räte für die Justiz, Großkanzler mit beigeordneten Justizministern, Justizstaatsrat, Justizministerium). Die Bestrebung aller der Männer, die durch die Jahrhunderte hindurch in verschiedener Stellung die Führung hatten, zielten sämtlich dahin, so heißt es in der Schlußbetrachtung (II, 727) „der Rechtsverwaltung sowohl ihren materiellen Gang im gerichtlichen Prozeß festzustellen, als ihr die materiellen Grundlagen durch Fixierung der mate- riellen Rechtsprinzipien zu schaffen. Für beide Aufgaben nahmen sie ihren Ausgangspunkt vom Romanismus . . . Der große Kampf zwischen ger- manischen und römischen Anschauungen, welcher für die Entwickelung wie des modernen Staatslebens überhaupt, so auch des preußischen bestimmend war, entbrennt viel energischer auf dem Boden des formellen als dem des materiellen Rechts. Nachdem die Anwendung der Lehren des römischen Cäsarentums den deutschen Landesherren eine oberstrichterliche Gewalt ge- schaffen hatte, indem sie sie an den einstigen germanischen Gerichtsleiter zur alleinigen Rechtsspruchinstanz machte, entstand im Volk eine Gegenströmung,

welche bis zum Inslebentreten unserer konstitutionellen Staatsformen den
Landesherren Schritt vor Schritt wieder von der Teilnahme an der Rechts=
sprechung oder der Beeinflussung derselben abdrängte."

**Unter den Hohenzollern. Denkwürdigkeiten aus dem Leben des Gene=
rals Oldwig v. Natzmer.** Allen deutschen Patrioten gewidmet von
Gn. E. v. Natzmer. Aus der Zeit Friedrich Wilhelms III. I. Teil:
1820—1832; II. Teil: 1832—1839. Gotha, F. A. Perthes, 1887.
1888 (XVI u. 312; VII u. 339 S. gr. 8⁰).

Wenn bei einer früheren Veröffentlichung „Aus dem Leben des Gene=
rals Oldwig v. Natzmer" (Berlin 1876) der Rezensent in der „Zeitschr. für
Preuß. Gesch." (XIII, 720) bemerken mußte, daß durch die direkten Mit=
teilungen des Generals an Droysen und Th. v. Bernhardi dem historischen
Interesse des Buches wesentlich vorgegriffen sei, so gilt von den vor=
liegenden beiden Bänden, die sich an jenes frühere Werk chronologisch an=
schließen, das Gleiche nicht. Weitaus der bedeutendste Bestandteil dieser
Fortsetzung und das, was bei ihrem Erscheinen die allgemeine Aufmerksam=
keit auf dieselbe lenkt hat, was nunmehr in diesen Tagen schmerzlicher
Trauer noch erhöhten Wert für jedes deutsche Herz erhält, ist der unter
allerhöchster Genehmigung hier zur Mitteilung gelangte, mit dem Jahre
1820 einsetzende Briefwechsel des Prinzen Wilhelm, unseres entschlafenen
kaiserlichen Herren, mit seinem Freunde Natzmer, von dem der König Wil=
helm 1870 an der Witwe des 1861 Verstorbenen gesagt hat, daß, was er
von militärischen Dingen verstehe, verdanke er Natzmer. Der Briefwechsel
betrifft teils militärische Dinge, teils die persönlichen Angelegenheiten der
beiden Korrespondenten, er berührt hier und da auch das politische Gebiet:
so vor allem in dem Schreiben vom 31. März 1824, in welchem der Prinz
mit einer Lebhaftigkeit, die an den Briefwechsel des Kronprinzen Friedrich
mit Grumbkow aus der Rheinsberger Zeit erinnert, seinem Unmut über
die auswärtige Politik Preußens Ausdruck giebt: „Hätte die Nation Anno
1813 gewußt, daß nach elf Jahren von einer damals zu erlangenden und
wirklich erreichten Stufe des Glanzes, Ruhms und Ansehens nichts als die
Erinnerung und keine Realität übrig bleiben würde, wer hätte damals wohl
alles aufgeopfert solchen Resultats halber? Es ist dies eine gewichtige,
aber schmerzlich zu beantwortende Frage. . . . Die einzige Aufstellung
jener Frage verpflichtet auf das heiligste, einem Volk von elf Millionen
den Platz zu erhalten und zu vergewissern, den es durch Aufopferungen er=
langte, die weder früher noch später gesehen wurden, noch werden gesehen
werden." Aehnlich unbefriedigt äußert sich der Prinz 1833 (II, 55), sowie
1838 mit der Klage, daß man „alle politischen Verhältnisse mit einge=
stecktem Schwerte hat sich umgestalten und alte Traktate mit Füßen hat
treten lassen" (II, 239). Nach der Ernennung zum kommandierenden General
des dritten Armeekorps schrieb der Prinz 1825 an Natzmer (I, 123): „Im
Herbste, denke ich, sehen wir uns bei der interessanten Revue von Leuthen!
Möchte doch der klassische Boden alle Geister, vor allem die schwachen, be=
leben!"